Ensayo
Crónica

Svetlana Alexiévich (1948) es una afamada periodista, escritora y ensayista bielorrusa cuya obra ofrece un retrato profundamente crítico de la antigua Unión Soviética y de las secuelas que ha dejado en sus habitantes. Se licenció en periodismo por la Universidad de Minsk y colaboró con la revista local *Neman*, para la que escribía ensayos, cuentos y reportajes. Ha cultivado su propio género literario, al que denomina «novelas de voces», en la que el narrador es el hombre corriente –aquel que no tiene voz, el mismo que se ha llevado su propia historia a la tumba, desde la Revolución hasta Chernóbil y la caída del imperio soviético–. En sus libros, traducidos a más de veinte idiomas, Svetlana Alexiévich trata de acercarse a la dimensión humana de los hechos a través de una yuxtaposición de testimonios individuales, un *collage* que acompaña al lector y a la propia Alexiévich a un terrible «descenso al infierno». Es autora de *La guerra no tiene rostro de mujer* (1985, ed. act. 2008), *Muchachos de zinc* (1989, ed. act. 2007), *Voces de Chernóbil* (1997, ed. act. 2005), *Últimos testigos* (2004) y *El fin del «Homo Sovieticus»* (2013). Ha recibido varios galardones, entre los que cabe destacar el Premio Ryszard Kapuściński de Polonia (1996), el Premio Herder de Austria (1999), el Premio Nacional del Círculo de Críticos de Estados Unidos por *Voces de Chernóbil* (2006), el Premio Médicis de Ensayo en Francia por *Tiempo de segunda mano* (2013), el Premio de la Paz de los libreros alemanes (2013) y el Premio Nobel de Literatura (2015) «por sus escritos polifónicos, un monumento al sufrimiento y al coraje de nuestro tiempo».

PREMIO NOBEL DE LITERATURA

Svetlana Alexiévich

La guerra no tiene rostro de mujer

Traducción de
Yulia Dobrovolskaia
y Zahara García González

DEBOLS!LLO

Papel certifi ado por el Forest Stewardship Council®

Penguin
Random House
Grupo Editorial

Título original: *U voini ne zhenskoe lizo*

Primera edición en Debolsillo: marzo de 2017
Décima reimpresión: febrero de 2023

© 2013, Svetlana Alexiévich
© 2015, de la presente edición en castellano para todo el mundo:
Penguin Random House Grupo Editorial, S. A. U.
Travessera de Gràcia, 47-49. 08021 Barcelona
© 2015, Yulia Dobrovolskaia y Zahara García González, por la traducción
Diseño de la cubierta: Elsa Suárez Girard
Fotografía de la cubierta: © Daniel Culo, Eyeem / Getty Images
Fotografía de la autora: © Getty Images

Printed in Spain – Impreso en España

ISBN: 978-84-663-3884-4
Depósito legal: B-2.194-2017

Compuesto en Anglofort, S. A.

Impreso en Liberdúplex
Sant Llorenç d'Hortons (Barcelona)

P 3 3 8 8 4 C

Índice

—Según los estudios históricos, ¿desde cuándo han formado parte las mujeres de ejércitos profesionales?

—Ya en el siglo IV a.C., en Atenas y Esparta, las mujeres participaron en las guerras griegas. En épocas posteriores, también formaron parte de las tropas de Alejandro Magno.

El historiador ruso Nikolái Karamzín escribió sobre nuestros antepasados: «En ciertas ocasiones, las eslavas se unían valientemente a sus padres y esposos durante las guerras. Por ejemplo, durante el asedio de Constantinopla en el año 626, los griegos descubrieron muchos cadáveres de mujeres entre los eslavos caídos en combate. Además, una madre, al educar a sus hijos, siempre les preparaba para que fueran guerreros».

—¿Y en la Edad Moderna?

—La primera vez fue en Inglaterra, entre 1560 y 1650. Fue entonces cuando se empezaron a organizar hospitales donde servían las mujeres.

—¿Qué pasó en el siglo XX?

—A principios de siglo, en la Primera Guerra Mundial, en Inglaterra, las mujeres fueron admitidas en las Reales Fuerzas Aéreas, entonces formaron el Cuerpo Auxiliar Femenino y la Sección Femenina de Transporte; en total, cien mil efectivos.

»En Rusia, Alemania y Francia también hubo muchas mujeres sirviendo en hospitales militares y trenes sanitarios.

»Pero fue durante la Segunda Guerra Mundial cuando el mundo presenció el auténtico fenómeno femenino. Las mujeres sirvieron en las fuerzas armadas de varios países: en el ejército inglés (doscientas veinticinco mil), en el estadounidense (entre cuatrocientas mil y quinientas mil), en el alemán (quinientas mil)...

»En el ejército soviético hubo cerca de un millón de mujeres. Dominaban todas las especialidades militares, incluso las más "masculinas". Incluso llegó a surgir cierto problema lingüístico: hasta entonces para las palabras "conductor de carro de combate", "infante" o "tirador" no existía el género femenino, puesto que nunca antes las mujeres se habían encargado de estas tareas. El femenino de estas palabras nació allí mismo, en la guerra...

(Extracto de una conversación con un historiador.)

La persona es más que la guerra

(Extractos del diario de este libro)

> Los millones caídos en balde abrieron una senda
> en el vacío...
>
> OSIP MANDELSHTAM

1978-1985

Escribo sobre la guerra...

Yo, la que nunca quiso leer libros sobre guerras a pesar de que en la época de mi infancia y juventud fueran la lectura favorita. De todos mis coetáneos. No es sorprendente: éramos hijos de la Gran Victoria. Los hijos de los vencedores. ¿Que cuál es mi primer recuerdo de la guerra? Mi angustia infantil en medio de unas palabras incomprensibles y amenazantes. La guerra siempre estuvo presente: en la escuela, en la casa, en las bodas y en los bautizos, en las fiestas y en los funerales. Incluso en las conversaciones de los niños. Un día, mi vecinito me preguntó: «¿Qué hace la gente bajo tierra? ¿Cómo viven allí?». Nosotros también queríamos descifrar el misterio de la guerra.

Entonces por primera vez pensé en la muerte... Y ya nunca más he dejado de pensar en ella, para mí se ha convertido en el mayor misterio de la vida.

Para nosotros, todo se originaba en aquel mundo terrible y enigmático. En nuestra familia, el abuelo de Ucrania, el padre de mi madre, murió en el frente y fue enterrado en suelo húngaro; la abuela de Bielorrusia, la madre de mi padre, murió de tifus en un destacamento de partisanos; de sus hijos, dos marcharon con el ejército y desaparecieron en los primeros meses de guerra, el tercero fue el único que regresó a casa. Era mi padre. Los alemanes quemaron vivos a once de sus familiares lejanos junto a sus hijos: a unos en su casa, a otros en la iglesia de la aldea. Y así fue en cada familia. Sin excepciones.

Durante mucho tiempo jugar a «alemanes y rusos» fue uno de los juegos favoritos de los niños de las aldeas. Gritaban en alemán: «Hände hoch!», «Zurück!», «Hitler kaput!».

No conocíamos el mundo sin guerra, el mundo de la guerra era el único cercano, y la gente de la guerra era la única gente que conocíamos. Hasta ahora no conozco otro mundo, ni a otra gente. ¿Acaso existieron alguna vez?

La aldea de mi infancia era femenina. De mujeres. No recuerdo voces masculinas. Lo tengo muy presente: la guerra la relatan las mujeres. Lloran. Su canto es como el llanto.

En la biblioteca escolar, la mitad de los libros era sobre la guerra. Lo mismo en la biblioteca del pueblo, y en la regional, adonde mi padre solía ir a buscar los libros. Ahora ya sé la respuesta a la pregunta «¿por qué?». No era por casualidad. Siempre habíamos estado o combatiendo o preparándonos para la guerra. O recordábamos cómo habíamos combatido. Nunca hemos vivido de otra manera, debe ser que no sabemos hacerlo. No nos imaginamos cómo es vivir de otro modo, y nos llevará mucho tiempo aprenderlo.

En la escuela nos enseñaban a amar la muerte. Escribíamos redacciones sobre cuánto nos gustaría entregar la vida por... Era nuestro sueño.

Sin embargo, las voces de la calle contaban a gritos otra historia, y esa historia me resultaba muy tentadora.

Durante mucho tiempo fui una chica de libros, el mundo real a la vez me atraía y me asustaba. Y en ese desconocimiento de la vida se originó la valentía. A veces pienso: «Si yo fuera una persona más apegada a la vida, ¿me habría atrevido a lanzarme a este pozo negro?

¿Me habrá empujado a él mi ignorancia? ¿O habrá sido el presentimiento de que este era mi camino?». Porque siempre intuimos nuestro camino...

Estuve buscando... ¿Con qué palabras se puede transmitir lo que oigo? Yo buscaba un género que correspondiera a mi modo de ver el mundo, a mi mirada, a mi oído.

Un día abrí el libro *Ya iz ógnennoi derevni* (Soy de la aldea en llamas), de A. Adamóvich, Y. Bril y V. Kolésnik. Solo una vez había experimentado una conmoción similar, fue al leer a Dostoievski. La forma del libro era poco convencional: la novela está construida a partir de las voces de la vida diaria. De lo que yo había oído en mi infancia, de lo que se escucha en la calle, en casa, en una cafetería, en un autobús. ¡Eso es! El círculo se había cerrado. Había encontrado lo que estaba buscando. Lo que presentía.

Mi maestro es Alés Adamóvich...

A lo largo de dos años, más que hacer entrevistas y tomar notas, he estado pensando. Leyendo. ¿De qué hablará mi libro? Un libro más sobre la guerra... ¿Para qué? Ha habido miles de guerras, grandes y pequeñas, conocidas y desconocidas. Y los libros que hablan de las guerras son incontables. Sin embargo... siempre han sido hombres escribiendo sobre hombres, eso lo veo enseguida. Todo lo que sabemos de la guerra, lo sabemos por la «voz masculina». Todos somos prisioneros de las percepciones y sensaciones «masculinas». De las palabras «masculinas». Las mujeres mientras tanto guardan silencio. Es cierto, nadie le ha preguntado nada a mi abuela excepto yo. Ni a mi madre. Guardan silencio incluso las que estuvieron en la guerra. Y si de pronto se ponen a recordar, no relatan la guerra «femenina», sino la «masculina». Se adaptan al canon. Tan solo en casa, después de verter algunas lágrimas en compañía de sus amigas de armas, las mujeres comienzan a hablar de su guerra, de una guerra que yo desconozco. De una guerra desconocida para todos nosotros. Durante mis viajes de periodista, en muchas ocasiones, he sido la única oyente de unas narraciones completamente nuevas. Y me quedaba asombrada, como en la infancia. En esos relatos se entreveía el tremendo rictus de lo misterioso... En lo que narran las mujeres no hay, o casi no hay, lo que estamos acostumbrados a leer y a escuchar: cómo unas personas matan a otras de forma heroica y finalmente vencen. O cómo son derrotadas. O qué técnica se usó y qué generales había. Los relatos de las mujeres son diferentes y hablan de otras cosas. La guerra femenina tiene sus colores, sus olores, su iluminación y su espacio. Tiene sus propias palabras. En esta guerra no hay héroes ni hazañas increíbles, tan solo hay seres humanos involucrados en una tarea inhumana. En esta guerra no solo sufren las personas, sino la tierra, los pájaros, los árboles. Todos los que habitan este planeta junto a nosotros. Y sufren en silencio, lo cual es aún más terrible.

Pero ¿por qué?, me preguntaba a menudo. ¿Por qué, después de haberse hecho un lugar en un mundo que era del todo masculino, las mujeres no han sido capaces de defender su historia, sus palabras, sus sentimientos? Falta de confianza. Se nos oculta un mundo entero. Su guerra sigue siendo desconocida...

Yo quiero escribir la historia de esta guerra. La historia de las mujeres.

Tras los primeros encuentros...

La sorpresa. Las profesiones militares de las mujeres eran: instructora sanitaria, francotiradora, tirador de ametralladora, comandante de cañón antiaéreo, zapadora... Ahora esas mismas mujeres son contables, auxiliares de laboratorio, guías turísticas, maestras... Los roles no coinciden. Al recordar parece que evocan a otras chicas. Recuerdan y se sorprenden de ellas mismas. Ante mis ojos veo cómo la Historia se humaniza, se va pareciendo a la vida normal, surge una iluminación diferente.

Algunas de estas mujeres son narradoras extraordinarias, en sus vidas hay páginas capaces de competir con las mejores páginas de los clásicos de la literatura. El ser humano se ve a sí mismo con claridad desde arriba —desde el cielo— y desde abajo —desde la tierra—. Delante está todo el camino hacia arriba y hacia abajo: del ángel a la bestia. Los recuerdos no son un relato apasionado o impasible de la realidad desaparecida, son el renacimiento del pasado, cuando el tiempo vuelve a suceder. Recordar es, sobre todo, un acto creativo. Al relatar, la gente crea, redacta, su vida. A veces añaden algunas líneas o reescriben. Entonces tengo que estar alerta. En guardia. Y al mismo tiempo, el dolor derrite cualquier nota de falsedad, la aniquila. ¡La temperatura es demasiado alta! He comprobado que la gente sencilla (las enfermeras, cocineras, lavanderas...) son las que se comportan con más sinceridad. Ellas —¿cómo explicarlo bien?— extraen las palabras de su interior en vez de usar las de los rotativos o las de los libros, toman sus propias palabras en vez de coger prestadas las ajenas. Y solo a partir de sus propios sufrimientos y vivencias. Los sentimientos y el lenguaje de las personas cultas, por muy extraño que parezca, a menudo son más vulnerables frente al moldeo del tiempo. Obedecen a una codificación genérica. Están infectados por el conocimiento indirecto. De los mitos. A menudo se ha de recorrer un largo camino, avanzar con rodeos, para poder oír el relato de la guerra femenina y no de la masculina: cómo retrocedían, cómo atacaban, en qué sector del frente... Con una entrevista no basta, hacen falta muchas. Así trabaja un retratista insistente...

Paso largas jornadas en una casa o en un piso desconocidos, a veces son varios días. Tomamos el té, nos probamos blusas nuevas, hablamos sobre cortes de pelo y recetas de cocina. Miramos fotos de los nietos. Y entonces... Siempre transcurre un tiempo (uno nunca sabe ni cuánto tiempo ni por qué) y de repente surge el esperado momento en que la persona se aleja del canon, fraguado de yeso o de hormigón armado, igual que nuestros monumentos, y se vuelve hacia su interior. Deja de recordar la guerra para recordar su juventud. Un fragmento de su vida... Hay que atrapar ese momento. ¡Que no se escape! A menudo, después de un largo día atiborrado de palabras, hechos y lágrimas, en tu memoria tan solo queda una frase, pero ¡qué frase!: «Fui al frente siendo tan pequeña que durante la guerra crecí un poco». Es la frase que anoto en mi libreta, aunque en la grabadora haya decenas de metros de cinta. Cuatro o cinco casetes...

¿Qué tengo a mi favor? A mi favor tengo el hecho de que estamos acostumbrados a vivir juntos. En común. Somos gente de concilio. Lo compartimos todo: la felicidad, las lágrimas. Sabemos sufrir y contar nuestros sufrimientos. El sufrimiento justifica nuestra vida, dura y torpe. Para nosotros, el dolor es un arte. He de reconocer que las mujeres se enfrentan a este camino con valor.

¿Cómo me reciben?

Me llaman «niña», «hija», «nena», supongo que si hubiera sido de su generación se comportarían diferente. Con tranquilidad y equitativamente. Sin la alegría y admiración que acompañan el encuentro de vejez y juventud. Es un detalle muy importante: los que recuerdan entonces eran jóvenes y ahora son viejos. Recuerdan tras una vida entera, después de cuarenta años. Me abren su mundo con cautela, como disculpándose: «Acabada la guerra me casé enseguida. Me oculté tras la sombra de mi marido. En la sombra de lo cotidiano, de los pañales. Mi mamá me pedía: "¡No hables! No confieses". Había cumplido mi deber ante la Patria, pero me entristece haber estado allí. El hecho de haber conocido aquello... Tú eres tan joven. Lamento tener que contártelo...». Las tengo delante, y a muchas de ellas las veo escuchando su alma. Escuchan el sonido de su alma. Lo verifican con palabras. Con los años, el ser humano comprende que la vida se ha quedado atrás y que ha llegado el momento de resignarse y de prepararse para marchar. Es una pena desaparecer sin más. De cualquier manera. Sobre la marcha. Al mirar atrás, uno siente el deseo de no solo contar lo suyo, sino de llegar al misterio de la vida. De responder a la pregunta: ¿para qué ha sido todo esto? Observar el mundo con una mirada un poco de despedida, un poco triste... Casi desde otro lado... Ya no necesita engañar ni engañarse. Y comprende que la visión del ser humano es imposible sin la noción de la muerte. Que el misterio de la muerte está por encima de todo.

La guerra es una vivencia demasiado íntima. E igual de infinita que la vida humana...

En una ocasión, una mujer que había sido piloto de aviación me negó la entrevista. Por teléfono me explicó: «No puedo... No quiero recordar. Pasé tres años en la guerra... Y durante esos tres años no me sentí mujer. Mi organismo quedó muerto. No tuve menstruaciones, casi no sentía los deseos de una mujer. Yo era guapa... Cuando mi marido me propuso matrimonio... Fue en Berlín, al lado del Reichstag... Me dijo: "La guerra se ha acabado. Estamos vivos. Hemos tenido suerte. Cásate conmigo". Sentí ganas de llorar. De gritar. ¡De darle una bofetada! ¿Matrimonio? ¿En ese momento? ¿En medio de todo aquello me habla de matrimonio? Entre el hollín negro y los ladrillos quemados... Mírame... ¡Mira cómo estoy! Primero, haz que me sienta como una mujer: regálame flores, cortéjame, dime palabras bonitas. ¡Lo necesito! ¡Lo estoy esperando tanto!... Por poco le pego. Quise pegarle... Tenía quemaduras en una de las mejillas, estaba morada, vi que lo entendió todo, que las lágrimas chorreaban por esas mejillas. Por las cicatrices recientes... Y sin darme cuenta de que lo estaba haciendo, yo ya le decía: "Sí, me casaré contigo".

»Perdóname... No puedo...».

La comprendí. Aunque para mí esto también es una página, o una media página, del futuro libro.

Textos. Textos. Los textos están en todas partes. En los apartamentos de la ciudad, en las casas del campo, en la calle, en el tren... Estoy escuchando... Cada vez me convierto más en una gran oreja, bien abierta, que escucha a otra persona. «Leo» la voz.

El ser humano es más grande que la guerra...

La memoria retiene solo aquellos instantes supremos. Cuando el hombre es motivado por algo más grande que la Historia. He de ampliar mi visión: escribir la verdad sobre la vida y la muerte en general, no limitarme a la verdad sobre la guerra. Partir de la pregunta de Dostoievski: ¿cuánto de humano hay en un ser humano y cómo proteger al ser humano que hay dentro de ti? Indudablemente el mal es tentador. Y es más hábil que el bien. Es atractivo. Me rehundo en el infinito mundo de la guerra, lo demás ha palidecido, parece más trivial. Un mundo grandioso y rapaz. Empiezo a entender la soledad del ser humano que vuelve de allí. Es como regresar de otro planeta o de otro universo. El que regresa posee un conocimiento que los demás no tienen y que solo es posible conseguir allí, cerca de la muerte. Si intenta explicar algo con palabras, la sensación es catastrófica. Pierde el don de la palabra. Quiere contar, y los demás quieren entender, pero se siente impotente.

Siempre se encuentra en un espacio diferente. Rodeado de un mundo invisible. Como mínimo somos tres los que participamos en la conversación: el que habla, la persona tal como fue en el pasado narrado y yo. Mi objetivo es conseguir la verdad de aquellos años. De aquellos días. Sin que la falsedad de los sentimientos la enturbie. Inmediatamente después de la guerra, la persona cuenta una guerra determinada, pero pasadas unas décadas es evidente que todo cambia, porque la vida del narrador se cuela entre sus recuerdos. Todo su ser. Lo que ha vivido en esos años, lo que ha leído, lo que ha visto, a los que ha conocido. Y hasta su felicidad o su desgracia. ¿Conversamos a solas o hay alguien más? ¿La familia? ¿Los amigos? ¿Qué amigos? Los amigos del frente son una cosa; los demás, otra. Los documentos son seres vivos, cambian, se tambalean junto a nosotros, son una fuente de la que siempre se puede extraer algo más. Algo nuevo y necesario justo ahora. En este preciso instante. ¿Qué estamos buscando? No buscamos las hazañas y los actos heroicos, sino lo sencillo y humano, lo que sentimos más cercano. Por decir algo, ¿qué es lo que más me gustaría saber sobre la Grecia antigua? ¿Y de la historia de Esparta? Me gustaría leer de qué hablaba la gente en sus casas. Cómo se marchaban a la guerra. Qué palabras decían el último día y la última noche a sus amados. Cómo se despedía a los guerreros. Cómo esperaban que volvieran de la guerra... No a los héroes y a los comandantes, sino a los jóvenes sencillos...

La Historia a través de las voces de testigos humildes y participantes sencillos, anónimos. Sí, eso es lo que me interesa, lo que quisiera transformar en literatura. Pero los narradores no solo son testigos; son actores y creadores, y, en último lugar, testigos. Es imposible afrontar la realidad de lleno, cara a cara. Entre la realidad y nosotros están nuestros sentimientos. Me doy cuenta de que trato con versiones, de que cada uno me ofrece la suya. De cómo se mezclan y entrecruzan nace el reflejo de un tiempo y de las personas que lo habitan. De mi libro no me gustaría que dijeran: «Sus personajes son reales, y eso es todo». Que no es más que historia. Simplemente historia.

No escribo sobre la guerra, sino sobre el ser humano en la guerra. No escribo la historia de la guerra, sino la historia de los sentimientos. Soy historiadora del alma. Por un lado, estudio a la persona concreta que ha vivido en una época concreta y ha participado en unos acontecimientos concretos; por otro lado, quiero discernir en esa persona al ser humano eterno. La vibración de la eternidad. Lo que en él hay de inmutable.

Me dicen: «Bueno, los recuerdos no son historia y tampoco son literatura». Simplemente son la vida, llena de polvo y sin el retoque limpiador de la mano del artista. Una conversación cualquiera está repleta de materia prima. Son los ladrillos, que están por todas partes. Pero ¡los ladrillos y el templo son cosas distintas! Yo lo veo diferente... Es justo ahí, en la calidez de la voz humana, en el vivo reflejo del pasado, donde se ocultan la alegría original y la invencible tragedia de la existencia. Su caos y su pasión. Su carácter único e inescrutable. En su estado puro, anterior a cualquier tratamiento. Los originales.

Construyo los templos de nuestros sentimientos... De nuestros deseos, de los desengaños. Sueños. De todo lo que ha existido pero puede escabullirse.

Una vez más... Me interesa no solamente la realidad que nos rodea, sino también la que está en nuestro interior. Lo que más me interesa no es el suceso en sí, sino el suceso de los sentimientos. Digamos, el alma de los sucesos. Para mí, los sentimientos son la realidad.

¿Y la historia? Está allí, fuera. Entre la multitud. Creo que en cada uno de nosotros hay un pedacito de historia. Uno posee media página; otro, dos o tres. Juntos escribimos el libro del tiempo. Cada uno cuenta a gritos su propia verdad. La pesadilla de los matices. Es preciso oírlo todo y diluirse en todo, transformarse en todo esto.

Y al mismo tiempo, no perderse. Fundir el habla de la calle y de la literatura. La dificultad adicional es que hablamos del pasado con el lenguaje de hoy. ¿Cómo se podrán transmitir los sentimientos de entonces?

Es por la mañana y suena el teléfono: «No nos conocemos... He venido de Crimea, la llamo desde la estación de ferrocarril. ¿Está lejos de su casa? Quiero contarle mi guerra...».

¡Ostras!

Tenía planes para ir con mi hija al parque. A montar en el tiovivo. ¿Cómo le explico a una criatura de seis años lo que estoy haciendo? Hace poco me preguntó: «¿Qué es una guerra?». ¿Cómo responderle?... Quiero que entre en el mundo con el corazón tierno, le explico que no se puede arrancar una flor tal cual, por las buenas. Que da pena aplastar a una mosca o quitarle un ala a una libélula. Entonces ¿cómo explicarle la guerra a un ser pequeño? ¿Cómo explicarle la muerte? ¿Cómo responder por qué unas personas matan a otras? Matan incluso a niños tan pequeños como ella. Nosotros, los adultos, formamos una especie de complot. ¿Y los niños qué? Después de la guerra mis padres lograron explicármelo a mí, pero yo ya no soy capaz de hacer lo mismo con mi hija. No encuentro las palabras. Cada vez la guerra nos gusta menos, nos cuesta más justificarla. Para nosotros ya es el asesinato, nada más. Al menos para mí lo es.

No estaría mal escribir un libro sobre la guerra que provocara náuseas, que lograra que la sola idea de la guerra diera asco. Que pareciera de locos. Que hiciera vomitar a los generales...

Esta lógica «de mujeres» deja atónitos a mis amigos (a diferencia de mis amigas). Y vuelvo a oír el argumento «masculino»: «Tú no has participado en ninguna guerra». Pero tal vez es lo mejor: no conozco la pasión del odio, tengo una visión neutral. No de militar, no de hombre.

En óptica existe el concepto de luminosidad: es la capacidad del objetivo de fijar mejor o peor la imagen captada. En cuanto a la intensidad de los sentimientos, de la percepción del dolor, la memoria bélica de las mujeres posee una «luminosidad» extraordinaria. Diría incluso que la guerra femenina es más terrible que la masculina. Los hombres se ocultan detrás de la Historia, detrás de los hechos; la guerra los seduce con su acción, con el enfrentamiento de las ideas, de los intereses... mientras que las mujeres están a expensas de los sentimientos. Y otra cosa: a los hombres desde que son niños se les dice que tal vez, de mayores, tendrán que disparar. Nadie les enseña eso a las mujeres... Ellas no contaban con que tendrían que hacer ese trabajo... Sus recuerdos son distintos, su forma de recordar es distinta. Son capaces de ver aquello que para los hombres está oculto. Repito: su guerra tiene olores, colores, tiene un detallado universo existencial: «Nos dieron los macutos y los usamos para cosernos unas falditas»; «En la oficina de reclutamiento, entré por una puerta llevando un vestido y salí por otra llevando un pantalón y una camisa militar, me cortaron la trenza y no me dejaron más que un flequillo»; «Los alemanes acribillaron a tiros toda la aldea y después se largaron... Nos acercamos al lugar desde donde lo habían hecho: la arena amarilla bien pisoteada, sobre ella había un zapato de niño...». En más de una ocasión me lo han advertido (sobre todo escritores hombres): «Las mujeres inventan». Sin embargo, lo he comprobado: eso no se puede inventar. ¿Copiado de algún libro? Solo se puede copiar de la vida, solo la vida real tiene tanta fantasía.

Las mujeres, hablen de lo que hablen, siempre tienen presente la misma idea: la guerra es ante todo un asesinato y, además, un duro trabajo. Por último, también está la vida cotidiana: cantaban, se enamoraban, se colocaban los bigudíes...

En el centro siempre está la insufrible idea de la muerte, nadie quiere morir. Y aún más insoportable es tener que matar, porque la mujer da la vida. La regala. La lleva dentro durante un largo tiempo, la cuida. He comprendido que para una mujer matar es mucho más difícil.

Los hombres... Permiten con desgana que las mujeres entren en su mundo, en su territorio.

Estuve buscando, en la planta de producción de tractores de Minsk, a una mujer que había sido francotiradora. Una francotiradora famosa. Los rotativos del frente le dedicaron varios artículos. Sus amigas de Moscú me dieron el número de teléfono de su casa, pero era uno antiguo. El apellido que yo tenía apuntado era el de soltera. Fui a la administración de la fábrica donde, según mis datos, ella estaba empleada. Ellos (el director de la planta y el jefe de la administración) me dijeron: «¿No le basta con los hombres? ¿Para qué quiere todas esas historias de mujeres? Esas fantasías femeninas...». Los hombres temían que las mujeres contaran otra guerra, una guerra distinta.

Visité a una familia... Los dos habían combatido, el marido y la mujer. Se conocieron en el frente y se casaron: «Celebramos la boda en las trincheras. La víspera del combate. Me apañé un vestido blanco con la tela de un paracaídas alemán». Él era tirador de ametralladora, ella hacía de enlace. El hombre, sin rodeos, envió a la mujer a la cocina: «¿Nos preparas algo?». Una vez servidos el té y los bocadillos, ella se sentó con nosotros, y el marido enseguida la hizo volver a levantarse: «¿Y las fresas? ¿Dónde está el tesoro de nuestros campos?». Tuve que insistir, pero el marido finalmente le cedió su sitio a la mujer. Antes de irse le recordó: «Cuéntalo tal como te he enseñado. Sin lágrimas y naderías de mujeres: "Yo quería ser guapa... Lloré cuando me cortaron la trenza..."». Más tarde, en susurros, ella me confesó: «Se ha pasado toda la noche haciéndome estudiar el volumen de *La historia de la Gran Guerra Patria*. Se preocupa por mí. Y ahora seguro que está sufriendo porque sabe que acabaré recordando algo que no debo».

Esto mismo ha ocurrido más de una vez, en más de una casa.

Sí, ellas lloran, mucho. Gritan. Y cuando me voy se tienen que tomar las pastillas para el corazón. Llaman a urgencias. Y, sin embargo, continúan pidiéndome: «Ven. Ven, por favor. Llevamos tanto tiempo calladas. Cuarenta años con la boca cerrada...».

Soy consciente de que no deben redactarse el llanto ni los gritos, una vez redactados perderán importancia; la versión escrita saltará al primer plano y la literatura sustituirá la vida. Así es este material, la temperatura de este material. Supera los límites. En la guerra, el ser humano está a la vista, se abre más que en cualquier otra situación, tal vez el amor sería comparable. Se descubre hasta lo más profundo, hasta las capas subcutáneas. Las ideas palidecen ante el rostro de la guerra, y se destapa esa eternidad inconcebible que nadie está preparado para afrontar. Vivimos en un marco histórico, no cósmico.

En ocasiones me devolvían el texto que yo les enviaba para que leyeran, con una nota: «No hables de las pequeñeces... Escribe sobre nuestra Gran Victoria...». Pero las «pequeñeces» son para mí lo más importante, son la calidez y la claridad de la vida: el flequillo que dejan tras cortar la trenza, las ollas de campaña llenas de sopa y gachas humeantes que nadie comerá porque de las cien personas que fueron a combate solo han regresado siete; o, por ejemplo, lo insoportable que fue para todos, después de la guerra, pasar por el mercado y ver las tablas de los carniceros teñidas de rojo... Incluso aquel paño rojo... «Cariño, han pasado cuarenta años, pero en mi casa no encontrarás nada de color rojo. ¡Desde la guerra, odio el rojo!»

Atenta, escucho el dolor... El dolor como prueba de la vida pasada. No existen otras pruebas, desconfío de las demás pruebas. Son demasiados los casos en que las palabras nos alejaron de la verdad.

Reflexiono sobre el sufrimiento, que es el grado superior de información, el que está en conexión directa con el misterio. El misterio de la vida. La literatura rusa en su totalidad habla de esto. Se ha escrito más sobre el sufrimiento que sobre el amor.

Y las historias que yo escucho también...

¿Quiénes eran: rusos o soviéticos? No, no, eran soviéticos: los rusos, los bielorrusos, los ucranianos, los tadzhik...

De veras existió ese hombre soviético. Creo que ya no habrá ninguno más de su especie, y ellos lo saben. Incluso nosotros, sus hijos, somos distintos. Queremos ser como todos los demás. Parecernos al mundo, no a nuestros padres. Y ya no hablemos de los nietos...

Pero yo les quiero. Les admiro. En sus vidas hubo Stalin, hubo Gulag y también hubo Victoria. Ellos lo saben.

Hace poco me ha llegado una carta:

«Mi hija me quiere mucho, para ella soy una heroína, leer su libro le dará un gran disgusto. La suciedad, los parásitos, la sangre infinita: todo eso es verdad. No lo niego. Pero ¿acaso el recuerdo de todo aquello es capaz de originar los sentimientos más nobles? ¿Prepararnos para un acto de valentía?...».

Lo he comprobado muchas veces:

... nuestra memoria no es un instrumento ideal. No solo es aleatoria y caprichosa, sino que además arrastra las ataduras del tiempo.

... miramos al pasado desde el presente, el punto desde el que observamos no puede estar en medio de la nada.

... y además están enamoradas de todo lo que les pasó, porque para ellas no solamente es la guerra, también es su juventud. El primer amor.

Las escucho cuando hablan... Las escucho cuando están en silencio... Para mí, tanto las palabras como el silencio son el texto.

—Esto no es para que lo publiques, es solo para ti... Los adultos... En el tren, siempre iban pensativos... Tristes. Recuerdo una noche, mientras los demás dormían, en que un hombre me habló de Stalin. Había bebido y se armó de valor, me confesó que su padre llevaba diez años en un campo de trabajos forzados, incomunicado. No se sabía si estaba vivo o muerto. El hombre pronunció unas palabras terribles: «Yo quiero defender a mi Patria, pero no quiero defender a ese traidor de la Revolución, a ese Stalin». Yo nunca había oído nada similar... Me asusté. Por suerte, por la mañana ya no estaba. Se habría bajado del tren...

—Te cuento un secreto... Yo tenía una amiga, se llamaba Oksana, era de Ucrania. Fue por ella por quien supe por primera vez de la tremenda hambruna en Ucrania. No se veía ni un ratón, ni una rana: se los habían comido todos. En su aldea murieron la mitad de los habitantes. Murieron todos sus hermanos pequeños y sus padres, ella se salvó porque cada noche robaba estiércol de caballo de los establos del *koljós** y se lo comía. Nadie más pudo comérselo, excepto ella: «Si está templado, no te entra en la boca, pero frío es comestible. Y mejor si está congelado, huele a hierbas secas». Yo le decía: «Oksana, el camarada Stalin lucha. Aniquila a los malvados. Pero ellos son muchos». «No —me respondía—, eres tonta. Mi padre enseñaba Historia en la escuela y me decía: "Un día el camarada Stalin pagará por sus crímenes...".

»De noche yo pensaba: "¿Y si Oksana es el enemigo? ¿Y si es una espía? ¿Qué he de hacer?". Dos días más tarde murió en combate. No quedaba nadie vivo de su familia, no hubo adónde enviar el aviso...»

Rara vez tocan este tema y, cuando lo hacen, es con extrema cautela. Siguen paralizados por la hipnosis de Stalin, por el miedo, y por su fe. No han logrado aún dejar de amar lo que tanto habían amado. El valor en la guerra y el valor en el pensamiento son dos valores diferentes. Yo creía que eran lo mismo.

El manuscrito lleva mucho tiempo sobre la mesa...

Llevo dos años recibiendo cartas de rechazo de las editoriales. Las revistas guardan silencio. El veredicto siempre es el mismo: es una guerra demasiado espantosa. El horror sobra. Sobra naturalismo. No se percibe el papel dominante y dirigente del Partido Comunista. En resumen, no es una guerra correcta...¿Y cómo es entonces la correcta? ¿Con los generales y el sabio generalísimo? ¿Sin la sangre y los parásitos? Con los héroes y los actos de valentía. Sin embargo, lo que yo recuerdo de niña es: iba caminando con mi abuela a través de un inmenso campo, y ella me cuenta: «En este campo, después de la guerra, durante mucho tiempo no creció nada. Los alemanes se habían

---

* *Koljós*: economía colectiva o granja colectiva en la Unión Soviética. Después de la Revolución rusa de 1917 fue la principal forma de la economía agrícola. Una vez expropiados, los terrenos pasaron a ser propiedad del Estado. Los campesinos eran trabajadores asalariados reunidos forzosamente en las granjas colectivas. *(N. de las T.)*

retirado ya... En este lugar hubo un combate, lucharon durante dos días... Los muertos yacían uno junto al otro, como gavillas. Como las traviesas de una línea de ferrocarril. Los alemanes y los nuestros. Tras la lluvia, sus caras quedaron llorosas. Tardamos un mes en enterrarlos a todos...».

¿Acaso puedo olvidarme de aquel campo?

No me limito a apuntar. Recojo y sigo la pista del espíritu humano allí donde el sufrimiento transforma al hombre pequeño en un gran hombre. Donde el ser humano crece. Para mí, este ser ya no es el proletariado mudo de la Historia, que desaparece sin dejar huella. Veo su alma. Entonces ¿en qué consiste mi conflicto con el poder? Ya lo he descubierto: las grandes ideas necesitan hombres pequeños, no les interesan los grandes hombres. Un gran hombre es excesivo e incómodo. Es difícil de moldear. Yo en cambio busco al pequeño gran hombre. Ultrajado, pisoteado, humillado, aquel que dejó atrás los campos de Stalin y las traiciones, y salió ganador. Hizo el milagro.

La historia de la guerra ha sido reemplazada por la Historia de la Victoria.

Pero él, mi hombre, nos contará...

DIECISIETE AÑOS MÁS TARDE
2002-2004

Leo mi viejo diario...

Intento recordar la persona que fui al escribir el libro. Ya no existe, y no existe el país donde vivíamos entonces. El mismo país que defendían y por el que daban la vida, entre 1941 y 1944. El mundo al otro lado de la ventana ha cambiado: un milenio nuevo, guerras nuevas, armas nuevas y un hombre ruso (mejor dicho, ruso-soviético) inesperadamente transformado.

Llegó la Perestroika de Gorbachov... Mi libro se publicó enseguida, la tirada fue increíble: dos millones de ejemplares. Fue una época de sucesos extraordinarios, otra vez salimos disparados hacia una dirección desconocida. Otra vez hacia el futuro. Aún no sabíamos (o habíamos olvidado) que la revolución es siempre una ilusión, sobre todo en nuestra historia. Pero esto ocurrirá después, en aquel entonces todos estábamos borrachos de libertad. Yo recibía decenas de cartas cada día, mis carpetas se inflaban. La gente quería hablar... Quería contarlo todo. Se volvieron más libres y sinceros. No tuve ninguna duda de que estaba condenada a seguir completando mis libros. No a reescribirlos, sino a continuarlos. Has puesto un punto y al momento se convierte en unos puntos suspensivos...

Estoy pensando que ahora haría otras preguntas y escucharía otras respuestas. Y habría escrito otro libro, no uno completamente diferente, pero otro libro. Los documentos con los que trabajo son testimonios vivos, no se solidifican como la arcilla al secarse. No enmudecen. Se mueven a nuestro lado. ¿Qué es lo que les preguntaría ahora? ¿Qué me gustaría añadir? Me interesaría mucho... Estoy buscando la palabra exacta... El hombre biológico, no solo el hombre fruto de un tiempo y una idea. Hubiera intentado profundizar en la naturaleza humana, en su oscuridad, en su subconsciente. En el misterio de la guerra.

Habría escrito sobre el día en que visité a una mujer que había luchado con el ejército de partisanos... Una mujer corpulenta, pero todavía guapa; ella me contó cómo su grupo (ella era la mayor, iba con dos adolescentes) salió de reconocimiento y por casualidad hicieron prisioneros a cuatro alemanes. Estuvieron mucho tiempo deambulando por el bosque. Un día avistaron una emboscada. Estaba claro que yendo con los prisioneros no conseguirían abrirse camino, no escaparían, así que tomó una decisión: pasarlos por las armas. Los adolescentes no podrían matarlos, llevaban varios días vagando juntos por el bosque, y si has pasado tanto tiempo con una persona, aunque te sea ajena, ya te has acostumbrado a su presencia, se te hace más cercana, sabes cómo come, cómo duerme, cómo son sus ojos y sus manos. No, ni hablar, los chicos no serían capaces. Lo tuvo claro. Es decir, tendría que hacerlo ella. Delante de mí recordó cómo los había ido matando. Tuvo que engañar a unos y a otros. Primero se alejó con uno de los alemanes con el pretexto de buscar agua y le pegó un tiro por la espalda. En la nuca. A otro se lo llevó a recoger leña... Me sacudió la tranquilidad con la que lo narraba.

Los que han estado en la guerra siempre recuerdan que hacen falta tres días para que un civil se transforme en un militar. ¿Por qué no hacen falta más de tres días? ¿O es otro mito? Diría que sí. Allí el ser humano es mucho más incomprensible y desconocido.

En todas las cartas leía lo mismo: «No te lo conté todo porque aquella época era diferente. Nos habíamos acostumbrado a evitar muchas cosas...», «No te he confiado toda la verdad. Hasta hace poco estaba prohibido hablar de ello. O simplemente era vergonzoso», «Los médicos me han condenado: mi diagnóstico es fatal... Quiero contar toda la verdad...».

Hace unos días recibí esta carta: «Nuestra vida, la vida de los viejos, resulta muy dura... No sufrimos por las pensiones, insuficientes y humillantes. Lo que nos hiere por encima de todo es que nos arrancaron de un gran pasado y nos echaron a un presente insoportablemente pequeño. Ya nadie nos invita a hacer ponencias en los colegios, en los museos, ya no nos necesitan. Abres el periódico y lees que los nazis eran unos magnánimos, y los soldados de nuestro ejército parecen cada vez más monstruosos».

El tiempo también es la patria... Pero quiero a esas mujeres como eran antes. No quiero su tiempo, las quiero a ellas.

Todo puede transformarse en la literatura...

De todos mis apuntes, la carpeta más interesante es en la que incluí los episodios que eliminó la censura. En ella también están escritas mis conversaciones con el censor. Y encontré las páginas que decidí borrar yo misma. Mi autocensura, mi propio veto. Y mis explicaciones de por qué las rechazo. Varios episodios están restituidos en el libro, pero las páginas que vienen a continuación las quiero publicar por separado: son un documento en sí mismas. Forman parte de mi camino.

«Me despierto por la noche... Oigo algo, como si alguien llorara... Estoy en la guerra...

»Estábamos batiéndonos en retirada... Pasada la ciudad de Smolensk, una mujer me dio su vestido y pude cambiarme de ropa. Yo caminaba sola... entre los hombres. Antes de eso iba vestida con un pantalón y de repente tuve que cambiarlo por un vestido ligero. De pronto me vino eso... Bueno, ya sabes, cosas de mujeres... Me vino antes de tiempo, por los nervios, supongo. Por las emociones, la sensación de ofensa. ¿Dónde encuentras lo necesario en esos casos? ¡Qué vergüenza! Dormíamos en el bosque, debajo de los arbustos, en las zanjas. Éramos tantos que el bosque se nos quedaba pequeño. Caminábamos perdidos, desengañados, sin creer en nadie... ¿Dónde están nuestros aviones?, ¿dónde están nuestros tanques? Todo lo que volaba, se movía, retumbaba... Todo era alemán.

»Y en ese estado me cogieron prisionera. El día antes además me había roto ambas piernas... Tenía que estar tumbada y me orinaba encima... No sé con qué fuerzas logré arrastrarme de noche por aquel bosque. Los partisanos me encontraron por casualidad...

»Me dan pena los que leerán este libro, y los que no lo leerán también...»

«Aquella noche estaba de guardia... Entré en la sala de los heridos. Había un capitán allí... Los médicos me habían avisado al empezar mi turno de que moriría esa misma noche. De que no llegaría a la mañana siguiente... Le pregunté: "¿Cómo estás? ¿Qué puedo hacer por ti?". Nunca lo olvidaré... De repente sonrió, una sonrisa tan luminosa sobre su rostro extenuado: "Desabróchate la bata... Enséñame tus pechos... Hace mucho que no veo a mi esposa...". Me azoré, ni siquiera había besado nunca a nadie. Le dije algo. Me escapé y volví una hora más tarde.

»Había muerto. En su rostro todavía estaba aquella sonrisa...»

«Cerca de Kerch... Navegábamos en una barcaza bajo el fuego enemigo. La proa se incendió... El fuego avanzaba por la cubierta. Explotaron las municiones... ¡Una explosión tan potente! Tan fuerte que la barcaza cedió por la banda derecha y comenzó a hundirse. La orilla estaba cerca, sabíamos que estaba cerca, los soldados se lanzaron al agua. Desde la orilla comenzaron a disparar las ametralladoras. Los gritos, los gemidos, las injurias... Yo era una buena nadadora, quería salvar al menos a uno. Al menos a un herido... Es el agua, no la tierra: un herido muere enseguida. Se hunde en cuestión de segundos... Oí a mi lado que alguien subía a la superficie y volvía a zambullirse. Arriba, abajo. Aproveché y le agarré... Estaba frío, resbaladizo... Pensé que estaba herido, que la explosión le había arrancado la ropa. Porque yo también estaba desnuda... En paños menores... La oscuridad era total. No se veía nada. Alrededor: "¡Aaah! ¡Eeeh!". Y blasfemias... A duras penas llegué a la orilla... En aquel momento resplandeció una bengala y vi que había salvado a un pez grande, estaba herido. Era enorme, del tamaño de un hombre. Una beluga... Se estaba muriendo. Caí a su lado y escupí todas las palabrotas que sabía. Lloré de rabia... Todos sufrían...»

«Estábamos tratando de abrir el cerco... Nos dirigíamos hacia todas partes, y en todas partes nos topábamos con los alemanes. Lo decidimos: por la mañana entraríamos en combate. Si estamos condenados, es mejor morir con dignidad. Luchando. Había tres chicas. De noche lo hicieron con todos los que pudieron... Claro que no todos eran capaces. Los nervios. Es normal... Cada uno de ellos se estaba preparando para morir...

»A la mañana siguiente algunos se salvaron... Pocos... Unos siete hombres de los cincuenta que éramos. Los alemanes nos segaban con las ametralladoras... Recuerdo con gratitud a aquellas chicas. Por la mañana, entre los vivos, no encontré a ninguna... Nunca las he vuelto a ver...»

—Después de leer un libro como este, nadie querrá ir a la guerra. Usted con su primitivo naturalismo está humillando a las mujeres. A la mujer heroína. La destrona. Hace de ella una mujer corriente. Una hembra. Y nosotros las tenemos por santas.

—Nuestro heroísmo es aséptico, no quiere tomar en cuenta ni la fisiología, ni la biología. No es creíble. La guerra fue una gran prueba tanto para el espíritu como para la carne. Para el cuerpo.

—¿De dónde ha sacado usted esas ideas? Esas ideas no son nuestras. No son soviéticas. Se burla de los que yacen en las fosas comunes. Ha leído demasiados libros de Remarque...* Aquí estas cosas no pasan... La mujer soviética no es un animal...

«Alguien nos había delatado... Alguien les había dicho a los alemanes dónde estaba el campamento de los combatientes. Rodearon el bosque y cerraron todos los accesos. Nosotros estábamos escondidos en lo más profundo del bosque. Nos salvaban los pantanos, los del destacamento punitivo no se metían allí. El cenagal. Se tragaba la técnica y a los hombres. Durante días, durante semanas, estuvimos de pie con el agua llegándonos hasta el cuello. Con nosotros había una operadora de radio que había dado a luz hacía poco. Un bebé de un año... Pedía pecho... Pero la madre tenía hambre, no había leche, el niño lloraba. Los soldados estaban cerca... Llevaban a los perros... Si los perros le oían, moriríamos todos. Todo el grupo, unas treinta personas... ¿Lo entiende?

»El comandante tomó la decisión...

»Nadie se atrevía a transmitir la orden a la madre, pero ella lo comprendió. Sumergió el bulto con el niño en el agua y lo tuvo allí

---

* Erich Maria Remarque (1898-1970), escritor alemán de posguerra que, tras participar en la Primera Guerra Mundial, dedicó gran parte de su obra a narrar con crudeza los horrores de la contienda. Es considerado uno de los más célebres enemigos del nazismo. *(N. de las T.)*

un largo rato... El niño dejó de llorar... El silencio... No podíamos levantar la vista. Ni mirar a la madre, ni intercambiar miradas...»

«Cogíamos a los prisioneros y los conducíamos al destacamento... No los fusilaban, era una muerte demasiado fácil, los apuñalábamos con las bayonetas, como si fuesen cerdos. Los despedazábamos. Yo iba a verlo... ¡Esperaba! Esperaba el momento en que los ojos les reventaban de dolor... Las pupilas...

»¡¿Qué sabrá usted?! Ellos quemaron a mi madre y a mis hermanas pequeñas en una hoguera, en medio del pueblo...»

«De la guerra no recuerdo ni gatos, ni perros. Solo recuerdo ratas. Ratas grandes... Con unos ojos de color amarillo y azul... Las había a mares. Me recuperé de la herida y en el hospital me enviaron de vuelta a la unidad. Me tocó una unidad en las trincheras, a las afueras de Stalingrado. El comandante ordenó: "Acompañadla a la choza de chicas". Entré y me sorprendió descubrir que dentro no había nada. Las camas vacías hechas con ramas de pino y ya está. No me avisaron... Dejé mi mochila y salí. Cuando regresé media hora más tarde, ya no encontré la mochila. No había ni rastro de mis cosas, ni el peine, ni el lápiz. Resulta que las ratas se lo habían jalado en un instante...

»Por la mañana me enseñaron los mordiscos en los brazos de los heridos graves...

»Ni en la película más terrorífica he visto algo como las ratas abandonando la ciudad antes de los ataques aéreos. No fue en Stalingrado... Lo vi en Viazma... Era por la mañana, y hordas de ratas corrían por las calles, se marchaban al campo. Olfateaban la muerte. Eran millares... Negras, grises... La gente observaba horrorizada el espectáculo. Justo cuando las ratas desaparecieron, comenzó el ataque. Llegaron los aviones. De las casas y sótanos no quedaron más que piedras desmenuzadas...»

«En las afueras de Stalingrado había tantos muertos que los caballos ya no los temían. Normalmente se asustan. Un caballo nunca pisará a un muerto. Recogimos a nuestros muertos, pero los alemanes estaban desperdigados por todas partes. Estaban congelados... Trozos de hielo... Yo era conductor, llevaba las cajas con las granadas y oía cómo debajo de las ruedas crujían sus cráneos... Sus huesos... Y me sentía feliz...»

DE LA CONVERSACIÓN CON EL CENSOR

—Sí, es cierto que la Victoria nos ha costado mucho, debería usted buscar los ejemplos heroicos. Hay miles. En cambio, se dedica a sacar a la luz la suciedad de la guerra. La ropa interior. En su libro, nuestra Victoria es espantosa... ¿Qué pretende?

—Busco la verdad.

—Para usted, la verdad está en la vida. En la calle. Bajo nuestros pies. Para usted es tan baja, tan terrenal. Pues se equivoca, la verdad es lo que soñamos. ¡Es cómo queremos ser!

«Avanzábamos... Entramos en los primeros pueblos alemanes... Éramos jóvenes. Fuertes. Llevábamos cuatro años sin mujeres. En las bodegas había vino. Había comida. Capturamos a unas chicas alemanas y... violamos a una entre diez hombres... Había pocas mujeres, la población escapaba del ejército soviético, así que cogíamos a las adolescentes. A las niñas... de doce, trece años... Si lloraban, les pegábamos, les tapábamos la boca con algo. Les dolía y nosotros nos reíamos. Ahora no entiendo cómo fui capaz de hacerlo... Yo venía de una familia educada... Pero lo hice...

»Lo único que temíamos era que nuestras chicas lo descubrieran. Nuestras enfermeras. Delante de ellas sentíamos vergüenza...»

«Nos estaban siguiendo... Vagábamos por los bosques, por los pantanos. Comíamos hojas, cortezas de árboles, raíces. Éramos cinco, uno era casi un niño, recién reclutado. Una noche el que tenía al lado me susurró: "El chico está mal, morirá de todos modos. ¿Me entiendes?...", "¿Qué quieres decir?", "Un preso me lo ha contado... Cuando se fugaban de la trena, se llevaban siempre a uno más jovencito... La carne humana es comestible... Así se salvaban...".

»No tuve fuerzas para darle una paliza. Al día siguiente encontramos a los partisanos...»

«Una mañana, los partisanos se presentaron en la aldea. Sacaron de su casa al caudillo de la aldea y a su hijo. Con unas varas de hierro les golpearon hasta que cayeron al suelo. Y mientras yacían en tierra, los remataron. Yo miraba por la ventana. Lo vi todo... Mi hermano mayor estaba entre los partisanos... Cuando entró en casa y quiso abrazarme, le grité: "¿¡Hermanita!? ¡No te me acerques! ¡Eres un asesino!". Y después me quedé muda. No pude hablar durante un mes.

»Mi hermano murió en combate... ¿Qué habría pasado si hubiera sobrevivido? Si hubiera regresado a casa...»

«Una mañana los soldados del destacamento punitivo prendieron fuego a nuestra aldea... Solo se salvaron los que escaparon al bosque. Huyeron sin nada, con las manos vacías, no cogieron ni un trozo de pan. Ni huevos, ni manteca. De noche, la tía Nastia, nuestra vecina, azotaba a su hija porque la niña no paraba de llorar. La tía Nastia se escapó con sus cinco hijos. Yulia, mi amiguita, era muy débil. Siempre estaba malita... Los otros cuatro niños, todos pequeños, pedían comida. Y la tía Nastia se volvió loca, aullaba: "Uh-uh-uh-uh... Uh-uh-uh-uh...". Una noche oí que Yulia sollozaba: "Mamá, no me ahogues. No lo haré... No te diré más que tengo hambre. No lo diré...".

»Al día siguiente ya nadie vio a Yulia... Nunca más...

»La tía Nastia... Volvimos a la aldea hecha cenizas... Todo estaba quemado. Al poco tiempo, la tía Nastia se ahorcó en el manzano negro de su jardín. Colgaba muy, muy bajo. Los niños la rodearon y pedían comida...»

De la conversación con el censor

—¡Esto es mentira! Es una difamación contra nuestros soldados, que salvaron a media Europa. Contra nuestros partisanos. Contra nuestro heroico pueblo. No necesitamos su pequeña historia, necesitamos una Gran Historia. La Historia de la Victoria. ¡Usted detesta a nuestros héroes! Detesta nuestras grandes ideas. Las ideas de Marx y de Lenin.

—Es verdad, no me gustan las grandes ideas. Amo al hombre pequeño...

Lo que decidí no incluir

«Año 1941... Nos rodearon. Con nosotros estaba Lunin, el instructor político... Leyó ante todos nosotros el decreto que decía que los soldados soviéticos no se entregaban al enemigo. El camarada Stalin había dicho que entre nosotros no existían los prisioneros, solo los traidores. Los muchachos sacaron las pistolas... Entonces el instructor político dijo: "No lo hagáis. Vivid, chicos, sois jóvenes". Y se pegó un tiro...»

«Otra historia, de 1943... El ejército soviético avanzaba. Entramos en Bielorrusia. Recuerdo a un niño. Surgió como de debajo de la tierra, de un sótano, corría hacia nosotros y gritaba: "Matad a mi madre... ¡Matadla! Quería a un alemán...". Tenía los ojos a punto de estallar del miedo. Detrás de él corría una vieja sucia. Iba toda de negro. Corría y se santiguaba: "No hagáis caso al crío. Está loco...".»

«Me llamaron del colegio... La antigua maestra había vuelto después de haber sido evacuada por los alemanes. Me dijo:
»—Quiero cambiar a su hijo a otra clase. En mi clase solo tengo a los mejores alumnos.
»—Pero mi hijo siempre saca las notas más altas.
»—No importa. El niño ha convivido con los alemanes.

»—Sí, fueron tiempos difíciles.

»—No me refiero a eso. Todos los que han vivido en territorios ocupados... están bajo sospecha...

»—¿Cómo? No lo entiendo...

»—Les habla a los demás niños de los alemanes. Y tartamudea.

»—Es por el miedo. El oficial alemán que estuvo alojado en nuestra casa le golpeó. No le gustó cómo el niño le limpió las botas.

»—Lo ha dicho... Lo acaba de confesar... Han convivido con el enemigo...

»—¿Y quién permitió que ese enemigo llegara casi hasta Moscú? ¿Quién permitió que estuviera aquí, junto a nosotros y a nuestros hijos?

»Tuve una crisis nerviosa...

»Me pasé dos días pensando que la maestra me denunciaría. Pero al final decidió no cambiar a mi hijo de clase.»

«De día temíamos a los alemanes y a los de la policía auxiliar; de noche, a los partisanos. Los partisanos se llevaron a mi última vaquita, nos quedamos solo con el gato. Los partisanos estaban hambrientos, furiosos. Se fueron con mi vaquita, y yo los perseguí corriendo detrás, como unos diez kilómetros. Suplicaba: "Devuélvanmela. Tengo en casa a tres niños con mucha hambre". "¡Vete, mujer! —me amenazaron—. Si no, te dispararemos."

»Lo que cuesta encontrar en la guerra a una buena persona...

»Los prójimos luchaban entre sí. Los hijos de los *kuláks** regresaban del exilio. Sus padres habían muerto y ellos habían servido a los alemanes. Buscaban venganza. Uno de ellos mató al anciano maestro de escuela en su propia casa. Era nuestro vecino. Había denunciado a su padre y participado en las expropiaciones. Era un comunista convencido.

---

* *Kulák*: término despectivo del lenguaje político soviético. Inicialmente la palabra aludía a los agricultores que poseían propiedades y contrataban a trabajadores. Después se usó de forma despectiva para referirse a cualquier campesino, un poco más próspero que la media, que se opusiera a las colectivizaciones. *(N. de las T.)*

»Primero los alemanes anularon los *koljós* y les dieron las tierras a la gente. Después de Stalin, la gente tuvo un respiro. Pagábamos los tributos... A rajatabla... Después empezaron a quemarnos. A nosotros y a nuestras casas. Se llevaban el ganado y quemaban a la gente.

»Ay, hijita, las palabras me asustan. Las palabras son horribles... El bien me salvaba, nunca le he deseado mal a nadie. Yo siempre me he apiadado de todos...»

«Acabé la guerra en Berlín...

»Regresé a mi aldea con dos Órdenes de la Gloria y varias medallas. Estuve en casa tres días; al cuarto día, de madrugada, mientras todos dormían, mi madre me despertó: "Hijita, te he preparado tus cosas. Vete... Vete... Tienes dos hermanas pequeñas. ¿Quién querrá casarse con ellas? Todos saben que has pasado cuatro años en el frente, con los hombres...".

»Deje en paz a mi alma. Haga como los demás, escriba sobre mis condecoraciones...»

«La guerra es la guerra. No es ningún teatro...

»Llamaron al destacamento para que nos reuniéramos en el llano y formamos un círculo. En medio estaban dos de nuestros chicos, Misha K. y Kolia M. Misha era un bravo explorador, tocaba el acordeón. Y nadie cantaba mejor que Kolia...

»Estuvieron un largo rato leyendo las acusaciones: en tal aldea exigieron al campesino dos botellas de aguardiente y de noche... violaron a sus dos hijas... En tal aldea, a tal campesino le arrebataron un abrigo y la máquina de coser, que cambiaron por alcohol...

»Quedan sentenciados a muerte... La sentencia es definitiva e inapelable.

»¿Voluntarios para la ejecución? Todo el destacamento se quedó callado... ¿Quién? No abrimos la boca... Fue el comandante quien ejecutó la sentencia.»

«Yo era la tiradora de la ametralladora. Maté a tantos...

»Durante mucho tiempo después de la guerra me daba miedo dar a luz. Tuve hijos cuando me calmé. Cuando pasaron siete años...

»Pero no he perdonado nada. Y nunca perdonaré... Me alegraba ver a los alemanes prisioneros. Me alegraba que su aspecto diese lástima: calzaban peales en vez de botas, llevaban paños en la cabeza... Atravesaban la aldea y pedían: "Señora, deme pan..., pan...". Me asombraba que los campesinos salieran de sus casas y les dieran un trozo de pan, una patata... Los niños corrían detrás y les lanzaban piedras... Y las mujeres lloraban...

»La sensación que tengo es que he vivido dos vidas: una de hombre y otra de mujer...»

«Acabada la guerra... La vida humana no valía nada. Un ejemplo... Volvía del trabajo en autobús y de pronto oí unos gritos: "¡Ladrón! ¡Al ladrón! Mi bolso...". El autobús se detuvo... Alboroto, empujones. Un oficial joven hizo bajar a un chaval del autobús, puso su brazo sobre la rodilla y, ¡toma!, le rompe el brazo. Vuelve a subir... El autobús se puso en marcha... Nadie defendió al chaval, nadie llamó a la policía. No llamaron a los médicos. El oficial tenía todo el pecho cubierto de condecoraciones militares... Me preparé para bajar en mi parada. Él salió primero, me tendió la mano: "Pase usted...". Tan galante...

»Acabo de recordarlo... En aquella época todavía éramos militares, vivíamos según la ley marcial. Esa no era una ley humana.»

«Regresó el Ejército Rojo...

»Nos dieron permiso para excavar las tumbas, para buscar dónde habían sido enterrados nuestros familiares fusilados. Según la tradición, frente a la muerte hay que vestir de blanco: chal blanco, camisa blanca. ¡Lo recordaré hasta el último minuto de mi vida! La gente iba con lienzos blancos bordados... Todos vestidos de blanco... ¿Dónde habrán guardado todas esas prendas?

»Cavábamos... La gente se llevaba lo que habían encontrado y reconocido. Uno traía un brazo en una carretilla, otro conducía un carro con una cabeza dentro... Una persona aguanta poco tiempo entera debajo de la tierra, se habían entremezclado. Con la arcilla, con la arena.

»No encontré a mi hermana, me pareció reconocer un trocito de su vestido, me pareció que era suyo... Mi abuelo me dijo: "Nos lo llevamos, así tendremos algo para enterrar". Y pusimos en el ataúd aquel trocito de tela...

»Recibimos el papelito que decía que mi padre "ha desaparecido". Otros cobraban algo por sus muertos, pero a mi madre la espantaron en las oficinas de la administración rural: "A usted no le corresponde ningún subsidio. A lo mejor su hombre vive a cuerpo de rey con una frau alemana. A lo mejor es el enemigo del pueblo".

»En la época de Jruschov me puse a buscar a mi padre. Cuarenta años más tarde. Recibí una respuesta cuando Gorbachov: "No figura en las listas...". No obstante, un camarada de su regimiento contactó conmigo, así supe que mi padre había muerto como un héroe. Fue en la zona de Mogilev, se abalanzó hacia un tanque con una granada...

»Qué lástima que mi madre no vivió para saberlo. Murió con el estigma de ser la mujer del enemigo. De un traidor. Hubo muchas como ella. Murieron sin saber la verdad. Fui a visitar la tumba de mi madre con la carta. Se la leí...»

«Muchos de nosotros creíamos...

»Pensábamos que después de la guerra todo cambiaría. Que Stalin confiaría en su pueblo... La guerra aún no había acabado, pero ya había trenes dirigiéndose a Magadán.* Trenes llenos de vencedores... Arrestaron a todos los que alguna vez habían caído prisioneros de los

---

* La ciudad de Magadán, fundada en 1930 en el extremo norte de Rusia, fue el lugar más importante en el tránsito de los prisioneros hacia los campos de trabajo. Finalizada la Segunda Guerra Mundial, los ciudadanos soviéticos que habían sido prisioneros de guerra, tanto militares como civiles, fueron en su mayoría condenados a diez años de trabajos forzados en los centros situados en esa región. *(N. de las T.)*

alemanes, a los que habían sobrevivido a sus campos de concentración, a los que los alemanes habían utilizado como mano de obra... A cualquiera que había visto Europa. A los que podían contar cómo vivía la gente en otras partes. Sin los comunistas. Cómo eran allí las casas y las carreteras. Que allí no había *koljós*...

»Después de la guerra, todos cerraron el pico. Vivían en silencio y con miedo, igual que antes de la guerra...»

«Doy clases de Historia en la escuela... Desde que trabajo, los manuales de Historia se han reescrito tres veces. He enseñado a mis alumnos con tres manuales diferentes...

»Pregúntennos ahora que estamos vivos. No reescriban después, cuando nos hayamos ido. Pregunten...

»No se imagina lo difícil que es matar a un ser vivo. Yo estuve en una organización clandestina. Me encomendaron que consiguiera un puesto de camarera en el comedor de los oficiales... Era joven, guapa... Me dieron el empleo. Tenía que echarles veneno en la sopa y después marcharme al campamento de los partisanos. La cuestión fue que me había acostumbrado a ellos, eran enemigos, pero los veía cada día, me decían: "Danke schön... Danke schön...". Es difícil... Matar es difícil... Matar es más difícil que morir...

»Toda mi vida he enseñado Historia... Y jamás he sabido cómo contarla. Con qué palabras...»

Viví mi propia guerra... Recorrí un largo camino junto a mis personajes. Como ellas, pasó mucho tiempo hasta que pude asumir que nuestra Victoria tenía dos caras: una es bella y la otra es espantosa, cubierta de cicatrices. Mirarla es doloroso. «En un combate cuerpo a cuerpo, el adversario te mira a los ojos cuando lo matas. Lanzar proyectiles o disparar desde una trinchera es otra cosa», me decían.

Escuchar a una persona que te cuenta cómo moría o cómo mataba viene a ser lo mismo: tienes que mirarla a los ojos...

«No quiero recordar...»

Un edificio viejo en uno de los arrabales de Minsk, uno entre los muchos que se construyeron deprisa y corriendo al acabar la guerra, como solución temporal... Lleva años allí, rodeado de una acogedora maleza de jazmín. En ese lugar comenzó mi búsqueda, que se alargaría siete años, unos increíbles y dolorosos siete años en los que descubriría el universo de la guerra, un universo cuya razón de ser aún no hemos descifrado del todo. Me aguardaban el dolor, el odio, la tentación. La ternura y la perplejidad... Unos años en los que trataría de comprender qué diferencia hay entre la muerte y el asesinato, dónde está la frontera entre lo humano y lo inhumano. ¿Cómo se siente una persona a solas ante la absurda idea de que puede matar a otra? E, incluso, de que debe matarla. Años en los que descubriría que en la guerra, aparte de la muerte, hay un sinfín de cosas, las mismas cosas que llenan nuestra vida cotidiana. La guerra también es vida. Años en los que me enfrentaría a una infinidad de verdades humanas. De secretos. Reflexionaría sobre cuestiones que ni me había imaginado que existían. Por ejemplo, ¿por qué el mal no nos sorprende? ¿Por qué nuestro consciente carece del sentimiento de asombro ante el mal?

El camino y los caminos... Decenas de viajes por todo el país, miles de metros de cinta grabados. Quinientas entrevistas, luego las dejé de contabilizar, los rostros se borraban, solo quedaban las voces. En mi memoria suena un coro. Es un coro enorme, a veces las palabras no se distinguen, solo se oye el llanto. He de confesarlo: no siempre las he tenido todas conmigo, no siempre he creído que diera la talla para recorrer este camino. Para llegar al final. Había minutos de incertidumbre y miedo, que me tentaban para que parara, que me apartase, pero ya no podía. Había sido capturada por el mal, para entenderlo tenía que mirar al abismo. Ahora me parece que he adquirido ciertos conocimientos, pero también es verdad que tengo muchas más preguntas y aún me faltan respuestas.

Pero por aquel entonces, en el punto de partida, yo no tenía ni idea de todo esto...

Me condujo hasta aquel edificio una pequeña reseña publicada en el rotativo local, que informaba de que se había jubilado María Ivánovna Morózova, la jefa contable de la planta industrial en la que se fabricaban las máquinas viales de Minsk. Durante la guerra, decía la noticia, había sido francotiradora, tenía once condecoraciones militares, en su cuenta como francotiradora figuraban setenta y cinco muertes. En mi conciencia, la profesión militar de aquella mujer no cuadraba con su oficio. Ni con la fotografía prosaica del periódico. Con todos esos rasgos triviales.

... Una mujer menuda, con una larga trenza de doncella formando una corona, estaba sentada en un enorme sillón mientras se tapaba la cara con las manos.

—No, ni hablar. ¿Volver allí de nuevo? No soy capaz... Incluso ahora evito las películas sobre la guerra. En aquella época solo era una niña. Soñaba y crecía, crecía y soñaba. Y de pronto comenzó la guerra. Verás, siento pena por ti... Sé de qué hablo... ¿Realmente quieres saberlo? Te lo pregunto como se lo preguntaría a una hija...

Por supuesto, se sorprendió.

—¿Por qué yo? Deberías preguntarle a mi marido, le encanta recordarlo. Los nombres de los comandantes, de los generales, los números de las unidades: se acuerda de todo. Yo en cambio no. Solo recuerdo lo que me ocurrió a mí. Recuerdo mi guerra. En la guerra hay mucha gente a tu alrededor, pero siempre estás sola, porque ante la muerte el ser humano siempre está solo. Recuerdo esa terrible soledad.

Me pidió que apartara el micrófono:

—Para contarlo necesito verte los ojos, el micrófono me distrae.

Aunque pasados unos minutos se olvidó de la grabadora...

María Ivánovna Morózova (Ivánushkina), cabo, francotiradora:

«Será un relato sencillo... El relato de una muchacha rusa cualquiera, entonces había muchas...

»En el lugar donde estaba mi pueblo natal, Diákonovskoe, ahora se encuentra el distrito Proletarski de Moscú. Empezó la guerra, yo todavía no había cumplido los dieciocho. Tenía unas trenzas largas, muy largas, me llegaban hasta las rodillas... Nadie creía que la guerra sería larga, pensábamos que de un día para otro se acabaría. Que conseguiríamos rechazar al enemigo. Yo había trabajado en el campo, después asistí a un curso de contabilidad y comencé a trabajar. La guerra continuaba... Mis amigas... Las muchachas dijeron: "Debemos ir al frente". Se respiraba en el aire. Todas nos apuntamos a los cursillos de la oficina de reclutamiento. Tal vez algunas solo lo hicieron arrastradas por el grupo, no sabría decirlo.

Nos enseñaban a disparar con la escopeta, a lanzar granadas. Al principio, a decir verdad, me daba miedo coger la escopeta... Era desagradable. No podía imaginarme que tendría que matar, yo simplemente quería ir al frente. En los cursillos éramos unas cuarenta personas. Cuatro chicas de nuestro pueblo, todas amigas; otras cinco de otro pueblo... En fin, había vecinos de varias aldeas. Y solo eran chicas. Hacía tiempo que todos los hombres se habían alistado, los que podían. A veces el ordenanza llegaba en plena noche, en dos horas tenían que estar preparados y se marchaban. En ocasiones, incluso se los llevaban directamente desde el campo.»

Hizo una pausa. «No sabría recordar si alguna vez bailábamos. Si así fuera, las chicas bailaban con las chicas, no había muchachos. La vida se detuvo en nuestras aldeas.

»Los alemanes ya estaban en las afueras de Moscú, el Comité

43

Central del Komsomol* lanzó el llamamiento común de defender la Patria. ¡Impensable que Hitler tomara Moscú! ¡No vamos a permitírselo! No solo yo... Todas las chicas manifestaron su deseo de ir al frente. Mi padre ya estaba combatiendo. Pensábamos que seríamos únicas, especiales... Fuimos a la oficina de reclutamiento y allá vimos a muchísimas otras chicas. ¡Me quedé perpleja! Mi corazón ardía. La criba fue muy estricta. En primer lugar, por supuesto, había que tener buena salud. Yo tenía miedo de que me descartasen porque de pequeña a menudo había estado enferma y, como decía mi madre, era de hueso débil. Por eso los demás niños se burlaban de mí. Además, si en la familia de la chica que solicitaba ir al frente no había otros hijos, la podían rechazar, ya que no se permitía dejar a una madre sola. ¡Ay de nuestras madres! Sus lágrimas no se secaban nunca... Nos reñían, nos suplicaban... Pero en mi familia había otros niños, tenía dos hermanas y dos hermanos, mucho más pequeños que yo, pero igualmente contaban. Había un detalle más: todos los del *koljós* se habían ido, ya no quedaba gente para labrar el campo, y el alcalde del *koljós* no quiso dejarnos marchar. En fin, que nuestra petición fue denegada. Acudimos al Comité Regional del Komsomol, allí lo mismo: petición denegada. Entonces la delegación de nuestro distrito fue al Comité Provincial del Komsomol. El ímpetu era grande, los corazones estaban en llamas. Y de nuevo nos enviaron a casa. Decidimos que, ya que estábamos en Moscú, debíamos ir al Comité Central, a la instancia más alta de todas, a hablar con el primer secretario del Komsomol. Debíamos luchar hasta el final... ¿Quién hablaría? ¿Quién sería el más valiente? Creíamos que allí sí que seríamos los únicos, pero en realidad los pasillos estaban repletos de gente, ni hablar de ver al primer secretario. Había jóvenes de todo el país, muchos venían de los territorios ocupados, soñaban con vengar la muer-

* El Komsomol fue la organización juvenil del Partido Comunista de la Unión Soviética. Fundado en 1918, agrupaba a jóvenes de entre catorce y veintiocho años, sobre los que ejercía una gran influencia, pues introducía a la juventud en el ideario y los valores del partido. Muchos líderes políticos del Partido Comunista empezaron su carrera política en el Komsomol. Dejó de existir en 1991, pocos meses antes de la disolución de la Unión Soviética. *(N. de las T.)*

te de sus seres más cercanos. De toda la Unión Soviética... Sí... En fin, por un momento incluso nos desanimamos...

»Por la tarde, sin embargo, logramos que el secretario nos recibiera. Nos preguntaron: "Y bien, ¿qué haréis en el frente si ni siquiera sabéis disparar?". Respondimos a coro que ya habíamos aprendido... "¿Dónde? ¿Cómo? ¿Y sabéis vendar heridas?" En el mismo cursillo, un médico del distrito nos había enseñado a vendar. Nos miraron ya con otros ojos, más en serio. Además teníamos a nuestro favor que éramos en total unas cuarenta chicas, y todas sabíamos disparar y hacer curas de primeros auxilios. Nos dijeron: "Idos a casa y esperad. Vuestra solicitud tendrá una resolución favorable". ¡Qué felices éramos cuando volvíamos a casa! Es algo inolvidable... Sí...

»Y literalmente en dos días recibimos las citaciones...

»Fuimos a la oficina de reclutamiento, entramos por una puerta y salimos por otra: me había hecho una trenza muy bonita, salí de allí sin ella... Sin la trenza... Me cortaron el pelo al estilo militar... También dejé allí mi vestido. No tuve tiempo de darle a mi mamá ni la trenza, ni el vestido. Con lo mucho que ella deseaba quedarse con algo mío. Allí mismo nos vistieron de uniforme, nos entregaron los macutos y nos metieron en los vagones de mercancía, con el suelo cubierto de paja. Pero la paja era fresca, todavía olía a campo.

»Nos embarcamos con júbilo. Gallardamente. Bromeamos. Recuerdo que nos reímos mucho.

»¿Adónde nos dirigíamos? No lo sabíamos. Y, al fin y al cabo, no nos importaba. Deseábamos llegar al frente. Todos luchaban, y nosotras también. Llegamos a la estación Schélkovo, cerca de allí se encontraba la escuela femenina de francotiradoras. Resultó que estábamos destinadas allí. A aprender. Todas nos alegramos. Ya era real. Dispararíamos.

»Empezamos a estudiar. Estudiábamos los estatutos, la guarnición, el código disciplinario, el camuflaje, la defensa contra armas químicas. Todas las chicas se esforzaban mucho. Aprendimos a montar y a desmontar el fusil de francotirador con los ojos vendados, a comprobar la dirección del viento, el movimiento del objetivo, la distancia hasta el objetivo, a cavar los fosos de tiro, a deslizarnos a rastras: todo esto lo teníamos dominado. No veíamos el momento de ir al frente. De entrar en combate... Sí... Acabamos los estudios, saqué excelentes en la instrucción de combate y de orden cerrado. Me acuerdo de que lo más difícil era despertarme con la alarma y prepararme en cinco minutos. Incluso pedimos las botas una o dos tallas más grandes para ir más rápido y estar listas cuanto antes. En cinco minutos teníamos que vestirnos, calzarnos y ponernos en la fila. A veces ocurría que corríamos a la fila con las botas puestas directamente sobre el pie desnudo. Una chica por poco acabó con los pies congelados. El sargento lo vio, la amonestó y después nos enseñó a ponernos los peales. Se situaba a nuestro lado y decía: "¿Qué hay que hacer, niñas, para convertiros en soldados, para que no seáis los blancos de los nazis?". Niñas, niñas... Todos nos tenían cariño y no podían evitar sentir lástima. Nos enfadábamos. ¿Acaso no éramos tan soldados como los demás?

»Bueno, finalmente llegamos al frente. A la zona de Orsha... División de Fusileros número 72... El comandante —lo recuerdo como si fuera ayer—, el coronel Borodkin, nos vio y se enfadó: "¡Me han asignado unas muñecas! ¿Qué clase de escuela de baile es esta? ¡El cuerpo de ballet! Es la guerra, no una clase de danza. Una guerra terrible...". Aunque después nos invitó a comer. Oímos cómo le preguntaba a su ayudante: "¿No nos queda ningún dulce para acompañar el té?". Nosotras, claro está, nos enfadamos: ¿por quién nos había tomado? Habíamos venido a combatir. No nos estaba tomando por soldados, sino por niñas. Por la edad podría ser nuestro padre. "¿Qué haré con vosotras, queridas? ¿De qué bosque os habrán recogido?" Era así como nos veía, como nos recibió. Y nosotras que nos creíamos unas experimentadas guerreras... Sí... ¡Estábamos en la guerra!

»Al día siguiente hizo que le demostráramos cómo sabíamos disparar, cómo nos camuflábamos. Los disparos nos salieron bien, incluso superábamos a los francotiradores, que se habían retirado un par de días de la línea de batalla para hacer un entrenamiento. Se sorprendían mucho viéndonos hacer su trabajo. Debía de ser la primera vez que veían a mujeres francotiradoras. Luego hicimos un camuflaje sobre el terreno... El coronel se acercó a inspeccionar el llano, avanzó hasta un pequeño montículo: no veía a nadie. Y de pronto "el montículo" aulló debajo de sus botas: "¡Camarada coronel, no puedo más, pesa usted mucho!". ¡Qué risa! El coronel no daba crédito de lo bien que nos habíamos camuflado. "Retiro —dijo— mis palabras sobre las muñecas." Pero igualmente se sentía mal... Tardó mucho tiempo en acostumbrarse a nosotras...

»Por primera vez salimos "de caza", que es como lo llaman los francotiradores. Mi pareja era Masha Kozlova. Nos camuflamos y esperamos tumbadas: yo iba de observadora, Masha de tiradora. De repente Masha me dijo:

»—¡Dispara, dispara! Mira, allí, un alemán...

»Le contesté:

»—Yo observo. ¡Dispara tú!

»—Mientras sigamos discutiendo quién hace qué —dijo— este se nos escapará.

»Yo insistí:

»—Primero tenemos que preparar el mapa de tiro, anotar los puntos de referencia: el cobertizo, el árbol...

»—¿Vas a ponerte como en la escuela, con las chorradas del papeleo? ¡He venido aquí a disparar, no a perder el tiempo!

»Vi que Masha se enojaba conmigo.

»—Pues entonces dispara, ¿a qué esperas?

»Así íbamos discutiendo. Mientras tanto, el oficial alemán les daba instrucciones a sus soldados. Vino un carro y los soldados hicieron una cadena para cargar las mercancías. El oficial esperó, dio una orden y se fue. Y nosotras allí, riñendo. Me di cuenta de que había salido ya dos veces; si perdíamos otra ocasión más, ya no habría nada que hacer. Se nos habría escapado. Cuando lo vi aparecer por tercera vez —es un instante: aparece y desaparece— decidí disparar. Lo decidí y de repente me surgió este pensamiento: "Es una persona; es un enemigo, pero es un ser humano". Me empezaron a temblar las manos, sentí el temblor en todo mi cuerpo, como un escalofrío. Una especie de temor... Incluso ahora, en sueños, a veces me viene esa misma sensación... Pasar de los blancos de madera a disparar a un ser vivo es difícil. Lo veía a través de la luneta, lo veía bien... Pero algo dentro de mí se oponía... Algo me lo impedía, no me atrevía. Aun así, me dominé, apreté el gatillo... Él agitó las manos y cayó. Murió o no, no lo sé. Y a mí me entraron escalofríos y sentí miedo: ¡¿he matado a una persona?! Necesitaba asimilarlo, asimilar este pensamiento. Sí... ¡En fin: era horroroso! Es algo que no se olvida nunca...

»Al regresar, explicamos en nuestra sección lo que me había ocurrido, celebramos una reunión. La responsable de nuestra organización del Komsomol, Klava Ivanova, me intentaba convencer: "No debes compadecerlos, debes odiarlos". Los fascistas habían matado a su padre. Algunas veces, cuando entonábamos una canción, ella nos pedía: "Parad, chicas, por favor, ya cantaremos después de vencer a estos canallas".

»Nos había costado... Nos había costado asimilarlo. Odiar y matar no es propio de mujeres. No lo es... Tuvimos que convencernos... Obligarnos a nosotras mismas...»

Pasados unos días, María Ivánovna me invitó a conocer a una amiga suya del frente, Klavdia Grigórievna Krójina. Volví a escuchar...

Klavdia Grigórievna Krójina, sargento, francotiradora:

«La primera vez sientes miedo... Mucho miedo...

»Nos posicionamos, yo observaba. De repente le vi: un alemán se asomó por encima de la trinchera. Apreté el gatillo y el hombre cayó. Acto seguido, se lo juro, sentí temblar todo mi cuerpo, oí cómo mis huesos se golpeaban unos contra otros. Lloré. Había disparado a los blancos y nada, pero en aquel momento todo cambió: había matado. ¡Yo! Había matado a un desconocido. No sabía nada de él, pero le había matado.

»Poco después se me pasó. Ocurrió así... Habíamos iniciado el contraataque, atravesábamos un pequeño pueblo. Fue en Ucrania, creo. Al lado de la carretera había una barraca o una casa, no había manera de saber qué era, la habían quemado, solo quedaban las piedras negras. Los cimientos... Muchas chicas no quisieron acercarse; yo, en cambio, sentí que me atraía... En aquella masa negra encontramos huesos humanos, insignias soviéticas carbonizadas... Allí habían ardido nuestros heridos o prisioneros. Después de aquello, cuando mataba ya no sentía lástima. Desde que vi aquellas insignias negras...

»... De la guerra regresé con canas. Tenía veintiún años y la cabeza toda blanca. Me hirieron de gravedad, una lesión interna, un oído me fallaba. Mi madre me recibió diciendo: "Sabía que volverías. Rezaba por ti día y noche". Mi hermano murió en combate.

»Mamá lloraba.

»—Ahora ya da lo mismo, niña o niño. Pero, quieras o no, él nació hombre, su deber era defender la Patria, pero tú eres una chica. Solo una cosa le pedía a Dios: que no te mutilasen, mejor sería que te mataran. Todos los días iba a la estación. A recibir a los trenes. Una vez vi a una muchacha, volvía de la guerra con la cara quemada... Me dio un escalofrío: ¿serías tú? Luego también rezaba por ella.

»Cerca de nuestra casa —soy de la región de Cheliabinsk— se realizaban explotaciones de yacimientos. En cuanto empezaban las explosiones, que por alguna razón siempre ocurrían de noche, yo saltaba de la cama y agarraba mi capote. Luego corría, tenía que escaparme. Mi madre me cogía, me abrazaba, me susurraba: "Despiértate, despierta. La guerra se ha acabado. Ya estás en casa". Sus palabras me hacían volver en mí: "Soy mamá. Tu mamá...". Siempre me hablaba muy bajo... Las voces fuertes me asustaban...»

No hace frío en la habitación, pero Klavdia Grigórievna se arrebuja en una pesada manta de lana: tiene frío. Continúa:

«Nuestros exploradores hicieron prisionero a un oficial alemán que estaba muy sorprendido de que en su tropa hubiera tantas bajas y de que todos sus soldados murieran por disparos en la cabeza. Casi siempre con una bala en el mismo punto. No dejaba de repetir que un tirador normal no sería capaz de lograr tantos impactos en la cabeza. Correcto. "Preséntenme —solicitó— a ese tirador que tantos soldados ha matado. Me llegaban reemplazos numerosos y a diario perdía hasta diez hombres." El comandante del regimiento le contestó: "Lamentablemente no puedo hacerlo: era una chica, una francotiradora, pero ha muerto". Era Sasha Shliájova. Cayó en un duelo de tiradores. Su bufanda roja le jugó una mala pasada. Le gustaba mucho esa bufanda. Una bufanda roja sobre la nieve salta a la vista, boicotea el camuflaje. Pues el oficial alemán se quedó de piedra al oír que era una chica, no sabía cómo reaccionar. Estuvo callado durante mucho rato. En el último interrogatorio, antes de que le enviaran a Moscú (¡resultó ser un pájaro gordo!), confesó: "Nunca antes había combatido frente a mujeres. Sois todas guapas... Pero en nuestra propaganda dicen que en el Ejército Rojo no combaten mujeres, sino hermafroditas...". Este no se había enterado de nada. Sí... Son cosas que una jamás olvida...

»Íbamos en parejas, es agobiante estar a solas un día entero, acabas con la vista cansada, los ojos te lagrimean, al final los brazos ni los notas, el cuerpo se te queda entumecido de la tensión. Sobre todo era pesado en primavera. La nieve se fundía bajo el cuerpo tendido en el suelo y te pasabas todo el día metida en un charco de agua. Estabas casi sumergida... y de pronto bajaba la temperatura y te quedabas completamente pegada a la tierra. Al despuntar el día salíamos a la avanzada y regresábamos al oscurecer. Nos pasábamos doce horas, o más, tumbadas en la nieve, o bien trepábamos hasta la cima de un árbol, el tejado de un cobertizo o de una casa en ruinas, y allí nos camuflábamos para que nadie descubriera dónde estábamos, desde dónde observábamos. Procurábamos encontrar una posición lo más próxima posible: setecientos, ochocientos e incluso quinientos metros era la distancia que nos separaba de las trincheras donde estaban los alemanes. De madrugada se oían sus voces. Y las risas.

»No sé por qué no teníamos miedo... Ahora no lo entiendo...

»En la contraofensiva avanzábamos muy rápidamente... El avituallamiento se quedó rezagado y nos debilitamos: se nos terminaron las municiones, los alimentos, un proyectil hizo pedazos la cocina de campaña. Llevábamos tres días aguantando a base de pan seco, teníamos las lenguas tan desolladas que apenas las podíamos mover. Habían matado a mi compañera, iba a la avanzada con una novata. De pronto vimos un potrillo en la franja neutral. Era precioso, con una cola muy peluda. Estaba pastando la mar de tranquilo, como si a su alrededor no ocurriera nada, como si no hubiera guerra. Se oían las voces de los alemanes: también lo estaban viendo. Nuestros soldados comentaban:

»—Se irá. No estaría mal para una sopa...

»—A esta distancia, con una automática no lo alcanzarás, ni hablar.

»Entonces se fijaron en nosotras.

»—Mira, ahí están las francotiradoras. Un trabajillo para ellas... ¡Venga, chicas!

»Sin pensarlo, apunté y disparé. Las piernas del potrillo se doblaron y cayó de lado. Me pareció oír... A lo mejor no era más que una alucinación, pero me pareció que relinchó con una voz muy, muy aguda.

»Luego me di cuenta de lo que había hecho y me asaltó la pregunta: ¿para qué? "¡Era tan bonito y lo he matado, lo he matado por una sopa!" Oí sollozos detrás de mí. Me giré, era la novata.

»—¿Qué te pasa?—pregunté.

»—Me da pena el potrillo.

»Vi sus ojos llenos de lágrimas.

»—Pero ¡qué delicados somos! Llevamos tres días muertos de hambre. Te da pena porque todavía no has enterrado a nadie. Intenta hacer treinta kilómetros en un día, a pie, con los pertrechos, y encima con la barriga vacía. Primero tenemos que echar a los alemanes, ya habrá tiempo para las emociones después. Después ya sentiremos pena. Después... ¿Entiendes? Después...

»Miré a los soldados: un instante antes me habían animado, me habían aclamado. Me lo habían pedido. Pero... Eso había sido antes... Ahora nadie me miraba, como si no existiera, cada uno se enfrascó en lo suyo. Fumaban, cavaban... Alguien afilaba alguna cosa... Y yo: a apañármelas solita. A llorar si me apetecía. ¡A moco tendido! Ni que yo fuera una desolladora, ni que me pasara el día matando a troche y moche como si nada. De niña, yo amaba a todos los seres vivos. Cuando iba al colegio, nuestra vaca enfermó y la degollaron. Lloré dos días. Sin parar. Pero en aquel momento —¡zas!—, y le pegué un tiro a un potrillo indefenso. Y eso que... En dos años era la primera vez que veía a un potrillo vivo...

»Por la tarde trajeron la cena. Los cocineros comentaron: "¡Bien hecho, tiradora! Hoy tenemos carne en la olla". Nos dejaron las marmitas y se fueron. Y las chicas allí, sentadas, la comida ni la tocaron. Comprendí de qué se trataba, rompí a llorar y salí corriendo... Las chicas se precipitaron tras de mí, para consolarme. Rápidamente agarraron las marmitas y venga a comer...

»Pues sí, ocurrió tal cual... Sí... Cosas que una jamás olvida...

»De noche charlábamos, cómo no. ¿Sobre qué? Sobre la familia, claro está; cada una hablaba de su madre, de su padre o de sus hermanos que combatían. Sobre lo que haríamos después de la guerra. De cómo nos casaríamos, y de si nuestros maridos nos amarían. El comandante se reía.

»—¡Ay, chiquillas! No os falta de nada, pero después de la guerra los novios os tendrán miedo. Con vuestra puntería, lanzaréis un plato apuntando a la cara y despacharéis a cualquiera.

»A mi marido lo conocí en la guerra, servíamos en el mismo regimiento. Recibió dos heridas, una lesión interna. Estuvo en la guerra de principio a fin, y después toda la vida fue militar profesional. Con él no hacía falta explicar qué es la guerra. No le tenía que explicar de dónde venía yo. Cómo me encontraba. No se fija si al hablar levanto el tono o no, simplemente lo deja pasar. Y yo le perdono. Lo he aprendido. Hemos criado a dos hijos, ambos se han graduado. Un hijo y una hija.

»Otra cosa que le contaré... Me licenciaron, viajé hasta Moscú. De allí a nuestro pueblo aún faltaba cierta distancia, parte del camino se tenía que hacer a pie. Ahora hay metro, pero en aquella época por allí abundaban las plantaciones de frutales medio abandonadas y los barrancos. Tenía que cruzar uno muy grande. Para cuando llegué hasta allí, ya era de noche. Estaba delante del barranco y no sabía qué hacer: volver y esperar hasta el día siguiente o armarme de valor y arriesgarme a cruzarlo. Da risa recordarlo: había estado en el frente, había visto de todo: cadáveres y demás, y me rajé ante un barranco. Incluso ahora puedo recordar el olor a cadáveres mezclado con el olor a tabaco barato... Sin embargo, seguía siendo una chica. En el vagón, mientras viajaba a casa... Ya de vuelta de Alemania... De una mochila se escapó un ratón y todas las chicas dimos un salto, las que estaban en las camas superiores bajaron en volandas, chillando. Con nosotras viajaba un capitán que no se lo podía creer: "Todas vosotras tenéis medallas y luego os da miedo un ratoncito".

»Por suerte apareció un camión. Decidí: "Trataré de pararlo".

»Se paró.

»—Voy a Diákonovskoe —le grité.

»—Yo también. —El conductor, un muchacho joven, abrió la puerta.

»Subí directamente a la cabina, él dejó mi maleta en la caja, y nos pusimos en marcha. Vio que yo iba de uniforme, con las condecoraciones a la vista. Me preguntó:

»—¿A cuántos alemanes has matado?

»Le respondí:

»—A setenta y cinco.

»Él, riéndose un poco:

»—Mientes, a lo mejor no has visto ni a uno...

»Entonces le reconocí.

»—¿Kolia? ¿Chizhov? ¿Eres tú? ¿Recuerdas cómo te anudaba el pañuelo rojo de pionero?

»Antes de la guerra, trabajé durante una temporada como instructora de pioneros* en el mismo colegio donde años antes había estudiado.

»—¿María, eres tú?

»—Pues sí...

»—¿En serio? —Pisó el freno.

»—¡Anda, llévame a casa, no te pares a medio camino! —Estuve a punto de llorar, y él lo mismo. ¡Qué encuentro!

»Paramos en la puerta de mi casa, él con mi maleta en las manos corriendo a avisar a mi madre. Bailaba en el patio con aquella maleta.

---

* La Organización de Pioneros de la Unión Soviética fue un grupo de escultismo que agrupaba a niños y niñas de entre diez y quince años, a los que ofrecía diversas actividades, desde tareas de alfabetización hasta campamentos en las montañas, siempre desde los principios ideológicos del comunismo. (N. de las T.)

»—¡Rápido, le he traído a su hija!

»No se me olvida... ¿Acaso algo así se puede olvidar?

»Habíamos vuelto y teníamos que empezar de nuevo. Aprender a calzarnos los zapatos: en tres años en el frente no nos habíamos quitado las botas. Nos habíamos acostumbrado a los cinturones, al uniforme siempre ajustado. La ropa de civil era como si colgara por todas partes, una sensación incómoda. La falda me horrorizaba... Y el vestido... Es que en el frente íbamos con pantalón, de noche lo lavábamos, lo extendíamos, dormíamos encima, y por la mañana lo tenías como planchado. Bueno, no se secaba del todo si hacía frío, se escarchaba. ¿Cómo se aprende a vestir con falda? Era como andar con las piernas atadas. Salías vestida de civil, con zapatos, y, si te cruzabas con un oficial, levantabas la mano sin querer para hacer el saludo militar. Nos habíamos acostumbrado a la ración; íbamos a la panadería, cogíamos el pan y nos íbamos sin pagar. La vendedora ya te conocía, comprendía lo que pasaba, le daba cosa pararte y recordarte que había que pagar por lo que te llevabas. Después te dabas cuenta, te avergonzabas, volvías, pedías disculpas, comprabas algo más y lo pagabas todo, incluido lo de otro día. Había que aprender de nuevo las cosas cotidianas. Recordar la vida cotidiana. ¡La vida normal! ¿Con quién podía compartir todo aquello? Iba corriendo a hablar con la vecina... Con mi madre...

»Una cosa que pienso... Escuche. ¿Cuántos años duró la guerra? Cuatro años. Es mucho tiempo... No recuerdo ni pájaros, ni colores. Claro que estaban presentes, pero no los recuerdo. Sí... Es extraño, ¿verdad? ¿Acaso las películas sobre la guerra pueden ser de color? Allí todo es negro. Tan solo la sangre es de otro color, solo la sangre es roja...

»Hace poco, hará unos ocho años, encontramos a nuestra querida Máshenka Aljímova. El comandante del grupo de artillería había recibido una herida y ella avanzó a rastras hacia él para salvarle. Delante explotó un proyectil... Justo delante de ella... El comandante murió, no le dio tiempo de llegar hasta él, y ella... Sus dos piernas quedaron destrozadas, a duras penas logramos vendarlas. Nos costó muchísimo. Lo intentamos de una manera, de otra. La transportábamos en camilla hacia el batallón sanitario y ella pedía: "Chicas, pegadme un tiro... No quiero vivir con esto...". Cómo suplicaba... Bueno. La enviamos al hospital y continuamos, comenzó la ofensiva. Más tarde, cuando nos pusimos a buscarla... Se había perdido su rastro. No sabíamos ni dónde estaba, ni cómo. Durante muchos años... Enviábamos cartas a todas partes, nadie nos daba una respuesta clara. Los estudiantes de la escuela número 73 de Moscú nos echaron una mano. Esos chicos, esas chicas... La encontraron treinta años después de la guerra, en una residencia para mutilados, en Altái. Muy lejos. Había pasado todos aquellos años entre residencias y hospitales, la habían operado decenas de veces. Ni siquiera a su madre le confesó que seguía viva... Se escondió de todos... La trajimos a nuestro encuentro. Nuestras caras se bañaron en lágrimas. Después conseguimos reunirla con su madre... Se vieron pasados treinta años... Su madre por poco se volvió loca: "Qué alegría que mi corazón haya aguantado y no haya reventado antes. ¡Qué alegría!". Máshenka decía: "Ya no me da miedo ver a nadie. Ya me he hecho vieja". Sí... En fin... Esto es la guerra...

»Recuerdo una noche, estaba tumbada en la tienda de campaña. No dormía. Se oían los cañones a lo lejos. Los nuestros respondían de cuando en cuando... Yo no tenía ningunas ganas de morir... Juré, había hecho un juramento militar, que si era preciso entregaría mi vida, pero aun así sentía tanto rechazo por la muerte... Sabía que incluso si volvía a casa, el alma me dolería. Ahora pienso: "Hubiera sido mejor que me hubieran herido en el brazo o en la pierna, que me doliera el cuerpo. Porque el alma... duele mucho". Es que éramos muy jóvenes. Unas niñas. Yo hasta crecí durante la guerra. De vuelta a casa mi madre me midió... Había crecido diez centímetros...»

Al despedirse, un tanto torpe, me abrazó con sus manos calientes: «Perdóname...».

«Deberíais crecer, niñas... Estáis muy verdes aún...»

Las voces... Decenas de voces... Se abalanzaron sobre mí desvelando una verdad insólita, y esa verdad ya no cabía en aquella fórmula simple y bien conocida desde la infancia: hemos ganado la guerra. Se produjo una reacción química instantánea: la retórica quedó diluida en la materia viva de los destinos humanos... Resultó ser la sustancia más perecedera de todas. El destino es cuando detrás de las palabras sigue habiendo una voz real.

¿Qué es lo que pretendo oír si ya han pasado decenas de años? ¿Cómo fue en Moscú o en Stalingrado, una descripción de las operaciones militares, los nombres olvidados de los altiplanos arrebatados al enemigo? ¿Necesito que me narren los movimientos de las unidades y los frentes, las retiradas y ofensivas, la cantidad de convoyes volados y de incursiones de partisanos, todo ello descrito en miles de volúmenes? No, busco otra cosa. Lo que estoy recopilando lo definiría como «el saber del espíritu». Sigo las pistas de la existencia del alma, hago anotaciones del alma... El camino del alma para mí es mucho más importante que el suceso como tal, eso no es tan importante. El «cómo fue» no está en primer lugar, lo que me inquieta y me espanta es otra cosa: ¿qué le ocurrió allí al ser humano? ¿Qué ha visto y qué ha comprendido? Sobre la vida y la muerte en general. Sobre sí mismo, al fin y al cabo. Escribo la historiografía de los sentimientos... La historia del alma... No se trata de la historia de la guerra o del Estado, ni de la vida de los héroes, sino de la del pequeño hombre expulsado de una existencia trivial hasta las profundidades épicas de un enorme acontecimiento. La Gran Historia.

Las muchachas de 1941... Lo primero que quiero preguntar es ¿de dónde salieron? ¿Por qué eran tantas? ¿Cómo se atrevieron a levantarse en pie de guerra en igualdad con los hombres? ¿A disparar, a poner minas, a explotar, a bombardear, en definitiva, a matar?

En el siglo XIX, Pushkin se formuló la misma pregunta al publicar en la revista *Sovremennik* un fragmento de las memorias de Nadezhda Dúrova, una doncella que había servido en el cuerpo de caballería: «¿Qué causas forzaron a una señorita joven, de una buena familia noble, a dejar su casa, a renunciar a su género, a aceptar tareas y obligaciones que incluso asustan a los hombres, y presentarse en las batallas —¡y qué batallas!— napoleónicas? ¿Qué la había motivado? ¿Las secretas penas amorosas? ¿El exceso de imaginación? ¿La devoción, natural e indomable? ¿El amor?».

Entonces ¡¿qué?! Más de cien años después surge la misma pregunta...

JURAMENTOS Y PLEGARIAS

«Quiero hablar... ¡Hablar! ¡Desahogarme! Por fin alguien nos quiere oír a nosotras. Llevamos tantos años calladas, incluso en casa teníamos que tener las bocas cerradas. Décadas. El primer año, al volver de la guerra, hablé sin parar. Nadie me escuchaba. Al final me callé... Me alegro de que hayas venido. Me he pasado todo el tiempo esperando a alguien, sabía que alguien vendría. Tenía que venir. Entonces era joven. Muy joven. Qué pena. ¿Sabes por qué? No fui capaz de memorizarlo...

»Unos días antes de la guerra había hablado con una amiga, estábamos convencidas de que no habría ninguna guerra. Fuimos al cine y, antes de la película, pasaron una crónica: Ribbentrop y Mólotov se daban un apretón de manos. Se me quedaron clavadas las palabras del presentador, dijo que Alemania era el fiel amigo de la Unión Soviética.

»En menos de dos meses, las tropas alemanas ya estaban en las proximidades de Moscú...

»En mi familia éramos ocho hijos, los cuatro primeros éramos niñas, yo la mayor. Un día papá volvió del trabajo y lloró: "En su día me alegraba de haber tenido primero hijas. Futuras novias. Pero ahora todas las familias envían a alguien al frente y nosotros no tenemos a quién enviar... Yo me he hecho viejo, no me aceptan, y vosotras sois niñas, los niños son todavía pequeños". En mi casa sufrieron mucho.

»Cuando organizaron los cursos para personal sanitario, mi padre nos apuntó a mí y a mi hermana. Yo había cumplido los quince, ella tenía catorce. Él decía: "Es todo lo que puedo ofrecer para lograr la Victoria. A mis niñas...". En aquel momento no se pensaba en otra cosa.

»Un año después estaba en el frente...»

Natalia Ivánovna Serguéeva,
soldado, auxiliar de enfermería

«Los primeros días... En la ciudad no había más que confusión absoluta. El caos. Un terror helado. Perseguían a los espías. La gente decía: "No tenemos que dejarnos provocar". Nadie ni por un minuto aceptaba que nuestro ejército había sufrido una catástrofe, que lo habían derrotado en pocas semanas. Nos habían enseñado que los combates siempre serían en terreno ajeno. "No cederemos ni un palmo de nuestra tierra..." Y de repente nos batíamos en retirada...

»Antes de la guerra empezó a correr el rumor de que Hitler se estaba preparando para atacar la Unión Soviética, pero las conversaciones sobre esto fueron reprimidas severamente. Por los organismos correspondientes... ¿Entiende a qué me refiero? El NKVD...* La Checa...** Si la gente se atrevía a opinar, era en susurros, en sus

---

* NKVD: Comisariado del Pueblo para Asuntos Internos. Organismo encargado de un amplio abanico de funciones relacionadas con la seguridad del Estado, incluyendo las tareas policiales, los centros de detención, la contrainteligencia, etc. *(N. de las T.)*

** La Checa fue la primera organización de inteligencia política y militar soviética, activa durante los años inmediatamente posteriores a la Revolución rusa de 1917. Protagonista de múltiples detenciones y torturas, su objetivo era identificar y eliminar a toda costa cualquier acto antirrevolucionario. *(N. de las T.)*

casas, en la cocina. Los que vivían en pisos compartidos, solo se permitían hablar de ello en las habitaciones, con las puertas bien cerradas, o en un cuarto de baño después de haber abierto el grifo. Pero cuando Stalin habló... Se dirigió a nosotros: "Hermanos y hermanas...". Todos olvidamos nuestros resentimientos... Mi tío, el hermano de mi madre, estaba en un campo de trabajos forzados, era empleado de ferrocarriles, un comunista convencido. Le habían detenido en el trabajo... ¿Entiende? ¿Quién lo hizo? El NKVD... Arrestaron a nuestro querido tío, pero en la familia sabíamos que era inocente. Lo sabíamos. Tenía condecoraciones militares de la guerra civil... Pero tras el discurso de Stalin, mi madre dijo: "Defenderemos nuestra Patria, y después ya aclararemos lo demás". Todos amábamos la Patria.

»Yo corrí enseguida a la oficina de reclutamiento. Me había pasado los últimos días en cama con una amigdalitis, aún tenía unas décimas de fiebre. Pero no pude esperar...»

Elena Antónovna Kúdina,
soldado, conductora

«En mi familia no había niños... Éramos cinco hermanas. Nos informaron: "¡La guerra!". Yo tenía un gran oído musical. Soñaba con matricularme en el conservatorio. Decidí que mi don sería útil en el frente, que sería soldado de transmisiones.

»Nos evacuaron a Stalingrado. Cuando comenzó la batalla de Stalingrado, todas nos alistamos como voluntarias. Todas juntas. Toda la familia: mi madre y nosotras, las cinco hermanas. Mi padre para entonces ya combatía en el frente...»

Antonina Maksímovna Kniáseva,
cabo mayor, enlaces y transmisiones

«Todos compartíamos el mismo deseo: ir al frente. ¿El miedo? Claro que lo teníamos... Pero daba igual... Fuimos a la oficina de reclutamiento, nos dijeron: "Deberíais crecer, niñas... Estáis muy verdes aún...". Habíamos cumplido los dieciséis o los diecisiete. Al final me salí con la mía y me aceptaron. Una amiga y yo queríamos ir a la escuela de francotiradores, pero nos dijeron: "Iréis a la guardia de tráfico. No tenemos tiempo para entrenaros".

»Mi madre pasó varios días en la estación de trenes, esperando nuestra partida. Cuando ya íbamos hacia el tren, por fin nos vio, me dio una empanada, una docena de huevos y se desmayó...»

Tatiana Efímovna Semiónova,
sargento, guardia de tráfico

«En un instante, el mundo había cambiado... Recuerdo los primeros días... Por las noches mi madre se acercaba a la ventana y rezaba. Yo no sabía que creía en Dios. Miraba el cielo sin parar...

»Me reclutaron, yo era médico de profesión. Me motivaba el sentido del deber. Mi padre estaba feliz de que su hija combatiera en el frente. De que defendiera la Patria. Fue a la oficina de reclutamiento por la mañana temprano. A recoger mi certificado. Fue tan temprano con toda la intención: quería que todos en la aldea vieran que su hija se iba al frente...»

Efrosinia Grigórievna Breus,
capitán, médico

«Aquel verano... El último día de paz... Por la tarde fuimos a bailar. Teníamos dieciséis años. Íbamos en grupo, primero acompañábamos a uno a casa, luego a otro. Aún no nos dividíamos en parejas. Había, por ejemplo, seis chicos y seis chicas.

»Tan solo dos semanas más tarde, a estos mismos chicos, estudiantes de una academia de vehículos blindados, que nos habían llevado a casa después de bailar, los traían cubiertos de vendajes, lisiados. ¡Era horrible! ¡Horrible! Cuando alguna vez oía risas, no lo podía perdonar. ¿Cómo podía alguien reírse, cómo se atrevían a estar alegres, mientras vivíamos esta guerra?

»Pronto mi padre se alistó en la milicia popular. En casa nos quedamos mis hermanos pequeños y yo. Mis hermanos habían nacido en 1934 y en 1938. Le dije a mi madre que me iba al frente. Ella lloraba, y yo también, a escondidas, de noche. Aun así, me escapé de casa... Escribí a mi madre desde la unidad militar. Desde allí ya no había manera de hacerme volver a casa...»

Lilia Mijáilovna Butko,
enfermera de quirófano

«Dieron la orden: "¡A formar!". Nos alineamos por altura, yo era la más pequeña. El comandante iba recorriendo la fila, observaba. Se acercó a mí.

»—¿Qué hace aquí esta Pulgarcita? ¿Por qué no vuelves con tu mamá hasta que crezcas un poco?

»Yo ya no tenía madre... Mi madre había muerto en un bombardeo...

»Lo que más me impresionó... Para toda la vida... Pasó durante el primer año, estábamos en retirada... Vi —nos estábamos escondiendo en la maleza— cómo de pronto nuestro soldado, fusil en mano, se abalanzó contra un tanque alemán y empezó a aporrear la carrocería con la culata de su fusil. Golpeaba, gritaba y lloraba hasta caerse. Hasta que los fusileros alemanes le acribillaron. El primer año luchábamos con fusiles contra los tanques y aviones de caza alemanes...»

Polina Semiónovna Nosdrachiova,
instructora sanitaria

«Yo le pedía a mi madre... le suplicaba: "No llores...". Todavía no había anochecido, pero ya estaba oscuro, y por todas partes se oían alaridos. Las madres... habían venido a despedirse de sus hijas. No lloraban; no, aullaban. Mi madre parecía una estatua. Aguantaba, temía hacerme llorar a mí. Yo siempre había sido una niña de mamá, en casa me mimaban. Y de pronto ahí estaba, con el pelo corto como si fuera un muchacho, solo me habían dejado el flequillo. Ella y mi padre me habían prohibido ir al frente, pero yo lo único que deseaba era estar allí, en el frente. ¡Combatir! Esos carteles que ahora cuelgan en los museos: "¡La madre Patria te llama!", "¿Qué vas a hacer por el frente?", a mí, por ejemplo, me influían mucho. ¡Y las canciones! "Levántate, gran país... Levántate para la mortal batalla..."

»Durante el viaje, nos impactó ver que los muertos yacían directamente sobre los andenes. Ya se veía la guerra... Pero nuestra juventud exigía lo suyo: nosotras cantábamos. Canciones alegres. Unas coplillas.

»Hacia el final de la guerra, toda mi familia estaba en la batalla. Mi padre, mi madre, mi hermana... Todos entraron a trabajar en los ferrocarriles. Iban avanzando justo por detrás del frente y reparaban las vías. Todos en la familia recibimos una Medalla de la Victoria: mi padre, mi madre, mi hermana, yo...»

Evgenia Serguéievna Saptrónova,
sargento de Guardia, mecánica de aviación

«Antes de la guerra, yo ya trabajaba en el ejército, era operadora de teléfonos... Nuestra unidad estaba ubicada en la ciudad de Borísov, allí la guerra llegó en cuestión de semanas. El jefe de comunicaciones nos ordenó colocarnos en fila. No servíamos, no éramos soldados, sino trabajadoras asalariadas.

»Nos dijo:

»—Ha empezado una cruel guerra. Para vosotras, las muchachas, será muy difícil. De momento, las que quieran, pueden volver a sus casas. Las que deseen quedarse en el ejército, que den un paso adelante...

»Todas las chicas, como si fuéramos una sola, dimos un paso al frente. Éramos veinte. Todas estábamos dispuestas a defender nuestra Patria. Antes de la guerra no me gustaban nada los libros bélicos, prefería leer sobre el amor. ¿Cómo se explica eso?

»Nos pasábamos días enteros delante de los aparatos. Los soldados nos traían unas marmitas, comíamos algo, echábamos una cabezadita allí mismo, junto a las máquinas, y nos volvíamos a poner los auriculares. No teníamos tiempo para lavarnos el pelo, les pedí: "Chicas, cortadme las trenzas…".»

Galina Dmítrievna Zapólskaia,
operadora de teléfonos

«Íbamos una y otra vez a la oficina de reclutamiento…

»En una ocasión, ya no recuerdo cuántas veces fuimos, el comisario militar casi nos echó a patadas: "Si por lo menos tuvierais una profesión. Si fuerais enfermeras o conductoras… Vosotras, ¿qué sabéis hacer? ¿Qué haréis en el frente?". No lo entendíamos. Ni siquiera se nos había ocurrido preguntarnos qué haríamos una vez allí. Queríamos luchar y ya está. No comprendíamos que luchar significaba saber hacer algo. Algo concreto. Su pregunta nos dejó perplejas.

»Entonces, junto con otras chicas, fuimos a apuntarnos a unos cursillos de enfermería. Nos informaron de que duraban seis meses. Decidimos que era demasiado, que no nos servía. Había otros cursos, de tres meses. A decir verdad, tres meses también nos parecía demasiado tiempo. Pero esos cursillos ya estaban finalizando. Pedimos que nos dejaran presentarnos a los exámenes. Aún faltaba un mes de clases. Por la noche hacíamos prácticas en el hospital, de día asistíamos a clases. En total estudiamos un mes y algo…

»Nos destinaron a un hospital. Fue a finales del mes de agosto de 1941… Las escuelas, los centros médicos, los centros cívicos estaban todos repletos de heridos. Pero en febrero, digamos, me escapé del hospital, deserté, esa es la palabra correcta. Sin papeles, sin nada, me escapé en un tren sanitario. Dejé una nota: "No acudiré a mi turno. Me voy al frente". Y ya está…»

Elena Pávlovna Iákovleva,
sargento, enfermera

«Aquel día yo tenía una cita… Estaba como en las nubes… Pensaba que ese día él me iba a decir: "Te quiero", pero no, vino triste: "¡Vera, ha empezado la guerra! Nos envían al frente". Él estudiaba en una academia militar. Yo, por supuesto, enseguida me imaginé en el papel de Juana de Arco. ¡En el frente y con un fusil en las manos! Juntos, los dos. Fui corriendo a la oficina de reclutamiento, pero allí me cortaron: "Solo hacen falta médicos. Hay que estudiar seis meses". ¡Seis meses! ¡Para volverme loca! Me moría de amor...

»Me convencieron de que tenía que estudiar. Acepté: estudiaría, pero no para convertirme en enfermera... ¡Yo lo que quería era disparar! Disparar como ellos. En cierto modo, me sentía preparada para hacerlo. En el colegio solían darnos charlas los héroes de la guerra civil rusa y los que habían combatido en España. Nos trataban por igual a chicas y chicos, no nos separaban. Todo lo contrario, desde el colegio oíamos: "¡Chicas, a conducir tractores!", "¡Chicas, a pilotar aviones!". ¡Y encima estaba enamorada! Nos imaginaba a los dos juntos, cayendo en una batalla. En la misma batalla...

»Yo estudiaba en la escuela superior de teatro. Soñaba con ser actriz. Mi ídolo era Larisa Reisner.* Esa mujer con chaqueta de cuero que era comisario de Estado... Me gustaba que fuese guapa...»

Vera Daníltseva,
sargento, francotiradora

«A todos mis amigos —eran mayores que yo— les enviaron al frente... Lloré muchísimo: me había quedado sola, no me habían dejado ir con ellos. Me dijeron: "Tú tienes que estudiar, jovencita".

»Pero los estudios duraron poco. El decano de nuestra facultad nos dijo:

---

* Larisa Reisner (1895-1926) fue una escritora y periodista rusa muy comprometida con la causa bolchevique. Durante la guerra civil luchó como soldado y fue comisaria política en la Armada Roja. Más tarde, trabajó como corresponsal en diversos conflictos, además de jugar un papel destacado en la política y la diplomacia rusas de principios del siglo XX. Tuvo una vida sentimental muy agitada y mantuvo relaciones con algunos de los personajes más influyentes de la época. *(N. de las T.)*

»—Chicas, ya acabaréis los estudios cuando termine la guerra. Ahora nuestro deber es defender la Patria.

»Los padrinos de la fábrica nos acompañaron hasta la estación. Era verano. Recuerdo que los vagones estaban adornados con flores. Nos hicieron regalos. A mí me tocaron unas galletas caseras, ricas, ricas, y un jersey muy mono. ¡Con qué entusiasmo bailé en el andén!

»El viaje duró muchos días... Al llegar a una estación bajamos un momento con las chicas para llenar un cubo de agua. Miramos a nuestro alrededor y nos quedamos atónitas: había un montón de vagones, uno detrás de otro, y dentro no había más que chicas. Cantaban. Nos saludaban, agitaban los pañuelos y las gorras. Lo vimos claro: ya no quedaban hombres, habían caído en combate... O los habían hecho prisioneros. Ya solo quedábamos nosotras.

»Mamá me escribió una plegaria. La guardé en mi medallón. Probablemente me ayudó: regresé a casa. Siempre besaba el medallón antes de los combates...»

Anna Nikoláievna Jrolóvich,
enfermera

«Yo fui piloto...

»Cuando estaba estudiando séptimo curso, a nuestra ciudad llegó volando un avión. Hablo de hace mucho tiempo, en 1936, ¿se lo imagina? Entonces resultaba poco común, insólito. Por esa misma época surgió el llamamiento: "¡Jóvenes, a volar!". Yo, claro, siendo miembro del Komsomol, fui de las primeras. Enseguida me apunté al aeroclub.* Mi padre se opuso categóricamente. Todos los miembros de mi familia eran metalúrgicos, varias generaciones de metalúrgicos de altos hornos. Mi padre consideraba que una mujer po-

---

* Aunque la instrucción de los pilotos militares tenía lugar en academias especializadas, estas eran muy escasas. Por eso los aeroclubes civiles empezaron a formar pilotos, a quienes ofrecían entrenamiento militar y expedían licencias para pilotar determinado tipo de aviones. *(N. de las T.)*

día trabajar en este sector, pero no en el de la aviación, de ninguna manera. El jefe del aeroclub se enteró y me dio permiso para que me llevara a mi padre a dar una vuelta en avión. Lo hice. Despegamos y desde aquel día no volvió a hablar del tema. Le había gustado. Acabé el curso del aeroclub con unas notas excelentes, era una buena paracaidista. Antes de la guerra incluso tuve tiempo de casarme y de tener una hija.

»Al estallar la guerra, en el aeroclub empezaron a reorganizarse las cosas: movilizaban a los hombres, y nosotras, las mujeres, les sustituíamos. Entrenábamos a los estudiantes. Había mucho trabajo, a veces no salíamos de allí en varios días. Mi marido fue de los primeros en marcharse al frente. Solo me quedó de él una fotografía: los dos juntos, de pie al lado de un avión, con los cascos de aviador puestos... Vivíamos con mi hija, en los cuarteles. ¿Que cómo vivíamos? La dejaba encerraba en casa, sola, con la papilla preparada. Empezábamos a volar a las cuatro de la madrugada. Yo volvía por la tarde, ella había comido o no, pero siempre estaba toda cubierta de papilla. Ya no lloraba, solo me miraba. Tenía los ojos grandes, como su padre...

»A finales de 1941 recibí el aviso: mi marido había muerto en un combate cerca de Moscú. Era comandante de la escuadra. Yo quería a mi hija, pero la llevé a casa de unos familiares y solicité que me enviasen al frente...

»La última noche... La pasé de rodillas, delante de su cuna...»

Antonina Grigórievna Bóndareva,
teniente de Guardia, piloto al mando

«Era el día de mi cumpleaños, cumplía dieciocho... Estaba tan alegre, era mi gran día. Y de pronto todos a mi alrededor gritando: "¡La guerra!". Recuerdo ver a la gente llorar. En la calle, todos los que me cruzaba por el camino estaban llorando. Algunos rezaban. Era muy poco habitual... La gente rezaba y se santiguaba delante de todos. Pero en el colegio nos explicaban que Dios no existía... ¿Dónde estaban nuestros carros de combate y nuestros aviones, tan bonitos? En los desfiles militares siempre los veíamos. ¡Nos sentíamos orgullos! ¿Dónde estaban nuestros comandantes? Semión Budionni...* Está claro que fue un momento de confusión. Aunque, acto seguido, empezamos a pensar en otra cosa: ¿cómo ganar?

»Yo estaba en segundo curso de la escuela profesional de enfermería de Sverdlovsk. Enseguida pensé: "Si hay una guerra, tengo que ir al frente". Mi padre era un comunista de toda la vida, en sus tiempos había sido preso político. Desde pequeños nos había enseñado que la Patria es lo más importante, que hay que defender la Patria. No vacilé ni un segundo: "¿Si yo no lo hago, quién lo hará?". Era mi deber...»

Serafima Ivánovna Panásenko,
subteniente, técnica sanitaria adjunta del batallón
de infantería motorizada

«Mi madre llegó corriendo a la estación... Era muy austera. Nunca nos besaba, ni hacía elogios. Si había algo bueno que celebrar, le bastaba con una mirada tierna. Pero aquel día me agarró de la cabeza y me besaba, me besaba. Y aquella mirada suya... Una larga mirada... Comprendí que jamás volvería a ver a mi madre. Lo intuí... Sentí ganas de dejar todo aquello, de devolver los bártulos e irme a casa. Sentía pena por todos... Por mi abuela... Mis hermanitos...

»De pronto empezó a sonar la música... Ordenaron: "¡R-r-rompan filas! ¡A embarcar!".

»Estuve mucho rato mirándola y saludando con la mano...»

Tamara Uliánovna Ladínina,
soldado de infantería

* Semión Mijáilovich Budionni (1883-1973) fue un comandante militar soviético. Organizó y dirigió el Primer Ejército de Caballería del Ejército Rojo. Gracias a sus méritos durante la guerra civil rusa de 1917 a 1923, se convirtió en uno de los jefes militares más populares y queridos de su tiempo. *(N. de las T.)*

«Me destinaron a un regimiento de transmisiones... ¡De ninguna manera aceptaría entrar en las tropas de transmisiones!... Por entonces yo no sabía que eso también era combatir. Vino el comandante de división, formamos filas. Una chica que estaba con nosotras, Máshenka Sungúrova, salió de la fila:

»—Camarada general, pido permiso para hablar.

»Él dijo:

»—¡Adelante, hable, soldado Sungúrova!

»—La soldado Sungúrova solicita que la liberen del servicio en transmisiones y la destinen allí donde se dispara.

»Verá, todas compartíamos la misma idea. Teníamos la sensación de que lo que nosotras hacíamos (las transmisiones) era muy poco, incluso nos sentíamos despreciadas, creíamos que el único lugar donde había que estar era en primera línea de combate.

»La sonrisa se borró de la cara del general:

»—¡Hijas mías! —Si usted pudiera ver el estado en el que estábamos: sin comer, sin dormir... En pocas palabras, no nos hablaba como un superior, sino como un padre—. Creo que no entendéis vuestro papel en el frente, vosotras sois nuestros ojos y nuestros oídos, un ejército sin transmisiones es como un hombre sin sangre.

»Máshenka Sungúrova no pudo resistirse, enseguida contestó:

»—¡Camarada general! ¡La soldado Sungúrova está aquí como un clavo, lista para cumplir cualquier tarea que nos encomiende!

»Así la llamamos hasta que finalizó la guerra: "El Clavo".

»... En junio de 1943, en vísperas de la batalla de Kursk, nos entregaron la bandera del regimiento; para entonces nuestro regimiento especial de transmisiones, el número 129 del Quinto Ejército, ya era femenino en un ochenta por ciento. Se lo cuento para que se lo pueda imaginar... Para que lo entienda... ¡Lo que ocurría en nuestras almas! Creo que ya no habrá otra gente igual a como éramos en aquel momento. ¡Nunca! Una gente igual de ingenua y de sincera. ¡Con tanta fe! Cuando nuestro comandante recibió la bandera y ordenó: "¡Regimiento, vista a la bandera!", todos nos sentimos felices. Ganamos confianza, ya éramos un regimiento como los demás, uno de vehículos blindados, o de infantería. Estábamos allí, todas llorando, bañadas en lágrimas. No me va a creer, pero con la emoción todas las energías de mi organismo se concentraron y mi enfermedad (sufría ceguera nocturna, me ocurrió por la desnutrición, por la fatiga) se curó. Verá, al día siguiente estuve bien, me curé gracias a la conmoción de toda mi alma...»

María Semiónovna Kaliberda,
sargento primero, especialidad: transmisiones

«Apenas me hice adulta... El 9 de junio de 1941 cumplí los dieciocho años, me hice mayor de edad. Y dos semanas más tarde comenzó esta maldita guerra, no: en doce días. Nos enviaron a construir el ferrocarril Gagra-Sujumi. Reunieron solo a los jóvenes. Recuerdo cómo era el pan que comíamos. De harina tenía poco, contenía otros ingredientes, pero el principal era el agua. Cuando lo dejábamos sobre la mesa, al cabo de un rato salía un pequeño charco, nosotros lamíamos ese líquido.

»Era 1942... Me presenté como voluntaria en el hospital de Tránsito y Evacuación número 3.201. Era un hospital militar muy grande que formaba parte del Frente Transcaucásico, del Frente del Cáucaso del Norte y del Ejército Costero especial. Los combates eran encarnizados, traían a muchos heridos. Me pusieron en el reparto de comidas, era una faena de veinticuatro horas: a la hora de servir el desayuno aún íbamos por la cena del día anterior. Unos meses después me hirieron en la pierna izquierda; me movía saltando a pata coja sobre la pierna derecha, pero no paré de trabajar. Después me asignaron funciones administrativas, esto también requería estar presente día y noche. Vivía en el trabajo.

»El 30 de mayo de 1943... A la una del mediodía hubo un ataque aéreo en masa sobre Krasnodar. Salí corriendo a la calle para ver si podía ayudar a evacuar a los heridos de la estación de trenes. Dos bombas cayeron directamente en el almacén donde se guardaban las municiones. Vi cómo los cajones salían disparados hasta una altura superior a un edificio de seis plantas y explotaban. La onda expansiva me lanzó contra una pared de ladrillo. Perdí el conocimiento... Cuando me recuperé, ya era de noche. Levanté la cabeza e intenté cerrar el puño: los dedos se movían. A duras penas abrí el ojo izquierdo y caminé hacia el hospital, toda cubierta de sangre. Por el pasillo me encontré con la jefa de enfermería, que no me reconoció. Me preguntó: "¿Cómo se llama? ¿De dónde viene?". Entonces se acercó un poco, se estremeció y me dijo: "¿Ksenia, pero dónde te habías metido durante tanto tiempo? Los heridos tienen hambre y tú no estás". Me vendaron rápidamente la cabeza y el brazo izquierdo por encima del codo, y luego fui a servir la cena. Se me nublaba la vista, tenía sudores fríos. Empecé a repartir la comida y me desmayé. Cuando recobré el conocimiento, a mi alrededor se oía: "¡Rápido! ¡Más deprisa!". Y así todo el rato: "¡Deprisa! ¡Rápido!".

»Unos días más tarde doné sangre para los heridos de gravedad. La gente se moría...

»... Durante la guerra cambié tanto que, cuando volví a casa, mi madre no me reconoció. Me indicaron dónde vivía y llamé a la puerta. Me abrieron.

»—Pase...

»Entré, saludé y dije:

»—Permíteme que pase aquí la noche.

»Mi madre estaba encendiendo la estufa, mis dos hermanitos pequeños estaban sentados en el suelo, desnudos, no había nada que ponerles. Mi madre no me reconocía, me dijo:

»—¿Usted se da cuenta de cómo vivimos? Le sugiero que vaya a buscar otro alojamiento antes de que anochezca.

»Me acerqué un poco más, y ella otra vez:

»—Señora, vaya a buscarse otro alojamiento.

»Me incliné hacia ella, la abracé, balbuceé:

»—¡Mamá, mamá!

»Entonces se abalanzaron sobre mí... Lloraron...

»Ahora vivo en Crimea... Las flores inundan nuestra casa, cada día miro por la ventana y veo el mar, pero todo mi ser desfallece de dolor, mi rostro ya no ha sido nunca un rostro de mujer. Lloro a menudo, cada uno de mis días está envuelto en lamentos. Los lamentos de mis recuerdos...»

Ksenia Serguéievna Osádcheva,
soldado, administrativa

SOBRE EL OLOR A MIEDO Y LA MALETA LLENA DE BOMBONES

«Me marchaba al frente... Hacía un día precioso. El aire era transparente, lloviznaba. ¡Muy bonito! Era por la mañana. Salí de casa y me detuve: ¿acaso no volvería nunca más? Ya no vería nuestro jardín... Nuestra calle... Mamá lloraba, me abrazaba y no me soltaba. Yo me iba, ella me alcanzaba, me abrazaba y no me soltaba...»

Olga Mitrofánovna Ruzhnítskaia,
enfermera

«Morir... No tenía miedo de morir. Por mi juventud, tal vez... La muerte nos rodea, la muerte está siempre a nuestro lado, pero yo no pensaba en ella. No hablábamos de ella. Merodeaba muy, muy cerca, pero siempre pasaba de largo. Una noche, en la zona de nuestro regimiento, una unidad de infantería entró en combate de reconocimiento. Hacia la madrugada, la unidad se retiró, y de la zona neutra nos llegaban gemidos. Un herido se había quedado allí. "No vayas, te matarán. —Los soldados trataban de retenerme—. ¿Lo ves?, ya despunta el día."

»No les hice caso y fui a buscarlo a rastras. Encontré al herido, le até un cinturón al brazo y lo arrastré durante ocho horas. Conseguí traerlo con vida. El comandante se enteró y en un arrebato me castigó con cinco días de arresto. El subcomandante del regimiento reaccionó de otra manera: "Merece una condecoración".

»Con diecinueve años me entregaron la Medalla al Valor. Con diecinueve se me quedó el pelo blanco. Con diecinueve años, en el último combate, una bala me atravesó ambos pulmones, y otra bala me pasó entre dos vértebras. Me paralizó las piernas... Y me consideraron muerta...

»Con diecinueve años... Los mismos que acaba de cumplir mi nieta. La miro y no me lo creo. ¡Es una cría!

»Cuando volví a casa, mi hermana me enseñó el aviso de mi muerte... Hasta me habían enterrado...»

Nadezhda Vasílievna Anísimova,
instructora sanitaria en una unidad de ametralladoras

«No recuerdo a mi madre... En mi memoria solo quedan unas sombras imprecisas... Unos contornos... Su cara, su silueta al inclinarse sobre mí. La tuve cerca. Es la impresión que me quedó. Tenía tres años cuando mi madre murió. Mi padre servía en el Lejano Oriente, era militar de profesión. Me enseñó a montar a caballo. Es el recuerdo más fuerte de mi infancia. Mi padre no quería que creciera como una damisela inútil. En Leningrado, recuerdo estar allí desde los cinco años, vivía con mi tía. Durante la guerra ruso-japonesa ella fue Hermana de la Caridad. La quería como si fuera mi madre...

»¿Que cómo era de pequeña? Salté desde el segundo piso del colegio por una apuesta. Me gustaba el fútbol, siempre estaba jugando con los niños en la portería. Al empezar la guerra con Finlandia, intenté escaparme al frente un montón de veces. En 1941 acabé el séptimo curso y me matriculé en una escuela técnica. Mi tía lloraba: "¡La guerra!". Yo estaba contenta: iría al frente, lucharía. ¿Cómo iba a saber entonces lo que era la sangre?

»Formaron la Primera División de Guardia de la milicia popular. A nosotras, unas cuantas chicas, nos admitieron en el batallón sanitario.

»Llamé a mi tía:

»—Me marcho al frente.

»Desde el otro extremo de la línea me contestó:

»—¡Venga corriendo a casa, señorita! El almuerzo se está enfriando.

»Colgué. Después sentí pena por ella, muchísima pena. Comenzó el asedio de la ciudad, el horrible asedio de Leningrado, murió la mitad de la población, ella estuvo sola. Era vieja.

»Recuerdo que una vez fui de permiso. Antes de ir a ver a mi tía, pasé por una tienda. Antes de la guerra me encantaban los bombones. Dije:

»—Póngame bombones, por favor.

»La vendedora me miraba como si estuviera loca. Yo no lo entendía: ¿qué era una cartilla de racionamiento? ¿Qué era el asedio? Toda la gente de la cola me estaba mirando, yo iba con un fusil que era más grande que yo. El día que nos los entregaron, lo miré y pensé: "¿Algún día seré igual de grande que este fusil?". De repente la gente empezó a decir, toda la cola:

»—Dele los bombones. Coja nuestros bonos.

»Salí de la tienda con los bombones.

»En mitad de la calle estaban recolectando ayudas para el frente. En una plaza, encima de las mesas, había unas enormes bandejas, la gente se acercaba y depositaba las joyas: una sortija de oro, unos pendientes... Nadie apuntaba nada, nadie firmaba recibos. Las mujeres se quitaban sus alianzas...

»Son las imágenes que guardo en la memoria...

»Y también hubo la famosa orden de Stalin número 227: "¡Ni un paso atrás!". ¡El fusilamiento como castigo por retroceder! El fusilamiento *in situ*. O bien, entrega a los tribunales y luego directo a los batallones penales creados a raíz de esta orden. A los que acababan allí se les llamaba "condenados a la muerte". Y a los que lograban romper el cerco o escapar del cautiverio, los enviaban a los campos de control y filtrado del NKVD. Los destacamentos de bloqueo iban detrás... Disparaban a los suyos...

»Son las imágenes que guardo en la memoria...

»Un claro en el bosque... La tierra estaba mojada después de la lluvia. En el centro, arrodillado, había un soldado joven. Cada dos por tres se le caían las gafas, las recogía y se las volvía a poner. Después de la lluvia... Era un chico de Leningrado, con estudios. Le habían retirado el fusil. Nos pusieron en fila. Por todas partes había charcos de agua... Nosotros... oíamos cómo él rogaba... Prometía... Suplicaba que no le fusilaran, que su madre no tenía a nadie excepto a él. Lloraba. Y allí mismo, sin esperar nada, le pegaron un tiro en la frente. Con un revólver. Era un fusilamiento ejemplar: le pasaría lo mismo a cualquiera que vacilara. ¡Aunque fuera por un segundo! Por uno solo...

»Aquella orden me hizo madurar de la noche a la mañana. No se habló de... Procuramos olvidarlo... Sí, ganamos la guerra, pero ¡a qué precio! ¡¿A qué terrible precio?!

»Estábamos en vela varios días seguidos: había muchos heridos. En una ocasión, nos pasamos todos tres días sin dormir. Me enviaron con un transporte sanitario a llevar a los heridos al hospital. Después de entregar a los enfermos, el transporte volvía vacío y pude dormir. Regresé fresca como una rosa, los compañeros en cambio se caían de cansancio.

»Me crucé con el comisario político:

»—Camarada comisario, estoy avergonzada.

»—¿Qué te pasa?

»—He dormido.

»—¿Dónde?

»Le conté que había acompañado a los heridos, que había pasado el camino de vuelta durmiendo.

»—¿Y qué? ¡Bien hecho! Al menos tendremos a una persona despejada, los demás apenas se aguantan de pie.

»Pero sentía remordimientos. Convivimos con la voz de la conciencia durante toda la guerra.

»En el batallón sanitario me trataban bien, pero yo quería ser soldado de reconocimiento. Dije que si no me dejaban ir a la primera línea de combate, me escaparía. Estaban a punto de expulsarme del Komsomol por desobediencia al reglamento de combate. Sin embargo, me fugué...

»La primera Medalla al Valor...

»Comenzó el combate. El fuego era muy intenso. Los soldados se agazaparon. Sonó el llamamiento: "¡Adelante! ¡Por la Patria!", pero no se movieron. Ordenaron de nuevo, nadie reaccionó. Me quité el gorro para que lo vieran: se había levantado una chica... Entonces todos se levantaron y entramos en combate...

»Me entregaron la medalla y ese mismo día llevamos a cabo otra operación militar. Aquel día por primera vez tuve... Bueno... Lo que tenemos las mujeres... Vi la sangre y lancé un grito:

»—Me han dado...

»Con nosotros estaba un técnico sanitario, un hombre muy mayor. Enseguida se me acercó.

»—¿Dónde te han dado?

»—No lo sé... Pero estoy sangrando...

»Me lo explicó como si fuera mi padre...

»Después de la guerra, me pasé quince años más saliendo de reconocimiento. Cada noche. En mis sueños me fallaba el fusil automático, o bien nos rodeaban. Me despertaba rechinando los dientes. Trataba de situarme: "¿Dónde estoy? ¿Allí o aquí?".

»Al acabar la guerra, tenía tres deseos: primero, dejaré de arrastrarme por el suelo, iré en trolebús; segundo, me compraré una barra de pan blanco y me la comeré entera; tercero, dormiré hasta no poder más en una cama con sábanas blancas. Las sábanas blancas...»

Albina Aleksándrovna Gantimúrova,
sargento primero, tropas de reconocimiento

«Estaba embarazada del segundo... Mi hijo tenía dos años, yo estaba encinta. Estalló la guerra. Mi marido combatía en el frente. Me fui al pueblo donde vivían mis padres e hice... Ya me entiende... Aborté... En aquella época estaba prohibido... ¿Cómo podía dar a luz? Alrededor había tanto dolor... ¡La guerra! ¿Cómo se puede dar a luz si te rodea la muerte?

»Hice un cursillo de criptografía, me enviaron al frente. Deseaba la venganza por la hija que nunca tuve. A mi niña...

»Pedí el traslado a primera línea. Me dejaron en el Estado Mayor...»

Liubov Arkádievna Chárnaia,
cabo mayor, criptógrafa

«Abandonábamos la ciudad...Todos... El 28 de junio de 1941, al mediodía, nosotros, los estudiantes de la Universidad de Pedagogía de Smolensk, nos reunimos en el patio del taller de imprenta. Los preparativos fueron rápidos. Salimos de la ciudad por la vieja carretera de Smolensk hacia Krásnoe. Avanzábamos con cautela, en grupos reducidos. Ya entrada la tarde, el calor disminuyó, empezamos a caminar más deprisa, sin mirar atrás. Mirar atrás nos daba miedo... Hicimos un alto y solo entonces miramos al este. El resplandor rojo se extendía a lo largo del horizonte, a una distancia de unos cuarenta kilómetros, parecía que ocupaba todo el cielo. Estaba claro que no se trataba de diez o de cien casas en llamas, estaba ardiendo la ciudad entera...

»Yo tenía un vestido nuevo, era vaporoso, con volantes. Le gustaba muchísimo a mi amiga Vera. Se lo había probado varias veces. Prometí regalárselo para su boda. Estuvo a punto de casarse. Su novio era muy majo.

»Y de pronto empezó la guerra. Nos marchábamos a cavar trincheras. Entregamos nuestras cosas al administrador de la residencia. "¿Y el vestido?" "Quédatelo, Vera", le dije cuando dejamos la ciudad.

»No quiso. "Ya me lo regalarás cuando me case, tal y como me prometiste", dijo. En aquel resplandor rojo ardía mi vestido.

»Luego caminábamos mirando todo el rato hacia atrás. Era como si nos ardieran las espaldas. No paramos en toda la noche, por la mañana empezamos a trabajar. A cavar las zanjas antitanque: siete metros, una pared vertical, tres metros y medio de profundidad. Cavaba y sentía que la pala me quemaba las manos, veía la arena de color rojo. No lograba borrar de mi mente la imagen de nuestra casa, rodeada de flores, de lilas... Lilas blancas...

»Dormimos en unas tiendas levantadas sobre un prado entre dos ríos. Hacía calor y había mucha humedad. Los mosquitos nos acribillaban. Antes de acostarnos los echamos de las tiendas, pero de madrugada estaban allí de nuevo, ni hablar de dormir tranquila.

»De allí me llevaron al hospital. Nos acomodaron en el suelo, muchos habíamos caído enfermos. Tenía fiebre. Y escalofríos. Estaba tumbada y lloraba. Se abrió la puerta, la doctora avisó desde el umbral (no se podía entrar, los colchones cubrían todo el suelo): "Ivanova, hay plasmodio en la sangre". Se refería a mí. Ella no sabía que, desde que en sexto curso había leído sobre el plasmodio, era lo que más temía del mundo. En ese momento, por el altavoz sonó la canción: "Levántate, gran país". Era la primera vez que la oía. "Me curaré —pensé— y me iré al frente."

»Me llevaron a Kozlovka, cerca de Roslavl. Me dejaron en un peldaño, estuve allí, sentada, aguantando con todas mis fuerzas para no caerme. Oí:

»—¿Esta?

»—Sí —dijo el enfermero.

»—Acompáñenla al comedor. Que coma primero.

»Por fin me acosté en una cama. No se imagina la sensación: tumbada no en el suelo al lado de una hoguera, ni envuelta en una capa bajo un árbol, sino en un hospital, calentita, en una cama con sábanas. Dormí siete días seguidos. Luego las enfermeras me contaron que me despertaban y me daban de comer, yo no lo recuerdo. Cuando me desperté siete días después, vino el médico, me revisó y afirmó:

»—Su organismo es fuerte, saldrá adelante.

»Y me dormí otra vez.

»… De nuevo en el frente, mi unidad enseguida fue rodeada y aislada. La ración diaria de alimentos era de dos galletas. No había tiempo para enterrar a los caídos, simplemente les echábamos encima una capa de arena. Cubríamos sus rostros con el gorro… "Si sobrevivimos —dijo el comandante—, te enviaré a la retaguardia. Pensaba que una mujer no aguantaría aquí ni dos días. Con solo imaginarme a mi mujer…" Lloré de lo enojada que me sentí, para mí estar en la retaguardia era peor que la muerte. Mi mente y mi espíritu resistían, pero mi cuerpo no daba la talla. La sobrecarga… Recuerdo cómo arrastrábamos los proyectiles, los cañones, sobre todo en Ucrania: la tierra es muy pesada en primavera, después de la lluvia, se volvía como la masa del pan. Cavar una fosa común y enterrar a los compañeros después de tres días sin dormir… Incluso eso era difícil. Dejamos de llorar porque para llorar hacen falta fuerzas. Lo único que queríamos era dormir. Dormir y dormir.

»Cuando estaba de guardia, yo caminaba sin parar y recitaba versos. Otras chicas cantaban para no caerse dormidas...»

Valentina Pávlovna Maksimchuk,
servidora de una pieza antiaérea

«Transportábamos a los heridos fuera de la ciudad de Minsk... Yo iba con unos zapatos de tacón alto, mi altura me daba vergüenza. Se me rompió un tacón y de repente alguien gritó: "¡Soldados! ¡El desembarco!". Corrí descalza, con los zapatos en la mano, daba pena tirarlos, eran muy bonitos.

»Cuando nos rodearon y comprendimos que no saldríamos de esa, Dasha, la enfermera, y yo nos levantamos y salimos de la zanja, ya no queríamos ocultarnos más: preferíamos morir de un balazo que caer prisioneras, sufrir la humillación. Incluso los heridos, los que todavía eran capaces, también se ponían de pie...

»Al ver al primer soldado alemán me quedé sin habla. Allí estaban ellos, jóvenes, alegres, sonrientes. Y pasaran por donde pasaran, nada más ver un pozo o una fuente se ponían a lavarse. Siempre se remangaban las camisas. Y se lavaban... A su alrededor había sangre, gritos, y ellos lavándose... Cuánto los odiaba... Volví a mi casa, me cambié de ropa dos veces seguidas. Todo dentro de mí protestaba contra su presencia. No lograba dormir. Mi vecina, Klava, en cuanto los vio pisar nuestra tierra, se quedó tullida. Los tenía en su propia casa... Se murió pronto porque no podía aguantarlo...»

María Vasílievna Zhloba,
integrante de una organización clandestina

«Los alemanes entraron en nuestra aldea... Iban en motocicletas, grandes y negras... Me los quedé mirando: eran jóvenes y alegres. Se reían sin parar. ¡A carcajadas! A mí se me paraba el corazón: estaban ocupando nuestra tierra y encima se reían.

»Mi único sueño era vengarme. Me imaginaba muriendo heroicamente y que después alguien me dedicaba un libro. Que mi nombre perdurara en el recuerdo...

»En 1943 tuve a mi hija... Mi marido y yo ya nos habíamos ido al bosque, con los partisanos. Di a luz en un pantano, sobre un montón de paja. Secaba los pañales con el calor de mi cuerpo, me los colocaba en los senos, se secaban un poco, se calentaban, y volvía a ponérselos. A nuestro alrededor todo ardía, quemaban las aldeas, las casas con la gente. O encerraban a la gente dentro de una escuela, de una iglesia... Echaban queroseno... Mi sobrina de cinco años, ella escuchaba nuestras conversaciones, me preguntó: "Tía, ¿qué quedará de mí cuando me quemen? Solo las botas...". Era lo que nos preguntaban nuestros hijos...

»Yo misma recogía los restos quemados... Recogí a la familia de mi amiga... La gente buscaba huesos, pedacitos de ropa, lo que fuera, tratábamos de reconocer de quién eran. Cada uno buscaba a los suyos. Yo encontré un trozo de ropa, mi amiga dijo: "Es la blusa de mi mamá...". Y se desmayó. La gente envolvía los huesos en sábanas y en fundas de cojines. En lo que teníamos a mano. Nosotras fuimos con un bolso, con lo que recogimos no lo llenamos ni a la mitad. Lo depositamos todo en una fosa común. Todo estaba negro, solo los huesos eran blancos. Y la ceniza de los huesos... Se reconocía a simple vista... Es blanca, muy blanca...

»Después de aquello ya nada me daba miedo. Mi hija era muy pequeñita, a los tres meses me la llevaba a las misiones. El comandante me encargaba una misión y el pobre lloraba... Tenía que ir a la ciudad y traer medicamentos, vendas, sueros... Los escondía entre las piernas y los bracitos de mi hija. En el bosque había heridos. Tenía que ir. ¡Debía hacerlo! Nadie más podía hacerlo, nadie podía pasar, en todas partes había patrullas alemanas... Pero yo sí. Con mi bebé. Envuelto en pañales.

»Me cuesta confesarlo... ¡Es difícil! Cogía sal y frotaba a mi hija con ella para que le subiera la fiebre, para que llorara. Se ponía roja, la erupción le brotaba por todo el cuerpo, lloraba, gritaba a pleno pulmón. Me paraban en el puesto de control y yo les enseñaba a la niña: "Tifus, señor... Tifus...". Al instante me echaban de allí, me arreaban para que me fuera cuanto antes: "Weg! Weg!". Sí, la frotaba con sal, con ajo. La criatura era pequeña, aún le daba el pecho.

»Cuando dejábamos atrás los controles y entrábamos en el bosque, yo rompía a llorar. ¡Aullaba! Me daba tanta pena la pobre cría. Y en un par de días iba otra vez...»

María Timoféievna Savítskaia-Radiukévich,
enlace de un regimiento de partisanos

«Entonces supe lo que era el odio... Por primera vez experimenté ese sentimiento... ¡Cómo podían pisar nuestra tierra! ¿Quiénes eran? Solo de verlo me subía la fiebre. ¿Por qué estaban en mi país?

»De repente llegaba una columna con prisioneros de guerra y al pasar dejaban centenares de cadáveres en la carretera... Centenares... A los que caían desfallecidos los remataban allí mismo. Les atizaban como si fueran ganado. Dejamos de llorar a los muertos. No nos daba tiempo a enterrarlos, de tantos que había. Durante días yacían en el suelo... Los vivos convivían con los muertos...

»Me encontré a mi hermanastra. Habían quemado su aldea.

»Ella tenía tres hijos, habían muerto todos. Quemaron su casa, quemaron a sus hijos. Se sentaba en el suelo y se balanceaba de un lado a otro, acunando su pena. Se levantaba y no sabía adónde ir.

»Nos fuimos todos al bosque con los partisanos: mi padre, mis hermanos y yo. Nadie nos lo pidió, nadie nos obligó, lo decidimos nosotros. Mi madre se quedó sola con una vaca...»

Elena Fiódorovna Kovalévskaia,
partisana

«No lo dudé... Tenía una profesión útil en el frente. No lo pensé ni un segundo, no vacilé. En general, conocí a muy poca gente que quisiera esperar en casa. Esperar a que todo acabase. Recuerdo a una persona... Una mujer joven, era nuestra vecina... Me dijo con toda sinceridad: "Yo amo la vida. Quiero maquillarme, ponerme guapa, no quiero morir". No me acuerdo de nadie más. A lo mejor se lo tenían callado, en secreto. No sé qué decirle...

»Recuerdo que saqué las plantas afuera de mi habitación y les pedí a mis vecinos:

»—Riéguenlas, por favor. Volveré pronto.

»Volví al cabo de cuatro años...

»Las chicas que se quedaban en casa nos tenían envidia, las mujeres lloraban. De las que iban conmigo, una de las muchachas no lloraba, todas las demás llorábamos, pero ella no. Cogió el pañuelo y se mojó los ojos con agua. Un poquito. Se sentía algo incómoda: todas llorábamos y ella no. ¿Acaso entendíamos qué era la guerra? Éramos jóvenes... Ahora sí, me despierto aterrorizada en mitad de la noche si sueño que estoy otra vez en la guerra... El avión vuela, mi avión, se eleva y... cae... Entiendo que me estoy cayendo. Son los últimos minutos de mi vida... Da tanto miedo. Hasta que me despierto, hasta que el sueño se evapora. Los viejos temen a la muerte, los jóvenes se ríen de ella. ¡Son inmortales! Yo jamás pensé que podía morirme...»

Anna Semiónovna Dubróvina-Chekunova,
teniente mayor de Guardia, piloto

«Me acababa de licenciar en la escuela de Medicina... Volví a mi pueblo, mi padre estaba enfermo. Y de repente llegó la noticia: la guerra. Me acuerdo de que nos enteramos por la mañana... Conocí aquella terrible noticia por la mañana... El rocío matutino no se había secado aún cuando nos lo anunciaron: ¡la guerra! Ese rocío que de pronto vi sobre la hierba, sobre los árboles, después lo recordaba cuando estaba en el frente. La naturaleza contrastaba con lo que nos ocurría a los humanos. El sol brillaba... Las margaritas, mi flor favorita, florecían; en los prados las había a mares...

»Recuerdo que un día nos escondimos en un campo de trigo, era un día soleado. Las metralletas alemanas se despertaron: ta-ta-ta-ta, y luego nada, el silencio. Solo se oía el susurro del trigo... Te hacía pensar: "¿Volveré a escuchar alguna otra vez el susurro del trigo?...".»

María Afanásievna Garachuk,
técnica sanitaria

«A mi madre y a mí nos evacuaron... A la ciudad de Sarátov... En unos tres meses aprendí el oficio de tornera. Las jornadas de trabajo eran de veinte horas. Pasábamos hambre. Yo lo único que tenía en mente era conseguir ir al frente. Buena o mala, allí había comida. Habría galletas y té con azúcar. Racionaban la mantequilla. No recuerdo quién nos lo dijo. ¿Tal vez fueron los heridos de la estación de trenes? Queríamos escapar del hambre y, por supuesto, éramos del Komsomol. Fui con una amiga a la oficina de reclutamiento, pero no dijimos que trabajábamos en la fábrica. Si lo hubiesen sabido, no nos habrían admitido. Pero nos inscribieron.

»Nos enviaron a la Escuela de Infantería de Riazán. Salimos de allí con licencia de comandante de la escuadra de ametralladoras. La ametralladora pesaba mucho, cargábamos con ella. Como unos caballos. De noche había que hacer guardia, estábamos atentas al más mínimo ruido. Como linces. Controlábamos cualquier susurro... Se dice que en la guerra te conviertes en mitad humano, mitad animal. Totalmente cierto... No hay otra forma de sobrevivir. Si te limitas a ser humano, no hay salvación. ¡Perderás la cabeza! En la guerra uno debe recordar algo perdido dentro de sí. Algo arcano... Algo que procede de los tiempos en que el hombre no era del todo humano... No soy una persona muy culta, soy una simple contable, pero sé lo que digo.

»Acabé la guerra en Varsovia... Y lo hice todo a pie. Ya lo dicen, la infantería es el proletariado de la guerra. Avanzábamos arrastrándonos... No me pregunte más... No me gustan los libros sobre guerras. Sobre héroes... Estábamos todos hechos una ruina, tosiendo, sin dormir, sucios, mal vestidos, así éramos. A menudo hambrientos... Pero ¡ganamos la guerra!»

Liubov Ivánovna Lúbchik,
comandante de la escuadra de ametralladoras

«Mi padre —yo lo sabía— había muerto en un combate... Mi hermano también murió. Morir o no morir ya daba igual. Yo solo sentía pena por mi madre. Una mujer bella se había convertido de un momento a otro en una anciana muy enfadada con su destino, no podía vivir sin mi padre.

»—¿Por qué te vas a la guerra? —me preguntó.

»—Para vengar la muerte de papá.

»—Tu padre no habría soportado verte con un fusil.

»Cuando era pequeña, mi padre me peinaba. Me ponía lazos en el pelo. La ropa bonita le gustaba más que a mi madre.

»En la unidad militar fui la telefonista. Más que cualquier otra cosa recuerdo cómo el comandante exigía a gritos: "¡Reemplazos! ¡Solicito los reemplazos! ¡Exijo los reemplazos!". Y así cada día...»

Uliana Ósipovna Némser,
sargento, telefonista

«No soy ninguna heroína... Yo era una niña guapa, de pequeña me mimaban mucho...

»Comenzó la guerra... No quería morir. Disparar me daba miedo, nunca había pensado que dispararía. ¡Qué va! Me espantaba la oscuridad, el bosque espeso. Por supuesto, tenía miedo de los animales... Ufff... Cruzarse con un lobo o con un jabalí, no me atrevería ni a imaginarlo. Incluso los perros me daban miedo, cuando era pequeña me mordió un pastor alemán y desde entonces les tenía pánico. ¡Qué va! Yo soy así... Pero con los partisanos aprendí de todo... Aprendí a disparar: la metralleta, la pistola, la ametralladora. Si hiciera falta, sabría demostrarlo ahora mismo. Recordaría cómo se hace. Nos enseñaban incluso cómo proceder si lo único que teníamos era una navaja o una pala. Dejé de tener miedo a la oscuridad. Y a los animales... Pero no me acercaría a una serpiente, no me acostumbré a las serpientes. De noche en el bosque solían aullar las lobas. Nosotros estábamos en nuestras cuevas subterráneas, como si nada. Los lobos estaban hambrientos, feroces. Y las cuevas eran pequeñas, parecían madrigueras. El bosque era nuestra casa. La casa de los partisanos. ¡Qué va! Después de la guerra, empecé a tenerle otra vez miedo al bosque... Si puedo, evito las excursiones al bosque...

»Pensé que podría pasar la guerra escondida en mi casa, junto a mi madre. Junto a mi bella madre, ella era muy guapa. ¡Qué va! Yo misma jamás me habría atrevido... Ni hablar. No me atreví... Pero... Nos dijeron... que los alemanes habían entrado en la ciudad y me di cuenta de que yo soy judía. Antes de la guerra habíamos vivido en armonía: rusos, tártaros, alemanes, judíos... Éramos todos iguales. ¡Qué va! Yo ni siquiera había oído la palabra "judío", yo vivía con mi papá, mi mamá, con mis libros. Y de pronto éramos leprosos, nos echaban de todas partes. Algunos conocidos incluso dejaron de saludarnos. Sus hijos no nos saludaban. Los vecinos nos decían: "Déjennos sus cosas, ya no las necesitarán". Antes de la guerra eran amigos de la familia: tío Volodia, tía Ania... ¡Qué va!

»A mi madre la mataron de un tiro... Ocurrió unos días antes de nuestro traslado al gueto. Las directrices colgaban por toda la ciudad: a los judíos se les prohibía circular por la zona peatonal, cortarse el pelo en la peluquería, comprar en las tiendas... Se les prohibía reír, se les prohibía cantar... ¡Qué va! Mamá no lo tenía asumido, siempre fue un poco despistada. O tal vez no se lo había querido creer... ¿Habría entrado en una tienda? ¿O le habrían dicho algo y ella se rió? Como hacen las mujeres guapas... Antes de la guerra ella cantaba en la filarmónica, todos la querían. ¡Qué va! Me imagino... Si no hubiera sido tan bella... Nuestra madre... Si hubiera ido conmigo, o con papá... No dejo de pensar en ello... Nos la trajeron unos desconocidos en plena noche, estaba muerta. Le habían quitado el abrigo y los zapatos. Fue una pesadilla. ¡Una noche horrible! ¡Horrible! Alguien le había quitado el abrigo y los zapatos. Le habían quitado la alianza, el regalo de mi padre...

»En el gueto no teníamos una casa para nosotros, nos tocó vivir en un desván. Papá se llevó el violín, lo más valioso que teníamos, quería venderlo. Yo estaba en cama con una amigdalitis grave... Tenía mucha fiebre y no podía hablar. Papá quería comprar algo de comida, tenía miedo de que yo muriese. Sin mi mamá me moriría...

Sin sus palabras, sin sus manos. Yo, una niña tan mimada... Tan querida... Le estuve esperando durante tres días hasta que unos conocidos me avisaron de que le habían matado... Dijeron que había sido por el violín... No sé si realmente tenía valor. Mi padre, antes de irse, dijo: "A ver si lo cambio por una jarra de miel y un trozo de mantequilla". ¡Qué va! Me quedé allí, sin mi madre..., sin mi padre...

»Fui a buscar a papá... Quería encontrar su cuerpo para que estuviéramos juntos. Yo era clarita, no morena, de pelo claro, así que en la ciudad nadie me había tocado. Fui al mercado... Allí me encontré con un amigo de mi padre que se había mudado fuera de la ciudad, vivía con sus padres en una aldea. Era músico como papá. Tío Volodia. Se lo conté todo... Me escondió en su carreta debajo de la capota. En la carreta, los cochinillos chillaban, las gallinas cacareaban, el viaje fue largo. ¡Qué va! Llegamos casi de noche. Me quedaba dormida, me despertaba...

»Así fue como acabé con los partisanos...»

Anna Iósifovna Strumílina,
partisana

«Hubo un desfile militar... Nuestro destacamento de partisanos desfiló junto a las unidades del Ejército Rojo. Después del desfile nos ordenaron que entregáramos las armas y que dedicáramos nuestros esfuerzos a la rehabilitación de la ciudad. No nos cabía en la cabeza: la guerra continuaba, tan solo se había liberado Bielorrusia, pero a nosotros nos exigían que dejáramos de combatir. Fuimos a la oficina de reclutamiento, todas las chicas... Yo dije que era enfermera y solicité que me enviaran al frente. Me prometieron: "Muy bien, anotamos sus datos y si la necesitamos ya le avisaremos. De momento vaya usted a trabajar".

»Esperé. No recibía ningún aviso. Fui otra vez a la oficina... Y así varias veces... Finalmente conseguí que me hablaran con franqueza: no me necesitaban, ya tenían suficientes enfermeras. Ahora lo necesario era desescombrar Minsk... La ciudad estaba en ruinas... ¿Me pregunta cómo eran las chicas? Una de ellas, Chernova, estaba embarazada cuando transportó una mina atada a su costado, allí donde latía el corazón de su bebé. Puede sacar sus propias conclusiones sobre cómo era aquella gente. Nosotros no necesitábamos ahondar en cómo éramos, porque éramos nosotros. Nos educaron en la idea de que éramos uno con la Patria. Otra amiga mía salía de casa con su hija, y el cuerpo de la niña, por debajo del vestido, iba todo envuelto de folletos propagandísticos. La pequeña alzaba los brazos y se quejaba: "Mamá, tengo calor. Mamá, tengo calor". Y las calles estaban repletas de alemanes. Policías auxiliares. Burlar a un soldado alemán aún era posible; burlar a un policía auxiliar, jamás. Era gente local, nos conocían, conocían nuestro modo de ser. Nuestra forma de pensar.

»Incluso los niños... Nos los llevábamos al destacamento, pero eran niños. ¿Cómo podíamos salvarlos? Decidimos enviarlos lo más lejos posible de la línea del frente, a los orfanatos de la retaguardia, pero ellos se escapaban, anhelaban llegar al frente. Los interceptaban en los trenes, en las carreteras, y los devolvían al orfanato. Pero ellos volvían a escapar.

»Se tardará cientos de años en digerir lo que ocurrió. ¿Qué clase de gente era aquella? ¿De dónde venía? Imagínese: una embarazada caminando con una mina atada al cuerpo... Estaba encinta... Amaba, quería vivir. Claro que tenía miedo. Y sin embargo, iba por ahí con esa mina... No lo hizo por Stalin, sino por sus hijos. Por su futuro. Se negaba a vivir de rodillas. Someterse al enemigo... Tal vez éramos unos ciegos, no lo niego, no sabíamos, no comprendíamos muchas cosas, pero éramos ciegos y puros a la vez. Éramos dos universos unidos, dos realidades unidas. Debe entenderlo...»

Vera Serguéievna Románovskaia,
enfermera

—Llegó el verano... Me gradué en la escuela de Medicina y recibí el diploma. ¡La guerra! Recibí una llamada de la oficina de reclutamiento y me ordenaron: «Dispone de dos horas. Prepare sus cosas. La enviamos al frente». Hice una maleta pequeña.

—¿Qué se llevó a la guerra?

—Bombones.

—¿Cómo dice?

—Una maleta llena de bombones. Al acabar la escuela me habían designado a una aldea, así que me pagaron la indemnización por el traslado. Tenía dinero y me lo gasté todo en comprar una maleta de bombones de chocolate. Sabía que en la guerra no necesitaría dinero. Encima de los bombones puse la orla de mi promoción, donde salían todas mis amigas. Fui a la oficina de reclutamiento. El comandante me pregunta: «¿Dónde quiere que la destinemos?». Le digo: «¿Adónde irá mi amiga?». Habíamos llegado juntas a la región de Leningrado, ella trabajaba en otra aldea a unos quince kilómetros. El hombre se ríe: «Ella me ha preguntado lo mismo». Cogió mi maleta para acercármela al camión que nos llevaba a la estación: «Pesa mucho, ¿qué lleva?». «Bombones. Una maleta entera.» Se calló. Dejó de sonreír. Se notaba que se sentía incómodo, cohibido. Era un hombre de una cierta edad... Sabía adónde me estaba enviando...

María Vasílievna Tijomírova,
técnica sanitaria

«Mi destino se decidió enseguida...

»En la oficina de reclutamiento vi el anuncio: "Se buscan conductores". Me apunté a un cursillo de seis meses... Ni se fijaron en que era maestra (antes de la guerra había estudiado en la escuela de Pedagogía). ¿Quién necesita maestras cuando estamos en guerra? Se necesitan soldados. Éramos muchas chicas, un batallón de vehículos.

»Una vez, durante un ejercicio de tropas... No sé por qué, pero no puedo recordarlo sin llorar... Era primavera. Habíamos acabado el ejercicio de tiro y regresábamos a pie. Recogí unas violetas. Un ramito pequeño, lo até a la bayoneta.

»Volvimos al campamento. El comandante nos hizo formar en fila y me llamó. Salí de la fila... Olvidé por completo que iba con aquellas violetas. Me riñó: "Un soldado es un soldado, no una niña que va recogiendo flores". Le era incomprensible que alguien pudiera pensar en coger flores en una situación como aquella. Un hombre no lo podía comprender... Pero yo no tiré mis violetas. Las quité de la bayoneta y me las guardé en el bolsillo. Por esas violetas me castigaron con tres recargos extra...

»En otra ocasión estaba haciendo guardia. A las dos de la madrugada vinieron a relevarme, pero yo me negué. Le dije al compañero que fuese a dormir: "Ya harás la guardia de día, yo me quedo". Estaba dispuesta a estar allí toda la noche, hasta el amanecer, con tal de poder oír a los pájaros. Solo de noche podía encontrarse algo que recordara a nuestra vida anterior. De paz.

»Cuando nos marchamos al frente, la gente salió a la calle y formaron una especie de muro humano: las mujeres, los ancianos, los niños. Todos lloraban: "Las chicas se van a la guerra". El mío fue un batallón de muchachas.

»Yo iba al volante... Después del combate, recogimos a los caídos. Todos eran jóvenes. Unos niños. Y entre ellos de pronto, una chica. Una chica muerta... Nos quedamos mudas...»

Tamara Illariónovna Davidóvich,
sargento, conductora

«¿Que cómo me preparaba para ir al frente?... Pues no me va usted a creer... Pensaba que acabaría pronto. ¡Que pronto venceríamos al enemigo! Me llevé una falda, mi falda favorita, dos pares de calcetines y un par de zapatos. Abandonábamos Vorónezh, pero recuerdo que entramos corriendo en una tienda y me compré otro par de zapatos, de tacón alto. Es una imagen que tengo: la retirada, alrededor todo estaba negro, humeante... Pero la tienda estaba abierta: ¡un milagro! No sé por qué, pero me encapriché de aquellos zapatos. Eran muy elegantes, lo recuerdo... Y también me compré un perfume...

»Cuesta renunciar de golpe a la vida que has llevado siempre. No solo se opone el corazón, sino todo tu organismo. Me acuerdo de lo contenta que estaba al salir de la tienda con los zapatos. Estaba entusiasmada. Por todas partes había humo... Retumbaban los disparos... Estaba en plena guerra, pero todavía no quería pensar en ella. No me lo creía.

»Y eso mientras a mi alrededor tronaban los cañones...»

Vera Iósifovna Jóreva,
cirujana militar

Sobre lo cotidiano y lo existencial

«Soñábamos... Habíamos deseado tanto entrar en combate...

»Nos acomodaron en un vagón y allí mismo comenzó la formación. Era distinto de lo que nos habíamos imaginado en casa. Había que levantarse muy temprano y nos pasábamos los días corriendo. Pero en nuestro interior aún perduraba la mirada de antes de la guerra. Nos indignaba que el cabo mayor Gúsev, un hombre sin estudios, que solo tenía los cuatro cursos de secundaria, nos quisiera enseñar el reglamento de combate cuando ni siquiera sabía pronunciar bien ciertas palabras. Pensábamos: "¿Y qué nos puede enseñar este tipo?". En realidad, nos estaba explicando cómo sobrevivir...

»Cuando pasamos la formación, justo antes del juramento militar, el cabo nos trajo los uniformes: capotes, gorros, camisas, faldas... En vez de combinaciones nos entregaron dos camisas de algodón de corte masculino, en vez de medias nos dieron peales y, para colmo, unos pesados borceguíes americanos con el tacón y la punta herrados. Por mi altura y mi constitución, resultó que yo era la más pequeña de toda la unidad: medía un metro cincuenta y tres, y calzaba la talla 35. Por supuesto, la industria textil militar no trabajaba con unas medidas tan minúsculas, y menos aún si eran suministradas por Estados Unidos. Me tocaron unos borceguíes de la talla 42. Me los quitaba y ponía sin desatar los cordones, eran tan pesados que tenía que caminar arrastrando los pies. La primera vez que marché al paso con compás fue por una calzada empedrada, y mi calzado despedía chispas. Además, mi andar parecía cualquier cosa menos un paso con compás. Me espanta recordar la pesadilla de aquella primera marcha. Yo estaba dispuesta a realizar una hazaña, pero no estaba preparada para calzar el cuarenta y dos en vez del treinta y cinco. ¡Es tan pesado y tan feo! ¡Tan feo!

»El comandante se fijó en mi manera de andar y me llamó:

»—¡Smirnova! ¿Te parece eso un paso con compás? ¿Acaso no te han enseñado cómo se hace? ¿Por qué no levantas el pie? ¡Tres recargos extra!

»—¡A la orden, camarada teniente mayor, tres recargos extra! —Me di la vuelta para retirarme y me caí de bruces. Los pies se me salieron de los borceguíes... Los tenía sangrando...

»Fue así como se dieron cuenta de que no podía caminar. Entonces ordenaron al zapatero de nuestra compañía que me hiciera unas botas de la talla 35. Tuvo que usar la lona de una vieja tienda de campaña...»

Nonna Aleksándrovna Smirnova,
soldado, servidora de una pieza antiaérea

«La de momentos de risa que pasamos...

»La disciplina, los reglamentos, las insignias: toda esa ciencia militar se nos hacía muy cuesta arriba. Una vez estábamos de guardia vigilando los aviones. Según el reglamento, si alguien se acerca, hay que pararle al grito de: "¡Alto! ¿Quién va?". Pues se acerca el comandante y mi amiga va y le lanza: "¡Alto! ¿Quién va? ¡Con su permiso, voy a disparar!". ¿Se lo imagina? Gritó: "¡Con su permiso, voy a disparar!". Con su permiso... ¡Qué risa!»

Antonina Grigórievna Bóndareva,
teniente de Guardia, piloto al mando

«Las chicas llegábamos a la escuela militar con unas trenzas muy largas... Esos peinados... Yo también llevaba una corona de trenzas... Pero ¿dónde íbamos a lavarnos una melena tan larga? ¿Cómo nos la secaríamos? Cada dos por tres sonaba la alarma, y había que acudir corriendo, tuviéramos el pelo mojado o seco. Nuestra comandante, Marina Raskova, nos ordenó que nos cortáramos las trenzas. Todas las chicas obedecimos entre llantos. Pero Lilia Litviak, que acabó siendo una piloto muy conocida, no quiso deshacerse de su trenza.

»Fui a informar a Raskova:

»—Camarada comandante, su orden está cumplida, solo Litviak se ha negado.

»Marina Raskova, con toda su bondad femenina, era una comandante rigurosa. Me envió de vuelta.

»—¿Qué clase de secretario de la organización del partido eres si no sabes hacer que se cumplan las órdenes? ¡Media vuelta, andando!

»Pero los vestidos, los zapatos de tacón... Nos daba tanta lástima... Los guardamos escondidos. De día nos calzábamos las botas y por la noche nos los poníamos, para mirarnos un rato en el espejo. Raskova lo descubrió, y unos días después recibimos la orden: debíamos enviar por correo toda nuestra ropa civil a casa. ¡Así lo hicimos! No hay que olvidar que nos aprendimos el funcionamiento del nuevo modelo de avión en medio año en vez de en dos, como sucedía en tiempos de paz.

»Durante los primeros días del entrenamiento perecieron dos tripulaciones. Cuatro ataúdes. Todas nosotras, los tres regimientos, lloramos a lágrima viva.

»Raskova nos dijo:

»—Amigas, secad las lágrimas. Son nuestras primeras pérdidas, pero habrá muchas más. Apretad vuestros corazones...

»Después, ya en la guerra, enterramos a las compañeras sin derramar ni una sola lágrima. Dejamos de llorar.

»Pilotábamos aviones de caza. La altura por sí misma ya era una enorme carga para el organismo femenino, a veces la barriga se nos pegaba a la columna vertebral. Pero ¡las chicas volábamos y derribábamos a los ases de la aviación! ¡Así era! ¿Sabe?, los hombres nos observaban perplejos. Nos admiraban...»

Klavdia Ivánovna Térejova,
capitana de las fuerzas aéreas

«En otoño me llamaron de la oficina de reclutamiento... Me recibió el comisario militar, me preguntó: "¿Sabe saltar con paracaídas?". Confesé que me daba miedo. Había mucha propaganda de las fuerzas de desembarco aéreo: un uniforme bonito, chocolate cada día... Pero desde pequeña me daban miedo las alturas. "¿Le hace más ilusión la artillería antiaérea?" ¡Como si yo supiera qué es la artillería antiaérea! Entonces propuso: "¿Y si la enviamos a un destacamento de partisanos?". "¿Podría escribirle cartas a mi madre, que vive en Moscú?" Él cogió un lápiz rojo y finalmente escribió en mi credencial: "Frente de la estepa"...

»En el tren había un joven capitán que se enamoró de mí. Pasó la noche de pie en nuestro vagón. No era un novato, le habían herido más de una vez. No me quitaba el ojo de encima, me dijo: "Vera, por favor, no se rinda, no se vuelva una amargada. Hay tanta ternura en usted... ¡Yo ya he visto demasiadas cosas!". Y frases por el estilo, sobre lo difícil que era salir puro de la guerra. Del infierno.

»Mi amiga y yo tardamos un mes en alcanzar al Cuarto Ejército de la Guardia del Segundo Frente Ucraniano. Finalmente llegamos. El cirujano jefe salió del quirófano, nos observó unos minutos y nos hizo pasar al quirófano: "Esta es vuestra mesa...". Los vehículos sanitarios llegaban uno tras otro, vehículos de gran capacidad, los Studebaker... Los heridos estaban tirados en el suelo, en las camillas. Lo único que preguntamos era a qué heridos debíamos atender primero, nos dijo: "A los que están callados...". Al cabo de una hora ya estaba en mi mesa operando. Y ahí empecé... Operaba durante un día entero, paraba, dormía un poquito, me lavaba la cara y volvía a mi mesa. Cada tres pacientes, uno moría. No llegábamos a ayudar a todos. Uno de cada tres, los muertos...

»En la estación de trenes de Zhmérinka hubo un bombardeo

aéreo tremendo. El tren sanitario se paró, todos salimos corriendo. Al comisario político le habían operado de apendicitis el día anterior... pues él también corría. Pasamos la noche en el bosque, nuestro tren quedó hecho añicos. De madrugada aparecieron los aviones alemanes y peinaron el bosque con vuelo rasante. ¿Dónde podíamos escondernos? No éramos unos topos, no podíamos meternos bajo tierra. Me quedé de pie, abrazada a un abedul: "¡Ay, mamá, mamá! ¿Será posible que me muera? Si sobrevivo, seré la persona más feliz del mundo". Le cuente a quien le cuente lo del abedul, todos se tronchan. Fui un blanco muy fácil. Ahí erguida, junto a un abedul blanco... ¡Ay, qué risa!

»Celebré el día de la Victoria en Viena. Fuimos al zoo, me apetecía mucho. La otra opción era visitar el campo de concentración. Todos estábamos invitados. Pero no fui... Ahora me pregunto: "¿Por qué no fui?...". Tenía ganas de algo alegre. Divertido. De ver otro tipo de vida...»

Vera Vladímirovna Sheváldysheva,
teniente mayor, cirujana

«Éramos tres... Mamá, papá y yo... El primero en marcharse al frente fue mi padre. Mamá quiso irse con él, era enfermera, pero les separaron. Yo apenas había cumplido los dieciséis... No me quisieron admitir. Fui varias veces a la oficina de reclutamiento, al cabo de un año me aceptaron.

»Primero viajamos en un tren, un viaje largo. Junto con nosotras iban los soldados que volvían de los hospitales, también había chicos jóvenes. Nos hablaban sobre el frente, nosotras les escuchábamos boquiabiertas. Decían que nos bombardearían. Nosotras lo esperábamos: ¿cuándo empezaría el bombardeo? Nos hacía ilusión, iríamos al frente y podríamos decir que éramos unos soldados experimentados.

»Llegamos. Pero en vez de armas, nos entregaron ollas, para lavar en las tinas. Todas eran chicas de mi edad. Antes teníamos a nuestros padres que nos querían, nos mimaban. Yo era hija única. Y de pronto ahí estábamos, cortando leña, avivando las estufas. Luego usábamos las cenizas para lavar, en vez de jabón: se había acabado y no se sabía si volverían a traer o no. La ropa estaba sucia, llena de parásitos. Impregnada de sangre... En invierno, la sangre pesaba todavía más...»

Svetlana Vasílievna Katýjina,
soldado, unidad de lavandería

«Todavía recuerdo a mi primer herido... Recuerdo su cara... Tenía una fractura abierta de la diáfisis femoral. ¿Se lo imagina? El hueso se le salía afuera, una herida de metralla, todo era un revoltijo. Ese hueso... Me sabía la teoría, sabía lo que tenía que hacer, pero, cuando me acerqué a rastras hasta él y vi aquello, me sentí mareada. De pronto escuché: "Beba un poquito de agua, hermanita".* El herido me lo había dicho a mí. Le daba pena. Aquello se me grabó en la memoria. Nada más oírlo, recapacité: "¡A tomar por saco las finezas de damisela! Este hombre se está muriendo y yo aquí mareada". Desplegué el paquete de curas y le cubrí la herida: me sentí aliviada, le había prestado ayuda como era debido.

»A veces veo películas bélicas: la enfermera va por allí, paseándose en primera línea de fuego, toda limpita ella, tan recogidita, con una falda en vez del pantalón guateado, y con su gorrito bien colocado encima del tocado. ¡Mentira! ¿Acaso hubiéramos sido capaces de sacar a un herido del combate vestidas así? Ya me dirá usted si se puede arrastrar algo por tierra vestida con una faldita, toda rodeada de hombres. A decir verdad, las faldas nos las entregaron solo cuan-

---

* En el idioma ruso, el término que hace referencia a una profesional de la enfermería es una palabra compuesta cuya traducción literal es «hermana médica». En el lenguaje coloquial, a menudo se utiliza simplemente «hermana».

Durante la guerra se creaba entre enfermeras y pacientes una relación cercana y afectuosa que sobrepasaba los límites estrictamente profesionales. Un herido en combate percibía a una auxiliar sanitaria como a una compañera, casi como a una hermana espiritual. Hemos querido mantener este matiz emocional del término ruso para transmitir la atmósfera del libro. *(N. de las T.)*

do la guerra se estaba acabando, eran para las ocasiones especiales. Al mismo tiempo recibimos también ropa interior de mujer, en vez de los paños menores que llevábamos, de hombre. Estábamos locas de alegría. Nos desabrochábamos las camisas para que se viera...»

Sofía Konstantínovna Dubniakova,
cabo mayor, instructora sanitaria

«El bombardeo... Bombardeaban, bombardeaban, bombardeaban. Todos echaron a correr... Yo también. Corría y oía un gimoteo: "Ayuda... Ayuda...". Pero continué corriendo... Al poco empecé a darme cuenta de algo, noté el bolso sanitario colgando de mi hombro. Y la vergüenza. ¡El miedo desapareció! Me di la vuelta y regresé corriendo: había un soldado herido, gimiendo. Le vendé la herida. Luego pasé a otro, y a otro...

»Por la noche, el combate se acabó. A la mañana siguiente cayó la nieve. Bajo ella estaban los muertos... Muchos tenían los brazos levantados... hacia el cielo... Pregúnteme: "¿Qué es la felicidad?". Yo le contestaré... "Es encontrar entre los caídos a alguien con vida..."»

Anna Ivánovna Beliái,
enfermera

«Vi a mi primer muerto en combate... Le miraba y lloraba... Lloré su muerte... Entonces oí que me llamaba un herido: "¡Véndeme la pierna!". Tenía una pierna arrancada de cuajo, se mantenía en su sitio solo por la pernera del pantalón. Corté la pernera: "¡Ponme la pierna aquí! ¡Ponla a mi lado!". Hice lo que me pidió. Los heridos, si estaban conscientes, no nos permitían que dejáramos por ahí sus brazos, ni sus piernas. Se las quedaban. Y si morían, nos pedían que enterrásemos a sus miembros con ellos.

»En la guerra creía que jamás me olvidaría de nada. Pero se olvida...

»Era un hombre joven, guapo. Y yacía allí, muerto. Yo me imaginaba que a todos los que caían en combate los enterraban con honores militares, pero lo arrastraron hacia el boscaje como si nada. Cavaron una tumba... Lo pusieron allí tal cual, sin ataúd, solo echaron tierra encima. El sol brillaba mucho, también lo iluminaba a él... Era un cálido día de verano... No había nada, ni siquiera una lona de campaña, lo metieron en la tumba con su uniforme, la camisa y el pantalón, tal como iba vestido, las prendas eran nuevas, debía de haber llegado hacía poco. Lo pusieron en la fosa y le echaron tierra encima. El hoyo era poco profundo, lo justo para que cupiera. Su herida no era grande, pero sí mortal: un tiro en la sien. Se pierde poca sangre y el hombre parece vivo, aunque muy pálido.

»Enseguida comenzó el bombardeo. Aquel sitio quedó destruido. No sé si quedó algo...

»¿Sabe cómo enterrábamos a los muertos cuando estábamos sitiados? Allí mismo, al lado de la trinchera donde nos ocultábamos, los enterrábamos y ya está. Quedaba como una montañita y nada más. Si detrás venían las tropas alemanas, o los carros, enseguida los aplastaban, por supuesto. No había marcas, quedaba una superficie como cualquier otra. A menudo los enterrábamos en los bosques, debajo de los árboles... Debajo de los robles, de los abedules...

»Ya no soy capaz de estar en un bosque. Menos aún si es un bosque de árboles viejos... No puedo estar allí...»

Olga Vasílievna Korzh,
instructora sanitaria del escuadrón de caballería

«En el frente perdí la voz... Yo tenía una buena voz...

»La recuperé cuando regresé a casa. Se reunió la familia y brindamos: "Venga, Vera, cántanos algo". Y empecé a cantar...

»Me fui al frente siendo una materialista consciente. Una atea. Me fui siendo una buena alumna de la escuela soviética. Y allí... Allí empecé a rezar... Antes de cada combate rezaba mis propias oraciones. Eran palabras sencillas... Mis propias palabras... Siempre decía lo mismo: rezaba por volver con mis padres. No me sabía las oraciones de verdad y no me había leído la Biblia. Nadie me vio rezar. Lo hacía a escondidas. Con mucha precaución. Porque... entonces éramos distintos, la gente entonces era diferente. ¿Me comprende? Nuestro modo de pensar era diferente, de entenderlo todo... Porque... Le contaré un caso... Una vez entre los recién llegados había un creyente, y los soldados se reían cuando le veían rezar: "¿Qué, tu Dios te ayuda? Y si Él existe, ¿por qué permite todo esto?". Ellos no creían, igual que tampoco creía aquel hombre que gritaba delante del Cristo crucificado: "Si Él te ama, ¿por qué no te salva?". Después de la guerra leí la Biblia... La he continuado leyendo toda la vida... Aquel soldado era un hombre responsable, no quería disparar. Se negaba: "¡No puedo! ¡No voy a matar!". Todos aceptaban matar, pero él no. ¿Sabe qué tiempos eran aquellos? Unos tiempos terribles... Porque... Le entregaron a los tribunales y dos días más tarde lo fusilaron... ¡Dos tiros!

»Eran otros tiempos... Otras gentes... ¿Cómo se lo explico?... Cómo...

»Por suerte... Yo no veía la gente a la que mataba... Pero... Da lo mismo... Ahora sé que yo mataba igual. Pienso en ello... Porque... Porque me he hecho vieja. Rezo por mi alma. Le he dicho a mi hija que, cuando yo me muera, lleve mis condecoraciones y medallas a una iglesia, no a un museo. Que se los entregue al sacerdote... Vienen a mí en sueños... Los muertos... Mis muertos... Aunque nunca los haya visto, vienen y me observan. Los miro, busco entre ellos para ver si hay heridos, aunque estén muy graves, para poderlos salvar. No sé cómo decirlo... Pero todos están muertos...»

Vera Borísovna Sapguir,
sargento, servidora de una pieza antiaérea

«Yo, lo que no podía tolerar eran las amputaciones... A menudo cortaban muy arriba, amputaban una pierna y apenas podía sostenerla para llevarla hasta la palangana. Recuerdo que pesaban mucho. Me acercaba silenciosamente para que el herido no se diera cuenta, y me las llevaba como si fueran un bebé... Un recién nacido... Sobre todo si era una amputación alta, muy por encima de la rodilla. No lograba acostumbrarme. Bajo los efectos de la anestesia, los heridos gemían, o bien echaban pestes. Soltaban unas palabrotas muy rebuscadas. Yo siempre iba cubierta de sangre... Era oscura... Negra...

»No se lo contaba a mi madre. En las cartas que le enviaba le decía que todo iba bien, que tenía ropa de abrigo, un buen calzado. Mi madre había enviado al frente a tres de los suyos, para ella no era fácil...»

María Selivéstrovna Bozhok,
enfermera

«Nací y me crié en Crimea... Cerca de Odesa. En 1941 terminé el décimo curso en la escuela Slobodskaia del distrito Kordymski. Cuando empezó la guerra, los primeros días escuchaba la radio. Comprendí que estábamos perdiendo terreno... Fui corriendo a la oficina de reclutamiento, me enviaron de vuelta a casa. Fui otras dos veces más y en las dos ocasiones me rechazaron. El 28 de julio por nuestro pueblo pasaron las tropas en retirada, me uní a ellas y me marché al frente sin dar ningún aviso.

»Al ver al primer herido me desmayé. Después se me pasó. La primera vez que me metí bajo una lluvia de balas para rescatar a un soldado, gritaba tan fuerte que ahogaba el ruido de la artillería. Después me acostumbré. Unos diez días más tarde me hirieron, yo misma me extraje la metralla y me puse el vendaje...

»El 25 de diciembre de 1942... La 333.ª División del Quincuagésimo Sexto Ejército se instaló en una dominación en las cercanías de Stalingrado. El enemigo quería arrebatárnosla a toda costa. Se libró una batalla. Nos atacaron con tanques, pero con nuestra artillería logramos frenarlos. Los alemanes recularon. En la zona de nadie quedó un herido, el teniente Kostia Júdov, el artillero. Los camilleros que trataron de sacarle cayeron muertos. Enviamos a dos perros de rescate sanitario (esa fue la primera vez que los vi), también los mataron. Entonces me quité el gorro, me levanté y canté, primero a media voz y luego cada vez más y más fuerte, nuestra canción favorita de antes de la guerra: *Te despedí cuando te fuiste a la batalla.* A ambos lados de la zona neutra se instaló el silencio. Me acerqué a Kostia, me incliné, lo acomodé en el trineo y empecé a arrastrarlo hacia nuestro bando. Mientras caminaba pensaba: "Que no me disparen a la espalda, que me peguen un tiro en la cabeza". Un paso, otro... Los últimos instantes de mi vida... ¡Ahora! ¿Me dolerá o no? ¡Qué miedo! Pero no hubo ningún disparo.

»Los uniformes volaban: entregaban los nuevos y en un par de días se nos quedaban empapados de sangre. Mi primer herido fue el teniente mayor Belov; mi último herido, Serguéi Petróvich Trofímov, sargento de la unidad de morteros. En 1970 vino a verme, le enseñé a mis hijas la gran cicatriz que tenía en la cabeza, la marca de la herida. En total, saqué de bajo el fuego a cuatrocientos ochenta y un heridos. Un periodista hizo los números: todo un batallón de infantería... Cargábamos con hombres que pesaban dos y tres veces más que nosotras. Los heridos pesan más todavía. Arrastrábamos al herido con sus armas, su capote, sus botas. Nos echábamos sobre las espaldas esos ochenta kilos y los llevábamos. Y después íbamos a por el siguiente, otros setenta y cinco u ochenta kilos... Así como cinco o seis veces durante un combate. Y eso que nosotras no pasábamos de los cincuenta kilos, como las bailarinas. No me lo creo ya... No me lo creo...»

María Petrovna Smirnova (Kujárskaia),
instructora sanitaria

«Año 1942... Salimos en misión. Cruzamos la línea del frente y nos paramos al lado de un cementerio. Sabíamos que los alemanes estaban a cinco kilómetros. Era de noche, ellos lanzaban bengalas sin parar. Las mismas que usan los paracaidistas. Esas bengalas permanecen encendidas durante mucho rato e iluminan a mucha distancia. El jefe de la sección me llevó hasta un rincón del cementerio, me señaló desde dónde estaban lanzando los cohetes, me enseñó los arbustos por los que podrían llegar los alemanes. Los muertos no me dan miedo, de pequeña no temía los cementerios, pero en ese momento, con veintidós años, era la primera vez que me tocaba hacer de centinela... En esas dos horas me volví canosa... Me vi las primeras canas, un mechón entero, al salir el sol. Estaba vigilando y observaba aquellos arbustos, que susurraban, se movían, y me parecía que en cualquier momento de allí iban a salir los alemanes... Y alguien más... Unos monstruos... Estaba sola...

»¿Le parece que estar de noche haciendo guardia en un cementerio es una tarea para una mujer? Los hombres se lo tomaban mejor, tenían más asumida la idea de que había que vigilar, había que disparar... Para nosotras no dejaba de ser una novedad. O, por ejemplo, hacer una caminata de treinta kilómetros. Con toda la munición. En un día caluroso. Los caballos no aguantaban, se caían...»

Vera Safrónovna Davídova,
soldado de infantería

«¿Me preguntas que qué es lo más espantoso de la guerra? Seguro que estás esperando que te diga... Ya sé lo que estás esperando... Crees que te voy a responder: "Lo más espantoso de la guerra es la muerte".

»¿A que sí? Como si no os conociera, a los periodistas... Vosotros y vuestros tópicos... Ja, ja, ja... ¿Por qué no te ríes? ¿Eh?

»Pues te voy a decir otra cosa... Para mí, lo más terrible de la guerra era tener que llevar calzones de hombre. Un auténtico horror. Es que... A ver si encuentro las palabras... Bueno, en primer lugar, era algo muy feo... Estás en la guerra, te estás preparando para morir por tu Patria, y vas y llevas calzoncillos de hombre. En fin, tienes un aspecto ridículo. Absurdo. Los calzones masculinos entonces eran largos. Anchos. De satén. Había diez chicas en nuestra covacha* y to-

---

* Utilizamos el término «covacha» para referirnos a un tipo de construcción subterránea que el ejército ruso utilizó durante la Segunda Guerra Mundial para alojar en la zona de los combates a los efectivos, las unidades médicas, los servicios administrativos, etc. Primero se excavaba un foso o una cueva directamente en la tierra, después esta cavidad se reforzaba con madera y ramas. A pesar de que las condiciones eran precarias, las covachas ofrecían ciertas ventajas en comparación con las tiendas de campaña: eran más económicas y se adecuaban mejor al clima ruso. *(N. de las T.)*

das vestían calzones de hombre. ¡Dios mío! En invierno y en verano. Durante los cuatro años.

»Cruzamos la frontera soviética... Como decía nuestro comisario durante las clases de política, había que rematar al animal en su propia madriguera. Cerca del primer pueblo polaco nos entregaron los nuevos uniformes y... ¿Y? ¿Y? ¡Por primera vez nos entregaron bragas de mujer y sostenes! Por primera vez en toda la guerra. Ja, ja... ¿Lo entiendes?... Por fin veíamos la ropa interior femenina de siempre...

»¿Por qué no te ríes? Lloras... Pero ¿por qué?»

Lola Ajmétova,
soldado, tiradora

«No me admitían en el ejército... Yo tenía dieciséis años, todavía faltaba mucho para que cumpliera los diecisiete. Llamaron al frente a nuestra enfermera del pueblo, le trajeron un aviso. Lloró mucho, tenía que dejar en casa a su hijo pequeño. Entonces volví a la oficina de reclutamiento: "Iré yo en vez de ella". Mi madre no me dejaba: "¿Nina, pero ¿cuántos años tienes? A lo mejor la guerra acaba pronto". Una madre es una madre.

»Los soldados me pasaban galletas y azúcar. Me protegían. Yo no tenía ni idea de que teníamos un *katiusha*,* estaba escondido detrás de nuestra posición. Comenzó a disparar. Disparaba y todo a nuestro alrededor tronaba, todo ardía. Me sorprendió tanto ese estruendo, el fuego, el ruido, me asusté tanto que me caí en un charco y perdí el gorro. Los soldados se rieron a carcajadas: "¿Qué te pasa, Nina? ¿Qué pasa, bonita?".

»Los combates cuerpo a cuerpo... ¿Qué recuerdo? Recuerdo el crujido... Comenzaba la lucha cuerpo a cuerpo y enseguida venía ese crujido: eran los huesos humanos que se rompían. Los gritos, las voces inhumanas... Yo iba al ataque junto a los soldados, solo un poquito más atrás. Lo veía todo... Los hombres dándose bayonetazos

---

* Lanzacohetes múltiple soviético. *(N. de las T.)*

unos a otros. Rematándose unos a otros. Clavando las bayonetas en las bocas, en los ojos... En el corazón, en la barriga... Y era... ¿Cómo lo describo? No llego... No llego a describirlo... En pocas palabras, las mujeres no conocen a los hombres en ese estado, en casa no los ven así. Ni las mujeres, ni los niños. Es espantoso...

»Acabada la guerra, regresé a casa, a la ciudad de Tula. Por las noches gritaba. Mi madre y mi hermana pasaban las noches a mi lado... Me despertaba gritando...»

Nina Vladímirovna Kovelénova,
cabo mayor, instructora sanitaria de la compañía de tiradores

«Llegamos a la zona de Stalingrado... Los combates eran mortales. Un sitio letal... El agua y la tierra se volvieron de color rojo... Teníamos que cruzar a la otra orilla del río Volga. Nadie nos hacía ni caso: "¿Qué? ¿Unas chicas? ¡Al diablo! No necesitamos a gente en transmisiones, necesitamos a tiradores, fusileros". Éramos muchas, unas ochenta muchachas. Por la tarde aceptaron a las chicas que eran más altas, a mí y a mi amiga nos rechazaron. Muy bajitas. Altura insuficiente. Pretendían dejarnos en la reserva, lloré como una loca...

»En el primer combate, los oficiales me empujaban hacia abajo, yo sacaba la cabeza, quería verlo. Era una especie de curiosidad, una curiosidad infantil... ¡Ingenuidad! El comandante me chillaba: "¡Soldado Semiónova! ¡Soldado Semiónova, te has vuelto loca! La madre... ¡Te matarán!". Justo lo que no me cabía en la cabeza: ¿cómo me iban a matar si acababa de llegar al frente? Entonces aún no sabía lo vulgar y poco selecta que es la muerte. No le vayas con peticiones y súplicas.

»En los camiones viejos traían a los soldados de la milicia popular. A los ancianos y a los niños. Les daban un par de granadas y los enviaban al combate, allí tenían que hacerse con un fusil. Después de la batalla no había nadie a quien vendarle las heridas... Todos muertos...»

Nina Alekséievna Semiónova,
soldado, transmisiones

—Recorrí la guerra de cabo a rabo...

»Al arrastrar a mi primer herido me temblaban las piernas. Le llevaba y susurraba: "Ojalá no se me muera... Ojalá no se me muera...". Vendaba con cuidado su herida, lloraba, le decía cosas cariñosas. Delante de mí pasó el comandante. Me pegó una bronca... Me dijo unas cuantas...

—¿Por qué le gritó?

—No debía implicarme tanto, llorar. Me habría agotado y aún había muchos heridos que atender.

»Viajábamos, por todas partes yacían los muertos, tenían las cabezas rapadas y verdes como las patatas cuando les da el sol. Estaban esparcidos como patatas... Iban en plena carrera y cayeron ahí mismo, sobre el campo labrado... Como unas patatas...

Ekaterina Mijáilovna Rabcháeva,
soldado, instructora sanitaria

«No sabría decir dónde ocurrió... En qué lugar... Estaba en un cobertizo con unos doscientos heridos, yo sola. Traían a los heridos directamente del combate, había muchos. Era en una aldea... No recuerdo el nombre, han pasado tantos años... Me acuerdo de que no dormí, no me senté ni un solo minuto en cuatro días. Todos decían: "¡Enfermera! ¡Ayúdeme!". Yo corría de uno a otro enfermo; una vez me tropecé y me caí, me quedé dormida al instante. Me despertó un grito, un comandante, un teniente joven, también estaba herido, se incorporó un poco y pegó un grito: "¡Callaos! ¡Silencio!". Se dio cuenta de que estaba exhausta, de que todos me llamaban, les dolía: "¡Enfermera! ¡Enfermera!". Me levanté de un salto y me puse a correr, no sé hacia dónde, ni para qué. Entonces lloré, por primera vez desde que estaba en el frente lloré.

»Después... Nunca llegas a conocer a tu corazón. En invierno, los prisioneros de guerra alemanes empezaron a desfilar por delante de nuestra unidad. Iban congelados, con las cabezas envueltas en unas mantas rotas, con los capotes agujereados. Hacía tanto frío que los pájaros se congelaban al vuelo. Caían congelados. En esta hilera había un soldado... Un niño... Las lágrimas se le habían congelado sobre las mejillas... Yo iba empujando un carro con pan, lo llevaba al comedor. Él no lograba apartar la mirada de aquel carro, no me veía a mí, solo al carro. El pan..., el pan... Cogí una hogaza, la partí y le di un trozo. Lo cogió... No se lo creía... No... ¡No se lo creía!

»Yo estaba feliz... Estaba feliz porque no era capaz de odiar. Me sorprendí a mí misma...»

Natalia Ivánovna Serguéieva,
soldado, auxiliar de enfermería

«Yo fui la única que regresé con mi madre...»

Viajo a Moscú... Todo lo que sé acerca de Nina Yákovlevna Vish-névskaia por ahora solo ocupa unas pocas líneas de mi cuaderno: a los diecisiete años se fue al frente y combatió como auxiliar sanitaria en el Primer Batallón de la Brigada de Carros de Combate del Quinto Ejército. Participó en la famosa batalla de los vehículos blindados de Prójorovka, donde en total se enfrentaron, de ambos bandos, del soviético y del alemán, mil doscientos tanques y cañones de asalto. Una de las batallas de tanques más grandes de la historia.

Su dirección me la facilitaron los jóvenes exploradores de un colegio de Borísov, que habían recopilado una gran cantidad de material para un museo dedicado a la Brigada de Carros de Combate número 32, que había liberado a la ciudad. Por lo general, en las unidades de vehículos blindados, los auxiliares sanitarios eran hombres, pero en esta la auxiliar sanitaria era una mujer. Me puse en marcha enseguida...

Todo indica que ha llegado el momento de afrontar una cuestión básica: ¿cómo elijo una dirección entre decenas de ellas? Al principio iba y grababa a todas las mujeres que surgían en mi camino. Me pasaban de mano en mano, intercambiaban llamadas telefónicas. Me invitaban a sus encuentros o simplemente a su casa, a tomar el té. Poco a poco comencé a recibir cartas de todo el país, mi dirección también la difundían por el correo de los excombatientes. Me escribían: «Ya eres una de las nuestras, una chica del frente». Pronto lo comprendí: entrevistarlas a todas era sencillamente inviable, tenía que formular algún concepto de búsqueda y selección. Pero ¿cuál? Clasifiqué todas las direcciones disponibles y lo definí: debía obtener testimonios de mujeres desde diferentes profesiones bélicas. ¿A que cada uno percibe la vida a través de su oficio, a través de su lugar en el mundo o del acontecimiento en que participa? Era presumible que la enfermera había visto una guerra, la panadera otra, la paracaidista una tercera, la piloto una cuarta, la comandante de la sección de fusileros una quinta... En la guerra, cada una tenía, digamos, su propio campo de visión: para una era la mesa en el quirófano: «Vi tantos brazos y piernas amputados... Por poco creí que ya no quedaban hombres enteros en el mundo. Parecía que todos ellos o estaban heridos o habían muerto...» (A. Démchenko, cabo mayor, enfermera); para otra eran las ollas de la cocina de campaña: «A veces, después del combate ya no quedaba nadie... Ibas con una olla de gachas, de sopa, y no tenías a quien dárselas...» (I. Zínina, soldado, cocinera); para otra era la cabina del piloto: «Teníamos el campamento en el bosque. Al regresar de la misión decidí dar un paseo, estábamos en pleno verano, las fresas estaban maduras. Iba caminando por un sendero y de pronto lo vi: era un alemán muerto... Se había puesto negro... Sentí miedo. En un año de guerra no había visto a ningún muerto. Allí arriba era otra cosa... Cuando volaba, todo se reducía a un único pensamiento: localizar el objetivo, lanzar las bombas y volver. No nos tocaba ver muertos. No teníamos que enfrentarnos a ese miedo...» (A. Bóndareva, teniente de Guardia, piloto); y la que fue partisana, incluso en el presente sigue asociando la guerra con el olor de una hoguera: «Todo lo hacíamos en la hoguera: el pan, la comida..., y si quedaban brasas, encima poníamos a secar las pellizas, las botas de fieltro...» (E. Visótskaia).

Pronto mi ensimismamiento se interrumpe. La encargada del vagón trae el té. Acto seguido llegan las ruidosas y alegres presentaciones de los compañeros del compartimento. Encima de la mesa ya está la botella de vodka, los tentempiés caseros... y, como suele suceder en nuestro país, empieza la conversación cordial. Sobre los secretos familiares y la política, sobre el amor y el odio, sobre los jefes del Estado y los vecinos.

Hace tiempo que me di cuenta de ello: somos gente de camino y conversaciones...

Yo también cuento mis cosas: adónde viajo, con qué fin. Dos de mis compañeros de viaje habían combatido: uno acabó la guerra en Berlín siendo el comandante de un batallón de zapadores, el otro luchó tres años en los bosques de Bielorrusia como partisano. Enseguida la conversación gira en torno a la guerra.

Más tarde apunté nuestra conversación tal como se grabó en mi memoria:

—Somos una tribu en vías de extinción. ¡Unos mamuts! Somos de una generación que creía que en la vida hay cosas que están por encima de la vida humana. La Patria y la Gran Idea. Bueno, y también Stalin. ¿Por qué negarlo? Las cosas como son.

—Completamente de acuerdo. En nuestra unidad había una chica audaz... Participaba en las misiones en los ferrocarriles. Iba a poner los explosivos. Antes de la guerra, todos los de su familia habían sido represaliados: el padre, la madre, los dos hermanos mayores. Ella se fue a vivir con su tía. Buscó contacto con los partisanos desde los primeros días de la guerra. Los de la unidad lo veíamos claro: siempre se metía en la boca del lobo, quería demostrar... Antes o después, todos fuimos condecorados, ella nunca. Si no le dieron ninguna medalla fue porque sus padres eran enemigos del pueblo. Perdió una pierna poco tiempo antes de que llegaran nuestras tropas. Fui a verla al hospital... Lloraba... «Bueno —decía—, al menos ahora me creerán.» Era una chica guapa...

—A mí un día se me presentaron dos muchachas. Eran comandantes de una sección de zapadores, las enviaba un necio de esos que abundan en recursos humanos, en el acto las mandé de vuelta. Se enfadaron muchísimo. Ellas querían estar en primera línea de batalla para ir desminando los pasos.

—¿Y por qué las rechazó?

—Por una serie de razones. Primero: ya disponía de suficientes sargentos para llevar a cabo las mismas tareas para las que habían enviado a estas chicas. Segundo: a mi juicio no era necesario meter a las mujeres en primera línea, en el mismísimo infierno. Con nosotros, los hombres, bastaba. Y también sabía que tendría que construirles una caserna individual, acompañar su actividad de mando con un montón de cosas de chicas... Demasiada faena.

—Es decir, usted opina que la guerra no es lugar para una mujer, ¿es eso?

—Históricamente la mujer rusa nunca se ha conformado con bendecir a su marido o su hijo cuando se marchaban a luchar, no se ha limitado a quedarse en casa llorando y esperando su vuelta. La esposa del príncipe Ígor,* Yaroslavna, se encaramaba a los muros y vertía la brea fundida sobre las cabezas de sus enemigos. Sin embargo, nosotros, los hombres, nos sentíamos culpables de que las muchachas combatieran; yo todavía me siento culpable. Recuerdo una vez en que nos batíamos en retirada. Era otoño, llovía sin parar, de día y de noche. Junto a la carretera yacía una chica muerta... Tenía una trenza larga y estaba cubierta de fango...

—Es verdad... Cuando me contaron que, rodeadas por las tropas enemigas, nuestras enfermeras estaban disparando para defender a los heridos, igual de indefensos que un niño, lo comprendí. Pero figúrese una situación bien distinta: dos mujeres en misión de matar se arrastran por zona de nadie armadas con fusiles de francotirador. Bueno... No logro quitarme la sensación de que, quieras o no, no deja de ser una especie de «caza». Yo disparaba... Pero soy hombre...

—Pero ellas también estaban defendiendo su tierra, ¿o no? Salvaban la Patria...

—Es verdad... Con una chica así tal vez iría de reconocimiento, pero seguro que no le propondría matrimonio. Bueno... Normalmente percibimos a la mujer como una madre o como una novia. Como la bella dama, si me apura. Mi hermano pequeño me contó que, cuando los prisioneros de guerra alemanes desfilaban por las calles de nuestra ciudad, él y otros niños empezaron a dispararles con tirachinas. Nuestra madre, al verlo, le propinó un buen cachete. Aquellos alemanes eran apenas unos críos, los de la última cosecha de Hitler. Mi hermano tenía siete años, pero se acuerda de cómo nuestra madre los miraba con lágrimas en los ojos: «¡Malditas sean vuestras

* Referencia al episodio descrito en el *Cantar de las huestes de Ígor*, una obra anónima de la literatura eslava presumiblemente escrita a finales del siglo XII. *(N. de las T.)*

madres por haberos dejado ir a la guerra, a vosotros, tan jóvenes!». La guerra es cosa de hombres. ¿Acaso con los hombres no tiene bastante para escribir?

—N-no... Yo soy testigo. ¡No! No olvidemos lo catastróficos que fueron los primeros meses de la guerra: toda nuestra aviación fue destruida en tierra, nuestros carros blindados ardieron como cajas de cerillas. Nuestros fusiles eran anticuados. Millones de soldados y oficiales cayeron prisioneros. ¡Varios millones! En un mes y medio, Hitler ya se había acercado muchísimo a Moscú... Los catedráticos se inscribían en la milicia popular. ¡Unos ancianos intelectuales! Y al mismo tiempo las chicas se desvivían por ir al frente, voluntariamente. Un cobarde por sí mismo jamás se iría a luchar. Eran unas chicas valientes, extraordinarias. Hay datos estadísticos: las bajas humanas de personal médico en primera línea de batalla ocupaban el segundo puesto, solo detrás de los batallones de fusileros. De la infantería. A ver, ¿sabe cómo es sacar a un herido del campo de batalla? Se lo contaré...

»Nos lanzamos al ataque, el enemigo nos recibió con el fuego de las ametralladoras. El batallón desapareció. Todos habían caído. No nos mataron a todos, había muchos heridos. Los alemanes continuaron disparando, no dieron el alto el fuego. Inesperadamente desde la trinchera saltó una chica, luego otra, luego una tercera... Se pusieron a vendar a los heridos y a sacarlos fuera, por un momento incluso los alemanes se quedaron perplejos. A las diez de la noche, todas las chicas estaban heridas de gravedad, pero cada una de ellas había salvado por lo menos a dos o tres soldados. Las condecoraban con cuentagotas, al inicio de la guerra no se prodigaban los galardones. Había que sacar al herido junto con su arma personal. La primera pregunta que hacía el batallón sanitario al llegar era: "¿Dónde están las armas?". Al inicio de la guerra eran escasas. Ya fuera un fusil, una metralleta o una ametralladora, había que cargar con el arma. En 1941 se emitió la orden número 281 sobre las recomendaciones para conceder condecoraciones: la Medalla por el Servicio de Combate era concedida por salvar a quince heridos de gravedad en el campo de batalla (siempre con las armas); por salvar a veinticinco, la Orden de la Estrella Roja; a cuarenta, la Orden de la Bandera Roja; a ochenta, la Orden de Lenin. Le acabo de describir lo que significaba salvar durante el combate a un solo... bajo las balas...

—Es verdad... Yo también lo recuerdo... En fin... Nosotros queríamos enviar a nuestros exploradores a la aldea donde se alojaba la guarnición alemana. Primero fueron dos... Luego uno más... Ninguno de ellos regresó. Entonces el comandante mandó llamar a una de nuestras chicas: «Liusia, irás tú». La vestimos de pastora y la dejamos en mitad de la carretera... ¿Qué otra cosa podíamos hacer? ¿Qué otra solución teníamos? A un hombre le matarían seguro, una mujer tal vez conseguiría pasar... Eso sí, ver a una mujer con un fusil en las manos...

—Y aquella chica, ¿regresó?

—No recuerdo su apellido... Solo el nombre: Liusia. La mataron... Los campesinos nos lo contaron días después...

Todos nos quedamos callados. Luego brindamos en memoria de los caídos. La conversación cambia de rumbo: hablamos de Stalin, de cómo antes de la guerra aniquiló al mejor personal de mando, a la élite militar. De la cruel colectivización y del año 1937. Del Gulag y de los exilios. De que el desastre de 1941 a lo mejor no habría ocurrido si en 1937 no hubiera pasado lo que pasó. No hubiéramos retrocedido hasta Moscú. Hablamos de que después de la guerra aquello se olvidó. La Victoria lo eclipsó todo.

—¿Y el amor? ¿Había amor en la guerra? —pregunto.

—Yo coincidí con muchas chicas combatientes, pero no las veíamos como mujeres. Aunque desde mi punto de vista eran unas muchachas maravillosas. Pero eran nuestras amigas, las que nos sacaban del campo de batalla. Nos salvaban, nos curaban las heridas. A mí me salvaron la vida en dos ocasiones. ¿Cómo podría tener un mal concepto de ellas? Pero... ¿acaso usted podría casarse con su hermano? Nosotros las llamábamos «hermanas».

—¿Y después de la guerra?

—Cuando la guerra acabó, ellas quedaron muy mal paradas. Mi mujer, por ejemplo... Ella es muy inteligente, pero mira con malos ojos a las chicas que lucharon en el frente. Considera que solo fueron a la guerra para buscarse un novio, que se enredaban con cualquiera. En realidad (puedo hablarle con sinceridad, ¿verdad?), en su mayoría eran buenas chicas. Puras. Aunque acabada la guerra... Después de tanta suciedad, tantos parásitos, después de tantas muertes... Apetecía algo bonito. Colorido. Mujeres guapas... Yo tenía un amigo que se enamoró de una chica, una persona extraordinaria. Era enfermera. Pero después de la guerra él no quiso saber nada, se licenció y se buscó a otra, más mona. Ahora no es feliz en su matrimonio. No puede olvidar a su amor de la guerra, a la que también habría sido su amiga. Sin embargo, en aquel momento la dejó porque se había pasado cuatro años viéndola calzar unas botas gastadas y una chaqueta guateada de hombre. Intentábamos olvidarnos de la guerra. Y de paso acabamos olvidando a nuestras chicas...

—Es verdad... Éramos jóvenes... Nos apetecía exprimir la vida...

Nadie durmió en toda la noche. Nos quedamos hablando hasta el amanecer.

Salgo del metro y enseguida me encuentro en un tranquilo parque moscovita. Con un columpio y un arenero para los niños. Mientras camino, repaso la conversación telefónica, la voz ha sonado sorprendida: «¿Ya ha llegado? ¿Y viene a verme enseguida? ¿No quiere pasar antes por la asociación de los veteranos de guerra? Allí tienen toda la información sobre mí, ¿ya la ha consultado?». Me he quedado algo perpleja... Antes pensaba que el sufrimiento libera, que, tras superar las penas, el individuo ya solo se pertenece a sí mismo. Que su propia memoria le protege. Pero estoy descubriendo que no, no es una regla general. A menudo este saber e incluso el saber superior (inexistente en la vida normal) existen como un ente oculto, como una especie de reserva intangible y secreta, como las pepitas de oro en una mina. Hay que separar minuciosamente el lastre y rebuscar bien entre los sedimentos del ajetreo diario para finalmente hacerlo brillar. ¡Para que nos regale su preciada luz!

Entonces ¿qué somos en realidad, de qué estamos hechos? ¿De qué material? ¿Cuál es su resistencia? Eso es lo que quiero entender. He venido hasta aquí para encontrar la respuesta...

Me abre la puerta una mujer rolliza, de estatura más bien pequeña. Me estrecha la mano con gesto masculino, de la otra mano cuelga su nieto pequeño. Su actitud impasible y su moderada curiosidad
me sugieren que en esta casa están acostumbrados a los visitantes.
Aquí los esperan.

La habitación es espaciosa, casi no hay muebles. Hay una estan-
tería con libros, hecha a mano, en su mayoría son libros de guerra,
memorias, abundan las fotografías, imágenes tomadas en el frente,
ampliadas, se ve una cornadura de arce de la que cuelga un casco de
tanquista, encima de una mesita desfila una hilera de carros de combate en miniatura con las dedicatorias: «De parte de los soldados de
la unidad...», «Por cortesía de los estudiantes de la academia militar...». A mi lado en el sofá se sientan tres muñecos vestidos de uniforme. Incluso las cortinas y la tapicería son de color caqui.

Entiendo que aquí la guerra ni se ha acabado ni se acabará
nunca.

*Nina Yákovlevna Vishnévskaia, auxiliar de compañía, técnica sanitaria
del batallón de carros de combate:*

«¿Por dónde empiezo? He preparado un texto para ti... Pero, bueno, hablaré de corazón. Tal y como fue... Te lo contaré como a una
amiga...

»Para empezar, en las tropas de vehículos de combate, a las chicas nos aceptaban con desgana. Mejor dicho, no nos aceptaban. ¿Que
cómo logré entrar?...

»Yo vivía con mi familia en la ciudad de Konákovo, en la región
de Kalíninskaia. Acababa de aprobar los exámenes del octavo curso
y pasaba a noveno. Ninguno de nosotros comprendía entonces qué
era una guerra, nos lo tomábamos como juego, como un libro de
aventuras. Nos habían educado para abrazar el romanticismo revolucionario, los ideales. Nos creíamos a pies juntillas lo que decían los
rotativos: la guerra acabaría pronto. Pero de un día para otro...

»Vivíamos en un enorme piso compartido junto con otras muchas familias, y cada día alguien se marchaba al frente: tito Petia, tito Vasia... Los acompañábamos hasta la estación. Nosotros, los niños, lo vivíamos llenos de curiosidad. Los despedíamos desde el andén... La orquesta tocaba, las mujeres lloraban, pero todo aquello no nos espantaba, al revés, nos divertía. La fanfarria siempre tocaba la misma marcha: *El adiós de Slavianka*. Nos entraban ganas de subir al tren y viajar con ellos. Al son de aquella música. Teníamos la sensación de que la guerra estaba en algún lugar lejano. Yo, por ejemplo, me quedaba pasmada admirando los botones de las guerreras, me encantaba su brillo. Enseguida me apunté al cursillo de voluntariado de los auxiliares de sanidad, pero los acontecimientos se percibían de manera muy infantil. Como un juego. Después cerraron el colegio y nos movilizaron para la construcción de obras defensivas. Nos alojaron en unos cobertizos, a campo abierto. Nos sentíamos incluso orgullosos: por fin íbamos a participar en alguna tarea relacionada con la guerra. Entramos a formar parte del llamado "batallón de los débiles".* Trabajábamos desde las ocho de la mañana hasta las ocho de la noche, doce horas diarias. Cavábamos zanjas antitanques. Éramos todos unos niñatos que no pasábamos de los quince o dieciséis años... Una vez, mientras trabajábamos, oímos unas voces: uno gritaba "¡Cuidado con los aviones!"; otro, "¡Alemanes!". Los adultos se precipitaron a esconderse, pero nosotros nos moríamos de curiosidad: ¿cómo serían los aviones alemanes?, ¿cómo serían los alemanes? Pasaron por delante de nosotros, no vimos nada. ¡Vaya disgusto!... Poco después dieron media vuelta y realizaron un vuelo rasante. Todos pudimos ver las cruces negras. No teníamos ni una pizca de miedo, solo curiosidad. Y de repente comenzaron a disparar las ametralladoras, a segar, delante de nuestros ojos iban cayendo los compañeros con quienes habíamos estudiado y trabajado. Llegó el estupor, no lográbamos

* El «batallón de los débiles» es un término soviético no oficial de la época de la Segunda Guerra Mundial. Se trataba de formaciones paramilitares que incluían a personas que por su edad o su estado físico no se consideraban aptas para el servicio militar. Se utilizaron fundamentalmente para la construcción de fortificaciones. *(N. de las T.)*

entender qué ocurría. Seguíamos allí, plantados, observando... Estábamos como anclados... Los adultos venían a todo correr y nos tiraban al suelo, pero nosotros seguíamos igual que antes, no teníamos miedo...

»Al poco tiempo los nazis ya estaban muy cerca de la ciudad, como a unos diez kilómetros, podíamos oír los cañonazos. Fui corriendo junto a otras chicas a la oficina de reclutamiento: eso, aquello, ha llegado nuestra hora, queremos defendernos, ir en pandilla. Sin dudarlo ni un instante. Pero no nos admitían a todas, solo a las muchachas más resistentes y fuertes, y, ante todo, a las que ya tenían los dieciocho cumplidos. A las jóvenes comunistas de expedientes intachables. Había un capitán seleccionando chicas para una unidad de vehículos de combate. A mí, por supuesto, no quiso ni escucharme porque solo tenía diecisiete años y medía un metro sesenta.

»—Si un soldado de infantería —me explicaba— recibe una herida, caerá al suelo. Usted podría acercarse a él a rastras y vendarle allí mismo, o bien tirar de él hasta un refugio. Un tanquista es otra historia... Si queda herido dentro del carro, hay que sacarlo por la escotilla. ¿Cómo va usted a sacar a un hombre fuera de un tanque? ¿Sabe lo robustos que son los tanquistas? Y para meterse en un tanque hay que trepar mientras le disparan; las balas, la metralla... ¿Sabe lo que es un carro en llamas?

»—¿Acaso no soy una joven comunista como las demás? —Me puse a llorar.

»—Claro que lo es. Una joven comunista pequeña.

»A mis amigas, con las que iba al cursillo de auxiliares sanitarios —eran unas chicas altas, fuertes— las aceptaron a todas. Me ponía triste que ellas se fueran y yo me quedase.

»A mis padres, por descontado, no les dije nada. Cuando fui a despedirme de las chicas, se compadecieron de mí y acabaron escondiéndome en el camión, debajo de la lona. Viajábamos en un camión abierto, todas con pañuelos de distintos colores: negro, azul, rojo... Y yo con la cabeza envuelta en una blusa de mi madre. Como si fuéramos a cantar en un coro de aficionadas. ¡Vaya pinta!... Sonrío siempre que me acuerdo de eso... Shura Kiseliova hasta se llevó su guitarra. Viajábamos, ya se veían las trincheras, los soldados nos vieron y se pusieron a gritar: "¡Llegan las artistas! ¡Llegan las artistas!".

»Paramos delante del Estado Mayor y el capitán dio la voz de mando: "Bajen y pónganse en fila". Me puse la última. Las demás muchachas con sus bártulos, yo sin nada. Como me había metido en el camión de improviso, no llevaba nada. Shura me dio su guitarra: "Al menos tendrás algo en las manos".

»Salió el jefe del Estado Mayor, el capitán anunció:

»—¡Camarada teniente coronel! Estas doce chicas están a sus órdenes para prestar el servicio militar.

»El otro miró.

»—No son doce, sino trece.

»El capitán a lo suyo.

»—No, camarada teniente coronel, son doce. —Tan convencido estaba de que éramos doce. Se giró, miró y me vio enseguida—. ¿De dónde has salido tú?

»Yo como si nada.

»—He venido a combatir, camarada capitán.

»—¡Acércate!

»—He venido con mi amiga...

»—Con tu amiga te vas a bailar. Aquí estamos en la guerra. Acércate.

»Tal como estaba, con la blusa de mi madre puesta en la cabeza, caminé hacia él. Les mostré mi carnet de auxiliar sanitaria. Y empecé a suplicar:

»—Señores, no tengan duda, soy muy fuerte. He trabajado como enfermera... He donado sangre... Por favor...

»Estudiaron mis papeles y el teniente coronel ordenó:

»—¡Envíenla a casa! ¡Con el primer vehículo de paso!

»Y mientras esperábamos su llegada, temporalmente, me designaron a la sección sanitaria. Me quedaba allí preparando los tapones de gasa. En cuanto veía un coche llegar al Estado Mayor, me escondía en el bosque. Esperaba allí un par de horas, el vehículo se alejaba y yo volvía a mis tapones. Lo hice así durante tres días, hasta que nuestro batallón entró en combate. El Primer Batallón de la Trigésima

Segunda Brigada de Carros de Combate. Mientras todos combatían, yo preparé las covachas para los heridos. En menos de media hora comenzaron a llegar los heridos... Y muertos... En aquel combate perdió la vida una de nuestras chicas. En fin, se olvidaron de que me tenían que devolver a casa. Se acostumbraron a mí. Los superiores ya ni se acordaban...

»¿Siguiente paso? Tenía que vestirme de uniforme. Nos entregaron unos macutos para que guardáramos nuestras cosas. Eran nuevos, por estrenar. Al mío le corté las correas, le descosí la parte de abajo y me lo puse por encima. Ya tenía la falda militar. Por algún sitio encontré también una camisa sin demasiados agujeros, me puse un cinturón y me fui con las chicas por ahí, a presumir un poco. Estaba enseñándoles el modelito a mis compañeras cuando en la covacha entró el cabo, seguido del comandante de la unidad.

»El cabo:

»—¡Fir-rrr-mes!

»Entró el teniente coronel, el cabo informó:

»—¡Camarada teniente coronel! Se ha detectado un suceso inesperado. Les he suministrado los macutos a las chicas y una de ellas se ha metido dentro.

»El comandante me reconoció.

»—¡Así que eres tú! ¡La que se nos coló!... Bueno, cabo, es necesario uniformar debidamente a todas las muchachas.

»¿Qué ropa nos daban? Los tanquistas llevaban pantalones de lona con refuerzo en las rodillas. A nosotras nos dieron unos monos de tela fina, de algodón. La tierra estaba mezclada con fragmentos de metal, cubierta de piedras arrancadas... Al poco tiempo andábamos otra vez harapientas, porque nosotras no íbamos dentro de los carros, sino que avanzábamos a rastras por el suelo. Los carros a menudo ardían. El tanquista, si sobrevivía, acababa cubierto de quemaduras. Nosotras igual, porque para sacar a un hombre envuelto en llamas también tienes que meterte en el fuego. Resultó verdad... Es realmente difícil extraer a un hombre por la escotilla, sobre todo si era tirador de torreta. Y un muerto pesa más que un vivo. Pronto lo averigüé...

»Llegamos allí sin la instrucción necesaria, no nos aclarábamos con los rangos. El cabo nos decía todo el rato que, si queríamos ser soldados, teníamos que saludar a nuestros superiores, cuidar nuestro aspecto y abotonarnos el capote.

»Los demás soldados, viéndonos, a unas chicas tan jóvenes, nos gastaban bromas a todas horas. Una vez, los de la unidad sanitaria me enviaron a buscar el té. Fui a buscar al cocinero. Me miró.

»—¿Qué quieres?

»Le dije:

»—El té...

»—No está listo.

»—¿Por qué?

»—Los cocineros nos tenemos que lavar primero. Nos lavamos en las ollas. Cuando acabemos, herviremos el agua...

»Me lo tragué. Le tomé en serio. Recogí mis cubos y me di media vuelta. Mientras volvía, me crucé con el médico.

»—¿Cómo es que traes los cubos vacíos? ¿Dónde está el té?

»Le respondí tal cual:

»—Los cocineros todavía tienen que lavarse en las ollas. El té no está listo todavía.

»El pobre se llevó las manos a la cabeza.

»—¿Qué cocineros? ¿Qué ollas?

»Me envió de vuelta, abroncó al cocinero y me llenaron los dos cubos de té. Iba caminando, con los cubos llenos, cuando vi llegar a mi encuentro al jefe de la sección política y al comandante de brigada. Enseguida me acordé de que un soldado debía saludar a sus superiores. Pero iban dos juntos. ¿Cómo iba a saludar a los dos al mismo tiempo? Avancé unos pasos pensando en cómo apañármelas. Entonces dejé los cubos en el suelo, levanté las dos manos saludando e hice sendas reverencias a uno y a otro. Ellos, que mientras andaban apenas se habían fijado en mí, con aquellos saludos se quedaron estupefactos.

»—¿Quién te ha enseñado a rendir honores?

»—El cabo. Dice que hay que saludar a todos y cada uno de los superiores. Como ustedes dos van juntos...

»Para nosotras, las chicas, todo en el ejército resultaba difícil. ¡Lo que nos costaba aprendernos las insignias! Cuando llegamos, aún se usaban los rombos, los cubitos, las rayas... Vete a saber qué rango tenía ese o aquel. Ordenaban: "Llévale este paquete al capitán". ¿Y cómo sabré quién es? Mientras le buscabas, hasta la palabra «capitán» se te escapaba volando de la cabeza. Llegabas y soltabas:

»—Señor, señor, el otro señor me ha ordenado entregarle esto...

»—¿Qué otro señor?

»—Ese que siempre lleva camisa. Sin la guerrera.

»La memoria no era capaz de retener si eran tenientes o capitanes, solo si era apuesto o feo, pelirrojo o alto. "¡Ah, vale, aquel alto!", decíamos.

»Claro que... Cuando vi esos monos quemados, los brazos quemados, los rostros quemados... Yo... Fue sorprendente... Perdí las lágrimas... El don de llorar, ese don tan de mujeres... Los tanquistas saltaban de los vehículos en llamas, los cuerpos ardiendo. Humeaban. A menudo tenían los brazos o las piernas rotas. Estaban gravemente heridos. Me pedían: "Si muero, escriba a mi madre, escriba a mi mujer...". Yo no sabía hacerlo. No sabía cómo se podía comunicar la muerte de alguien...

»Cuando fueron los tanquistas los que me recogieron a mí, con las piernas partidas, y me llevaron a una aldea ucraniana (por la zona de Kirovograd), la dueña de la casa en que se alojaba la unidad sanitaria lanzó el grito al cielo:

»—¡Ay, pero qué chaval tan joven!...

»Los tanquistas se rieron.

»—¡Mujer, no es un chaval, sino una chavala!

Ella se sentó a mi lado y me escudriñó con la mirada, muy atenta.

»—¡Qué va! Es un chaval muy jovencito...

»Yo tenía el pelo muy corto, vestía con mono; el casco, de chico. La mujer me cedió su camastro e incluso sacrificó un lechal para que me recuperara cuanto antes. No paraba de lamentarse:

»—¿Qué pasó? ¿Acaso os faltaban hombres para tener que coger a niños? A chiquillas...

»De sus palabras, de sus lágrimas... Por un tiempo, todo mi valor me abandonó, sentía tanta pena por mí, por mi madre. ¿Qué hacía yo allí, entre todos aquellos hombres? Yo era una chica. ¿Y si volvía a casa sin piernas? Lo que me pasaba por la cabeza... Los pensamientos... No los oculto...

»A los dieciocho años, en la batalla de Kursk, me condecoraron con la Medalla al Servicio de Combate y la Orden de la Estrella Roja; a los diecinueve, con la Orden de la Guerra Patria de segundo grado. Siempre que llegaban los reemplazos (los chicos eran jóvenes), ellos por supuesto se sorprendían. Tenían dieciocho o diecinueve años, como yo, y me preguntaban entre burlas: "¿Cómo es que te han dado esas medallas?", o bien: "Pero ¿de verdad has participado en un combate?". Se mofaban: "¿Sabes que las balas pueden atravesar el blindaje?".

»A uno de esos después le tuve que vendar la herida en el campo de batalla, bajo el fuego enemigo, me acuerdo de su apellido: Schegolevatij. Le partieron una pierna. Mientras le ponía la tablilla, él me pedía perdón:

»—Perdóname, hermana, por haberte ofendido. A decir verdad, me gustas.

»¿Qué sabíamos nosotros sobre el amor? Si alguno había tenido alguno, había sido el amor de colegio, y el amor de colegio no deja de ser un amor infantil... Recuerdo que una vez los alemanes nos cercaron... Cavábamos la tierra con las manos, no teníamos nada. Ni siquiera palas... Nada... El cerco se iba estrechando, se acercaban, cada vez más y más. Lo decidimos: "Esta noche, o rompemos el cerco, o moriremos". A mí me parecía que seguramente acabaríamos todos muertos... No sé si vale la pena que lo cuente... No sé...

»Nos camuflamos. Esperamos que llegara la noche para entrar en combate. El teniente, Misha T., estaba sustituyendo al comandante del batallón porque el comandante estaba herido. Tenía unos veinte años, se puso a recordar cómo le gustaba bailar, tocar la guitarra. Luego me preguntó:

»—¿Alguna vez lo has probado?

»—¿El qué? ¿Qué es lo que debería haber probado? —Tenía muchísima hambre.

»—No el qué sino a quién... ¡A una mujer!

»—Pero ¡qué dices!

»—Yo tampoco. Y ahora estamos a punto de morir sin haber conocido el amor... Esta noche nos matarán...

»—¿Eres imbécil o qué? —Por fin entendí a qué se refería.

»Nos moríamos por la vida aún sin saber qué era la vida. Solo habíamos leído de ella en los libros. A mí me encantaban las películas de amor...

»Los auxiliares sanitarios de las unidades de carros blindados morían pronto. Ni siquiera teníamos un sitio asignado dentro del tanque, íbamos encima, agarrándonos como podíamos al blindaje, con un único pensamiento en la cabeza: "Ojo con los pies, que no se me los traguen las orugas". Había que estar alerta por si algún tanque ardía... Entonces saltar y correr, o arrastrarse hasta allí... En el frente éramos cinco amigas: Liuba Yasínskaia, Shura Kiseliova, Tonia Bobkova, Zina Latish y yo. "Las muchachas de Konákovo", así nos llamaban los tanquistas. Y todas las chicas murieron...

»La noche antes del combate en que mataron a Liuba Yasínskaia, ella y yo pasamos un largo rato hablando. Era 1943... Nuestra división se acercaba al río Dniéper. De repente me dijo: "¿Sabes una cosa?, moriré en este combate. Tengo un presentimiento. He ido a ver al cabo y le he pedido ropa interior nueva, pero se ha portado como un tacaño, me ha dicho que ya me había dado un conjunto nuevo hacía poco. Quiero que por la mañana me acompañes a verle". Intenté calmarla: "Ya llevamos dos años guerreando, las balan nos tienen miedo". No obstante, a la mañana siguiente me convenció para que la acompañara, le suplicamos que nos diera un conjunto de ropa interior. Aquella camisa interior nueva... Blanca como la nieve, con unas cintas en el cuello... De pronto estaba impregnada de su sangre... Esa combinación de blanco y rojo, con la sangre bermeja, se grabó en mi memoria. Era exactamente como ella se lo había imaginado...

»La transportamos encima de una capa de lona entre las cuatro, de pronto pesaba mucho. Muchos compañeros perdieron la vida en aquel combate. Cavamos una gran fosa común. Los dejamos allí a todos, directamente, sin ataúdes —era lo habitual—, y a Liuba la pusimos encima. Yo no lograba entender que se había ido, que nunca más la veía. Se me ocurrió que debería coger algo suyo como recuerdo. Llevaba un anillo, de qué era, si era de oro o no, no tengo ni idea. Pero lo cogí. Aunque los chicos intentaron impedírmelo: "Ni se te ocurra, es de mal augurio". Cuando dábamos el último adiós, cada uno, según la costumbre, echaba un puñado de tierra, yo también lo hice, y el anillo se cayó ahí dentro, en la fosa... Junto a Liuba... Recordé entonces que ella le tenía mucho aprecio a ese anillo... Su padre luchó durante toda la guerra y regresó vivo junto a su mujer. Su hermano también volvió a casa. Todos los hombres de la familia volvieron... Pero Liuba murió...

»Shura Kiseliova... Era la más guapa de todas. Como una actriz. Fue reducida a cenizas. Estaba ocultando a los heridos graves entre las pilas de heno cuando abrieron fuego, y la paja prendió. Shura habría podido salvarse, pero para ello tenía que abandonar a los heridos... Se quemó junto a ellos...

»Los detalles de la muerte de Tonia Bobkova los conocí hace poco. Hizo de escudo para el hombre al que amaba. La metralla vuela en fracciones de segundo... ¿Cómo lo logró? Salvó al teniente Petia Boichevski, le quería. Él sobrevivió.

»Treinta años después, Petia Boichevski vino a verme desde Krasnodar. Me encontró. Y me lo contó. Fuimos juntos hasta Borísov y encontramos el claro del bosque en el que Tonia había perdido la vida. Cogió un puñado de tierra de su tumba... Cómo besaba aquella tierra...

»Éramos cinco las chicas de Konákovo... Yo fui la única que regresé con mi madre...»

Inesperadamente empezó a recitar los versos:

> *Subió al blindaje la muchacha, valiente:*
> *está defendiendo a su Patria en el frente.*
> *No teme las balas, no teme la metralla.*
> *Su dulce corazón de ardor estalla.*
> *Cómo recuerdo la belleza discreta*
> *del día en que hube de verla muerta...*

Me confiesa que lo compuso ella misma, durante la guerra. Sé que muchas de aquellas chicas escribían. A día de hoy, aún copian con esmero estos versos, enternecedores y sencillos, y los guardan en los archivos familiares. Su presencia en los álbumes de fotografías de la guerra —me los enseñan en cada casa— les aporta un aire de diario íntimo. Normalmente los diarios hablan de amoríos, aquí en cambio el tema es la muerte.

«Tengo una familia muy unida. Es una buena familia. Muchos niños, nietos... Pero yo vivo en la guerra, todavía sigo allí... Hace diez años encontré a mi amigo Vania Pozdniakov. Creíamos que estaba muerto y resultó que no, que estaba vivo. En la batalla de Prójorovka, su carro —él era el comandante— eliminó a dos tanques alemanes, luego estalló en llamas. Toda la tripulación murió, solo Vania salió con vida, sin ojos, cubierto de quemaduras. Le enviamos al hospital aunque no creíamos que sobreviviera. No le quedaba ni un cachito sin quemar. Toda la piel... Toda... la piel se le caía a jirones... Como una capa... Di con su dirección después de treinta años... Había pasado media vida... Recuerdo que subía las escaleras y me temblaban las rodillas: ¿será él o no? Abrió la puerta y me tocó la cara con las manos, me reconoció: "¿Nina, eres tú? ¿Eres tú?". Después de tanto tiempo me reconoció...

»Su madre, una mujer muy vieja, vivían juntos, se sentaba con nosotros, lloraba. Me sorprendí.

»—¿Por qué llora? Dos compañeros de combate se han reunido, tiene que alegrarse.

»Me contestó:

»—Mis tres hijos se fueron a la guerra. Dos murieron, solo Vania volvió a casa con vida.

»Vania regresó ciego. Ella le había llevado de la mano toda la vida.

»Le pregunté a él:

»—Vania, la última cosa que viste fue el campo de batalla de Prójorovka, el combate de tanques... ¿Qué recuerdas de aquel día?

»¿Sabe lo que me contestó?

»—Lo único que lamento es haberme precipitado al dar la orden de abandonar el vehículo. Igualmente todos los chicos murieron. Todavía habríamos podido incendiar otro tanque alemán...

»Eso es lo que le da más pena... Hasta el día de hoy...

»Él y yo éramos felices en la guerra... Entre nosotros no había aún palabras. No hubo nada. Pero lo recuerdo...

»¿Por qué sobreviví? ¿Para qué? Creo... Creo que para contarlo...»

El encuentro con Nina Yákovlevna continuó, pero ya por escrito. Después de transcribir la conversación y de seleccionar lo que más me sorprendió y conmovió, tal como había prometido, le envié el texto. Unas semanas más tarde, llegó desde Moscú un pesado paquete certificado. Lo abrí: recortes de prensa, artículos e informes oficiales de la labor patriótica que realizó la veterana de guerra Nina Yákovlevna Vishnévskaia en los colegios moscovitas. También estaban las páginas que le había enviado; de mi texto quedaba poco, tachaduras en cada párrafo: había eliminado las divertidas líneas sobre los cocineros que se lavaban en las ollas, e incluso el inofensivo: «Señor, señor, el otro señor me ha ordenado entregarle esto...». En las páginas que contaban la historia sobre el teniente Misha T. aparecían unos indignados signos de interrogación y anotaciones en los márgenes: «Para mi hijo soy una heroína. ¡Una diosa! ¿Qué pensará de mí al leer esto?».

En adelante me topé a menudo con estas dos verdades conviviendo en la misma persona: la verdad personal, confinada a la clandestinidad, y la verdad colectiva, empapada del espíritu del tiempo. Del olor a rotativos. La primera de ellas rara vez lograba resistir el ímpetu de la segunda. Si, por ejemplo, en el apartamento de mi interlocutora había algún familiar o conocido, o un vecino (sobre todo un hombre), ella se mostraba menos sincera y hacía menos confidencias que si hubiéramos estado a solas. Se convertía en una conversación pública. Dirigida al espectador. Me resultaba imposible llegar a sus impresiones personales, chocaba contra una fuerte defensa interior. El autocontrol. La corrección era constante. Se podía rastrear perfectamente la relación de causa-efecto: cuantos más oyentes había, más estéril, más imposible era la narración. Mesuraban cada palabra, ajustándola al «como es debido». Lo horrible se volvía sublime; y lo oscuro e incomprensible del ser humano, explicable. De pronto me encontraba en el desierto del pasado, donde solo había monumentos. Los actos heroicos. Orgullosos e impenetrables. Fue lo mismo que pasó con Nina Yákovlevna: había una guerra que recordaba solo para mí, «te lo cuento como a una hija para que entiendas lo que nosotras, unas niñas, teníamos que soportar»; la otra estaba destinada a una audiencia numerosa, «tal como los demás lo cuentan y como lo describen los rotativos, sobre héroes y proezas, para educar a la juventud por medio de actuaciones ejemplares». Yo cada vez sentía más asombro ante esta falta de confianza hacia lo sencillo y lo humano, este deseo de sustituir la vida por ideales. El simple calor por el resplandor frío.

No podía olvidar cómo las dos habíamos tomado el té en su cocina, sin ceremonias. Las dos llorando.

«En nuestra casa viven dos guerras...»

Un edificio gris de paneles prefabricados en la calle Kajóvskaia de Minsk, media ciudad está edificada con estos bloques de viviendas impersonales, de varios pisos, que cada año se hacen más lúgubres. Aunque este edificio es especial. «En nuestra casa viven dos guerras...», me dicen al abrir la puerta. En una unidad de la Marina de guerra del Báltico combatió la sargento Olga Vasílievna Podvishenskaia. Su marido, Saul Guénrijovich, fue sargento de infantería.

Todo se repite... Una vez más, paso un largo rato mirando los álbumes de fotografías familiares, decorados con amor y cuidado, siempre expuestos en algún lugar visible para los invitados. Y también para los que viven en la casa. Cada uno de estos álbumes tiene un título: «Nuestra familia», «La guerra», «La boda», «Los hijos», «Los nietos». Me gusta encontrarme con este respeto hacia sus vidas, con documentos que certifican su amor por el pasado y por todo lo vivido. Por los rostros entrañables. He visitado ya centenares de apartamentos, he hablado con muchas familias, cultas, sencillas, y rara vez me cruzo con este gran sentido de la familia cuando la gente se refiere a su genealogía, al hilo familiar. Ocurre lo mismo en ciudades y pueblos rurales. Probablemente las frecuentes guerras y revoluciones nos han hecho desistir de cuidar el contacto con nuestro pasado, de tejer cuidadosamente la telaraña del linaje. De mirar atrás. De sentir orgullo. Nos apresurábamos a olvidar, a borrar las huellas, porque los testimonios guardados a menudo se convertían en pruebas que le costaban la vida a alguien. Nadie conoce nada más allá de sus abuelos, nadie busca sus raíces. Hacíamos Historia, pero vivíamos al día. Con memoria corta.

Pero en esta casa es diferente.

—¿Es posible que esta fuese yo? —Se ríe Olga Vasílievna. Sentada a mi lado, coge una fotografía donde aparece vestida con el uniforme de la Marina y las condecoraciones militares—. Siempre que miro estas fotografías me sorprendo. Saul se las enseñó a nuestra nieta de seis años, y la niña me preguntó: «Abuela, antes eras un chico, ¿verdad?».

—Olga Vasílievna, ¿usted se fue a la guerra enseguida?

—Mi guerra comenzó con la evacuación... Tuve que dejar atrás mi casa, mi juventud. Durante todo el viaje nos estuvieron bombardeando, dispararon sobre nuestro tren, los aviones volaban a poca altura. Recuerdo que un grupo de chicos, estudiantes de una escuela de artes y oficios, saltaron del vagón, iban vestidos con unos capotes negros. ¡Eran un blanco perfecto! Les acribillaron a balazos, los aviones volaban muy bajo. La sensación era que disparaban y contaban... ¿Se lo imagina?

»Trabajábamos en una planta industrial, teníamos comida y en general no estaba mal. Pero nuestro corazón estaba en llamas... Yo escribía continuamente cartas a la oficina de reclutamiento. Una, la segunda, la tercera... En junio de 1942 recibí la citación de llamada a filas. Por el lago Ládoga, en unas barcazas abiertas, bajo el fuego enemigo, nos transportaron al asediado Leningrado. De mi primer día en Leningrado recuerdo las noches blancas y el destacamento de marinos, vestidos de negro. El ambiente estaba cargado, no había ni un peatón, solo se veía a los marinos, iluminados por los reflectores, caminando con las cintas de ametralladora colgadas del hombro, igual que en la guerra civil. ¿Se lo imagina? Una imagen de película...

»La ciudad estaba completamente sitiada. El frente se encontraba muy cerca. El tranvía número 3 llegaba hasta la fábrica Kírov y allí mismo comenzaba la línea del frente. Si el tiempo era despejado, enseguida empezaba el bombardeo. Disparaban a tiro directo. Disparaban, disparaban, disparaban... Los grandes buques de guerra estaban atracados en el muelle. Los camuflábamos, por supuesto, pero seguía existiendo la posibilidad de recibir un impacto. Nuestra especialización eran las cortinas de humo. Organizaron un destacamento especial de camuflaje con humo, encabezado por el ex comandante de la escuadrilla de torpederos y teniente de navío Aleksander Bogdánov. Las chicas en su mayoría éramos graduadas en escuelas técnicas o estudiantes de los primeros cursos de la universidad. Nuestra misión era proteger los buques, cubrirlos con el humo. Comenzaba el bombardeo, y los marinos allí, impacientes: "Venga, que las chicas se den prisa con el humo. Con la cortina estamos más tranquilos". Salíamos en unos vehículos cargados con una mezcla especial, los demás mientras tanto se escondían en los refugios antiaéreos. Nosotras, ¿cómo se dice?, atraíamos el fuego. Los alemanes lanzaban los proyectiles hacia esa cortina de humo...

»La ración era, ya sabe, acorde al estado del asedio, pero, bueno, íbamos aguantando. Por un lado, éramos jóvenes, eso es un detalle importante; por el otro, los habitantes de Leningrado no dejaban de sorprendernos. Nosotros por lo menos recibíamos algo de sustento, había comida, la mínima, pero la había. En la ciudad, la gente caminaba y se caía de hambre. Se morían. Los niños venían y compartíamos con ellos nuestras escasas raciones. No eran niños, eran una especie de pequeños ancianos. Unas momias. Nos explicaban su "menú" durante el asedio, por así llamarlo: sopa de cinturones de piel o de zapatos nuevos, gelatina de cola de carpintero, tortitas de mostaza... En la ciudad se comieron a todos los gatos y perros. Desaparecieron los gorriones, las cotorras. Cazaban a ratas y ratones para comérselos... Se las apañaban para freírlos... Después los niños dejaron de venir, los esperábamos pero ya no venían. Probablemente se murieron. Es lo que pienso... En invierno, cuando Leningrado se quedó sin combustible, nos enviaron a un barrio donde todavía había inmuebles de madera, teníamos que convertirlos en leña. El momento más duro era cuando nos acercábamos a una casa... Estabas delante de una buena casa, los habitantes habían muerto o se habían marchado, normalmente habían muerto. Se podía deducir por la vajilla colocada encima de la mesa, por las cosas de la casa. Pasaba una media hora antes de que pudiéramos levantar nuestras palancas. ¿Se lo imagina? Nos quedábamos todas allí, como esperando algo. Solo después de que llegara el comandante y empezase a hincar su palanca, comenzábamos a derribar el edificio.

»Trabajábamos haciendo acopio de árboles, también cargábamos con los cajones de la munición. Recuerdo que una vez llevaba un cajón de esos y me caí, el cajón pesaba más que yo. Eso es una cosa. Y otra: lo difícil que resultaba aquello para nosotras, las mujeres. Más tarde fui cabo de una escuadra. Era una escuadra de chicos jóvenes. Nos pasábamos los días enteros subidos a una lancha. Los chicos podían satisfacer sus necesidades directamente por la borda, y ya está. ¿Y yo, qué hago? Un par de veces aguanté todo lo que pude y después salté al agua. Y me ponía a nadar. Los chicos gritaban: "¡Sargento a la mar!". Y me sacaban. Una pequeñez tan elemental... Pero ¿seguro que es una pequeñez? Después tuve que ir al médico... ¿Se lo imagina? ¿Y el peso de las armas? Para una mujer también es difícil. Al principio de la guerra nos entregaron los fusiles, eran más altos que nosotras. Cuando las chicas caminaban, las bayonetas les sobresalían medio metro por encima de sus cabezas.

»El hombre se acostumbraba con más facilidad. Se acoplaba a esa austera cotidianidad... A esas relaciones... Pero nosotras añorábamos, añorábamos muchísimo nuestras casas, a nuestras madres, la comodidad de una casa. Con nosotras estaba una chica de Moscú, Natasha Zhílina. La condecoraron con la Medalla al Valor y le dieron permiso para ir a casa unos días. Cuando regresó, la olfateábamos. Literalmente: hacíamos cola para olerla, decían que olía a casa. Cómo echábamos de menos a la familia... Qué alegría nos entraba al ver el sobre con la carta... Al ver la letra de papá... Cuando teníamos un rato de descanso, nos poníamos a bordar algo, unos pañuelos. Nos suministraban unos peales y los convertíamos en fulares. Nos apetecía hacer cualquier tarea femenina. Echábamos en falta todas esas cosas de mujeres, a duras penas lo aguantábamos. Cualquier excusa era buena para coger una aguja, coser algo, lo que fuera, volver por lo menos por un instante a nuestro estado natural. Claro que nos reíamos, también vivimos momentos alegres, pero era distinto, no como antes de la guerra. Era un estado de ánimo especial...

La grabadora registra las palabras, graba las entonaciones. Las pausas. El llanto y el asombro. Me doy cuenta de que cuando una persona habla surge algo más grande, algo que supera lo que a continuación aparecerá sobre el papel. Me da pena no poder «grabar» los ojos, las manos. Viven su propia vida durante la conversación. Una vida separada. Tienen su propio «discurso».

—Tenemos dos guerras... Eso está claro... —Saul Guénrijovich interviene en la conversación—. Cuando empezamos a recordar, yo me doy cuenta enseguida: ella recuerda su guerra, yo la mía. A mí también me pasaron cosas parecidas a eso que le ha contado de la casa, o de cómo hacían cola para oler a esa chica. Pero yo no lo recuerdo... Se me escapó... En aquel momento me parecía una nadería. Una tontada. No le has explicado todavía lo de los gorros marineros, ¿verdad? Olga, ¿cómo has podido olvidarlo?

—No lo he olvidado. Es una de las cosas que más recuerdo... Pero siempre me da miedo rescatar esa historia de mi memoria. Cada vez... Bueno, sucedió así: las lanchas de nuestros chicos salieron a alta mar de madrugada. Varias decenas de lanchas... Al poco tiempo oímos que comenzaba el combate. Esperamos... Escuchamos... El combate duró muchas horas, hubo un momento en que se aproximó a la ciudad. Pero cesó pronto. Justo antes del anochecer salí a la orilla a mirar: por el canal de Morskói bajaban flotando los gorros marineros. Uno tras otro. Los gorros y unas manchas rojas sobre las ondas... Y astillas... En algún lugar habían echado al agua a nuestros chicos... Los gorros siguieron flotando todo el rato que estuve allí. Al principio los contaba, después paré. No podía marcharme, pero tampoco podía seguir mirando. El canal de Morskói se convirtió en una fosa común... Saul, ¿dónde está mi pañuelo? No lo he soltado de la mano... Pero ¿dónde está?

—Yo he memorizado muchas de sus historias, para los nietos. Suelo contarles su guerra, la de ella, no la mía. Me he dado cuenta de que les parece más interesante. —Saul Guénrijovich desarrolla su argumento—: Yo tengo más conocimientos bélicos concretos, ella tiene más sentimientos. Los sentimientos son más vivos, más fuertes que los hechos. En Infantería también servían chicas. En cuanto una de ellas entraba, todos nosotros corríamos como locos a arreglarnos. Ni se lo imagina... ¡Ni se lo imagina! —Enseguida comenta—: Ella siempre usa esta expresión, se me ha pegado. ¡No se imagina lo bueno que era oír la risa de una mujer en la guerra! La voz de una mujer.

»¿Que si había amor en la guerra? ¡Pues claro que lo había! Las mujeres con las que allí coincidimos son hoy unas esposas maravillosas. Fieles amigas. Los que se casaron en la guerra son los más felices, los matrimonios más felices. Nosotros dos también nos enamoramos en el frente. Entre el fuego y la muerte. Es un vínculo muy fuerte. No negaré que también había otras cosas, porque fue una guerra larga y porque éramos muchos. Pero yo lo que más recuerdo son los momentos nobles. Magnánimos.

»En la guerra me convertí en una persona mejor... ¡Indudablemente! Me hice mejor persona porque allí había mucho sufrimiento. Vi mucho sufrimiento, y yo también sufrí mucho. Allí lo nimio se desechaba enseguida, era superfluo. Allí todo estaba muy claro... Pero la guerra se vengó de nosotros... Nos da miedo reconocerlo incluso ante nosotros mismos... La guerra nos alcanzó... Y ahora nuestras hijas... No todas nuestras hijas son felices. ¿La causa? Sus mamás, excombatientes, las educaron tal y como ellas fueron educadas en el frente. Y los papás también. De acuerdo con la ética de aquellos tiempos. En el frente, como ya le he dicho, la persona estaba completamente expuesta: enseguida se sabía cómo era, lo que valía. No había forma de esconderse. Nuestras hijas no tenían ni idea de que la vida podía ser distinta de como la vivían dentro de sus casas. Nadie les avisó nunca de que la realidad tiene una parte oculta. Esas chicas, cuando se casaron, fácilmente caían en manos de granujas que las engañaban, porque no costaba nada engañarlas. Les ocurrió a muchos de nuestros amigos del frente con sus hijos. Y también a nuestra hija...

—Por alguna razón, nosotros a nuestros hijos no les hablábamos nunca de la guerra. Probablemente nos daba miedo y tratábamos de protegerles. ¿Acertamos? —reflexiona Olga Vasílievna—. Yo ni siquiera me ponía las condecoraciones. En una ocasión me las arranqué y ya nunca más me las he vuelto a poner. Después de la guerra fui directora de una fábrica de pan. Durante una reunión, la directora del grupo industrial, una mujer, vio mis condecoraciones y delante de todos me reprochó: «¿Por qué tienes que llevar ese retablo puesto encima como hacen los hombres?». Ella tenía una Orden del Trabajo, siempre la llevaba puesta en la chaqueta, pero mis condecoraciones militares no le gustaban. Cuando nos quedamos a solas en su despacho, se lo solté todo, ella se sintió afligida, pero yo perdí las ganas de enseñar mis medallas. Hasta ahora siempre he evitado sacarlas. Aunque me enorgullece tenerlas.

»Tuvieron que pasar decenas de años hasta que Vera Tkachenko, una conocida periodista, publicara en el periódico central *Pravda* un artículo sobre nosotras, explicando que también habíamos luchado en la guerra. Explicando que había mujeres excombatientes que se habían quedado solas, que no se habían casado y que no tenían casa. Y que el país estaba en deuda con esas mujeres santas. A raíz de aquel artículo, la gente poco a poco empezó a tener en cuenta a las mujeres combatientes. Muchas habían cumplido los cuarenta, cincuenta años, y vivían en residencias. Por fin empezaron a facilitarles viviendas individuales. Mi amiga... Prefiero no decir su apellido, por si acaso, para que no se enfade... En la guerra había sido auxiliar sanitaria militar... La hirieron en tres ocasiones. Cuando acabó la guerra se matriculó en la facultad de Medicina. No quedaba nadie de su familia, todos habían muerto. Lo pasaba muy mal, por las noches fregaba escaleras, así se ganaba la vida. Y a pesar de todo jamás le confesó a nadie que tenía la categoría de mutilada de guerra y derecho a subsidio. Había destruido todos los documentos. Le pregunté: "Pero ¿por qué lo hiciste?". Ella contestó sollozando: "¿Quién se iba a querer casar con una inválida?". "Vale —le dije—, entonces hiciste lo correcto." Y empezó a llorar a moco tendido: "No sabes lo bien que me iría ahora tener esos papeles... Estoy muy enferma". ¿Se lo imagina? Lloraba.

»En una ocasión invitaron a cien soldados de la Marina, veteranos de la Gran Guerra Patria, a Sebastopol, la ciudad de la gloria naval rusa. Fue con motivo de las celebraciones del Trigésimo Quinto Aniversario de la Victoria. Solo había tres mujeres. Dos éramos mi amiga y yo. El almirante de la Marina nos hizo una reverencia a cada una, nos dio las gracias en público y nos besó las manos. ¡¿Acaso se puede olvidar algo así?!

—¿Alguna vez ha deseado olvidar la guerra?

—¿Olvidar? Olvidar... —vuelve a formular Olga Vasílievna.

—No somos capaces de olvidarla. Está por encima de nuestras posibilidades —Saul Guénrijovich interrumpe la prolongada pausa—. Olga, ¿recuerdas aquella vez, un día de la Victoria, en que vimos a una madre, una señora muy anciana, con una pancarta igual de vieja que ella, que decía: «Busco a Tomas Vladímirovich Kúlniev, desaparecido en 1942 durante el asedio de Leningrado»? A juzgar por su cara, ya debía de haber cumplido los ochenta. ¿Cuántos años hacía que duraba su búsqueda? Y continuará hasta que llegue su última hora. Nosotros somos como ella.

—Me gustaría olvidar. Me gustaría... —pronuncia lentamente, casi en susurros, Olga Vasílievna—. Me gustaría vivir al menos un día sin la guerra. Sin nuestra memoria... Al menos un día así...

Los recuerdo a los dos juntos, como en las fotografías que se tomaron en el frente. Me regalan una de ellas. Allí son jóvenes, mucho más jóvenes que yo. Enseguida todo cobra otro sentido. Todo se acerca. Miro esas fotografías procedentes de su juventud y de pronto mi percepción de lo que acabo de oír y grabar cambia. El tiempo entre nosotros desaparece.

«El auricular no dispara...»

Son tan distintas las maneras de recibirme y de narrar...

Algunas de ellas comienzan a contármelo todo al momento, en el primer contacto telefónico: «Recuerdo... Me acuerdo de todo como si hubiera ocurrido ayer...». Otras procuran aplazar la cita y la conversación: «Tengo que prepararme... No quiero volver a aquel infierno...». Valentina Pávlovna Chudaeva es de las que va con mucha cautela, abre con desgana las puertas de su mundo, la he ido llamando de vez en cuando a lo largo de varios meses, en una ocasión hablamos durante dos horas y por fin decidimos conocernos. Sin demoras, al día siguiente.

Estoy llamando a su puerta...

—Te invito a probar mis empanadas. Llevo preparándolas desde la madrugada. —Alegre, la señora me abraza en el zaguán—. Ya tendremos tiempo para hablar. Ya habrá tiempo para que llore a lágrima viva... Llevo mucho tiempo conviviendo con mi tristeza... Ahora lo primero son las empanadas. El relleno es de cerisuela. Tal como lo hacemos en Siberia. Venga, entra.

»Perdona que te tutee. Es la costumbre del frente: "¡Venga, chicas! ¡Ánimo, chicas!". Todas somos así, ya lo sabes... Lo habrás visto... Riquezas, como ves, hay pocas. Todo lo que hemos conseguido ahorrar mi marido y yo está guardado en una caja de bombones: un par de órdenes y de medallas. Lo guardo en el aparador, luego te lo enseño. —Entra en la habitación—. Los muebles, como ves, también son viejos. Da pena cambiarlos. Después de pasar mucho tiempo en una casa, los objetos tienen alma. Yo lo creo.

Me presenta a su amiga, Aleksandra Fiódorovna Zénchenko, que durante el asedio de Leningrado fue funcionaria del Komsomol.

Me siento en la mesa: de acuerdo, que vengan las empanadas, y si encima son al estilo siberiano, con cerisuela, mejor aún, nunca las he probado.

Tres mujeres. Unas empanadas recién horneadas. Pero la conversación enseguida se centra en la guerra.

—No le haga preguntas ni la interrumpa —me avisa Aleksandra Fiódorovna—. Si para, empezará a llorar. Y luego se callará... No la interrumpa.

Valentina Pávlovna Chudaeva, sargento, comandante en una unidad de artillería:

«Yo soy de Siberia... ¿Qué me empujó a mí, a una chica de la lejana Siberia, a irse al frente? Como se suele decir, de una punta a otra del mundo. En una ocasión me lo preguntó un periodista francés. Fue en el museo, él me miraba muchísimo, tanto que me sentí cohibida. ¿Qué quiere? ¿Por qué me mira? Finalmente se me acercó y por medio del traductor solicitó que yo, la señora Chudaeva, le concediera una entrevista. Por supuesto, me puse nerviosa. Pensé: "¿Qué querrá este?". Acababa de oírme hablar en el museo. Por lo visto, le interesaba otro tema. Lo primero que hizo fue lanzarme un piropo: "Es usted muy joven... ¿Cómo es posible que haya participado en la guerra?". Le respondí: "Esto, como puede entender, demuestra lo jóvenes que éramos cuando combatíamos". Pero lo que le inquietaba era otro asunto: "¿Cómo es que se metió en el frente viniendo desde Siberia, la otra punta del mundo?". "Vale —comprendí—, probablemente lo que quiere usted saber es si hubo movilización total, cosa que explicaría por qué yo, una estudiante del colegio, me marché al frente." Asintió, sí, eso era lo que quería saber. "De acuerdo —dije—, le contestaré la pregunta." Y le conté toda mi vida, igual que ahora te la cuento a ti. Acabó llorando. El francés lloró... Al final me confesó: "No se enfade, señora Chudaeva, pero para nosotros, los franceses, el impacto de la Primera Guerra Mundial resultó más fuerte que el de la Segunda. Nosotros conmemoramos la Primera Guerra, las tumbas y los monumentos están por todas partes. De ustedes sabemos poco. A día de hoy, muchos creen que Estados Unidos venció a Hitler en solitario; sobre todo, entre la gente joven. El precio que el pueblo soviético tuvo que pagar por la Victoria, aquellos veinte millones de vidas humanas perdidas en cuatro años, es un dato desconocido. Tampoco conocemos la magnitud real del dolor que tuvieron que soportar. De este infinito sufrimiento. Gracias, su historia me ha conmovido el alma...".

»... A mi madre no la recuerdo. Perdió la vida de muy joven. Mi padre era el representante del Comité provincial del Partido Comunista en Novosibirsk. En 1925 le enviaron a su aldea natal a recaudar el trigo. El país vivía sumido en la pobreza, los campesinos ricos escondían el pan, preferían que se pudriera. Yo tenía nueve meses. Mi madre quiso acompañar a mi padre a su aldea, él aceptó. Ella iba conmigo y con mi hermanita, no tenía con quien dejarnos. Tiempo atrás papá había trabajado de peón para aquel *kulák* a quien había amenazado en la reunión aquella noche: "Sabemos dónde tiene guardado el trigo; si no nos lo entrega por las buenas, vendremos y se lo cogeremos por las malas. Se lo quitaremos en nombre de la Revolución".

»Nada más acabar la reunión, se juntó toda la familia. Mi padre tenía cinco hermanos, ninguno de ellos regresó de la Gran Guerra Patria, igual que mi padre. Bueno, pues se sentaron a la mesa, a comer la tradicional pasta rellena, la de Siberia. Había bancos colocados a lo largo de las ventanas... A mi madre le tocó sentarse con un hombro frente a la ventana y otro hacia mi padre, que estaba donde no había ventana, solo pared. Era abril... En aquella época del año en Siberia suele haber heladas. Por lo visto, mi madre tenía frío. Lo entendí después, cuando ya fui mayor. Se levantó, se echó la pelliza de mi padre sobre los hombros y me dio el pecho. En ese momento se oyó el disparo. Querían disparar a mi padre, apuntaban a su pelliza... Mi madre solo pudo pronunciar: "Pa...", se le abrieron los brazos y me dejó caer encima de la comida caliente... Tenía veinticuatro años.

»Más tarde, mi abuelo se convirtió en el presidente del sóviet rural de la misma aldea. Le envenenaron con estricnina, se la echaron en el agua. Guardo la fotografía de su entierro. Colocada sobre el ataúd se lee la pancarta: "Cayó de la mano del enemigo del pueblo".

»Mi padre era un héroe de la guerra civil, comandante del tren acorazado que había luchado contra la rebelión de las legiones checoslovacas.* En 1931 fue condecorado con la Orden de la Bandera Roja. En aquella época eran contadas las personas que la tenían, y más todavía en Siberia. Era un gran honor, un gran reconocimiento. Su cuerpo tenía las huellas de diecinueve heridas, no quedó ni un lugar sano. Mi madre explicaba —no a mí, claro, a los parientes— que los checoslovacos blancos habían condenado a mi padre a veinte años de presidio. Ella solicitó una visita, estaba en el último mes de gestación, preñada de mi hermana mayor Tasia. En la cárcel había un largo pasillo, no la dejaban pasar para ver a mi padre, le dijeron: "¡Eres una escoria bolchevique! Tendrás que ir arrastrándote de rodillas...". Ella, a pocos días del parto, se arrastró por aquel largo pasillo. Así fue su visita. A mi padre no le reconoció, tenía la cabeza blanca. Un anciano de pelo canoso. Y eso que acababa de cumplir los treinta.

»Con un padre como el mío, y criada en una familia como la mía, ¿acaso hubiera sido capaz de quedarme tranquilamente de brazos cruzados mientras veía al enemigo amenazar otra vez mi tierra? Llevo su sangre... La misma sangre que mi padre. Él tuvo que afrontar muchas dificultades en su vida... En 1937 interpusieron una denuncia contra él, trataron de difamarle. De convertirlo en un enemigo del pueblo. Eran aquellas horribles purgas de Stalin... Como dijo

* Las legiones checoslovacas eran tropas regulares del ejército ruso que lucharon durante la Primera Guerra Mundial y la guerra civil rusa. Estaban formadas por checos y eslovacos voluntarios, pero también por prisioneros de guerra del bando austrohúngaro. En 1918 las autoridades soviéticas intentaron desarmar las legiones checoslovacas, lo cual provocó una rebelión armada que se extendió por las regiones del Volga, los Urales y Siberia, y se prolongó durante varios meses. Esta rebelión contribuyó al derrocamiento de los órganos de poder soviéticos y al inicio de las acciones militares del Ejército Blanco. *(N. de las T.)*

el camarada Stalin: "Donde pan se come, caen las migajas". Anunciaron una nueva lucha de clases para que el país continuara viviendo atemorizado. Para que fuera sumiso. Pero mi padre logró ser atendido por Kalinin* y recuperó su buen nombre. Todos conocían a mi padre.

»Todo esto me lo contaron más tarde mis parientes...

» Pues bien, año 1941. Celebramos nuestra graduación. Todas teníamos nuestros planes, nuestros sueños, lo normal. Éramos chicas. Después del acto de graduación fuimos a celebrarlo a una isla del río Ob. Éramos tan alegres, tan felices... Yo aún no había besado a nadie, ni siquiera tenía novio. Estuvimos en la isla hasta que vimos la salida del sol, después regresamos... La ciudad estaba alborotada, la gente lloraba. "¡La guerra! ¡La guerra!", se oía alrededor. En todas partes estaba puesta la radio. No nos enterábamos de nada. ¿Qué guerra? Nosotras éramos felices, acabábamos de hablar de nuestros grandiosos planes: adónde iremos a estudiar, qué profesión tendremos. ¡Y de repente la guerra! Los adultos lloraban, pero nosotras no estábamos asustadas, nos decíamos que en menos de un mes "le arreamos candela a los nazis". Cantábamos las canciones de antes de la guerra. Por descontado, nuestro ejército destrozaría al enemigo en su propio terreno. Ni sombra de duda... Ni por asomo...

No comprendimos nada hasta que empezaron a llegar las partidas de difusión. Me puse literalmente mala: "¿Cómo es posible? ¿Es que nos estaban tomando el pelo?". Los alemanes ya se estaban preparando para hacer un desfile en la plaza Roja.

Rechazaron la solicitud de alistamiento de mi padre. Pero él fue tenaz y una y otra vez volvía a presentarse en la oficina de reclutamiento. Después lo logró. Y eso con su salud, con su cabeza llena de canas, con sus pulmones: padecía tuberculosis inveterada. Curada muy por encima. Y a su edad. Pero se fue al frente. Se inscribió en la llamada División de Acero, también llamada División de Stalin. Allí lu-

---

* Mijaíl Kalinin (1875-1946) fue un revolucionario bolchevique y político soviético, fundador de la Unión Soviética y presidente del Presídium del Sóviet Supremo durante el período de 1937 a 1946. (N. de las T.)

charon muchos siberianos. Nosotros considerábamos que una guerra sin nosotros no era una guerra, que debíamos combatir. ¡Exigíamos armas! Todos los compañeros de mi clase fuimos corriendo a la oficina de reclutamiento. El 10 de febrero me marché al frente. Mi madrastra lloraba mucho: "Valentina, no te vayas. ¿Qué haces? Eres tan débil, tan flaca, ¿acaso crees que sirves como soldado?". Yo fui una niña raquítica durante mucho, mucho tiempo. Ocurrió después de que matasen a mi madre. No caminé hasta cumplir los cinco... ¿De dónde saqué las fuerzas?

»Estuvimos viajando durante dos meses en los vagones de mercancía. Dos mil muchachas, un convoy completo. El convoy siberiano. ¿Qué veíamos a medida que nos acercábamos al frente? Recuerdo un episodio... Jamás lo olvidaré: una estación destruida, por el andén iban saltando con las manos unos marineros. No tenían ni piernas, ni muletas. Caminaban con los brazos... El andén estaba repleto... Y además estaban fumando... Nos vieron a nosotras y se rieron. Gastaban bromas. El corazón me hacía tuc-tuc..., tuc-tuc... ¿Dónde nos estábamos metiendo? ¿Adónde íbamos? ¿Adónde? Cantamos para levantar los ánimos, cantábamos mucho.

»Nuestros superiores viajaban con nosotras, nos instruían. Nos animaban. Aprendíamos sobre transmisiones. Hasta que llegamos a Ucrania, fue allí donde nos bombardearon por primera vez. Pasó justo cuando nos encontrábamos en unos baños, en el centro de desinfección. Habíamos ido a lavarnos. Allí había un señor, el vigilante de los baños. Nos daba vergüenza, lógico: éramos unas chicas muy jóvenes. Cuando empezó el bombardeo acudimos corriendo a aquel señor: lo que fuera para salvarnos. Nos vestimos a lo loco, yo me puse una toalla en la cabeza, tenía una toalla roja, y salimos afuera. El teniente primero, también un chaval, me gritó:

»—¡Señorita, al refugio! ¡Tire la toalla! Está perjudicando el camuflaje...

»Yo me escapaba de él.

»—¡Yo no estoy perjudicando nada! ¡Mi madre me tiene prohibido salir a la calle con el pelo mojado!

»Después del bombardeo vino a buscarme.

»—¿Por qué no cumples mis órdenes? Soy tu superior.

»No le creí.

»—Ya... Lo que me faltaba, que fueras mi superior...

»Me peleé con él como si fuera un chico más. Simplemente alguien de mi edad.

»Nos dieron unos capotes grandes, gruesos, parecíamos gavillas de trigo. Al principio no fabricaban botas para nosotras. Es decir, no es que faltaran botas, es que solo había tallas de hombre. Más tarde nos cambiaron las botas, las nuevas tenían la cabezada roja y la caña era de lona negra. ¡Cómo presumíamos con esas botas! Estábamos flacas, las camisas militares —de hombre— nos colgaban por todos lados. Las que sabían coser se las ajustaban. Además, necesitábamos otras prendas de ropa... ¡Éramos chicas! El cabo ordenó medirnos los... Daba risa y pena al mismo tiempo. Vino el comandante del batallón: "¿Qué, el cabo ya os ha entregado todas vuestras cosas de chicas?". El cabo informó: "Sí, ya he tomado las medidas".»

«Me hice soldado de transmisiones en la unidad de la artillería antiaérea. Hacía guardias en la torre de control. Tal vez habría llegado al final de la guerra con el teléfono pegado a la oreja si no hubiera recibido el aviso de la muerte de mi padre. Me quedé sin mi querido papá. Sin la persona a la que más quería. Sin mi única familia. Empecé a pedir: "Quiero vengarme. Quiero hacerles pagar la muerte de mi padre". Quería matar... Quería disparar... Me intentaban convencer de que las transmisiones eran una cuestión primordial para la artillería. Pero el auricular no dispara... Redacté una solicitud al comandante del regimiento. Denegó mi petición. Entonces, sin pensármelo dos veces, me dirigí al comandante de la división. Vino a vernos el coronel Krasnij, ordenó que formáramos filas y preguntó: "¿Quién es la que quiere ser comandante de la unidad de artillería?". Salí de la fila: el cuello delgado y fino, y de ese cuello colgaba una metralleta, pesada, setenta y un cartuchos. Por lo visto, tenía una pinta tan deplorable que el coronel incluso sonrió. Segunda pregunta: "A ver, ¿qué quieres?". Le dije: "Quiero disparar". No sé en qué se quedó pensando, pero guardó un largo silencio. Ni una sola palabra. Luego se dio la vuelta y se fue. Pensé que se había acabado, aquello era un rechazo. De pronto vino corriendo el comandante: "El coronel ha dado su autorización...".

»¿Lo entiendes? No sé si se puede entender ahora. Quiero que entiendas mis sentimientos... Nadie dispara sin que haya odio en su interior. Es la guerra, no un día de caza. Recuerdo cómo durante las clases de política nos leían el artículo de Iliá Ehrenburg "¡Mata!". Cuando encuentres a un alemán, mátalo. Era un artículo famoso, todo el mundo lo leía, se lo aprendían de memoria. A mí me causó una gran impresión, lo guardé en el petate durante toda la guerra, junto a la partida de defunción de mi padre... ¡Disparar! ¡Disparar! Tenía que vengarme...

»Hice un cursillo breve, muy breve: estudié tres meses. Aprendí a disparar. Finalmente me convertí en comandante de una unidad de artillería. Me enviaron al Regimiento de Artillería Antiaérea número 1.357. Al principio sangraba por la nariz y por los oídos, el desarreglo estomacal era total... La garganta se me secaba hasta provocarme náuseas... De noche aún era aceptable, pero de día me moría del miedo. Tenías la sensación de que el avión volaba hacia ti, justo hacia tu cañón. ¡Te iba a embestir! En un instante... te convertirás en nada. ¡Es el fin! Eso no es para una muchacha... No es para sus oídos, ni para sus ojos... Al principio teníamos unos cañones antiaéreos de ochenta y cinco milímetros, en la batalla de Moscú funcionaron bien, más tarde decidieron usarlos contra los carros blindados y a nosotros nos cambiaron al cañón del calibre 37. Fue durante las batallas de Rzhev... Los combates allí eran... En primavera se rompió el hielo del río Volga... ¿Sabes qué es lo que veíamos? Veíamos flotar los bloques de hielo de color rojo y negro con dos o tres alemanes, y un soldado ruso encima. Así morían, agarrados entre sí. Quedaban prisioneros del hielo, y la mitad del hielo era sangre. El río Volga se llenó de sangre...»

De repente se detiene: «Necesito retomar el aliento... Si no, me desharé en llanto, acabaré arruinando nuestra conversación...». Mira por la ventana mientras recupera el dominio de sí misma. Un minuto más tarde sonríe: «Para serte franca, no me gusta llorar. Ya de pequeña me esforzaba por no llorar...».

«Escuchando a Valentina, me he acordado de Leningrado, del asedio —interviene Aleksandra Fiódorovna Zénchenko—. De un caso en particular que nos conmovió a todos. Nos contaron que una mujer de edad avanzada abría cada día la ventana y echaba un cacito de agua afuera, a la calle, y cada vez el agua llegaba más y más lejos. Primero pensamos que era otra loca, durante el asedio habíamos visto de todo, no obstante fuimos a visitarla, a averiguar de qué iba la cosa. Escuche lo que nos dijo: "Si los nazis entran en Leningrado, si pisan mi calle, verteré agua hirviendo sobre sus cabezas. Soy una vieja, no sirvo para nada, pero puedo escaldarlos". Así que se entrenaba... A diario... El asedio solo había empezado, aún había agua caliente... Se notaba que era una mujer culta. Recuerdo su rostro.

»Ella eligió una forma de lucha acorde con sus fuerzas. Es necesario imaginarse aquel momento... El enemigo estaba en los límites de la ciudad, los combates se desarrollaban en la zona del Arco de Triunfo de Narva. Bombardeaban las naves de la planta industrial de Kírov... Cada uno pensaba qué podía hacer para defender la ciudad. Morir era demasiado fácil, había que hacer algo más. Participar. Miles de personas pensaban así...»

«Quiero encontrar las palabras adecuadas... ¿Cómo podría expresarlo todo?» No sé a quién le dirige la pregunta Valentina Pávlovna, si a nosotras o a ella misma. «Volví de la guerra tullida. Un pedazo de metralla me impactó en la espalda. La herida no era grande, pero me lanzó muy lejos, a la nieve. Resulta que el día anterior no me había secado bien las botas de fieltro, tal vez no había leña suficiente, o tal vez no era mi turno de secar por la noche; la estufa era pequeña y éramos muchos. Se me congelaron las piernas antes de que me encontrasen. Por lo visto, la nieve me cubrió entera, pero yo seguía respirando, se formó un agujero en la nieve... Una especie de tubo... Me localizaron los perros sanitarios. Cavaron y encontraron mi gorra. Dentro tenía mi pasaporte de la muerte, todos lo teníamos: en él apuntábamos los nombres de nuestros parientes y las direcciones. Me sacaron, me tumbaron encima de una capa de lona, tenía la zamarra empapada de sangre... Pero nadie se fijó en mis pies...

»Pasé seis meses en el hospital. Me querían amputar una pierna por encima de la rodilla porque la tenía gangrenada. Tuve mi momento de cobardía, no quería vivir una vida de mutilada. ¿Para qué? ¿Quién me esperaba? No tenía ni padre, ni madre. Para cualquiera sería una carga. ¿Quién querría convivir con un muñón? Decidí ahorcarme... Le pedí a la enfermera que me diera una toalla grande en vez de la pequeña... En el hospital se burlaban de mí, me pusieron un mote: "Aquí está nuestra abuelita...". Todo venía porque, cuando el jefe del hospital me vio llegar, me preguntó: "A ver, ¿tú cuántos años tienes?". Me precipité en responderle: "Diecinueve. Los cumpliré pronto". Él se rió: "¡Vaya! Una edad respetable, estás hecha una anciana". La enfermera, tía Masha, también solía bromear sobre mí. Me dijo: "Se están preparando para la intervención, por eso te daré la toalla. Pero te estaré vigilando. No me gusta tu mirada, chica. ¿No estarás pensando en hacer una tontería?". No abrí la boca... Vi, sin embargo, que de veras se estaban preparando. Intuía de qué se trataba, aunque no tenía ni idea de lo que era una intervención: jamás me había sometido a una, es ahora cuando tengo un mapa geográfico de cicatrices por todo el cuerpo. Escondí la toalla grande debajo de la almohada y esperé a que todos se calmasen. Que se durmiesen. Las camas eran metálicas. Decidí: "Ataré la toalla a la cama y me ahorcaré. Ojalá no me falten las fuerzas...". Pero la tía Masha no se apartó de mí en toda la noche. Protegió mi joven vida. No se durmió... Protegió a esta tonta...

»Mi médico de sala, un joven teniente, no dejaba de importunar al jefe del hospital: "Déjeme que lo intente... Déjeme que lo intente...". El otro se resistía: "¿Que intentes qué? Un dedo ya se le ha puesto negro. Es una muchacha de diecinueve años. Por nuestra culpa puede perder la vida". Resulta que mi médico de sala estaba en contra de la operación, proponía otra cura, muy novedosa por entonces. Consistía en inyectarme oxígeno por debajo de la piel con una aguja especial. El oxígeno alimenta... No sabría explicarte exactamente, no soy médico... En fin, ese joven teniente convenció al jefe del hospital. No me operaron la pierna. Comenzaron el tratamiento. En dos meses me puse de pie. Con las muletas, por supuesto: mis piernas eran como trapos, no aguantaban el peso. No las sentía, solo las veía. Poco a poco aprendí a caminar sin las muletas. Me felicitaban: "Has nacido de nuevo". Después del hospital me correspondía un descanso. Pero ¿qué descanso? ¿Dónde? ¿Con quién? Me volví a mi unidad, con mi cañón. Allí me alisté al partido. A los diecinueve años.

»El día de la Victoria yo estaba en Prusia Oriental. Llevábamos un par de días en calma, nadie disparaba. De repente, por la noche, sonaron los avisos: "¡Alerta a los aviones!". Nos levantamos de un brinco. Y enseguida los gritos: "¡Victoria! ¡Capitulación!". Lo de la capitulación no lo entendimos muy bien, pero lo de la Victoria, eso sí lo cazamos al vuelo: "¡La guerra se ha acabado! ¡La guerra se ha acabado!". Todos empezaron a disparar con lo primero que tuvieran a mano: metralletas, pistolas..., cañones... Uno se secaba las lágrimas, el otro bailaba: "¡Estoy vivo! ¡Estoy vivo!". Un tercero se tiró al suelo y abrazaba, abrazaba a la arena, a las piedras. De alegría... Yo estaba allí y reflexionaba: "Si la guerra ha acabado, mi padre ya no volverá a casa, nunca más". La guerra se había acabado... El comandante luego nos echó una buena bronca: "No os marcharéis a casa hasta que hayáis compensado el coste de todos los proyectiles. Pero ¿qué habéis hecho? ¿Cuántos proyectiles habéis disparado?". Creíamos que a partir de entonces en el mundo ya siempre reinaría la paz, que nadie nunca querría otra guerra, que debíamos destruir todos los proyectiles. ¿De qué iban a servir ahora? Estábamos cansados de tanto odiar. De disparar.

»¡Cuántas ganas tenía de volver a casa! Aunque mi padre no estuviera allí, ni mi madre tampoco. La casa es algo superior a las personas que la habitan, y superior a la casa misma. Es algo... La gente debe tener una casa... Doy gracias a mi madrastra, que me recibió como una madre. Después de eso yo la llamaba "mamá". Me había estado esperando, esperándome durante mucho tiempo. Y eso a pesar de que el jefe del hospital le había enviado una carta explicándole que me amputarían una pierna, que le devolverían a una inválida.

Desde el hospital querían prepararla. Le prometían que se trataba de una solución temporal, que después me llevarían a... Pero ella quería que yo viviese con ella...

»Ella me estaba esperando... Yo me parecía mucho a mi padre...

»A los dieciocho o a los veinte nos marchamos al frente, volvimos a los veinte o a los veinticuatro. Primero vivimos alegría, después miedo: ¿qué haremos cuando seamos civiles? Miedo a la vida de paz... Mis amigas habían acabado sus estudios, pero ¿qué éramos nosotras? Unas inadaptadas que no tenían ningún oficio. Lo único que sabíamos hacer era la guerra, el único oficio que dominábamos era la guerra. ¡Qué ganas teníamos de deshacernos de la dichosa guerra! Rápidamente me arreglé el capote, que me sirvió para confeccionarme un abrigo, y le cambié los botones. Vendí las botas militares en un mercadillo y me compré unos zapatos. Me puse un vestido y me bañé en lágrimas. No me reconocía en el espejo, en cuatro años no nos habíamos quitado el pantalón. ¿Me atrevería a confesar que me habían herido, que tenía lesiones? Si lo reconoces, después nadie quiere darte trabajo, nadie quiere casarse contigo. Nos lo teníamos callado. No le confesábamos a nadie que habíamos combatido. Como mucho, manteníamos contacto entre nosotras, nos intercambiábamos cartas. Transcurrieron por lo menos unos treinta años hasta que empezaron a rendirnos honores... A invitarnos a dar ponencias... Al principio nos escondíamos, ni siquiera enseñábamos nuestras condecoraciones. Los hombres se las ponían, las mujeres no. Los hombres eran los vencedores, los héroes; los novios habían hecho la guerra, pero a nosotras nos miraban con otros ojos. De un modo muy diferente... Nos arrebataron la Victoria, ¿sabes? Discretamente nos la cambiaron por la simple felicidad femenina. No compartieron la Victoria con nosotras. Era injusto... Incomprensible... Porque en el frente el trato que nos habían dado los hombres era formidable, siempre nos protegían. En la vida normal nunca he vuelto a ver por su parte un trato similar. Durante la retirada a veces nos tumbábamos para descansar, directamente en el suelo, y ellos nos daban los capotes y se quedaban en mangas de camisa: "Hay que tapar a las chicas... A las chiquillas...". Si encontraban un trozo de gasa, de algodón, siempre nos lo ofrecían: "Quédatelo, te puede servir...". Compartían con nosotras la última galleta. En ellos no veíamos otra cosa que bondad y calor humano. ¿Qué pasó después de la guerra? Me callo... Me callo... ¿Qué nos impide recordar? Será la intolerancia a los recuerdos...

»Mi marido y yo nos mudamos a Minsk. No teníamos nada: ni una sábana, ni una taza, ni un tenedor... Dos capotes y dos camisas militares. Encontramos un mapa, un mapa de buena calidad, con una base de tejido de algodón. Lo remojamos... Era un mapa grande... Aquella fue nuestra primera sábana. Más tarde, cuando nació nuestra hija, la utilizamos para hacer pañales. Sí, un mapa... Lo recuerdo bien: un mapamundi político... La maleta de chapa de madera con la que mi marido regresó del frente nos sirvió de cuna. En nuestra casa, a parte del amor, no había nada. Te lo digo... Un día mi marido volvió del trabajo: "Vamos, por la calle he visto un sofá viejo...". Fuimos a buscar ese sofá, fuimos de noche, para que nadie nos viera. ¡Qué alegría nos dio ese sofá!

»Sin embargo, éramos felices. ¡De pronto hice tantas amigas! Eran tiempos difíciles, pero no nos desanimábamos. Pasábamos por la tienda con nuestras cartillas de racionamiento y enseguida intercambiábamos llamadas: "Me han dado azúcar, vente a tomar el té". No teníamos nada encima, ni nada debajo, nadie poseía cosas valiosas, alfombras, cristalería... Nada... Y éramos felices. Felices porque estábamos vivos. Hablábamos, nos reíamos. Paseábamos por la calle... Yo no paraba de admirar todo lo que veía, aunque había poco que admirar: piedras quebrantadas, incluso los árboles estaban mutilados. El amor fue lo que nos arropó. Necesitábamos compañía, todos nosotros sentíamos mucha necesidad de calor humano. Con el tiempo, claro, cada uno se encerró en su casa, con su familia, pero en aquella época formábamos una piña. Codo con codo, como en las trincheras...

»Hoy en día me llaman mucho para que vaya a los encuentros en el museo militar... Me piden que haga presentaciones. Ahora sí. ¡Cuarenta años después! ¡Cuarenta! Hace poco hablé ante un grupo de jóvenes italianos. Me hicieron muchas preguntas: ¿qué médico me trataba? ¿De qué me estaba curando? Por alguna razón intentaban averiguar si había acudido a ver a algún psiquiatra. ¿Qué era lo que veía en sueños? Si sueño con la guerra. La mujer rusa excombatiente era un enigma para ellos. ¿Cómo es esta mujer que no solo salvaba y vendaba las heridas, sino que disparaba, provocaba explosiones..., mataba hombres?... Me preguntaron si me había casado. Estaban seguros de que no. De que era soltera. Me reí: "Todos volvieron de la guerra con trofeos, yo me traje a mi marido. Tengo una hija. Ya soy abuela". No te he hablado del amor... No podré, mi corazón no da abasto. Otra vez será... ¡Había amor! ¡Lo había! ¿Te crees que una persona es capaz de vivir sin amor? ¿De sobrevivir? En el frente se enamoró de mí nuestro comandante del batallón... Me protegió a lo largo de toda la guerra, no dejaba que nadie se me acercara, cuando se licenció fue a buscarme al hospital. Entonces se me declaró... Bueno, del amor ya hablaremos en otra ocasión... Tú ven, ven sin falta. Serás como mi segunda hija. Claro que quería tener muchos hijos, me encantan los niños. Pero solo tengo una hija... Mi hijita... No tuve salud, ni fuerzas. Tampoco pude estudiar: me enfermaba demasiado. Mis piernas, todo es por mis piernas... Me juegan malas pasadas... Antes de jubilarme trabajé como auxiliar en la escuela politécnica, todos me querían, los profesores, los estudiantes. Porque dentro de mí había mucho amor, mucha alegría. Era mi forma de entender la vida, después de la guerra solo quería vivir de ese modo. Dios no creó a la persona para que sufriera, la creó para el amor. ¿No estás de acuerdo?

»Hace dos años vino a vernos nuestro comandante del Estado Mayor, Iván Mijáilovich Grinkó. Lleva un tiempo jubilado. Se sentó en esta misma mesa. Yo hice empanadas. Mi marido y él estuvieron conversando, recordaban... De pronto recordaron a nuestras muchachas... Yo rompí a llorar: "Habláis del honor, del respeto. Y mientras tanto esas chicas son casi todas solteras. Nunca se han casado. Viven en pisos compartidos. ¿Quién se compadeció de ellas? ¿Quién las defendió? ¿Dónde os escondisteis después de la guerra? ¡Traidores!". En una palabra, les arruiné la velada...

»El comandante del Estado Mayor estaba sentado donde tú estás ahora. "Señálame —dijo con un golpe en la mesa— a aquel que te haya ofendido. ¡Enséñamelo!" Y me pedía perdón: "Valentina, no tengo palabras para ti, solo lágrimas". No queremos que se compadezcan de nosotras. Tenemos nuestro orgullo. Que reescriban la Historia las veces que quieran. Con Stalin o sin él. Pero esto siempre quedará: ¡vencimos! Al igual que nuestros sufrimientos. Lo que habíamos aguantado. No es chatarra, ni cenizas. Es nuestra vida.

»Y ya no digo ni una palabra más...»

Me marcho con un paquete de empanadas bajo el brazo: «Son siberianas. Especiales. No las encontrarás en una tienda...». Además he recibido otra larga lista de nombres y teléfonos: «Estarán encantadas de hablar contigo. Te estarán esperando. A ver si me explico: recordar asusta, pero no recordar es aún más terrible».

Ahora entiendo por qué a pesar de todo ellas eligen hablar...

«Nos condecoraban con unas medallas pequeñas...»

Por la mañana reviso mi buzón...

Mi correo personal cada vez se parece más al correo de una oficina de reclutamiento o de un museo de historia: «Le saludan las pilotos del Regimiento de Aviación Marina Raskova», «Le escribo de parte de las mujeres partisanas del grupo Zhelezniak», «Le felicitan las integrantes del grupo antifascista clandestino de Minsk y le desean muchos éxitos en su trabajo...», «Le escriben las soldados de la unidad de higiene y lavandería...». Durante mi búsqueda solo me he encontrado con unos pocos rechazos exasperados: «No, es una pesadilla... ¡No puedo! ¡No hablaré!». O: «¡No quiero recordar! ¡No quiero! Olvidarlo me llevó mucho tiempo...».

Recuerdo en concreto una carta, sin dirección del remitente:

«Mi marido, caballero de la Orden de la Gloria, fue condenado a diez años de trabajos forzados después de la guerra... Así era como la Patria recibía a sus héroes. ¡A los vencedores! Lo único que hizo fue escribir a su compañero de universidad y contarle que le costaba sentirse orgulloso de nuestra Victoria: habíamos abarrotado de cadáveres nuestro terreno y el ajeno. Lo habíamos bañado en sangre. Enseguida le detuvieron... Le quitaron las hombreras...

»Al morir Stalin, regresó de Kazajstán... Regresó enfermo. No hemos tenido hijos. Yo no necesito recordar la guerra, llevo toda la vida luchando...»

No todos se atreven a dejar sus recuerdos por escrito, no todos consiguen confiar a una hoja de papel sus sentimientos y pensamientos. «Las lágrimas me lo impiden...» (A. Burakova, sargento, transmisiones). El carteo, en contra de lo esperado, tan solo aporta nuevos nombres y direcciones.

«No me falta metal dentro del cuerpo... Los combates de Vítebsk me dejaron de recuerdo un buen puñado de metralla. La llevo en el pulmón, a tres centímetros del corazón. También en el pulmón derecho. Dos trozos más en el vientre...

»Aquí tiene mi dirección... Venga a verme. No puedo continuar escribiendo, las lágrimas me impiden ver el papel...»

V. Grómova,
técnica sanitaria

«No tengo grandes condecoraciones, tan solo unas medallas. No sé si mi vida le parecerá interesante, pero me gustaría contársela a alguien...»

V. Vóronova,
soldado de transmisiones

«... Mi marido y yo vivíamos en la región de Extremo Oriente, en la ciudad de Magadán. Mi marido era conductor; yo, controladora. Nada más empezar la guerra, los dos solicitamos que nos enviasen al frente. Nos contestaron: "Seguid trabajando allí, donde sois necesarios". Entonces enviamos un telegrama dirigido al camarada Stalin, en el que hacíamos una aportación de cincuenta mil rublos (era mucho dinero, todos nuestros ahorros) para la fabricación de un tanque y decíamos lo mucho que los dos deseábamos ir al frente. Recibimos una carta de agradecimiento firmada por el Gobierno. En 1943 nos mandaron a los dos a la academia técnica de carros de combate de Cheliabinsk, donde terminamos los estudios como externos.

»Allí mismo nos entregaron el tanque. Los dos nos habíamos graduado como mecánicos-conductores superiores, pero en un tanque solo puede haber un mecánico-conductor. El mando operativo decidió designarme a mí el puesto de comandante del tanque IS-122, a mi marido le nombraron mecánico-conductor superior. Así fue como llegamos a Alemania. Los dos fuimos heridos en combate. Los dos recibimos condecoraciones.

»Entre los tanquistas había bastantes muchachas en los tanques medios, pero solo yo iba en un tanque pesado. A veces pienso que no estaría mal que un escritor narrara mi vida. Yo no sé hacerlo...»

A. Boiko,
cabo mayor, tanquista

«1942... Me nombraron comandante de la división. El comisario político del regimiento me avisó: "Tenga usted en cuenta, capitán, que la suya es una división singular, una división de chicas. La mitad de los efectivos son muchachas, y ellas requieren un tratamiento especial, una atención y un cuidado especiales". Por supuesto, yo ya tenía conocimiento de que las muchachas servían en el ejército, pero no lo veía nada claro. Nosotros, los oficiales profesionales, observábamos con cierto recelo cómo el sexo débil aprendía el arte militar, que desde siempre se había considerado una tarea masculina. Por poner un ejemplo: una enfermera es algo habitual. Ya habían acreditado su capacidad en la Primera Guerra Mundial y luego durante la guerra civil. Pero ¿qué iba a hacer una chica en la artillería antiaérea, donde es necesario levantar proyectiles muy pesados? ¿Cómo alojarlas en la batería, donde solo hay una covacha, teniendo en cuenta que las unidades también incluyen hombres? Tendrían que pasarse horas ajustando la trayectoria, observando, y todos los instrumentos son metálicos, los asientos de los cañones son metálicos... Hablamos de chicas, su salud no lo aguantaría. Al fin y al cabo, ¿dónde se lavarían y se secarían el pelo? Surgían un sinfín de preguntas, era una situación insólita...

»Comencé a visitar las baterías, a tomar notas. Reconozco que me sentía algo cohibido: la chica con el fusil colocada en su puesto, la chica con los prismáticos en la torre... Yo venía de las posiciones avanzadas, del frente. Las chicas eran tan distintas: tímidas, medrosas, coquetas, aunque también decididas, ardientes. No todo el mundo es capaz de someterse a la disciplina militar y la naturaleza femenina se opone al régimen del ejército. Un día una olvidaba lo que se le había ordenado, al día siguiente otra recibía una carta de su casa y se pasaba toda la mañana llorando. Yo les aplicaba el castigo correspondiente, pero luego lo suspendía: me daban pena. Pensaba: "¡Estoy perdido!". No obstante, pronto tuve que descartar todas mis dudas. Las muchachas se convirtieron en auténticos soldados. Con ellas recorrimos un duro camino. Venga a verme. Tendremos una larga conversación...»

I. A. Levitski,
ex comandante de la Quinta División del Regimiento
de Artillería Antiaérea número 784

Las direcciones están esparcidas por todo el país: Moscú, Kiev, Apsheronsk, Vítebsk, Volgogrado, Yalutorovsk, Súzdal, Gálich, Smolensk... ¿Cómo abarcarlas todas? El país es enorme. Me ayuda la ocasión propicia. Inesperadamente recibo una sugerencia. El cartero me trae una invitación de parte de los veteranos combatientes del Sexagésimo Quinto Ejército del general P. I. Bátov: «Tenemos la costumbre de reunirnos el 16 y 17 de mayo en Moscú, en la plaza Roja. Es una tradición y un rito. Vienen todos los que todavía tienen fuerzas suficientes. Vienen de Múrmansk y de Karagandá, de Almaty y de Omsk. De todas partes. De todos los rincones de nuestra inmensa Patria... En una palabra, la esperamos...».

... Hotel Moscú. Estamos en mayo, el mes de la Victoria. A mi alrededor, la gente se abraza, llora, se hace fotos. Las flores aplastadas contra el pecho se mezclan con las condecoraciones. Me sumerjo en ese torrente, que me abraza y me arrastra, me domina, y pronto me encuentro en un mundo casi desconocido. En una isla desconocida. Estoy rodeada de personas, a algunas las conoceré y a otras no, pero tengo clara una cosa: quiero a esta gente. Habitualmente se pierden entre nosotros y pasan desapercibidos porque ya se marchan, su número cada vez es más reducido, cada vez hay más de nosotros y menos de ellos, pero una vez al año se reúnen para volver, aunque sea solo por un instante, a su tiempo. Su tiempo son sus recuerdos.

En la séptima planta, en la habitación 52, está reunido el hospital número 5.257. Aleksandra Ivánovna Záitseva, la médico militar, capitana, encabeza la mesa. Se alegra de verme y con mucho gusto me presenta a las demás, como si nos conociéramos desde hace mucho tiempo. Sin embargo, yo he llamado a esta puerta casi por casualidad. Un poco a ciegas.

Apunto: Galina Ivánovna Sazónova, cirujana; Elizaveta Mijáilovna Aisenstein, médico; Valentina Vasílievna Likiná, enfermera quirúrgica; Anna Ignátievna Gorélik, enfermera jefe de quirófano; enfermeras Nadezhda Fiódorovna Potúzhnaia, Klavdia Prójorovna Borodúlina, Elena Pávlovna Yákovleva, Angelina Nikoláievna Timoféieva, Sofia Kalamdínovna Motrenko, Tamara Dmítrievna Morózova, Sofía Filimónovna Semenuk, Larisa Tíjonovna Deikún.

SOBRE LAS MUÑECAS Y LOS FUSILES

«Ay, nenas, qué puñetera fue esa guerra... Vista con nuestros ojos. Con ojos de mujer... Es horrenda. Por eso no nos preguntan...»

«¿Os acordáis, chicas? Íbamos en los vagones de mercancías... Los soldados se burlaban de cómo sujetábamos los fusiles. No lo hacíamos de la manera en que se suele sostener un arma, sino... Ya no soy capaz de reproducirlo... Igual que cogíamos a nuestras muñecas...»

«La gente llorando, lanzando gritos... Oí la palabra: "¡Guerra!". Y pensé: "¿Qué guerra si mañana tengo un examen? El examen era lo más importante. ¿Qué guerra?".

»En una semana empezaron los bombardeos, y ya estábamos salvando a la gente. En una época así, tres años en la facultad de Medicina ya eran mucho. Aunque los primeros días vi tanta sangre que me entró miedo. ¡Mecachis con la casi-médico! Y eso que saqué la nota máxima de las prácticas... Pero el comportamiento de la gente era extraordinario. Eso inspiraba.

»Chicas, no sé si os lo he contado... Al terminar el bombardeo, vi que delante de mí había un trozo de tierra que se movía. Corrí hasta allí y empecé a cavar. Mis manos tocaron un rostro, cabello... Era una mujer... Logré sacarla a la superficie y me puse a llorar. Ella, al abrir los ojos, no quiso saber qué le había pasado, sino que preguntó nerviosa:

»—¿Dónde está mi bolso?

»—¿Qué importa su bolso ahora? Ya lo encontrará.

»—Dentro están mis documentos.

»No le preocupaba cómo estaba, si estaba herida o no, sino dónde estaban su carnet del partido y la cartilla militar. Me puse a buscar el bolso enseguida. Lo encontré. La mujer se lo colocó encima del pecho y cerró los ojos. Pronto llegó el transporte sanitario y la subimos adentro. Comprobé de nuevo si el bolso iba con ella.

»Por la noche volví a casa, se lo conté a mi madre y le dije que había decidido marcharme al frente...»

«Nuestras tropas estaban retrocediendo... Salimos todos a la carretera... Por delante de nuestra casa pasaba un soldado, un hombre ya mayor, se paró y le hizo una profunda reverencia a mi madre: "Perdónenos, mujer... ¡Ponga a salvo a su hija! ¡Sálvela!". Yo tenía dieciséis años, llevaba una trenza larguísima... y tenía las pestañas largas, muy largas y negras...»

«Recuerdo cuando viajamos al frente... Un camión lleno de chicas, un gran camión con cubierta de lona. Era de noche, la oscuridad, las ramas de los árboles golpeaban la lona, la tensión era enorme, parecía que eran balas que nos disparaban... Con la guerra las palabras y los sonidos cambiaron de significado... La guerra... ¡Nunca dejaba de estar cerca! Decíamos "mamá" y la palabra cobraba otro sentido, decíamos "casa" y el sentido también era otro. Se les había añadido alguna cosa. Se les sumó más amor, más miedo. Algo más...

»Sin embargo, desde el primer día tuve la certeza de que no nos vencerían. Tan grande es nuestro país. Infinito...»

«Yo era una niñita de mamá... Nunca había viajado fuera de mi ciudad, nunca había dormido en una casa ajena, y de pronto me había convertido en la médico subalterna de una batería de morteros. ¡Lo mal que lo pasaba! Los morteros empezaban a disparar y al instante me quedaba sorda. Tenía la sensación de que mi cuerpo se estaba quemando. Me sentaba en el suelo y susurraba: "Mama, mama... Mama...". Estábamos acampados en un bosque, por la mañana había tanto silencio, se veía el rocío. ¿Quién hubiera dicho que estábamos en la guerra? Tan bonito, tan pacífico era el paisaje...

»Nos ordenaron vestirnos de uniforme, yo mido un metro cincuenta. Cuando me metí dentro del pantalón, las otras chicas consiguieron atármelo por encima de la cabeza. Así que seguí con mi vestido, me escondía de los superiores. Finalmente acabé en la celda de arresto por haber incumplido la disciplina militar...»

«Nunca lo imaginé... No sabía que fuera capaz de dormir mientras andaba. Caminábamos en fila, y yo dormía, me chocaba con la persona que tenía delante, me despertaba por un segundo y me volvía a dormir. El sueño de un soldado es dulce. Una vez íbamos a oscuras, no avancé hacia delante, sino de lado, caminé a través del campo, caminaba y dormía. Hasta que me caí en una zanja y me desperté. Tuve que correr para no perder a los demás.

»Los soldados, al hacer el alto, se sentaban, un pitillo se compartía entre tres. Mientras el primero fumaba, el segundo y el tercero dormían. Incluso roncaban...»

«No lo olvidaré: trajeron a un herido y le bajaron de la camilla... Alguien le cogió de la mano: "Está muerto". Nos apartamos. Y entonces el herido suspiró. Cuando respiró me puse de rodillas junto a él. Grité entre lágrimas: "¡Que venga el médico!". Trataron de despertar al médico, le sacudían, pero se volvía a caer, estaba completamente dormido. No lograron despertarle ni con hidrato de amonio. No había dormido nada en tres días.

»Cuánto pesan los heridos en invierno... Las camisas militares se ponían rígidas de la sangre y el agua heladas; las botas de lona empapadas en sangre, heladas, no había manera de abrirlas. Los heridos estaban fríos como cadáveres.

»Y al otro lado de la ventana reinaba un invierno de belleza increíble. Abetos mágicos, pintados de blanco. Por un instante, se me olvidaba todo... Y enseguida todo volvía...»

«Había un batallón de esquiadores... Chicos del último curso del colegio... Un fuego denso de ametralladoras los tumbó... Cuando los trajeron, lloraban. Éramos de la misma edad, pero nosotras nos sentíamos mayores. Los abrazábamos: "Pobre crío". Ellos se indignaban: "Si hubieras estado allí no me llamarías crío". Morían gritando: "¡Mama! ¡Mama!". Había dos muchachos de Kursk, les llamábamos "los ruiseñores de Kursk". Yo iba a despertarles, babeaban un poco cuando estaban dormidos. Eran unos chiquillos...»

«Pasábamos los días y las noches pegadas a la mesa de operaciones... Yo me mantenía de pie, pero los brazos se me caían. En ocasiones acababa con la cabeza hundida literalmente en el paciente. ¡Dormir! ¡Dormir! ¡Dormir! Se nos hinchaban las piernas, no nos cabían en las botas. Tenía la vista tan cansada que me costaba cerrar los ojos...

»Mi guerra huele a tres sustancias: sangre, cloroformo y yodo...»

«¡Madre mía! Las heridas... Profundas, desgarradas, extensas... Era para volverse loca... Fragmentos de balas, de granadas, de proyectiles, en las cabezas, en los intestinos, en todo el cuerpo; junto con el metal extraíamos botones, trozos de tela, camisas, cinturones. Un soldado vino con el pecho completamente desgarrado, se le veía el corazón... Todavía latía, pero el hombre se estaba muriendo... Le practiqué el último vendaje y apenas me dominaba para no romper a llorar. Deseaba acabar cuanto antes, esconderme en un rincón y llorar. De pronto me dijo: "Gracias, hermana...", y me tendió la mano con algo pequeño y de metal. A duras penas lo entreví: el sable y el fusil cruzados. "¿Para qué me lo das?", pregunté. "Mi madre me dijo que este medallón me protegería. Yo no lo necesitaré más. A lo mejor a ti te da más suerte", dijo, y se puso de cara a la pared.

»Al final de la jornada, por la noche, teníamos sangre en el pelo, traspasaba las batas y llegaba al cuerpo, empapaba los gorros y las mascarillas. Negra, viscosa, mezclada con todo lo que hay dentro de un ser vivo. Con orina, con excrementos...

»A veces uno de los pacientes me llamaba: "Enfermera, me duele la pierna". Y no tenía esa pierna... Lo que más terror me daba era transportar a los muertos, si una corriente de aire levantaba la sábana, parecía que te estuvieran mirando. Yo era incapaz de llevarlos si tenían los ojos abiertos, siempre procuraba cerrarles los ojos...»

«Trajeron a un herido... Estaba tumbado en la camilla, el vendaje le cubría casi por completo, había recibido una herida en la cabeza y se le veía muy poco la cara. Un poquito. Por lo visto, le recordé a alguien, se dirigió a mí: "Larisa... Larisa... Larisa...". Supongo que se trataba de la chica a la que quería. Y yo me llamaba justo así, pero yo sabía que jamás me había cruzado con ese hombre... Pero me llamaba a mí. Me acerqué, no comprendía lo que ocurría, intentaba aclararme. "¿Has venido? ¿Has venido?" Cogí su mano, me incliné hacia él... "Sabía que vendrías..." Me susurraba algo, yo no entendía qué decía. Me cuesta contarlo, cada vez que me acuerdo de aquel momento, los ojos se me llenan de lágrimas. "Cuando me marché al frente —dijo— no tuve tiempo de darte un beso. Bésame..."

Le besé. Se le escapó una lágrima que se escurrió hacia el vendaje y desapareció. Y ya está. Murió...»

«La gente no quería morir... Nosotras respondimos a cada gemido y a cada grito. Una vez un herido, al sentir que se moría, me agarró así, por el hombro, me abrazó y no me soltaba. Él creía que si alguien estaba a su lado, si la enfermera estaba con él, la vida no se le iría. Pedía: "Cinco minutos más, dos minutos más de vida...". Unos morían sigilosamente, sin hacer ruido; otros gritaban: "¡No quiero morir!". Soltaban palabrotas: "La madre que te...". Uno de repente se puso a cantar... Entonó una canción moldava... La persona muere, pero no piensa, no puede creer, que se está muriendo. Aun así, yo veía cómo desde debajo del pelo se expandía un color amarillo, amarillo intenso, como una especie de sombra, primero le cubría el rostro, luego iba bajando... Se quedaba allí, muerto, y su rostro expresaba la sorpresa, como si aún se preguntara: "¿Cómo es posible que yo me muera? ¿De verdad estoy muerto?".

»Mientras te podían oír... Hasta el último momento yo les decía que no, que de ningún modo, que no se iban a morir. Les besaba, les abrazaba: "¿Qué dices?". Ya estaban muertos, la mirada clavada en el techo, pero yo seguía susurrándoles cosas... Les tranquilizaba... Sus apellidos se me borraron de la memoria, pero tengo presentes sus rostros...»

«Traían a los heridos... Ellos lloraban... No lloraban de dolor, sino de impotencia. Era su primer día en el frente, acababan de llegar, algunos ni siquiera habían llegado a disparar. Todavía no les habían entregado los fusiles porque durante los primeros años las armas valían su peso en oro. Los alemanes disponían de tanques, morteros y aviones. Los soldados caían y los compañeros recogían sus fusiles. Sus granadas. Algunos iban al ataque con las manos vacías... Como si se tratara de una pelea...

»Y en el primer ataque se encontraron con los tanques...»

«Cuando morían... Cómo miraban... Cómo...»

«Mi primer herido... La bala le impactó en la garganta, vivió unos días, pero no podía hablar...

»Les cortaban el brazo o la pierna, y no había sangre... Se veía la carne limpia, blanca, la sangre aparecía luego. Ni siquiera ahora puedo descuartizar el pollo si la carne es blanca y limpia. Siento como un sabor salado en la boca...»

«Los alemanes no cogían prisioneras a las mujeres militares... Las fusilaban. O las paseaban ante sus tropas, mostrándolas: "No son mujeres, son unos monstruos". Siempre nos guardábamos dos cartuchos para nosotras, dos, por si el primero fallaba...

»Capturaron a una de nuestras enfermeras... Un día más tarde conseguimos arrebatarles esa aldea. Por todas partes encontramos caballos muertos, motocicletas, vehículos blindados. La encontramos: le habían arrancado los ojos, le habían cortado los pechos... Le habían metido un palo... Hacía mucho frío, ella era muy blanca y tenía el pelo canoso. Tenía diecinueve años.

»En su bolso encontramos las cartas de su familia y un pajarito verde, de goma. Un juguete...»

«Combatíamos en retirada... Nos bombardeaban. El primer año parecía que nunca dejábamos de retroceder. Los aviones nazis volaban muy bajo, perseguían a cada persona que veían. Siempre tenías la sensación de que te perseguían a ti. Yo corría... Veía, oía que el avión iba a por mí... Miré al piloto, él vio que yo era una chica... El convoy sanitario... Disparaba a los carros y encima sonreía. Se divertía... Era una sonrisa temeraria y horrible... Y un rostro guapo...

»No podía soportarlo... Lancé un grito... Corrí hacia un campo de maíz, él iba detrás, corrí hacia el bosque, y me seguía. Por fin llegué hasta una zona de arbustos... Entré en el bosque, caí encima de la hojarasca. La nariz me sangraba del sobresalto, no tenía muy claro si aún seguía viva. Pero sí, lo estaba... Desde entonces los aviones me aterrorizan. Es como si aquel piloto con su avión siempre estuviera en alguna parte, enseguida me entra el pánico, no soy capaz de pensar en nada, solo en que ese avión está volando hacia mí y en que tengo que esconderme para no ver, no oír. No soporto el ruido de los aviones. No puedo volar...»

«Ay, chicas...»

«Justo antes de la guerra yo quería casarme... Con mi profesor de música. Una historia de locos. Me enamoré completamente... Y él también... Mi madre me lo había prohibido: "¡Eres demasiado joven!".

»Pronto empezó la guerra. Solicité que me enviasen al frente. Quería irme de casa, quería ser una adulta. En mi casa lloraban mientras me ayudaban a preparar el equipaje. Los calcetines gruesos, la ropa interior...

»En mi primer día vi al primer muerto... Un fragmento de granada entró volando, por pura casualidad, hasta el patio del colegio donde se alojaba el hospital e hirió de muerte a nuestro auxiliar sanitario. Yo pensé: "Mi madre decidió que era demasiado joven para casarme, pero que no lo era para una guerra...". Mi querida mamá...»

«Nos deteníamos... Entonces instalábamos el hospital, lo llenábamos de heridos, y en ese momento llegaba la orden: a evacuar. A unos los subíamos a los vehículos, a otros los dejábamos allí: los medios de transporte eran escasos. Nos metían prisa: "Dejadlos. Marchaos". Recogíamos las cosas y ellos nos miraban. Nos seguían con la mirada. En esas miradas había un mundo: resignación, reproche... Nos pedían: "¡Hermanos! ¡Hermanas! No nos dejéis con los alemanes. Pegadnos un tiro". ¡Tanto dolor! ¡Tanta tristeza! Los que lograban levantarse, se venían con nosotros. Los que no, se quedaban. No éramos capaces de ayudar a ninguno de ellos, yo no me atrevía a levantar la vista... Era joven, lloraba, lloraba...

»Cuando empezamos a ganar terreno, ya no abandonamos ni a un solo herido. Los recogíamos a todos, incluso a los alemanes. Durante un tiempo trabajé con ellos. Me acostumbré, los vendaba como si nada. Pero cuando me acordaba de 1941, de cómo habíamos tenido que dejar a nuestros heridos y que ellos, los alemanes, les... Cómo les trataban... Lo habíamos visto... Me sentía incapaz de acercarme a ellos... Pero al día siguiente volvía y los vendaba...»

«Salvábamos vidas... Aun así, muchos se lamentaban porque solo eran médicos y se limitaban a vendar las heridas, porque no luchaban a mano armada. Porque no disparaban. Lo recuerdo... Recuerdo ese sentimiento. Recuerdo que el olor a sangre era especialmente intenso en la nieve... Los muertos... yacían en los campos. Los pájaros les sacaban los ojos, les picoteaban los rostros, los brazos. Insoportable...»

«La guerra se estaba acabando... Me daba pavor escribir a casa. Decidí: "No voy a escribir; si me matan ahora, mamá llorará porque la guerra se ha acabado y me han matado justo antes de la Victoria". Nadie lo decía en voz alta, pero todos lo pensábamos. Presentíamos que venceríamos pronto. La primavera había empezado.

»De pronto vi el cielo azul...»

«¿Sabe qué es lo que más recuerdo? ¿Lo que se me quedó grabado en la memoria? El silencio, el increíble silencio de las salas donde estaban los heridos graves... Los más graves... No hablaban entre ellos. Muchos estaban inconscientes. Aunque la mayoría de ellos simplemente guardaban silencio. Estaban pensando. Tenían la mirada fijada en un punto y reflexionaban. Les llamábamos y no nos oían.

»¿En qué estarían pensando?»

SOBRE LOS CABALLOS Y LOS PÁJAROS

«Viajábamos...

»En una estación había dos trenes, uno al lado de otro... Uno con los heridos, otro con los caballos. Comenzó el bombardeo. Los trenes se incendiaron... Nosotros empezamos a abrir las puertas para salvar a los heridos, para que pudieran escapar, y todos ellos se lanzaron a salvar a los caballos. Los gritos de las personas espantan, pero no hay nada más terrible que el relincho de los caballos sufriendo. Ellos no tienen la culpa, no son responsables de las fechorías que cometemos los humanos. Ninguno corrió a esconderse en el bosque, todos trataron de salvar a los caballos. Todos los que eran capaces. ¡Todos!

»Quiero decir... Quiero decir que los aviones alemanes volaban muy cerca. Muy bajo, mucho. Después estuve pensando: los pilotos alemanes debían verlo, ¿será posible que no tuviesen vergüenza? ¿En qué estaban pensando?...»

«Me acuerdo de... Entramos en un pueblo, los cadáveres de los partisanos yacían desde donde comenzaba el bosque. No soy capaz de relatar cómo les habían torturado, mi corazón reventaría. Les habían cortado a trozos... Les habían sacado las entrañas, como a los cerdos... Estaban allí tirados... Muy cerca pastaban los caballos. Se veía que eran de los partisanos, algunos estaban ensillados. A lo mejor se habían escapado de los alemanes y después habían regresado, o tal vez no se los habían llevado por las prisas, a saber. El caso es que estaban allí cerca. Había mucha hierba. Y también pensé: "¿Cómo la gente se atreve a cometer esas cosas delante de los caballos? Delante de los animales". Los caballos tal vez lo estarían viendo...»

«Ardían los bosques y los campos... Humeaban los prados. Vi perros y vacas quemados... Un olor insólito. Desconocido. Vi... los barriles con los tomates y las coles quemados. Ardían los pájaros. Los caballos... Todo... Las carreteras estaban llenas de objetos negros, quemados. Había que acostumbrarse a ese olor...

»Comprendí entonces que cualquier cosa puede arder... Incluso la sangre...»

«Durante un bombardeo se nos acercó una cabra. Se acercó hasta el lugar donde nos escondíamos y se tumbó. Simplemente se tumbó a nuestro lado y balaba. Dejaron de bombardear, la cabra nos siguió, no se apartaba de la gente: era otro ser vivo asustado. Llegamos a un pueblo y allí se la ofrecimos a una mujer: "Quédesela, nos da mucha pena". Queríamos salvar a la cabra...»

«En la sala del hospital donde yo trabajaba había dos heridos... Eran un alemán y un tanquista de los nuestros, con quemaduras. Fui a verlos.

»—¿Cómo se encuentra?

»—Yo bien —dijo el tanquista—. Pero este está sufriendo.

»—Es un nazi...

»—Ya, pero yo estoy bien y él sufre.

»Ya no eran enemigos, eran personas, tan solo dos hombres malheridos en la misma habitación. Entre ellos surgió una relación humana. Tuve oportunidad de observar en más de una ocasión que eso ocurría muy rápido...»

«Sí, cierto... ¿Os acordáis? En el otoño tardío volaban los pájaros... Unas bandadas largas, muy largas. Y la artillería, la nuestra y la alemana, disparando, y los pájaros volaban. ¿Cómo avisarles? ¿Cómo advertirles?: "¡No voléis por aquí! ¡Están disparando!". ¡¿Cómo?! Los pájaros caían, caían al suelo...»

«Una vez nos trajeron a unos alemanes para que les cambiáramos el vendaje. Eran oficiales de las SS. Vino a verme la auxiliar de enfermería.

»—¿Qué hacemos? ¿Desgarramos o hacemos el vendaje correcto?

»—El correcto. Son heridos...

»Y los tratamos como es debido. Más tarde dos de ellos se fugaron. Los encontraron y, para que no se volvieran a escapar, les quité los botones de los calzoncillos...»

«Cuando me dijeron... estas palabras: "¡La guerra se ha acabado!". Me senté en la mesa de esterilización. Había un médico con el que habíamos acordado que, cuando anunciaran: "¡La guerra se ha acabado!", nos sentaríamos encima de la mesa de esterilización. Es decir, haríamos algo fuera de lo normal. Yo nunca había dejado que nadie se acercara a la mesa, ni de lejos. Siempre iba con los guantes, la mascarilla, la bata estéril, yo misma servía a todos lo necesario: tampones, instrumentos... Pero en aquel momento me senté encima de esa mesa...

»¿Qué anhelábamos? Lo primero, claro, era vencer; lo segundo, llegar vivos al final. Una decía: "Cuando acabe la guerra, tendré un montón de hijos", otra: "Me matricularé en la universidad", y también: "Iré cada día a la peluquería, siempre iré arreglada y me cuidaré mucho". O, por ejemplo: "Me compraré un perfume en un frasco elegante. Y un fular, y un broche".

»Pues ese tiempo llegó. De pronto todas nos serenamos...»

«Tomamos una aldea... Buscábamos agua. Entramos en un patio donde habíamos divisado un pozo con cigoñal. Un pozo artesanal, tallado a mano... En el patio yacía el dueño de la casa, fusilado... A su lado estaba sentado su perro. Nos vio y comenzó a gañir. Tardamos en comprender que nos estaba llamando. El perro nos llevó a la casa... En la puerta hallamos a la mujer y a tres niños...

»El perro se sentó y lloró. Lloró de verdad. Como lloran los humanos...»

«Entrábamos en nuestros pueblos liberados... y no quedaba nada, solo las estufas. ¡Solo las estufas! En Ucrania liberamos lugares desolados, solo crecían sandías, la gente comía esas sandias, no tenía nada más. Nos recibían con esas sandías... En vez de flores...

»Regresé a casa. Los míos vivían en una chabola, mi madre y tres niños, nuestro perro comía armuelle cocido. Hervían el armuelle, lo comían ellos y también se lo daban al perro... Y lo comía. Antes de la guerra había muchos ruiseñores, dos años después de la guerra todavía seguían sin oírse; la tierra había sido revuelta, como quien dice, había salido a la superficie el estiércol de los antepasados. La naturaleza se había alterado. Los ruiseñores aparecieron al tercer año. ¿Dónde habían estado? A saber. Volvieron pasados tres años.

»La gente reconstruyó las casas, entonces regresaron los ruiseñores...»

«Las flores silvestres me recuerdan a la guerra. Entonces no recogíamos flores. Si hacíamos ramos era porque enterrábamos a los compañeros... Cuando nos despedíamos de ellos...»

«Ay, chicas, qué mezquina es... esta guerra... Brindemos en memoria de nuestras amigas...»

«No era yo...»

¿Qué es lo que retiene mi memoria?

Probablemente una voz, una voz suave a menudo acompañada de sorpresa. Una persona que se asombra de sí misma, de lo que le ha ocurrido. El pasado desaparece, su vórtice candente colapsó y se evaporó, el ser humano sigue el curso de su vida. Le rodea lo cotidiano. Todo a su alrededor es corriente, excepto su memoria. Yo me convierto en un testigo. Un testigo de lo que la gente recuerda, de cómo recuerda, de lo que quiere comentar y de lo que prefiere olvidar, encerrar en el rincón más lejano de su memoria. Esconder tras las cortinas. De cómo estas mujeres se desesperan buscando las palabras adecuadas, deseando reconstruir lo desaparecido, con la ilusión de que la distancia en el tiempo les ayudará a hallar el sentido completo de los hechos que vivieron. Ver y comprender lo que entonces no pudieron ni ver ni comprender. Observan y se reencuentran. Muchas veces se han convertido en dos personas: esta y aquella, la joven y la vieja. La persona en la guerra y la persona después de la guerra. Mucho después de la guerra. Me persigue la sensación de que oigo dos voces a la vez...

En Moscú, en la celebración del día de la Victoria, conocí a Olga Yákovlevna Omélchenko. Todas las mujeres iban vestidas de primavera, con chales claros, pero ella iba de uniforme y con boina militar. Era alta y fuerte. Ni hablaba, ni lloraba. Durante todo el rato se mantuvo en silencio... pero era un silencio especial, cargado de algo que estaba por encima de las palabras. Parecía que estuviese hablando consigo misma. No necesitaba a nadie.

Nos conocimos y más tarde fui a verla a la ciudad donde reside, a Pólatsk.

Ante mí se ha abierto otra página de la guerra que haría palidecer cualquier fantasía.

Olga Yákovlevna Omélchenko, técnica sanitaria de una compañía de infantería:

«El amuleto de mamá... Mi madre quería que yo me marchara con ella, sabía que yo estaba desesperada por ir al frente, así que me ató al carro que transportaba nuestros bártulos. Pero yo me solté y me marché, un trozo de aquella cuerda se quedó atado a mi mano...

»Había mucha gente viajando... Todos se escapaban... ¿Adónde ir? ¿Cómo llegar al frente? Me crucé con un grupo de chicas. Una dijo: "No muy lejos de aquí vive mi madre, nos dirigimos a su casa". Llegamos una noche, llamamos. Su madre abrió la puerta y al vernos sucias, harapientas, nos ordenó: "No os mováis". Nos quedamos allí, en la puerta. Entonces trajo unas ollas enormes y nos hizo quitarnos la ropa. Nos lavamos el pelo con ceniza (ya no quedaba jabón) y nos acomodamos en el piso de arriba, en la yacija de la estufa rusa,* me dormí al instante. Por la mañana, la madre de aquella muchacha nos hizo sopa de col y horneó pan con salvado y patata. ¡Qué rico nos pareció ese pan de pobre y qué dulce era aquella sopa! Nos quedamos allí cuatro días, ella nos daba de comer para que nos recuperásemos. Nos daba la comida poco a poco, en raciones pequeñas, temía que si comíamos demasiado moriríamos. Al quinto día nos dijo: "Marchaos". Antes había venido una vecina, nosotras estábamos en la yacija, escondidas. Nos hizo un gesto para que no hablásemos.

---

* Se trata de un tipo de estufa típica de las regiones rusas. Sirve para cocinar y como sistema de calefacción. Situada en el centro de las casas y envuelta en una construcción de ladrillos, el humo se conduce por unas tuberías a través de las paredes y los techos para transmitir el calor a toda la casa. La gente solía dormir en el piso de arriba, justo encima de donde se encontraba la estufa. *(N. de las T.)*

Ni siquiera a sus vecinos les había confesado que su hija estaba en casa, todos sabían que luchaba en el frente. Era su única hija, pero cuando esta abandonó las armas y regresó a casa a hurtadillas, ella, la madre, no tuvo lástima, no pudo perdonar la deshonra.

»Nos despertó en mitad de la noche y nos dio unos saquitos con comida. Nos dio un abrazo a cada una de nosotras y nos dijo: "Marchaos...".»

—¿No intentó retener a su hija?

—No, la besó y dijo: «Tu padre está luchando, tú debes hacer lo mismo».

»Por el camino, esa muchacha me contó que era enfermera, que su unidad había sido rodeada...

»Recorrí un largo camino, pasé por muchos lugares hasta que finalmente llegué a Tambov, y allí entré a trabajar en un hospital. Era un buen lugar, me recuperé, gané unos kilitos. Cuando cumplí dieciséis años me dijeron que ya podía donar sangre, igual que los demás médicos y enfermeras. Empecé a donar sangre regularmente. En el hospital constantemente hacían falta cientos de litros, nunca había suficiente sangre. Cada vez donaba quinientos centímetros cúbicos, medio litro de sangre, dos veces al mes. Recibía una ración alimenticia de donante: un kilo de azúcar, un kilo de sémola, un kilo de embutidos... Alimentos para recuperar fuerzas. Me hice amiga de tía Niura, trabajaba como auxiliar en el hospital, era madre de siete niños, su marido había perdido la vida durante los primeros meses de guerra. Su hijo mayor, de once años, al ir a buscar la comida, perdió la cartilla de racionamiento de toda la familia, yo les pasaba mi ración de donante. Una vez un médico me propuso: "Vamos a apuntar tu dirección, a ver si se presenta alguien que haya recibido tu sangre". Escribimos mi dirección y enganchamos el papelito a la botella.

»Pasado un tiempo, como un par de meses más tarde, acabé mi jornada y me fui a la cama. De pronto sentí que me zarandeaban.

»—¡Levántate! Ha venido tu hermano.

»—¿Qué hermano? Yo no tengo hermanos.

»Yo vivía en el último piso de la residencia, bajé las escaleras, le vi: un teniente joven, apuesto. Le pregunté:

»—¿Quién pregunta por Omélchenko?

»Él respondió:

»—Yo. —Y mostró la nota que escribimos con el médico—. Eso... Soy tu hermano de sangre...

»Me trajo dos manzanas y un paquetito de bombones, comprar bombones entonces era imposible. ¡Dios mío! ¡Qué ricos estaban aquellos bombones! Fui a ver al jefe del hospital: "¡Ha venido mi hermano!". Me dieron permiso. Él me invitó: "Vamos al teatro". Nunca antes había estado en un teatro, qué ilusión me hizo. Y además iba con un chico. Era guapo. ¡Oficial!

»Se iba en unos días, le enviaban al frente Vorónezh. Cuando vino a despedirse, abrí la ventana y le saludé. No me dieron permiso, justo acababan de ingresar muchos heridos.

»Nunca me había escrito nadie, no tenía ni idea de lo que era recibir una carta. De repente me entregaron un triángulo de papel plegado, lo abrí y leí: "Su amigo, comandante de la sección de ametralladores..., murió como un héroe...". Era él, mi hermano de sangre. Era huérfano y, por lo visto, la única dirección que llevaba encima era la mía. Mi dirección... Cuando se marchó, me pidió que no cambiara de hospital, así después de la guerra le sería más fácil localizarme. "En la guerra —decía—, la gente se pierde fácilmente." Y al cabo de un mes recibí esa carta sobre su muerte... Sentí tanto miedo... El corazón se me paró... Decidí que pondría todas mis fuerzas en ir al frente y vengar mi sangre, yo sabía que en algún lugar se había derramado mi sangre...

»Irse al frente no era sencillo. Escribí tres solicitudes a nombre del jefe del hospital, con la cuarta exigí que me recibiera.

»—Si no me da su permiso, me escaparé.

»—Bueno, si te pones así, te prepararé los papeles.

»Lo más espantoso, por supuesto, es el primer combate. Simplemente porque aún no sabes nada... El cielo tronaba, la tierra tronaba, el corazón reventaba, la piel parecía a punto de romperse. No sabía que la tierra pudiera crujir. Todo crujía, todo tronaba. Se tambaleaba... Toda la tierra... No podía... No sabía cómo aguantarlo... Creí que no lo aguantaría. El miedo era tan fuerte que hice lo siguiente:

para no acobardarme, saqué mi carnet del Komsomol, lo mojé en la sangre de un herido y me lo guardé en el bolsillo, cerca del corazón. Así me juré a mí misma que resistiría; lo más importante era no ceder ante el miedo, si me rendía en el primer combate, sería el fin. Me retirarían de la línea de batalla, acabaría en el batallón sanitario. Y yo lo único que quería era estar en primera línea, quería ver un día la cara de un nazi... Cara a cara... Pasamos al ataque; caminábamos por un campo de hierba muy alta. Hacía años que nadie había sembrado nada allí. A duras penas podíamos caminar. Fue durante los combates de la batalla de Kursk...

»Cuando acabó el combate, el jefe del Estado Mayor me mandó llamar. Me recibió en una choza destruida, vacía. Solo había una silla y el comandante. Hizo que me sentara en esa silla.

»—Te veo y me pregunto: "¿Qué te ha empujado hasta este infierno?". Te matarán como si fueras una mosca. ¡Es la guerra! ¡Pura carnicería! Te voy a trasladar a servicios sanitarios, ¿vale? Si te matan, te matan, pero si pierdes la vista, los brazos, ¿lo has pensado?

»Le contesté:

»—Camarada coronel, sí, lo he pensado. Solo le pido una cosa: no me mueva de la unidad donde estoy.

»—¡Fuera! —Fue tal el grito que lanzó, que me asusté. Y se dio la vuelta hacia la ventana...

»Los combates eran encarnizados. Participé en combates cuerpo a cuerpo... Era horroroso... Es inhumano... Las personas se machacan, hincan las bayonetas, se estrangulan unos a otros. Se rompen los huesos. Aullidos, gritos. Gemidos. Y ese crujido... ¡Ese crujido! No se olvida. El crujido de los huesos... Se oye cómo cruje el cráneo. Cómo se parte... Hasta para la guerra es demasiado, no hay nada humano en ello. No creeré a nadie que diga que no ha sentido miedo en la guerra. Los alemanes se levantaban y caminaban, siempre iban con las camisas arremangadas por encima del codo; en cinco o diez minutos comenzaba el ataque. El cuerpo trepidaba. Sentía escalofríos. Pero esto solo hasta oír el primer disparo... Luego... Todo se olvidaba al escuchar la voz de mando, me levantaba y corría hacia delante junto con los demás. Sin pensar en el miedo. Al día siguiente no podía dormir, el miedo me empapaba. Lo recordaba todo, cada detalle, me daba cuenta de que me podían haber matado y entonces sí, el miedo era tremendo. Cuando acababa el ataque, era mejor no mirarse a las caras, las caras son distintas, no son las que suelen tener las personas. No nos podíamos ni mirar entre nosotros. Ni siquiera podíamos mirar a los árboles. Me acercaba a los compañeros y oía: "¡Vete!...". No soy capaz de expresarlo. La sensación era que todos estaban fuera de sí, en los ojos de las personas había algo animal. Preferiría no haberlo visto. Ni siquiera ahora puedo creer que saliese con vida. Viva... Tal vez herida, con lesiones internas, pero viva, me cuesta creerlo...

»Cierro los ojos y los veo otra vez...

»El proyectil alcanzó el almacén de la munición, se incendió al instante. El soldado que estaba haciendo guardia allí quedó calcinado. Era un trozo de carne negro... Saltaba... Daba tumbos... Todos le miraban desde las trincheras, pero nadie se movió del sitio, estaban aturdidos. Yo agarré la sábana y me acerqué corriendo, se la eché por encima al soldado y me lancé sobre él. Le aplasté contra el suelo. El suelo estaba frío... Así... Se estuvo zarandeando hasta que el corazón le reventó y se quedó inmóvil...

»Yo estaba toda cubierta de sangre... Uno de los soldados de más edad se me aproximó, me abrazó, le oí decir: "Cuando la guerra acabe, incluso si esta chica sobrevive, ya no será una persona normal, está acabada". Se refería a que yo era tan joven... y estaba en medio de todos aquellos horrores. Yo temblaba como si me hubiera dado un ataque, me llevaron a la covacha. No me aguantaba de pie... Temblaba como si hubiera recibido una descarga eléctrica... Una sensación indescriptible...

»El combate se reanudó... En la zona de Sevsk los alemanes nos atacaban siete u ocho veces al día. Aquel día seguí sacando a los heridos del campo de combate, siempre con sus armas. A rastras alcancé al último, tenía el brazo completamente partido. Se le aguantaba sujeto por unos pequeños pedazos..., ligamentos... bañados en sangre... Había que cortarle el brazo enseguida para ponerle el vendaje. No había otra solución. Y yo no tenía ni cuchillo, ni tijeras. Llevaba el bolso colgado del hombro, pero de tanto ir y venir se me habían caído los instrumentos. ¿Qué podía hacer? Corté aquella carne con los dientes. Le puse el vendaje. Le estaba vendando y el herido murmuraba: "Más rápido, enfermera. Tengo que seguir luchando". Deliraba...

»Pasadas unas horas, nos atacaron con tanques y dos soldados se acobardaron. Se dieron la vuelta y empezaron a correr... Toda la fila tembló... Muchos compañeros perdieron la vida. Yo había ocultado unos cuantos heridos en un hoyo dejado por una explosión, cayeron prisioneros. Les tendría que haber recogido el transporte sanitario... Pero cuando aquellos dos se achicaron, cundió el pánico. Abandonaron a los heridos. Después del combate fuimos al hoyo donde yacían: a unos les habían arrancado los ojos, a otros les habían abierto las tripas... Cuando los vi, me sentí estallar. Fui yo la que les había reunido en aquel lugar... Yo... Sentí tanto miedo...

»Por la mañana ordenaron al batallón formar filas, sacaron a esos cobardes, los pusieron delante de todos. Leyeron la sentencia, condenados a muerte por fusilamiento. Eran necesarias siete personas para ejecutar la sentencia. Se ofrecieron tres, los demás no se movieron. Cogí mi fusil y di un paso al frente. ¿Cómo me atreví?... Yo, una chica... Todos me siguieron... No se les podía perdonar. ¡Buena gente había muerto por su culpa!

»Ejecutamos la sentencia... Bajé el fusil y me entró el pánico. Me acerqué a ver los cuerpos... Estaban allí... Sobre el rostro de uno de ellos todavía había una sonrisa...

»No sé si ahora les habría perdonado. No sabría decirlo... No quiero especular. A veces tengo ganas de llorar. Pero no puedo...

»En la guerra me olvidé de todo. Olvidé mi vida anterior. Todo... Olvidé el amor...

»Un comandante de una unidad de exploradores se enamoró de mí. Me enviaba mensajes escritos a través de sus soldados. Tuvimos una cita. "Estoy enamorada —le dije— de una persona que ya no está entre los vivos." Se me acercó mucho, me miró fijamente a los ojos, se dio media vuelta y se marchó. Estaban disparando, él caminaba totalmente erguido, ni siquiera se agachó un poco... Más tarde, ocurrió en Ucrania, liberamos una aldea. Pensé: "Voy a dar una vuelta". El cielo estaba despejado, las casas eran blancas. Detrás del pueblo encontré unas tumbas muy recientes... Allí estaban enterrados los que habían caído en combate por ese pueblo. No sé por qué fui, una corazonada. Sobre unas láminas de madera habían enganchado sus fotografías y habían apuntado los apellidos. Estaban en cada tumba... De pronto vi una cara familiar... Era el comandante de los exploradores que se me había declarado. Y su apellido... Me sentí tan mal. Sentí un temor tremendo... Como si me hubiera estado observando, como si todavía siguiera vivo... En aquel momento, los muchachos de su unidad se acercaron a la tumba. Todos me conocían, me habían estado llevando sus mensajes. Ninguno me miró, era como si yo no estuviera allí. Como si me hubiera vuelto invisible. Después cuando nos cruzábamos, creo... Bueno, es lo que pienso... Les gustaría que hubiera sido yo la que me hubiera muerto. Les resultaba difícil verme, saber que yo estaba... viva... Yo sentía... Bueno, me sentía culpable ante ellos... Y ante él...

»Al volver de la guerra me puse muy enferma. Pasé por varios hospitales hasta que me atendió un viejo profesor. Comenzó a tratarme... Me curaba más con palabras que con medicamentos, me explicó mi enfermedad. Decía que si me hubiera marchado al frente a los dieciocho años, mi organismo ya se habría hecho fuerte, pero yo tenía solo dieciséis, una edad demasiado temprana, por eso me traumatizó tanto. "Claro, los fármacos ayudan —explicaba—, la pueden curar, pero si de verdad quiere recuperar la salud, si quiere vivir, mi único consejo es que se case y tenga muchos hijos. Solo eso la puede salvar. Con cada hijo su organismo se irá recuperando."

—¿Cuántos años tenía?

—Cuando acabó la guerra tenía diecinueve. Ni siquiera pensaba en casarme.

—¿Por qué?

—Me sentía agotada, me sentía mucho mayor que la gente de mi edad, incluso me sentía vieja. Mis amigas bailaban, iban a fiestas, yo no podía, observaba la vida con los ojos de una vieja. Como si estuviera en un mundo distinto... ¡Una vieja! Me cortejaban chicos jóvenes. Niños. Pero no veían mi alma, no sabían lo que yo llevaba por dentro. Le he contado solo un día... Le he hablado de los combates en la zona de Sevsk. Solamente de un día... A la noche siguiente la sangre me salió por las orejas. Me desperté como después de haber sufrido una gravísima enfermedad. Tenía la almohada entera impregnada de sangre...

»¿Y en el hospital? En la sala de operaciones, detrás del biombo teníamos una tina grande donde dejábamos los brazos y las piernas amputados... Un día vino un capitán desde las posiciones avanzadas, trayendo a su amigo herido. No tengo ni idea de cómo entró allí, pero vio aquella tina y... se desmayó...

»Puedo recordar más y más. Sin parar... Pero ¿qué es lo más importante?

»Recuerdo los sonidos de la guerra. A tu alrededor todo zumba, rechina, cruje... En la guerra, el alma del ser humano envejece. Después de la guerra jamás volví a ser joven... Eso es lo más importante. Es lo que opino...

—¿Se ha casado?

—Sí, me casé. Tuve cinco hijos. Crié a mis cinco niños. Dios no me ha dado niñas. Lo que me parece más sorprendente es que después de vivir aquel miedo, aquel horror, pude dar a luz a unos niños muy bonitos. Resulté ser una buena madre y una buena abuela.

»Lo recuerdo y tengo la sensación de que no era yo, sino otra chica...

Regresaba a mi casa con cuatro cintas (las conversaciones de dos días) que contenían otra guerra, mis sentimientos eran diversos: el asombro y el miedo, la perplejidad y la admiración. La curiosidad y el desconcierto, la ternura. De vuelta en casa, les expliqué algunos episodios a mis amigos. Para mi sorpresa, la reacción de todos ellos fue la misma: «Demasiado horror, ¿cómo lo superó? ¿No se volvió loca?». O bien: «Estamos acostumbrados a leer sobre otra guerra, la que tiene unos límites exactos: ellos-nosotros, bien-mal. ¿Qué ha pasado aquí?». Pero a todos los vi con los ojos llenos de lágrimas y a todos ellos este relato les hizo reflexionar. Probablemente sobre lo mismo que a mí. La humanidad ha vivido miles de guerras (hace poco leí que en total se habían contabilizado más de tres mil, entre grandes y pequeñas), sin embargo, la guerra sigue siendo un gran misterio. Nada ha cambiado. Para descifrar el misterio intento reducir la Gran Historia hasta darle una dimensión de persona. Espero hallar las palabras. Porque en este terreno supuestamente reducido y cómodo para la observación, en el espacio de una sola alma humana, todo es aún menos concebible, menos predecible que en la Historia. Me encuentro ante las lágrimas vivas, ante los sentimientos vivos. Ante un rostro humano real, al que durante la conversación recorren sombras de miedo y de dolor. A veces incluso surge ese subversivo pensamiento sobre la escurridiza belleza del sufrimiento. Entonces me asusto de mí misma...

El único camino es amar al ser humano. Comprenderlo a través del amor.

«Recuerdo aquellos ojos...»

La búsqueda continúa... Aunque esta vez no me toca un viaje largo...

La calle donde vivo en Minsk lleva el nombre de Vasili Zajárovich Korzh, héroe de la Unión Soviética que participó en la guerra civil rusa, luchó en España, fue comandante de la brigada de partisanos durante la Guerra Patria. Todos los bielorrusos han leído sobre él o, como mínimo, han visto la película que narra su vida. Es toda una leyenda en Bielorrusia. Centenares de veces he escrito su nombre en los remites de las cartas, pero nunca he pensado en él como en una persona real. Hace tiempo que el mito ha sustituido a la persona. Se ha convertido en su doble. Aunque hoy recorro la misma calle bien conocida con un sentimiento nuevo: media hora de viaje en trolebús hasta la otra punta de la ciudad y conoceré a sus hijas, las dos lucharon en el frente, conoceré a su esposa. Delante de mí, la leyenda volverá a cobrar vida, tocará tierra. Lo grande se volverá pequeño. Por mucho que me guste mirar el cielo o el mar, observar un grano de arena por un microscopio me fascina aún más. El mundo en una gota de agua. Esa vida enorme e inverosímil que descubro allí. ¿Por qué la gente llama «pequeño» a lo que es diminuto o «grande» a lo que es amplio si ambos resultan igual de infinitos? Hace tiempo que no los distingo. Para mí, una persona es mucho. En su interior hay de todo, más que suficiente para perderme.

Encuentro la dirección, de nuevo estoy ante un masivo y deslucido bloque de viviendas de varios pisos. Busco la puerta de entrada número 3, el ascensor me sube a la séptima planta...

Me abre la menor de las dos hermanas, Zinaida Vasílievna. Reconozco las mismas cejas gruesas y oscuras, y la mirada abierta e insistente que he visto en las fotografías de su padre.

—Estamos todas aquí. Esta mañana ha llegado desde Moscú mi hermana Olga. Vive allí. Trabaja en la Universidad Patrice Lumumba. Nuestra madre también ha venido. Gracias a usted nos hemos reunido las tres.

Las dos hermanas, Olga Vasílievna Korzh y Zinaida Vasílievna Korzh, eran técnicas sanitarias en los escuadrones de caballería. Se sientan juntas y miran a su madre, Feodocia Alekséievna.

Es ella la que comienza:

—Todo estaba en llamas... Nos mandaron evacuar... Viajamos durante mucho tiempo. Llegamos a la región de Stalingrado. Las mujeres y los niños se dirigían hacia la retaguardia, los hombres iban en dirección contraria. Los trabajadores del campo, todos hacia allí. Los camiones iban llenos. Recuerdo a un hombre, se levantó y gritó: «¡Madres, hermanas! ¡Marchaos a la retaguardia, encargaos de la cosecha y nosotros derrotaremos al enemigo!». Todos se quitaron los gorros y nos miraban. Y nosotras allí, con lo único que te podías llevar, con nuestros hijos, unos en brazos, otros cogidos de la mano. El hombre nos pedía: «¡Madres, hermanas! Marchaos a la retaguardia, encargaos de la cosecha...».

Durante toda nuestra conversación, ella no dirá ni una palabra más. Las hijas de tanto en tanto le acariciarán las manos para tranquilizarla.

Zinaida Vasílievna:

—Vivíamos en Pinsk... Yo tenía catorce años y medio, Olga ya había cumplido los dieciséis; mi hermano Lionia, los trece. Justo entonces enviamos a Olga a un balneario, a nosotros mi padre pensaba llevarnos al campo. A ver a sus familiares... Pero aquella noche no le vimos por casa. Él trabajaba en el comité regional del partido, de noche le llamaron y no regresó a casa hasta la mañana siguiente. Entró en la cocina, comió algo deprisa y nos dijo:

»—Niños, ha empezado la guerra. Quedaos en casa. Esperadme.

»Aquella noche nos marchamos. El recuerdo más preciado que mi padre conservaba de España era una escopeta de caza, muy bonita, con una cartuchera. Era un premio por su valentía. Le lanzó la escopeta a mi hermano.

»—A partir de ahora eres el mayor, ya eres un hombre, debes cuidar de mamá y de tus hermanas...

»Protegimos aquella escopeta durante toda la guerra. El resto de objetos de valor los vendimos o los cambiamos por pan, pero conservamos la escopeta. No fuimos capaces de separarnos de ella. Era el recuerdo de nuestro padre. También nos lanzó al coche su pelliza, era grande, su mejor prenda de abrigo.

»En la estación cogimos el tren, pero antes de llegar a Gómel hubo un fuerte bombardeo. Se oyó la voz de mando: "¡Fuera de los vagones, a esconderse entre los arbustos!". Cuando el fuego cesó... Primero hubo silencio y después gritos... Todos corrían... Mi madre y mi hermano pudieron subir al tren, pero yo me quedé. Me asusté mucho. ¡Mucho! Nunca antes me había quedado sola. Era la primera vez. Creo que durante un tiempo hasta perdí la palabra... Me quedé muda... Me preguntaban, y yo no respondía... Después me enganché a una mujer, la ayudaba a vender a los heridos, ella era médico. La llamaban "camarada capitán". Después seguí en la unidad sanitaria donde ella servía. Cuidaban de mí, me daban de comer, pero pronto se dieron cuenta de que yo era muy joven.

»—¿Cuántos años tienes?

»Comprendí que si les decía la verdad, me enviarían a un orfanato. Lo tuve claro al instante. No quería separarme de esa gente fuerte. Quería ser como ellos, quería luchar. Nos habían metido en la cabeza que combatiríamos en su terreno; mi padre también lo decía, que era algo pasajero, que la guerra acabaría pronto y que venceríamos. ¿Y todo eso ocurriría sin mí? Así de infantiles eran mis pensamientos. En fin, dije que ya había cumplido los dieciséis y me permitieron quedarme. Al poco tiempo me enviaron a hacer un cursillo. Duró cuatro meses. Estudiaba y al mismo tiempo cuidaba a los heridos. Iba acostumbrándome a la guerra... Claro que no tenía otra opción... No estudiaba en una escuela, sino allí mismo, en el batallón sanitario. Retrocedíamos y nos llevábamos a los heridos.

»Evitábamos las carreteras, estaban expuestas a los bombardeos, al fuego. Íbamos por los pantanos, al margen de las carreteras. Nos desplazábamos desordenadamente. Cada unidad por su cuenta. En algunos lugares, las tropas se concentraban, a veces entrábamos en combate. Caminábamos, caminábamos, caminábamos. Caminábamos por los campos. ¡Al carajo con la cosecha! Pisábamos el trigo. La cosecha de aquel año fue sin precedente, los cereales crecían altos. La hierba era verde, el sol lucía, y yacían los muertos, había sangre en todas partes... Hombres muertos y animales muertos. Los árboles negros... Estaciones de tren destruidas... De los vagones negros colgaban los cuerpos quemados... Finalmente llegamos a Rostov. Allí fui herida durante un bombardeo. Recuperé el conocimiento ya en el tren, oí cómo un soldado viejo reñía a otro joven: "Tu mujer no lloraba tanto al parir como estás llorando tú ahora". Cuando me vio abrir los ojos, me dijo: "Grita, cariño, grita. Te hará sentir mejor. Tú sí que puedes hacerlo". Pensé en mamá y lloré.

»Después del hospital me dieron permiso y traté de encontrar a mi madre. Mi madre también me estaba buscando, y Olga. ¡Ocurrió un milagro! Gracias a unos amigos de Moscú, nos encontramos. Todas les escribimos y así logramos contactar. ¡Un milagro! Mamá vivía en un *koljós* cerca de Stalingrado. Fui allí.

»Era finales de 1941...

»¿Cómo vivían? Mi hermano conducía un tractor, era un niño de trece años. Al principio había trabajado como enganchador, pero cuando llamaron a filas a todos los conductores de tractores, se puso al volante. Trabajaba de día y de noche. Mamá iba detrás del tractor o se sentaba a su lado, temía que se durmiera y se cayera. Los dos dormían en el suelo en casa de alguien... No se quitaban la ropa porque no tenían mantas. Así era su vida... Al poco tiempo llegó Olga, le dieron un empleo de contable. Pero ella no paraba de enviar cartas a la oficina de reclutamiento, pedía que la enviaran al frente, y siempre la rechazaban. Yo ya tenía experiencia como soldado, así que entre las dos lo decidimos: iríamos a Stalingrado y allí encontraríamos alguna unidad militar que nos aceptara. Tranquilizamos a mamá, le mentimos diciendo que iríamos a Kubán, a las tierras ricas, donde vivían unos amigos de nuestro padre...

»Yo tenía un viejo capote, una camisa militar, dos pares de pantalones. Le di unos a Olga, ella no tenía nada. Compartimos un par de botas. Mamá nos hizo una especie de pantuflas de lana de oveja, como calcetines, algo que abrigaba. Hicimos a pie los sesenta kilómetros hasta Stalingrado: una se calzaba las botas y otra iba con las pantuflas de mamá, después cambiábamos. Hacía mucho frío, era febrero, pasamos hambre. ¿Sabe qué nos preparó nuestra madre de comida? Nos hizo una gelatina a base de huesos y unas tortitas. Teníamos mucha hambre... Si nos dormíamos, soñábamos con comida. En mis sueños había panes que volaban sobre mi cabeza.

»Llegamos a Stalingrado, allí nadie nos atendió. Nadie quiso escucharnos. Entonces decidimos viajar a donde mamá nos había enviado, a Kubán, con los amigos de mi padre. Nos metimos en un tren de mercancías: yo me ponía el capote y me sentaba, Olga mientras tanto se escondía debajo del asiento. Después cambiábamos, yo me escondía y Olga se sentaba. A los militares no les decían nada. De dinero no teníamos nada...

»Llegamos a Kubán... De puro milagro... Localizamos a los amigos de papá. Y allí supimos que se estaba formando un cuerpo voluntario de cosacos. Se trataba del Cuarto Cuerpo de Caballería Cosaca, que más tarde fue honrado con el título de Cuerpo de Guardia. Estaba formado solo con voluntarios. Había gente de todas las edades: tanto los cosacos que habían ido al ataque con Semión Budionni y Kliment Voroshílov,* como los más jóvenes. Nos admitieron. Ni siquiera ahora sé por qué. Debió de ser porque insistimos mucho. No les dejamos otra opción. Nos inscribieron en el mismo escuadrón.

---

* Semión Budionni (1883-1973) y Kliment Voroshílov (1881-1969), mariscales, militares de la Unión Soviética, ambos se ganaron la fama de héroes populares durante la guerra civil rusa. *(N. de las T.)*

Nos dieron a cada una un uniforme y un caballo. Había que alimentar y cuidar al caballo, era una enorme responsabilidad. Menos mal que de pequeñas teníamos uno, me había acostumbrado, les había cogido cariño. Me dieron el caballo, lo monté y no me asusté. No todo salió a la primera, pero yo no tenía miedo. Mi caballito era pequeño, la cola le tocaba al suelo, pero era rápido, obediente, así que pronto aprendí a montarlo. Incluso alardeaba de mis logros... Después llegué a cabalgar caballos húngaros, rumanos. Me encariñé tanto con los caballos, aprendí tanto de ellos, que incluso a día de hoy no paso nunca por delante de un caballo sin darle un abrazo. Dormíamos entre sus patas, se movían con sumo cuidado, nunca se tropezaban con una persona. Un caballo jamás pisará a un muerto y no abandonará a un herido. Es un animal muy inteligente. Para el soldado de caballería, su caballo es un amigo. Un fiel amigo.

»El bautismo de fuego... Fue en la zona del poblado de Kushchóvskaya, nuestras tropas contribuyeron a rechazar el ataque de los carros de combate. Tras la batalla de Kushchóvskaya* —el famoso ataque de la caballería cosaca— nuestra unidad recibió el grado de Cuerpo de Guardia. El combate fue tremendo... Para nosotras fue más horrible aún porque teníamos el miedo de los novatos. Yo había creído que con mi experiencia ya sabría cómo era... pero... Los jinetes se abalanzaron como un alud: los faldones flameando, los sables en alto, los caballos resoplaban... Un caballo galopando tiene una fuerza enorme... Cuando esa avalancha se precipitó al encuentro con los tanques, atacó la artillería, parecía un espectáculo de ultratumba..., irreal... Los nazis eran muchos, iban con metralletas terciadas, caminaban junto a los tanques... Y no lo aguantaron, ¿entiende?, no resistieron. Tiraban las metralletas... Abandonaban las armas y se daban a la fuga... Tal fue el ímpetu...

* Las tropas alemanas ocuparon el poblado de Kushchóvskaya en agosto de 1942. La 13.ª División de Cosacos de Kubán del Ejército Rojo consiguió retener durante unos días la ofensiva alemana. *(N. de las T.)*

Olga Vasílievna, sobre el mismo combate:

—Yo atendía a los heridos... Vi a un soldado alemán tendido en el suelo, pensé que estaba muerto y me puse a hacer mis faenas, pero no estaba muerto, solo herido... Intentó matarme... Fue una especie de presentimiento, como si alguien me tocara la espalda, y me giré hacia él. Tuve el tiempo justo para desarmarle de un puntapié, no le maté, tampoco vendé su herida, simplemente me fui. Tenía la herida en el vientre...

Continúa Zinaida Vasílievna:

—Yo estaba acompañando a un herido y de pronto vi a dos alemanes saliendo de detrás de una tanqueta. Habíamos abatido la tanqueta, pero esos dos, por lo visto, habían logrado salvarse. ¡Fue cosa de un segundo! Si yo no hubiera actuado justo a tiempo para matarles de una ráfaga, ellos nos habrían cosido a balazos a mí y al herido. Ocurrió en cuestión de segundos. Después me acerqué a ellos, tenían los ojos abiertos. Recuerdo perfectamente aquellos ojos... Uno era tan joven, tan guapo... Daban pena aunque fueran nazis... Ese sentimiento tardó en desaparecer: no quería matar, ¿lo comprende? Mi alma se colmó de odio: ¿para qué narices habían tenido que atacar nuestra tierra? Matar con tus propias manos produce miedo. No hay otra palabra... Mucho miedo... Si toca hacerlo...

»El combate acabó. Las unidades cosacas ya se ponían en marcha, pero Olga no estaba. Yo iba detrás de todos, la última, iba mirando atrás. Ya había anochecido. Y Olga no aparecía... Entonces llegó la información: Olga y unos cuantos más se habían quedado para recoger a los heridos. No podía hacer nada, solo esperarla. Me quedaba atrás, rezagada, y corría para volver a alcanzar mi unidad. Lloraba: "¿Será posible que haya perdido a mi hermana en el primer combate? ¿Dónde estará? ¿Cómo?". Y si estaba allí muriéndose, llamándome...

»Olga... Olga también lloraba a lágrima viva... Se reunió conmigo en plena noche... A todos los cosacos se les humedecieron los ojos al ver el reencuentro. Nos abrazamos y ya no podíamos separarnos. Comprendimos entonces que no podíamos, que no aguantaríamos servir juntas en el ejército. Mejor sería que fuéramos cada una por nuestro lado. Nuestro corazón no lo soportaría si tuviera que presenciar la muerte de la otra. Decidimos que sería yo quien solicitaría el traslado a un batallón distinto. ¿Cómo pudimos separarnos?... ¿Cómo?

»En adelante luchamos en escuadrones diferentes y después incluso en divisiones distintas. Como mucho, si se daba el caso, nos saludábamos a distancia, comprobábamos que la otra seguía viva... La muerte nos esperaba en cada esquina. Aguardaba... Recuerdo el monte Ararat... Acampamos en una zona arenosa. Los alemanes habían tomado Ararat. Era Navidad, los alemanes estaban celebrándolo. Entre nosotros seleccionaron un escuadrón volante y una batería. Partimos a eso de las cinco de la tarde, hicimos todo el recorrido de noche. Al amanecer nos encontramos con nuestros exploradores, ellos habían salido antes.

»La aldea estaba justo abajo..., en el valle. Parecía como si estuviera en el fondo de un cuenco... Los alemanes no se esperaban que fuéramos capaces de atravesar las arenas, así que tenían pocas defensas. Pasamos por su retaguardia sin hacer ruido. En un momento descendimos la montaña, nos deshicimos de sus guardias y entramos en la aldea como un cohete. Los soldados enemigos saltaban a la calle desnudos, solo con metralletas en las manos. Habían puesto árboles navideños... Estaban borrachos... En cada patio había por lo menos un par de tanques. Había tanquetas, carros blindados... Vehículos de todo tipo. Los hacíamos volar allí mismo: fuego, estruendo, pánico... Todo el mundo corriendo... La situación era tan caótica que temías disparar por error a uno de los tuyos. Todo ardía... Los árboles de Navidad ardían...

»Yo tenía ocho heridos a mi cargo... Los subí arriba, a la montaña... Por lo visto, habíamos cometido un error: no habíamos cortado los cables. La artillería alemana abrió fuego con los morteros y las armas de largo alcance. A toda prisa acomodé a mis heridos en un carro sanitario y se pusieron en marcha... Delante de mis ojos, un proyectil impactó en el carro y todo voló por los aires. Solo encontré a uno con vida. Los alemanes ya estaban subiendo la colina... Él me pedía: "Déjame, hermana... Déjame... Me estoy muriendo...". Tenía la barriga abierta en dos... Los intestinos... Todo eso... él mismo lo recogía y se lo metía dentro...

»Mi caballo estaba cubierto de sangre, pensé que era la sangre del herido, pero al comprobarlo resultó que el caballo tenía una herida grande en el costado. Para cubrirla necesité un paquete entero de cura individual. En el bolsillo me quedaban unos terrones de azúcar, se los di al caballo. Ahora ya los disparos llegaban de todas partes, ni siquiera sabía dónde estaban los alemanes y dónde los nuestros. Cada diez metros me encontraba con soldados heridos... Decidí buscar un carro y recogerlos. A unos pasos vi un camino que bajaba en pendiente y después se dividía en tres. Estaba desconcertada... ¿Qué camino debía tomar? Tenía las riendas bien sujetas. El caballo iba allí donde yo le dirigía. En aquel momento no sé qué instinto me lo sugirió, había oído que los caballos son capaces de adivinar el camino correcto, así que antes de llegar a la bifurcación solté las riendas y el caballo eligió una dirección que yo jamás habría tomado. Y siguió ese camino.

»No me quedaban fuerzas, ya no me importaba adónde me llevara. "Lo que tenga que ser será." Al principio el caballo caminaba poco a poco, luego se animó, ya agitaba la cabeza, y yo sujeté las riendas. A veces me inclinaba y le presionaba la herida. Con cada paso, el caballo iba más y más alegre, y de pronto relinchó: "Habrá oído algo". Yo iba llena de temor: ¿y si eran alemanes? Pensé en dejar que el caballo se acercara solo primero, pero pronto distinguí huellas recientes: de caballos, las ruedas de uno de nuestros carros, por allí acababan de pasar por lo menos cincuenta jinetes. A unos doscientos o trescientos metros nos topamos con el carro, iba cargado de soldados heridos. Al momento vi al resto de mi escuadrón.

»La ayuda estaba cerca... La orden era recogerlos a todos. Bajo las balas, bajo el fuego recogíamos a los nuestros, a todos: tanto a los heridos como a los muertos. Subí al carro. Dentro había hasta el último soldado, el de la barriga abierta en dos, también. Atrás solo quedaron los caballos acribillados a balazos. Se había hecho de día, pasábamos por entre los animales muertos, había toda una manada. Caballos bellos, fuertes... El viento ondeaba sus crines...

La pared de la habitación donde estamos sentadas está cubierta de fotografías ampliadas de las dos hermanas, de antes de la guerra y también del frente. En la primera todavía son unas colegialas, llevan puesto un sombrero y sujetan un ramillete de flores. Las fotografiaron dos semanas antes de la guerra. Son los típicos rostros infantiles, sonrientes, ligeramente domados por la importancia del momento y el afán de parecer mayores. Hay otra fotografía en la que salen con el uniforme del ejército cosaco. Es de 1942. Solo un año separa las dos imágenes, pero son rostros completamente diferentes, las personas son diferentes. También está la fotografía que Zinaida Vasílievna le envió a su madre desde el frente: sobre la camisa militar se ve su primera Medalla al Valor. La siguiente foto fue tomada el día de la Victoria... Observo la transformación de sus rostros: de los suaves rasgos infantiles a la segura mirada de mujeres, se nota cierta rigidez, austeridad. Cuesta creer que esos cambios tuvieron lugar en meses, en años escasos. El tiempo al hacer su trabajo suele ser más lento, más discreto. El semblante de una persona tarda en moldearse. El trabajo de perfilar el alma sobre el rostro toma su tiempo.

Sin embargo, la guerra creó sus imágenes con mucha rapidez. Se dio mucha prisa en completar sus retratos.

Olga Vasílievna:

—Liberamos un poblado grande, de unas trescientas casas. Allí, en las instalaciones del hospital local, los alemanes habían organizado un lazareto. Lo primero que vi: en el patio había un hoyo grande, lleno de enfermos, antes de irse los alemanes habían fusilado a buena parte de sus heridos. Por lo visto, creían que el resto lo haríamos nosotros. Que los trataríamos del mismo modo que ellos trataban a nuestros heridos. Solo habían dejado una sala con enfermos, tal vez no les había dado tiempo, o tal vez los habían abandonado, porque ninguno tenía piernas.

»Cuando entramos en aquella sala, todos nos miraban con odio: debían de estar pensando que veníamos a matarlos. El intérprete les explicó que no matábamos a los heridos, sino que los curábamos. Entonces uno se puso exigente: dijo que llevaban tres días sin comer nada y que tampoco les habían curado las heridas. Le revisé: realmente su estado era terrible. Llevaban tiempo sin atención médica. Las heridas les supuraban, la tela se les había mezclado con la carne.

—¿Sintió pena por ellos?

—No definiría lo que sentí entonces como pena, la pena siempre es un sentimiento de compasión. Yo no sentía la compasión. Era otra cosa. Un día pasó algo... Un soldado empezó a golpear a un prisionero. Yo lo consideré fuera de lugar y salí en su defensa, aunque lo comprendía... Era el grito de su alma... Aquel soldado me conocía, era por supuesto mucho mayor que yo, echaba pestes. Pero dejó de golpear... Me dijo de todo: "¡La madre que te...! ¿Acaso has olvidado? ¿Has olvidado como ellos, estos hijos de puta...?". No me había olvidado de nada, recordaba aquellas botas... Cuando los alemanes clavaron delante de sus trincheras una hilera de botas con las piernas cortadas dentro. Era invierno, estaban allí como unas estacas... Aquellas botas... Era todo lo que vimos de nuestros compañeros muertos... Lo que habían dejado...

»Recuerdo cuando vinieron en ayuda los marinos... Había grandes extensiones llenas de minas y muchos de ellos perdieron la vida. Esos marinos quedaron sin sepultura durante mucho tiempo. Yacían expuestos al sol... Los cadáveres se hincharon, con aquellas camisetas a rayas parecían sandías. Gigantescas sandías esparcidas por el campo. Un campo gigantesco.

»No me había olvidado de nada. Pero no sería capaz de pegar a un prisionero por el mero hecho de que está indefenso. Lo importante es que cada uno tomaba sus propias decisiones.

Zinaida Vasílievna:

—Un combate en las afueras de Budapest. Era invierno... Estaba arrastrando a un sargento herido, era el comandante de una escuadra de ametralladoras. Yo vestía con pantalón, un chaquetón guateado y un gorro con orejeras. Vi un trozo de nieve negra... Quemada... Comprendí que allí había un hoyo de proyectil bastante profundo, justo lo que necesitaba. Bajé al embudo y sentí que había alguien allí, oí un rechinido metálico... Me giré: un oficial alemán, con las piernas tullidas, estaba tumbado y me apuntaba con su metralleta. Se me escaparon unos mechones de debajo del gorro, llevaba el bolso sanitario con una cruz roja. Cuando me di la vuelta, me vio la cara, comprendió que era una chica y se rió. Se relajó y tiró la metralleta a un lado. De repente se quedó quieto, apático...

»Así que allí estábamos los tres en aquel embudo: nuestro soldado herido, ese alemán y yo. El espacio era reducido, nuestros pies se tocaban. Yo estaba toda manchada de su sangre, nuestras sangres se entremezclaron. El alemán tenía los ojos muy abiertos y me miraba: estaba esperando a ver qué hacía yo. ¡Maldito nazi! Enseguida había tirado la metralleta, ¿comprende? Aquel momento... Nuestro soldado, el herido, no se daba cuenta, intentaba agarrar su pistola... Alargaba las manos para estrangular al alemán... Y el otro me miraba a mí... Recuerdo aquellos ojos... Primero me ocupé de vendar a nuestro herido, el otro yacía en un charco de sangre, sangraba mucho, tenía una pierna completamente destrozada. Le faltaba muy poco para morir. Yo lo sabía muy bien. En cuanto acabé de vendar al nuestro, cogí la ropa del otro, del alemán, y la rompí en trozos para taparle la herida y hacerle un torniquete. Después volví con nuestro soldado. El alemán decía: "Gut. Gut". Solo repetía esa palabra. Nuestro herido estuvo gritándome hasta que se quedó inconsciente... Amenazaba... Yo intentaba calmarle. Llegó el carro sanitario, saqué a los dos del embudo y los subí al carro.... Al alemán también. ¿Comprende?

Olga Vasílievna:

—Cuando los hombres veían a una mujer en primera línea del frente, cambiaban por completo, la sola voz de una mujer ya les transformaba. Una vez, de noche, me senté junto a la covacha y empecé a cantar en voz baja. Pensaba que todos dormían, que nadie me oía, pero por la mañana el comandante me dijo: "No estábamos durmiendo. Añorábamos tanto la voz de una mujer...".

»En otra ocasión, yo estaba haciéndole las curas a un tanquista... Estábamos en mitad de un combate, todo tronaba a nuestro alrededor. Me preguntó: "Señorita, ¿cómo se llama?". Incluso me echó un piropo. Me sonaba tan raro pronunciar mi nombre mientras estábamos rodeados por aquel fragor, aquella pesadilla. A mí siempre me había gustado cuidar la ropa, ir bien arreglada. A menudo me decían: "¡Parece mentira que hayas entrado en combate! Estás toda limpita y aseada". Me espantaba la idea de que me mataran y quedarme allí tirada con un aspecto horrible. Había visto a muchas muchachas muertas... Tiradas en el barro, en los charcos... Bueno... Yo no quería morir así... En los refugios, durante los bombardeos, me preocupaba más por protegerme la cara, los brazos, que en esquivar la muerte. Creo que todas nuestras chicas hacían lo mismo. Los hombres se burlaban, les parecía curioso. Decían que perdíamos el tiempo en tonterías. Naderías de mujeres.

Zinaida Vasílievna:

—No hay manera de domar la muerte... No... Ni puede uno acostumbrarse a ella... Los alemanes nos pisaban los talones, estábamos de retirada hacia las montañas. Había cinco heridos graves, con heridas abdominales. Ese tipo de herida es mortal, les quedaban uno o dos días. No podíamos llevarlos con nosotros, no había transporte. A mí y a Oksana, otra auxiliar sanitaria, nos dejaron con ellos en un cobertizo prometiendo que volverían a por nosotros en un par de días. Regresaron tres días más tarde. Nos pasamos tres días con aquellos heridos. Eran unos hombres fuertes, permanecían conscientes. No querían morir... No teníamos medicamentos, solo unos polvos... Pedían agua todo el rato, pero lo tenían prohibido. Unos lo comprendían, otros echaban pestes. Maldiciones, injurias... Uno lanzó la taza; otro, la bota... Fueron los tres días más horribles de mi vida. Los vimos morir uno tras otro y no podíamos hacer nada...

»Mi primera condecoración... Me concedieron la Medalla al Valor. Pero no fui a recibirla. Estaba muy enfadada. ¡Es que era absurdo! A mi amiga le habían concedido la Medalla por el Servicio de Combate, y a mí solo la Medalla al Valor. Pero mientras ella había participado en ese único combate, yo ya había participado en la batalla de Kushchóvskaya y en otras operaciones. Me sentí muy ofendida: ella por un combate recibía el "servicio de combate", es decir, le reconocían muchos méritos, y a mí en cambio tan solo me reconocían el "valor", como si hubiera sido algo puntual. Llegó el comandante y, bueno, cuando supo de qué se trataba, se rió a carcajadas. Me explicó que la Medalla al Valor era la más importante, casi como una orden.

»Cerca de Makéevka, en Dombás, recibí una herida en la nalga. Se me metió un fragmento diminuto de metralla, como una piedrecilla, y allí se quedó. Sentí que sangraba, tapé la herida con el paquete de cura individual. Y seguí con lo mío, atendiendo a los heridos. Me daba vergüenza admitirlo: una chica herida y encima en las nalgas. En el culo... A los dieciséis años cuesta decir esas cosas. Es como vergonzoso. Así que continué corriendo y vendando hasta desmayarme por la pérdida de sangre. Tenía las botas llenas de sangre.

»Los de mi unidad me vieron y por lo visto me consideraron muerta. Pensaron que ya vendrían luego los de la unidad sanitaria y recogerían el cuerpo. Pero cuando los tanques salieron en misión de reconocimiento, se dieron cuenta de que en el campo de batalla había una chica. Se me había caído el gorro. Vieron la sangre brotar, es decir, que estaba viva. Me llevaron al batallón sanitario. De allí me transportaron a un hospital, luego a otro, luego a otro... Pronto se acabó la guerra... Medio año más tarde me dieron de baja en el ejército por recomendación médica. Tenía dieciocho años... Y muy mala salud: herida en tres ocasiones, con lesiones internas graves. Pero era una chica, y por supuesto lo ocultaba. Hablaba de las heridas, pero ocultaba la lesión interna. Que no tardó en manifestarse. Me volvieron a ingresar. Me reconocieron la invalidez... ¿Y qué hice yo? Rompí los documentos y los tiré, ni siquiera fui a buscar la prestación de invalidez. Eso supondría tener que presentarme ante comisiones, renovar papeles. Explicar cosas: cuándo había sido herida, con qué traumatismos. ¿Para qué todo eso?

»Al hospital vinieron a verme el comandante del escuadrón y el cabo mayor. El comandante del escuadrón me gustaba mucho, pero durante la guerra no se había fijado en mí. Era un hombre apuesto, el uniforme le favorecía mucho. A cualquier hombre le favorece. En cambio, las mujeres, ¿qué aspecto teníamos? Todas vestíamos pantalón, no se nos permitía llevar trenzas, íbamos con el pelo cortado como un chico... En el hospital el pelo ya me había crecido, me hacía la trenza, me engordé un poco y ellos... ¡De veras es ridículo! Los dos se enamoraron de mí... ¡Al instante! Pasamos toda la guerra juntos sin que hubiera nada y de pronto los dos, el comandante del escuadrón y el cabo mayor, se me estaban declarando. ¡Amor! Amor... ¡Cuánto lo deseábamos! ¡Qué ganas de felicidad teníamos!

»Fue a finales de 1945...

»Después de la guerra, lo que queríamos era olvidarla cuanto antes. Nuestro padre nos ayudó. Papá era un hombre sabio. Cogió nuestras medallas, nuestras órdenes, los agradecimientos, los guardó y dijo:

»—Era la guerra, había que combatir. Y ahora olvidadlo. Ha empezado otra vida. Poneos zapatos elegantes. Sois unas chicas muy guapas. Debéis estudiar y casaros.

»Olga no lograba acostumbrarse a otra vida así de pronto, tenía su orgullo. No quería quitarse el capote de soldado. Me acuerdo de cómo nuestro padre le decía a mamá: "Es culpa mía que las chicas, tan jóvenes, se fueran a la guerra. Me preocupa haberlas quebrantado... Acabarán guerreando toda su vida".

»Por todas mis órdenes y medallas me entregaron unos bonos especiales para ir de compras. Me compré unas botitas de goma, eran la última moda en aquel momento, un abrigo, un vestido, unos zapatos. Decidí vender el capote. Fui al mercadillo... Llevaba un vestido ligero, de colores claros... Y el pelo recogido con una horquilla... ¿Sabe lo que vi allí? A un montón de muchachos jóvenes sin brazos, sin piernas... Los combatientes... Con sus medallas, con sus órdenes... Uno que tenía manos vendía cucharas talladas a mano. Vendían sostenes, bragas de mujeres. Otro... sin piernas, sin brazos... estaba sentado allí, bañado en lágrimas. Mendigando... No tenían sillas de ruedas, se movían sobre unas tablas que hacían ellos mismos, empujándose con las manos, los que las tenían. Estaban borrachos. Cantaban. Eso fue lo que vi... Me fui, no vendí mi capote. Durante todos los años que viví en Moscú, no pisé el mercadillo. Me daba miedo que alguno de aquellos mutilados me reconociera y me gritara: "¿Por qué me sacaste del campo de batalla? ¿Para qué me salvaste?". Me acordaba de un teniente joven... Sus piernas... La metralla le había cortado una pierna de cuajo, la otra aún la tenía sujeta... Le estuve vendando... Bajo el fuego... Él me gritaba: "¡No alargues esto! ¡Remátame! Remátame ahora mismo... Te lo ordeno...". ¿Lo entiende? Me aterrorizaba la idea de encontrarme a aquel teniente...

»En el hospital donde estuve ingresada, todo el mundo conocía a un chico, Misha, el tanquista... Era joven y guapo. Nadie sabía su apellido, solo su nombre... Le habían amputado ambas piernas y el brazo derecho, tan solo le quedaba el izquierdo. La amputación era muy alta, le cortaron las piernas hasta la articulación de la cadera, no podría utilizar prótesis. Le llevaban en una silla. Le construyeron una silla alta y los que podían le paseaban. Al hospital venían muchos civiles, ayudaban a cuidar a los pacientes, a los graves, como Misha. Venían las mujeres, los estudiantes. Incluso los niños. A Misha le llevaban en brazos. Él no se desanimaba. ¡Tenía tantas ganas de vivir! Acababa de cumplir los diecinueve, todavía no había vivido nada. No me acuerdo de si tenía familia, en cualquier caso estaba seguro de que no le abandonarían, tenía fe en que no se olvidarían de él. A pesar de que la guerra hubiera arrasado nuestra tierra y todo estuviera en ruinas. Habíamos liberado aldeas completamente calcinadas. La gente no tenía nada más que la tierra. Solo la tierra.

»Ni mi hermana ni yo fuimos a estudiar Medicina, aunque antes de la guerra era lo que más deseábamos. Teníamos la posibilidad de entrar en la facultad sin hacer los exámenes de admisión, nuestra condición de excombatientes nos daba ese derecho. Pero habíamos visto tanto dolor, tanta muerte, que nos fue imposible pensar en volver a verlo. Ni por asomo. Incluso treinta años después, convencí a mi hija de que no estudiara Medicina, aunque fuera lo que ella quería. Decenas de años después... Lo veo en cuanto cierro los ojos... Era primavera... Recorríamos un campo después de un combate, buscando a los heridos. El campo estaba machacado. Encontré a dos muertos: un soldado de los nuestros y un alemán. Los dos muy jóvenes. Estaban tumbados entre el trigo tierno mirando al cielo... La muerte no se les notaba todavía. Simplemente miraban al cielo... Recuerdo aquellos ojos...

Olga Vasílievna:

—De los últimos días de la guerra me acuerdo de eso. Íbamos a caballo y de pronto escuchamos aquella música. Un violín... La guerra se acabó para mí aquel día... Esa música era como un milagro. Otros sonidos... Era como si me despertara... Creíamos que después de la guerra, después de aquel mar de lágrimas, viviríamos una vida fabulosa. Una vida bonita. Después de la Victoria... Después del gran día... Creíamos que la gente se volvería buena, que nos amaríamos los unos a los otros. Que todos seríamos hermanos y hermanas. Cómo esperábamos ese día...

«Nosotras no disparamos...»

Había mucha gente en la guerra... Y no faltaban asuntos que atender...

Alrededor de la vida, igual que alrededor de la muerte, hay mucho trabajo. No solo se trata de cargar y disparar, no solo se colocan minas y se desactivan, se bombardea y se hace volar por los aires; no solo se trata de lanzarse al ataque, sino que también hay que lavar la ropa, preparar la sopa, hornear el pan, fregar las ollas, cuidar a los caballos, arreglar vehículos, tallar madera para los ataúdes, repartir el correo, poner tapas y medias suelas a los zapatos, traer tabaco. Incluso en la guerra, la vida se compone de muchas cosas banales. De pequeños asuntos. Sé que a menudo no se piensa en todo esto. «Del trabajo habitual de las mujeres, había a montones», recuerda Aleksandra Iósifovna Mishútina, auxiliar sanitaria. El ejército iba por delante, seguido del «segundo frente»: lavanderas, cocineras, mecánicas de coches, carteras...

Una de ellas me escribió una vez: «No éramos los héroes, estábamos entre bastidores». ¿Y qué sucedía allí, entre bastidores?

SOBRE LAS BOTITAS Y LA MALDITA MADERA

«Caminábamos por el lodo, los caballos se ahogaban o caían muertos. Los camiones patinaban... Los soldados tenían que arrastrar los cañones. Tiraban de los carros que transportaban el pan y la ropa. Los cajones de tabaco. Una vez un cajón cayó al lodo, las blasfemias e injurias rusas que acompañaron a esa caída... Protegían los proyectiles, cuidaban el tabaco...

»Mi marido me decía, no se cansaba de repetir: "¡Abre bien los ojos! ¡Esto es épico! ¡Épico!".»

Tatiana Arkádievna Smeliánskaia,
corresponsal de guerra

«Antes de la guerra yo vivía feliz... Con mi padre, con mi madre. Mi padre luchó en la guerra ruso-finlandesa. Había perdido un dedo, yo le preguntaba: "Papá, ¿para qué sirve una guerra?".

»Pronto nuestra propia guerra se nos vino encima, no tuve tiempo para crecer. Nos evacuaron de Minsk. Nos alojaron cerca de Sarátov. Allí trabajé en el *koljós*. El presidente del sóviet de campesinos me mandó llamar:

»—He estado pensando en ti, chica.

»Me sorprendí.

»—¿Y qué piensa, señor?

»—¡Si no fuera por este maldito pedazo de madera! Este trozo de madera...

»Yo no comprendía nada, esperé. Él continuó:

»—Me han entregado un documento, hay que enviar a dos personas al frente y no tengo a nadie. Yo mismo iría si no fuera por este maldito pedazo de madera. Tú no puedes, eres una evacuada. ¿O sí? Solo hay dos chicas: tú y María Útkina.

»María era alta, una muchacha hecha y derecha, yo era poca cosa.

»—¿Qué, irás al frente?

»—¿Me darán unas botas?

»Parecíamos unos zarrapastrosos: ¡al irnos de casa, no nos había dado tiempo de coger nada!

»—Eres muy guapa, seguro que allí te darán unos zapatos.

»Así que acepté.

»... Nos hicieron bajar del tren, vino a buscarnos un hombretón, un tipo robusto, bigotudo, pero nadie quiso ir con él. No sé por qué, no lo pregunté, yo no era una líder, solía mantenerme en un segundo plano. No nos cayó bien ese hombre. Después vino un oficial guapo. ¡Como un maniquí! Nos convenció y nos fuimos con él. Llegamos a la unidad y allí estaba otra vez aquel hombretón bigotudo, se reía: "¿Qué, chatas, por qué no quisisteis veniros conmigo?".

»El mayor nos iba llamando una por una y nos preguntaba:"¿Qué sabes hacer?".

»Me llamó a mí:

»—¿Y tú?

»—Yo sé lavar la ropa.

»—Veo que eres una buena chica. Si encima supieras cocinar...

»—Sé cocinar.

»De día preparaba la comida, volvía de noche y entonces tenía que lavar la ropa de los soldados. También hacía guardia. Me gritaban: "¡Centinela! ¡Centinela!". Yo no podía contestar, no me quedaban fuerzas. Ni para dar la voz...»

Irina Nikoláevna Zínina,
soldado, cocinera

—Yo me fui con el tren sanitario... Recuerdo que la primera semana me la pasé entera llorando: primero, no tenía a mi mamá a mi lado, y, segundo, me había tocado dormir arriba de todo, donde se guardaban las maletas. Esa era mi «habitación».

—¿A qué edad se fue a la guerra?

—Estaba en octavo curso, no aguanté hasta finalizar el año. Me escapé al frente. Todas las chicas del tren sanitario eran de mi edad.

—¿Cuál era su trabajo?

—Cuidábamos a los heridos; les dábamos de comer, de beber, les poníamos el orinal: todo eso era nuestro trabajo. Conmigo hacía turnos una muchacha algo mayor que yo, al principio me protegía: «Llámame si te piden el orinal». Eran los heridos graves: uno sin brazos, otro sin piernas. El primer día la llamé, luego estaba claro que ella no podría cubrirme día y noche, me quedé sola. Un herido me pidió: «¡Enfermera, el orinal!».

»Yo le entregué el orinal, pero él no lo cogía. Me di cuenta de que no tenía manos. Me quedé parada un rato hasta que comprendí lo que debía hacer, entonces me quedé inmóvil, sin saber muy bien cómo proceder. ¿Me entiende? Le tenía que ayudar... Y no tenía ni idea, jamás lo había visto. Ni siquiera en el cursillo nos lo habían enseñado...

Svetlana Nikoláevna Lúbich,
auxiliar sanitaria

«Yo no disparaba... Cocinaba gachas para los soldados. Por eso me concedieron una medalla. Ni me acuerdo de ella: total, ¡si yo no luché! Preparaba las gachas, la sopa. Traía las ollas, las vasijas. Eran muy, muy pesadas... Me acuerdo del comandante, aquel hombre se enfadaba mucho: "Me dan ganas de llenar todas esas vasijas de agujeros... ¿Cómo podrás dar a luz después de la guerra?". Una vez lo hizo: acribilló las vasijas a balazos. Al final encontramos en una aldea cercana otras ollas para poder cocinar, eran unas ollas más pequeñas.

»Cuando los soldados volvían de las avanzadillas, les daban un descanso. Daban pena, venían sucios, agotados, con los pies y las manos congelados. Las heladas se cebaban sobre todo con los uzbecos, con los tadzhik. En sus tierras siempre hace sol, calor, y de pronto estaban a treinta grados bajo cero. No lograban entrar en calor, yo les tenía que dar de comer. No podían ni acercarse la cuchara a la boca...»

Aleksandra Semiónovna Masakóvskaia,
soldado, cocinera

«Lavaba la ropa... Recorrí la guerra con la pila de lavar. Lavábamos a mano. Los chaquetones guateados, las camisas... Nos traían la ropa, estaba muy sucia, llena de parásitos. Los monos blancos, esos, los de camuflaje, empapados de sangre, ya no eran blancos, sino rojos. O negros, cubiertos de sangre seca. El primer agua no servía para lavar, se quedaba toda roja o negra... Camisas sin una manga, con un agujero en mitad del pecho, el pantalón sin una pernera... Los lavábamos en lágrimas, los aclarábamos con lágrimas...

»Eran pilas, montañas de camisas de soldado... De piezas de abrigo... Me duelen las manos solo de recordarlo. En invierno los chaquetones pesaban mucho por la sangre congelada. Todavía suelo verlos en mis sueños... Unas montañas negras...»

María Stepánovna Detko,
soldado, lavandera

«En la guerra había tantos milagros... Le contaré una cosa...

»Ania Kabúrova se estaba muriendo... Era de transmisiones. Una bala le había atravesado el corazón. Justo en aquel momento nos sobrevoló una bandada de grullas en forma de "V". Todos levantamos las cabezas, ella abrió los ojos. Miró: "Qué lástima, chicas". Se calló y nos sonrió: "Chicas, ¿de verdad me moriré?". Justo entonces vino corriendo hacia nosotras nuestra cartera, nuestra Klava, corría y gritaba: "¡No te mueras! ¡No te mueras! Hay una carta para ti...". Ania no cerraba los ojos, esperaba...

»Klava se sentó a su lado y abrió la carta. Era de su madre: "Mi querida hija...". Más tarde el médico dijo: "Es un milagro. ¡Un milagro! Siguió viva en contra de la ciencia médica...". Le acabaron de leer la carta... Solo entonces Ania cerró los ojos...»

María Nikoláevna Vasilévskaia,
sargento, transmisiones

«¿Mi especialidad?... Pues mi especialidad es el corte de pelo masculino...

»Una vez vino una chica... Yo no sabía cómo cortarle el pelo. Tenía una cabellera preciosa, el pelo rizado. Entró el comandante.

»—Córtele el pelo como a un hombre.

»—Pero es una mujer.

»—No, no lo es, es un soldado. Volverá a ser una mujer después de la guerra.

»Sin embargo... Sin embargo, en cuanto les crecía un poquito el pelo, de noche a las chicas les ponía rulos. Usábamos piñas en vez de los bigudíes... Piñas secas de los pinos... Aunque fuera solo un rizo en el flequillo...»

Vasilisa Yúzhnina,
soldado, peluquera

«He leído pocos libros... No sé contar historias de una manera elegante... Vestíamos a los soldados, les lavábamos, les planchábamos, y ese fue todo nuestro heroísmo. Nos movíamos a caballo, casi nunca íbamos en tren, los caballos estaban agotados, se puede decir que casi llegamos a Berlín a pie. Hacíamos cualquier cosa que era necesaria: ayudábamos a transportar a los heridos, en Diéper llevábamos los proyectiles porque no había forma de usar el transporte, los arrastramos en brazos hasta varios kilómetros. Cavábamos las covachas, pavimentábamos puentes...

»Cuando nos rodearon, corrí y disparé como los demás. Si maté a alguien, no lo sé. Corría y disparaba como todos.

»Creo que te he dicho muy poco. ¡En realidad, viví muchas historias! Intentaré recordarlo mejor... Ven alguna otra vez...»

Anna Zajárovna Gorlach,
soldado, lavandera

«Mi historia es corta...
»El cabo preguntó:
»—Niña, ¿cuántos años tienes?
»—Dieciséis, ¿por qué?
»—Porque —dijo— no aceptamos a menores.
»—Haré lo que sea. Hornearé el pan.
»Me dejaron quedarme...»

Natalia Mujamedínova,
soldado, panadera

«En las listas figuraba como escribiente... Me convencieron para que fuera al Estado Mayor de la siguiente manera... Me dijeron: "Sabemos que antes de la guerra usted trabajó como fotógrafa, ahora hará lo mismo".

»Lo que recuerdo bien es que no quería fotografiar la muerte. A los muertos. Hacía las fotos cuando los soldados estaban descansando, fumaban, se reían, recibían las condecoraciones. Qué pena no haber tenido películas en color, solo en blanco y negro. Cuando rendían honores a la bandera... Habría podido sacar unas tomas muy bonitas...

»Actualmente... me vienen a ver los periodistas y me preguntan: "¿Usted fotografió a los muertos? Tras un combate...". Si me pongo a buscar... tengo pocas fotografías de la muerte... Si alguien moría, los chicos pedían: "¿Le hiciste alguna fotografía cuando estaba vivo?". Les queríamos vivos... Sonrientes...»

Elena Vilénskaia,
sargento, escribiente

«Nosotras construíamos... Las vías de ferrocarril, los puentes de pontones, las covachas. El frente estaba cerca. Cavábamos de noche para que no nos vieran.

»Cortábamos los árboles. Básicamente en mi escuadra éramos solo chicas, muy jóvenes. Había algunos hombres, los que eran inútiles para el servicio activo. ¿Quiere saber cómo transportábamos los troncos? Los levantábamos entre todas y los llevábamos a pulso. Una escuadra entera para un tronco. Las palmas de las manos nos sangraban... También nos salían callos en los hombros...»

Zoia Lukiánovna Verzhbítskaia,
comandante de la escuadra del batallón de zapadores

«Me gradué en la escuela normal de maestros... Recibí el certificado cuando la guerra ya había empezado. Dado que estábamos en la guerra, no nos designaron ningún puesto de trabajo, nos enviaron a casa. Llegué y en unos días me trajeron la citación de llamada a filas. Mamá por supuesto no quería que me fuera, yo era joven, solo tenía dieciocho años: "Te enviaré con mi hermano, les diré que no estás".

Le contesté: "Pero soy del Komsomol". Nos reunieron en la oficina de reclutamiento, nos explicaron que hacían falta mujeres para las panaderías de campaña.

»Es un trabajo muy duro. Teníamos ocho hornos metálicos. Llegábamos a un pueblo destruido o a una ciudad y montábamos los hornos. Cuando acabábamos los hornos, había que buscar leña, traer como veinte o treinta cubos de agua, cinco sacos de harina. Nosotras, las chicas de dieciocho años, levantábamos sacos de setenta kilos. Los agarrábamos entre dos. O bien había cuarenta hogazas en la bandeja. Yo, por ejemplo, no podía levantarla. Pasábamos días y noches enteros delante de los hornos, días y noches. Nada más acabar una ración de masa, había que ponerse con la siguiente. Nos bombardeaban y nosotras seguíamos haciendo el pan...»

María Semiónovna Kulakova,
soldado, panadera

«Me pasé los cuatro años que duró la guerra sobre ruedas... Hacía las rutas de acuerdo con las indicaciones: "A la administración de Schukin", "A la administración de Kozhuro". Recibíamos el tabaco, los cigarrillos, los pedernales en el almacén... Todo lo imprescindible para los soldados de posiciones avanzadas y en marcha. A veces en coche, a veces en carro, pero más a menudo a pie, junto con un par de soldados más. Llevábamos la carga a cuestas. A una trinchera no se puede llegar en carro, los alemanes oirían el chirrido. Así que a cargar la espalda. A cuestas, cariño, a cuestas...»

Elena Nikíforovna Iévskaia,
soldado, abastecimiento

«Cuando empezó la guerra... Yo tenía diecinueve años... Vivía en la ciudad de Múrom, en la región de Vladímirskaia. En el mes de octubre de 1941, a nosotros, los miembros del Komsomol, nos enviaron a construir la carretera Múrom-Gorki-Kulebaki. Regresamos y nos llamaron a filas.

»Me enviaron a Gorki, a la escuela de comunicaciones, al cursillo de empleados de correos. Acabé el cursillo y me trasladé al ejército en campaña, a la Sexagésima División de Infantería. Fui oficial del servicio militar postal. Muchas veces fui testigo de cómo los que estaban en las posiciones avanzadas lloraban y besaban los sobres al recibir una carta. Muchos habían perdido a sus familiares, algunos porque habían muerto y otros porque vivían en los territorios ocupados. Por eso no podían escribir. Éramos nosotras quienes escribíamos las cartas firmadas por la Joven Desconocida: "Querido soldado, te escribe la Joven Desconocida. ¿Cómo van los combates? ¿Cuándo traerás la Victoria a casa?". Nos pasábamos noches enteras componiendo esas cartas... ¿Cuántas escribí durante la guerra...?»

María Alexéievna Rémneva,
subteniente, empleada de correos

Sobre el jabón especial «K» y la celda de arresto

«Me casé el 1 de mayo... Y el 22 de junio empezó la guerra. Llegaron los primeros ataques desde el aire. Yo estaba trabajando en el orfanato para niños españoles, los habían alojado en Kiev. Fue en 1938. La guerra civil española... Nosotros no sabíamos qué hacer, pero los niños españoles empezaron a cavar zanjas en el patio. Ya lo habían vivido... A los niños les enviaron a la retaguardia, yo me trasladé a la región de Penza. Me encomendaron una tarea: organizar los cursillos para las enfermeras. A finales de 1941 yo misma examinaba a las estudiantes porque todos los médicos se habían marchado al frente. Tramité los certificados y solicité que me enviasen al frente a mí también. Me destinaron a la zona de Stalingrado, a un hospital de campaña. Era la mayor de todas las chicas. Mi amiga Sonia Udrúgova —hoy seguimos muy unidas— había cumplido los dieciséis, acabó noveno curso y después el cursillo de enfermeras. Llevábamos tres días en el frente y me encontré a Sonia en el bosque, lloraba. Me acerqué.

»—Sonia, ¿por qué lloras?

»—¿Es que no lo entiendes? ¡Llevo tres días sin ver a mi madre!

»Cuando le recuerdo aquello, se ríe.

»Durante la batalla de Kursk me trasladaron del hospital al departamento de higiene de campaña, me nombraron comisaria política. Las lavanderas estaban a sueldo. Viajábamos en los carros: las pilas, las palanganas, los samovares para calentar el agua... Encima se sentaban las chicas con sus faldas rojas, verdes, azules, grises. Todos se reían: "¡La tropa lavandera se va de viaje!". A mí me llamaban "la comisaria de lavandería". Bueno, con el tiempo el aspecto de mis chicas dejó de ser tan pintoresco.

»El trabajo era muy duro. Ni hablar de máquinas de lavar. Todo a mano... A manos de mujeres... Llegábamos y nos dejaban una casa o una chabola. Lavábamos allí la ropa y, antes de secarla, la empapábamos con el jabón especial "K", contra los parásitos. Había también insecticida DDT, pero no servía, utilizábamos el jabón "K", era apestoso. Allí, en el mismo espacio donde lavábamos, también secábamos la ropa y dormíamos. Nos daban una ración de unos veinte gramos de jabón por cada pila de ropa a lavar. Y la ropa estaba negra como la tierra. De tanto lavar, de levantar peso, de la tensión, muchas chicas acababan sufriendo de hernias, el jabón "K" nos provocaba eccemas, las uñas se nos caían, pensábamos que nunca nos volverían a crecer. Pero a pesar de todo, después de un par de días de descanso, había que ponerse a lavar otra vez.

»Las chicas me respetaban...

»Una vez llegamos al campamento de los pilotos. Imagínese: nos vieron, íbamos vestidas con ropa sucia, vieja... Y aquellos chavales soltaron con desprecio: "Míralas, lavanderas...". Mis chicas por poco se pusieron a llorar.

»—Comisaria, no hay derecho...

»—Tranquilas, ya nos tomaremos la revancha.

»Dicho y hecho. Por la tarde, mis muchachas se arreglaron, se vistieron con lo mejor que tenían y se dirigieron al claro donde estaba el campamento. Una tocaba el acordeón y las demás bailaban. Acordamos que no bailaríamos con los pilotos. Ellos se acercaban y mis chicas no les hacían ni caso. Se pasaron la tarde bailando unas con otras. Finalmente los chicos lanzaron el grito al cielo: "Un idiota ha dicho algo que no debía y ahora os habéis enfadado con todos".

»En general, la norma era no castigar a los asalariados en las celdas de arresto, pero ¿qué hacía yo si tenía a cien chicas juntas? A las once era el toque de queda y ya está. Ellas trataban de escapar: eran jovencitas. Entonces yo las castigaba, las encerraba en la celda de arresto. Una vez vinieron los superiores de la unidad militar vecina, había dos chicas arrestadas.

»—¿Cómo es posible? ¿No sabe que no se puede encerrar a los asalariados en la celda de arresto?

»Le contesté muy tranquila:

»—Camarada coronel, redacte un informe y mándeselo a los superiores. Está en su derecho. Pero yo tengo que cuidar la disciplina. Y así he logrado establecer un orden ejemplar.

»Se fueron sin más.

»La disciplina era férrea. Una vez me crucé con un capitán: pasaba por delante de mi casa justo cuando yo salía. Se paró.

»—¡Dios mío! Ya he visto que acaba de salir, pero ¿sabe usted quién vive allí?

»—Lo sé.

»—Aquí reside la comisaria política. ¿Sabe lo mala que es?

»Dije que jamás había oído nada.

»—¡Dios mío! Nunca sonríe, está todo el día de mal humor.

»—¿Le gustaría conocerla?

»—¡Ni hablar!

»Entonces le confesé:

»—¡Pues mucho gusto, soy la comisaria política!

»—¡No, no puede ser! Me habían dicho que ella...

»Yo protegía a mis chicas. Había una muy guapa, se llamaba Valia. Una vez me fui al Estado Mayor por unos diez días. Regresé y me dijeron que esos días Valia había estado volviendo muy tarde, que había estado con un capitán. Lo hecho, hecho estaba. Pasaron un par de meses y me enteré de que Valia estaba preñada. La llamé: "Valia, ¿cómo ha podido ocurrir? ¿Adónde irás? Tu madrastra (no tenía madre) vive en una choza". Y ella venga a llorar: "Es por su culpa, si usted no se hubiera ido, no me habría pasado nada". Para ellas era como su madre, su hermana mayor.

»Valia vestía un abrigo ligero, hacía frío, le entregué mi capote. Enviamos a mi Valia a casa...

»El 8 de marzo de 1945 organizamos una fiesta. Con té. Conseguimos unos bombones. Mis chicas salieron afuera y de pronto vieron a dos alemanes salir del bosque. Iban arrastrando sus metralletas por el suelo... Estaban heridos... Mis chicas los rodearon. Yo, como comisaria política, por supuesto que escribí en el informe que el día 8 de marzo las lavanderas habían hecho prisioneros a dos soldados alemanes.

»Al día siguiente hubo reunión de mandos militares, el jefe del departamento político se levantó y lo primero que dijo fue:

»—Camaradas, tengo buenas noticias: la guerra se acabará pronto. Ayer las lavanderas del Duodécimo Primer Destacamento de Lavandería capturaron a dos alemanes.

»Todos aplaudieron.

»Durante la guerra no nos condecoraban, cuando la guerra terminó, me dijeron: "Condecoraremos a dos personas". Me indigné. Pedí la palabra, hablé, dije que era comisaria política del destacamento de lavandería. Dije lo duro que era el trabajo de las lavanderas, que muchas sufrían hernias, eccemas, etc., que las chicas eran jóvenes y que trabajaban más que las máquinas. Me preguntaron: "¿Puede preparar una lista para mañana? Condecoraremos a más gente". Estuvimos toda la noche preparando la lista junto con el comandante del destacamento. Muchas chicas recibieron la Medalla al Valor, al Servicio de Combate, incluso a una lavandera le concedieron la Orden de la Estrella Roja. Era la mejor lavandera, no se apartaba de la pila: a veces, las demás caían, pero ella continuaba lavando. Era una mujer mayor, toda su familia había muerto.

»Cuando tocó enviar a las muchachas a casa quise darles algo. Eran todas de Bielorrusia, de Ucrania, allí todo estaba en ruinas. ¿Cómo iba a dejar que se fueran con las manos vacías? Estábamos alojados en un pueblo alemán, allí había un taller de costura. Fui a mirar: las máquinas de coser por suerte estaban intactas. Así que le hicimos un regalo a cada una de las chicas que se iban. Yo estaba tan contenta, tan feliz. Era lo mínimo que podía hacer por mis chicas.

»Todas querían volver a casa y todas tenían miedo. Nadie sabía lo que nos esperaba allí...»

Valentina Kuzmínichna Brátchikova-Borschévskaia,
teniente, comisaria política del destacamento
de lavandería de campaña

«Mi padre... Mi querido padre era comunista, un santo. En mi vida jamás me he encontrado con una persona mejor. Él me educaba: "A saber qué habría sido de mí si no fuera por el poder soviético. Habría sido un don nadie. Habría trabajado toda mi vida para algún ricachón. El poder soviético me dio la vida, pude estudiar una carrera. Me hice ingeniero, ahora construyo puentes. Todo se lo debo a nuestro país".

»Yo amaba el poder soviético. Quería a Stalin. Y a Voroshílov. Quería a todos nuestros jefes de Estado. Así me lo enseñó mi padre.

»La guerra transcurría, yo crecía. Por las noches mi padre y yo cantábamos *La Internacional* y *La Guerra Santa*. Papá tocaba el acordeón. Cuando cumplí los dieciocho, me acompañó a la oficina de reclutamiento...

»Desde el ejército escribí a casa explicando que construía y custodiaba los puentes. ¡Qué alegría fue para mi familia escucharlo! Mi padre nos hizo enamorarnos de los puentes, los amábamos desde que éramos pequeños. Cada vez que veía un puente destruido, por un bombardeo o por una explosión, sentía como si fuera un ser vivo, no un objeto estratégico. Lloraba... Por el camino me encontraba con centenares de puentes derrumbados, grandes y pequeños, durante la guerra fue lo primero que destruían. Eran el blanco número 1. Cuando pasábamos delante de los puentes convertidos en ruinas, siempre pensaba: "¿Cuántos años necesitaremos para volver a construir todo esto?". La guerra mata el tiempo, el valioso tiempo de los seres humanos. Yo sabía por experiencia que mi padre invertía varios años en construir cada puente. Se pasaba las noches con los planos, incluso en sus días de descanso. Lo que más pena me daba en la guerra era el tiempo. El tiempo de papá...

»Hace tiempo que mi padre no está, pero yo le sigo amando. No les hago caso a los que dicen que la gente como él eran unos tontos y unos ciegos por creer a Stalin. Porque temían a Stalin. Porque creían en las ideas de Lenin. Porque pensaban como los demás. Créeme, eran buena gente, eran gente honrada, no creían en Stalin o en Lenin, sino en las ideas comunistas. En un socialismo con rostro humano, así lo formularon luego. En la felicidad para todos. Para cada uno de nosotros. Eran soñadores, idealistas, pero no eran ciegos. Nunca estaré de acuerdo. ¡Por nada del mundo! A mitad de la guerra ya disponíamos de buenos carros de combate y de aviones, contábamos con un buen armamento, no obstante, sin la fe jamás hubiéramos vencido a un enemigo tan terrible como el ejército de Hitler, un enemigo poderoso, disciplinado, que había conquistado toda Europa. No hubiéramos podido romperle la espina dorsal. Nuestra principal arma fue la fe, no el miedo, le doy mi palabra de comunista (en la guerra me afilié al partido, hoy sigo siendo comunista). No me avergüenzo de mi carnet del partido y no lo rechazo. Desde 1941 mi fe no ha cambiado...»

Tamara Lukiánovna Tórop,
soldado, ingeniera

«Las tropas alemanas se instalaron cerca de Vorónezh... Les costó mucho tiempo conquistar la ciudad. La bombardeaban continuamente. Los aviones no dejaban de sobrevolar nuestro pueblo, Moskovka. Yo aún no había visto al enemigo, solo sus aviones. Pero supe muy pronto cómo era la guerra...

»A nuestro hospital llegó la información de que había un tren hecho pedazos en las afueras de Vorónezh, fuimos hasta allí y vimos... ¿Sabe lo que vimos? Carne picada... Me cuesta pronunciarlo... ¡Horroroso! El primero en reaccionar fue nuestro médico jefe. Empezó a gritar a todo pulmón: "¡Camillas!". Yo era la más joven, acababa de cumplir los dieciséis, todos estaban atentos por si me desmayaba. Recorríamos las vías del tren, íbamos metiéndonos en los vagones. No había nadie a quien cargar en las camillas: los vagones ardían, los gemidos y los gritos no se oían. No había personas enteras. Yo me apretaba el pecho con la mano, en el corazón, los ojos se me cerraban del miedo. Volvimos al hospital y cada uno se dejó caer allí donde pudo: uno con la cabeza apoyada sobre la mesa, otro en la silla, todos nos dormimos.

»Acabé mi turno y me fui a casa. Vine con la cara llorosa, me metí en la cama, cerraba los ojos y volvía a ver todo aquello... Mi madre regresó del trabajo, había venido a vernos el tío Mitia. Oí la voz de mamá.

—No sé cómo acabará Elena. ¿Has visto cómo le ha cambiado la cara desde que trabaja en el hospital? Parece otra, no habla con nadie, y de noche grita. ¿Dónde está su sonrisa? Tú sabes lo alegre que era. Ahora ha dejado de reír.

»Escuchaba a mamá y me tragaba las lágrimas.

»... En 1943 Vorónezh fue liberada, yo ingresé en el dispositivo militarizado de seguridad. Allí solo servían las chicas. Todas tenían entre diecisiete y veinte años. Eran jóvenes, guapas, nunca había visto tantas chicas guapas juntas. La primera a la que conocí fue Marusia Prójorova, era muy amiga de Tania Fiódorova. Las dos eran de la misma aldea. Tania era muy seria, muy ordenada, le gustaba que todo estuviera limpio; a Marusia le encantaba cantar y bailar. Cantaba coplas traviesas. Y más que cualquier otra cosa, le gustaba maquillarse, se pasaba horas delante del espejo. Tania le reprochaba: "En vez de ponerte la cara bonita, deberías plancharte el uniforme y hacer bien la cama". También estaba Pasha Litávrina, una muchacha muy resuelta. Era íntima amiga de Shura Batíscheva. Esta era más tímida y discreta, la más tranquila de todas. A Liusia Lijachiova le gustaba ensortijarse el pelo y siempre iba con su guitarra. Se acostaba con ella y con ella se levantaba. La mayor de todas era Polina Nevérova, su marido había muerto en el frente, siempre estaba triste.

»Vestíamos de uniforme. Cuando mamá me vio por primera vez, se quedó blanca.

»—¿Has decidido alistarte?

»La tranquilicé:

»—No, mamá. Ya te lo he dicho, solo vigilamos los puentes.

»Mamá lloraba:

»—La guerra acabará pronto. Y cuando acabe, lo primero que harás será quitarte ese uniforme.

»Yo creía lo mismo.

»Dos días después de conocer la noticia del final de la guerra, nos reunieron. Habló el comandante del dispositivo de seguridad, el camarada Naúmov:

»—Mis queridos soldados —dijo—, la guerra ha acabado. Sin embargo, ayer nos dieron una orden: hacen falta soldados en el dispositivo de seguridad militarizada para la protección del ferrocarril del sudeste.

»Alguien de la sala gritó:

»—Pero ¡si allí están actuando los guerrilleros de Bandera!*

»Naúmov hizo una pausa y añadió:

»—Sí, chicas, allí están los guerrilleros. Luchando contra el Ejército Rojo. Pero una orden es una orden, hay que cumplirla. Los que quieran venir, por favor, entreguen las solicitudes al comandante de Guardia. Irán los voluntarios.

»Regresamos al cuartel, cada una se tumbó en su catre. Lo hicimos en silencio. A nadie le apetecía irse lejos de casa. Y a nadie le apetecía morir cuando la guerra ya se había acabado. Al día siguiente nos reunieron de nuevo. Yo me sentaba en la mesa presidencial, cubrieron la mesa con un mantel rojo. Pensaba que sería la última vez que me sentaría allí.

»El comandante del dispositivo pronunció un discurso:

»—No tenía dudas, Bábina, de que tú serías la primera. Todas vo-

---

* Stepán Bandera (1909-1959) fue líder nacionalista del movimiento por la independencia de Ucrania, dirigente de la Organización de Nacionalistas Ucranianos (OUN). En 1941 los efectivos de la OUN se integraron en el ejército alemán. Tras el fin de la Segunda Guerra Mundial, las formaciones de guerrilleros continuaron la lucha armada. *(N. de las T.)*

sotras, muchachas, sois muy valientes. La guerra ha acabado, ya podéis volver a casa, pero habéis elegido defender vuestra Patria.

»Dos días después nos marchábamos a proteger el ferrocarril. Nos proporcionaron un tren de mercancías, en el suelo había heno, olía a hierba seca.

»Nunca antes había oído siquiera mencionar la ciudad de Stryi, de pronto era nuestro destino. La ciudad no me gustó, era pequeña y espantosa, se oía música todos los días, eran los funerales: enterraban a policías, comunistas, miembros del Komsomol. Otra vez veíamos la muerte. Nos hicimos amigas de Galia Koróbkina. Ella murió allí. Y otra chica también... Las acuchillaron una noche... Entonces dejé de bromear y de sonreír...»

Elena Ivánovna Bábina,
soldado del dispositivo militarizado de seguridad

Sobre los cojinetes fundidos y el lenguaje obsceno ruso

«Yo he salido a mi padre... Sin duda soy hija suya...

»Mi padre, Mirón Lénkov, recorrió un largo camino, de ser un muchacho analfabeto a convertirse en comandante de sección en la guerra civil. Fue un comunista convencido. Cuando murió, mi madre y yo nos quedamos en Leningrado; a esta ciudad le debo lo mejor de mí. Mi pasión eran los libros. Se me inundaban los ojos de lágrimas con las novelas de Lidia Chárskaia, me encantaban las obras de Iván Turguénev. Me gustaba mucho la poesía...

»En verano de 1941... A finales del mes de junio fuimos a visitar a la abuela, vivía por la zona del río Don. La guerra nos sorprendió mientras viajábamos. Enseguida los mensajeros a caballo empezaron a galopar por la estepa, repartían las citaciones de las oficinas de reclutamiento. La gente de las aldeas despedía a los cosacos que se iban al frente, comían, bebían, las mujeres lloraban desconsoladamente. Yo me acerqué a la oficina de reclutamiento del pueblo cosaco de Bukóvskaia. La respuesta fue corta y seca:

»—No aceptamos a niñas en la frente. ¿Eres miembro del Komsomol? Muy bien, pues ayuda en el *koljós*.

»Revolvíamos el trigo para que no se pudriera en los silos. Después recogíamos la cosecha de verduras. Los callos de mis manos se endurecieron, mis labios se agrietaron, el bronceado de la estepa me cubría la cara. Lo único que me hacía diferente al resto de las chicas del campo era que yo me sabía de memoria un montón de versos y que era capaz de recitarlos durante el largo camino del campo a casa.

»La guerra cada vez estaba más cerca. El 17 de octubre los alemanes tomaron la ciudad de Taganrog. La gente abandonaba sus casas. Mi abuela decidió quedarse, pero a mi hermana y a mí nos dijo: "Sois jóvenes. Salvaos". Caminamos cinco días hasta la estación de Oblívskaia. Acabamos tirando las sandalias, se habían roto a trozos, entramos en el pueblo descalzas. El jefe de la estación avisó: "No esperéis a los vagones cubiertos, subid directamente a las plataformas. Ahora engancharemos la locomotora y os enviaremos a Stalingrado". Tuvimos suerte: subimos a una plataforma cargada con avena. Hundimos los pies en los cereales, nos tapamos con el pañuelo... Nos abrazamos y dormimos. El pan se nos había acabado, la miel también. Los últimos días nos dieron de comer las mujeres cosacas. Nos sabía mal cogerles comida, no podíamos pagarles, pero ellas insistían: "Comed, niñas. Todos lo estamos pasando mal, tenemos que ayudarnos unos a otros". Me prometí no olvidar jamás esa bondad humana. ¡Nunca! ¡Por nada del mundo! Y no la he olvidado.

»En Stalingrado cogimos un barco, después viajamos otra vez en tren, a las dos de la madrugada llegamos a la estación Medvedítskoe. Una ola humana nos empujó al andén. No podíamos movernos, nos habíamos convertido en dos bloques de hielo, y allí estábamos, apoyándonos la una en la otra para no caer. Para no rompernos en pedacitos, igual que había visto romperse contra el suelo a una rana recién sacada de un frasco con oxígeno líquido. Por suerte, alguien de los que había viajado con nosotras se dio cuenta. Acercaron el carro lleno de gente y nos ataron a la parte de atrás. Nos pusieron unos chaquetones guateados y nos dijeron: "Caminad, si no os congelaréis. No hay otra forma de entrar en calor. No podemos transportaros". Al principio nos caíamos al suelo, luego incluso corrimos. Y así a lo largo de dieciséis kilómetros...

»El pueblo de Frank, el *koljós* Primero de Mayo. El presidente del *koljós* se puso muy contento al saber que yo era de Leningrado y que había acabado noveno.

»—Muy bien. Me ayudarás. Harás de contable.

»Por un momento me alegré. Pero entonces vi la pancarta "¡Muchachas, al volante!" que estaba colgada en la pared, detrás del presidente.

»—No pienso quedarme en una oficina —le contesté—. Si alguien me enseña, puedo conducir un tractor.

»Los tractores estaban totalmente cubiertos de nieve. Quitábamos la nieve, desmontábamos las máquinas, el metal estaba tan frío que quemaba las manos, la piel se nos quedaba pegada. Los pernos oxidados, apretados a conciencia, parecía que estuvieran soldados. Si no lográbamos girarlos de derecha a izquierda, intentábamos desenroscarlos al revés. Como si fuera adrede... Justo en ese momento, como por arte de magia, siempre aparecía el jefe de brigada, Iván Ivánovich Nikitin, el único tractorista profesional y nuestro tutor. Se llevaba las manos a la cabeza, sin dejar de soltar improperios. ¡Joder! La madre que... Sus injurias eran como un llanto desesperado. Sin embargo, una vez lloré...

»Salí al campo marcha atrás: la mayoría de las ruedas de la caja de engranajes de mi vehículo eran "desdentadas". El plan era sencillo: a los veinte kilómetros seguro que alguno de los tractores se agarrotaría, entonces montarían su caja de engranajes al mío. Pasó exactamente así. Otra tractorista como yo, Sara Gosenbuk, no se fijó en que el radiador perdía agua y estropeó el motor. ¡Joder! La madre... Por cada gota que...

»Aquel día... Antes de salir al campo, abrí el grifo de cárter: quería comprobar el aceite. Salió un líquido raro. Llamé al jefe de la brigada, avisé de que era preciso cambiar el lubricante, él se acercó, frotó una gota entre los dedos, olfateó y dijo: "¡Tú tranquila! Un día aguantará". Le discutí: "Eso no está bien, usted mismo nos dijo que...". Montaba en cólera a la primera de cambio: "Tendría que haberme callado, con vosotras no hay remedio. ¡Señoritas de ciudad! Os creéis muy listas. ¡Andando! La madre que...". En marcha, joder, y tal... Me fui. En la cabina, el calor era tremendo, la máquina echaba tanto humo que costaba respirar, pero eso era lo de menos, lo importante eran los cojinetes. Me parecía oír un traqueteo. Paraba la máquina, no se oía nada. Aumentaba la carga, ¡traqueteaban! Y de pronto lo noté justo debajo de mi asiento: ¡toc-toc-toc!

»Apagué el motor y fui corriendo hasta los orificios de revisión: ¡dos cojines de latón se habían fundido por completo! Me senté en el suelo, abracé la rueda y lloré por segunda vez desde que la guerra había empezado. La culpa era mía: ¡había visto cómo estaba el aceite! Me dejé asustar por los insultos. Debería habérselo hecho pagar con la misma moneda, pero no lo hice, era demasiado educada.

»Oí un ruido y volví la cabeza. ¡Tenía que haberlo visto! Allí estaban el presidente del *koljós*, el director de la estación de máquinas y tractores, el jefe del departamento político y, cómo no, también nuestro jefe de brigada. ¡Si no es por él!...

»El hombre se quedó allí clavado. Lo comprendió al instante. No abría la boca. ¡Joder! La madre que te...

»El director técnico también lo entendió.

»—¿Cuántos?

»—Dos —respondí.

»La ley marcial te mandaba directamente a los tribunales. Por acto negligente, además de sabotaje.

»El jefe del departamento político miró al jefe de brigada.

»—¿Por qué no cuidas a tus chicas? ¿Cómo voy a enviar a esta cría a los tribunales?

»De algún modo todo se arregló. Se limitó a unos cuantos sermones. Pero el jefe de brigada dejó de echar pestes en mi presencia. Yo en cambio aprendí a hacerlo... ¡Joder! La madre que te... Las que aprendí a soltar...

»Después ocurrió algo maravilloso: encontramos a nuestra madre. Vino con nosotras y de nuevo volvimos a ser una familia. Un día, de repente, mamá dijo:

»—Creo que debes volver a la escuela.

»Tardé en comprenderla.

»—¿Adónde?

»—Te queda un año para acabar, ¿quién lo hará por ti?

»Después de todo lo que había vivido, la idea de sentarme otra vez en la clase, de resolver problemas, escribir redacciones, de hincar los codos para aprenderme los verbos en alemán... No me encajaba en la cabeza. ¿Gastar la vida en esas chorradas en vez de luchar contra los nazis? ¡Y encima cuando el enemigo había avanzado hasta el Volga!

»Ya me faltaba muy poco: en cuatro meses cumpliría los diecisiete. Era algo. ¡Nadie me devolvería a casa! ¡Nadie! En el comité regional del partido todo fue como la seda, pero en la oficina de reclutamiento tuve que luchar. Por mi edad, por mis problemas de vista. Pero lo primero me sirvió para solucionar lo segundo... Cuando hablamos de la cuestión de la edad, tildé al comandante de chupatintas... Y me proclamé en huelga de hambre... Me senté a su lado y durante dos días no me moví de sitio, apartando cada vez el pedazo de pan y la taza de agua que me ofrecía. Le dije que me moriría de hambre, pero que antes escribiría una nota explicando quién era el culpable. Dudo que me creyera o que se asustara, pero mandó que me hicieran un reconocimiento médico. Se realizaba en la misma habitación. Cuando la doctora, tras revisarme la vista, informó de que no había nada que hacer, el comandante se rió y me dijo que había pasado dos días de hambre en vano. Me trató con compasión. Pero yo les dije que si veía mal era por culpa de no haber comido. Caminé hasta la ventana, me puse al lado de la dichosa tabla de control de la visión y lloré a moco tendido. Lloré hasta que... Estuve llorando un buen rato... Hasta que me aprendí de memoria las dos líneas inferiores. Luego me sequé las lágrimas y dije que ya estaba preparada para que me volvieran a mirar la vista. Esta vez salió bien.

»El 10 de noviembre de 1942, con una reserva de comida para diez días, tal como se nos había ordenado, unas veinticinco chicas nos subimos a un viejo camión y empezamos a cantar canciones patrióticas. Después tuvimos que caminar por la orilla izquierda del Volga desde Kamyshin (donde prestamos el juramento) hasta Kapústin Yar.

Allí estaba situado el regimiento de reserva. Nos perdimos entre miles de hombres. Venían los "compradores" de diferentes unidades militares, seleccionaban los reemplazos. Nos esquivaban. Pasaban de nosotras...

»De camino hice dos amigas, Ánnushka Rakshenko y Asia Básina. Ellas no tenían ninguna profesión y yo consideraba que la mía no era la militar. Así que reclamaran lo que reclamaran, las tres dábamos dos pasos al frente, creíamos que podríamos aprender rápido cualquier oficio militar. Pero nos evitaban.

»Sin embargo, hubo un "comprador", un teniente joven, al que no dejamos escapatoria: solicitaba conductores, tractoristas, mecánicos... En vez de dos pasos hacia delante di cinco y le solté:

»—¿Por qué solo selecciona a hombres? ¡Yo también soy tractorista!

»Se sorprendió.

»—No puede ser. Dime la orden de funcionamiento de los cilindros.

»—Uno, tres, cuatro, dos.

»—¿Alguna vez has fundido los cojinetes?

»Reconocí sinceramente que había fundido dos.

»—Bien. Aceptada. Por ser franca. —Asintió e hizo ademán de irse.

»Mis amigas se pusieron a mi lado. El teniente no se opuso. ¡Joder! La madre que...

»El comandante de la unidad, al presentarnos los efectivos de reemplazo, le preguntó al teniente:

»—¿Para qué has traído a estas niñas?

»El otro se ruborizó y contestó que le habíamos dado pena: que acabaríamos no se sabe dónde y que nos matarían como a unos perdigones.

»El comandante suspiró.

»—Vale. Una a la cocina, la otra al almacén y la que tiene más estudios irá al Estado Mayor, de escribiente. —Se calló un momento y añadió—: Qué lástima, son guapas.

»Yo era la más preparada, la que tenía "más estudios", pero ¿trabajar de escribiente? ¿Y qué tenía que ver que fuéramos guapas? Pasé de la disciplina militar y me encabrité.

»—¡Somos voluntarias! Venimos a defender nuestra Patria. Solo aceptaremos servir en las unidades de combate...

»Por alguna razón el coronel cedió enseguida.

»—De acuerdo, que sean de combate. Dos irán a los equipos ambulantes, a las máquinas, y esta, la lenguatona, al montaje de motores.

»Así comenzó nuestro servicio en el taller ambulante de vehículos blindados número 44. Éramos una fábrica sobre ruedas. Las máquinas (fresadoras, mandrinadoras, pulidoras, tornos, el generador eléctrico, el cebador, la vulcanización) estaban montadas sobre los vehículos, los llamaban "equipos ambulantes". En cada máquina trabajaban dos personas. Las jornadas eran de doce horas, interrumpidamente. Un compañero sustituía al otro a la hora del desayuno, comida, cena. Si a uno le tocaba el servicio de guardia, el otro trabajaba las veinticuatro horas. Trabajábamos cuando nevaba, trabajábamos atascados en el barro. Trabajábamos bajo el fuego enemigo. Ahora ya nadie decía que éramos guapas. Aunque es verdad que en la guerra se apenaban más de las chicas guapas. Daba pena enterrarlas... Daba pena emitir la partida de defunción... ¡Joder! La madre que...

»A menudo tengo sueños... Sé que tengo sueños, pero rara vez recuerdo con qué he soñado. Me despierto con la sensación de haber estado en algún lugar... Y de haber vuelto... En los sueños se reduce a segundos lo que en la vida requiere años. A veces confundo el sueño y la realidad... Creo que fue en Zimóvniki, yo acababa de acostarme en el suelo para dormir un par de horas cuando comenzó el bombardeo. ¡Joder! La madre que te... Prefería que me matasen a perder el placer de dos horas de sueño. Hubo una gran explosión muy cerca. La casa entera se tambaleó. Pero yo no me moví del sitio, me dormí...

»No tenía miedo, no lo sentía. Lo juro. Solo después de los ataques aéreos más feroces me daban como pinchazos en una muela. Tampoco me duraba mucho. A día de hoy seguiría considerándome muy valiente si poco tiempo después de la guerra no hubiera tenido que acudir a un montón de médicos por dolores constantes, ina-guantables, y del todo incomprensibles, en múltiples zonas del cuer-po. El neurólogo, un especialista con muchísima experiencia, se quedó atónito al saber cuántos años tenía.

»—¡Solo tiene veinticuatro años y ya ha logrado destruir todo su sistema nervioso vegetativo! ¿Cómo piensa vivir?

»Le respondía que pensaba vivir bien. Por encima de todo ¡esta-ba viva! ¡Había anhelado tanto sobrevivir a la guerra! Y bien, es cier-to, no había muerto, pero llevaba pocos meses vividos de posguerra cuando se me hincharon las articulaciones, el brazo derecho empe-zó a dolerme horrores y no me respondía, me empeoró la vista, tuve riñón flotante y el hígado desplazado, y, como pronto supe, tenía el sistema nervioso vegetativo completamente destrozado. Durante toda la guerra mi sueño había sido estudiar. La universidad fue para mí como una segunda batalla de Stalingrado. Completé los estudios en un curso menos de lo establecido, si no me habrían faltado las fuer-zas. Cuatro años sin quitarme el mismo capote, en invierno, en pri-mavera, en otoño, y la misma camisa militar descolorida... ¡Joder! La madre que...»

Antonina Mijáilovna Lenkova,
mecánica de taller móvil de vehículos blindados

«Se necesitaban soldados... Pero nosotras lo que queríamos era estar guapas»

En todos los años que llevo trabajando he grabado centenares de historias... En las estanterías están acumuladas cientos de cintas y miles de páginas impresas debidamente clasificadas. Escucho y leo con atención...

El mundo de la guerra abre ante mí sus facetas más inesperadas. Nunca antes me había preguntado cómo, por ejemplo, aquellas mujeres podían dormir durante años en las trincheras provisionales, o en el suelo junto a una hoguera, vestir capotes y botas, no bailar, no reírse. Dejar de ponerse vestidos ligeros. Prescindir de los zapatos y las flores... ¡Si tan solo tenían dieciocho o veinte años! Me había acostumbrado a pensar que en una guerra no hay lugar para la vida de mujer. Creía que allí esa vida es simplemente imposible, casi prohibida. Pero me equivocaba... Muy pronto, ya en las primeras conversaciones, me di cuenta: independientemente del tema concreto del que hablaran, incluso hablando de la muerte, las mujeres siempre mencionaban la belleza, ese eje indestructible de su existencia: «Estaba tan bella en el ataúd... Parecía una novia...» (A. Strótseva, soldado de infantería). O bien: «Me tenían que entregar la medalla y mi camisa militar ya estaba muy vieja. Le hice un ribete de gasa en el cuello. Algo blanco... Me sentía tan hermosa en ese momento. No tenía un espejo, no me podía mirar. Luego hubo un bombardeo, se me quedó la camisa hecha un asco...» (N. Ermakova, soldado de transmisiones). Con alegría y a gusto me explicaban sus inocentes apaños de chicas, los pequeños secretos, los signos invisibles, cómo a pesar de todo, rodeadas de la cotidianidad y el quehacer «masculinos» propios de una guerra, querían seguir siendo ellas mismas. No traicionar su naturaleza. Sorprendentemente cuarenta años más tarde, sus memorias conservan muchas de las pequeñeces de la vida cotidiana. Detalles, matices, colores, sonidos. En su mundo, la cotidianidad y la existencia se unían, la existencia en sí era valiosa, ellas recuerdan la guerra como una época de su vida. No tanto las acciones y los acontecimientos, sino la vida como tal. En más de una ocasión observé que en sus relatos lo sencillo vence a lo grande, incluso vence a la Historia. «Qué pena que solo fui guapa durante la guerra... Allí pasaron mis mejores años. Quedaron fulminados. Después envejecí rápidamente...» (Anna Galái, tiradora de arma automática).

A muchos años de distancia, unos acontecimientos de pronto se engrandecían y otros se encogían. Se agrandaba lo humano, lo íntimo, todo eso ganaba importancia para mí y, lo que es más llamativo, para ellas mismas. Lo humano superaba a lo inhumano solo por el hecho de ser humano. «Que no te den miedo mis lágrimas. No sientas pena por mí. Me duele, pero no importa, te estoy agradecida por permitirme recordar mi juventud...» (K. S. Tijonóvich, sargento, servidora de una pieza antiaérea).

Yo no conocía esta guerra. Ni siquiera me imaginaba que existiera...

Sobre las botas de hombre y los sombreros de mujer

«Nosotras vivíamos en cuevas... Como unos topos... No obstante, manteníamos alguna que otra monería. En primavera llevaba unas flores y cosas así. Alegraba la vista. Cada día podría ser el último, todos lo sabíamos. Procurábamos recordar, memorizar... A una chica le habían enviado de casa un vestido de lana. Aunque no estaba permitido llevar ropa civil, le teníamos envidia. El cabo —¡un hombre!— refunfuñaba: "Que te hubieran mandado una sábana. Nos sería más útil". No teníamos ni sábanas ni almohadas. Dormíamos encima de un montón de ramas y hierbas secas. Yo había guardado a hurtadillas unos pendientes, me los ponía de noche, antes de acostarme...

»La primera vez que sufrí un traumatismo, dejé de oír y de hablar. Me dije: "Si no recupero la voz, me tiraré a las vías del tren". Yo, que siempre había cantado muy bien, de pronto no tenía voz. Pero la recuperé.

»Estaba la mar de contenta, me puse los pendientes. Fui a hacer la guardia, gritaba de alegría.

»—Camarada teniente, informa el...

»—¿Qué es esto?

»—¿El qué?

»—¡Fuera!

»—Pero ¿qué pasa?

»—¡Quítese inmediatamente esos pendientes! ¿Qué clase de soldado es usted?

»El teniente era muy apuesto. Todas las muchachas estaban un poco enamoradas de él. Nos decía que en la guerra hacían falta soldados, solo soldados. Lo imprescindible era el soldado... Pero a nosotras además nos apetecía estar guapas... Me pasé toda la guerra sufriendo porque no quería acabar con las piernas mutiladas. Yo tenía unas piernas bonitas. A un hombre eso le da lo mismo. No le importa tanto, incluso si pierde las piernas. En cualquier caso, sería un héroe. ¡Podría casarse! Si una mujer queda mutilada, ese será su destino. Su destino de mujer...»

María Nikoláevna Schiólokova,
sargento, jefa de la escuadra de transmisiones

«Yo no dejé de sonreír durante toda la guerra... Consideraba que debía sonreír todo lo que podía y más, una mujer tiene que iluminar. Antes de que partiéramos al frente, nuestro viejo profesor nos instruía: "A cada herido le tenéis que decir que le amáis. Vuestro fármaco más potente es el amor. El amor protege, aporta las fuerzas necesarias para sobrevivir". Los heridos sentían tanto dolor que lloraban, nosotras les decíamos: "Cariño, aguanta...". "¿Tú me quieres, hermanita?" (A todas nosotras, a las más jóvenes, nos llamaban hermanitas.) "Claro que te quiero. Recupérate pronto." Ellos podían enfadarse, escupir tacos, nosotras nunca. Por una palabra grosera nos castigaban, hasta nos metían en la celda de arresto.

»Era difícil... Claro que lo era... Por ejemplo, subir al vehículo vistiendo falda cuando alrededor había un montón de hombres. Los camiones eran altos, eran unos camiones especiales, sanitarios. ¡Prueba tú a subir! Pruébalo...»

Vera Vladímirovna Sheváldisheva,
teniente mayor, cirujana

«Subimos a los vagones... Era un tren de mercancías... Éramos doce chicas; los demás, todos hombres. El tren recorría unos diez o quince kilómetros y se paraba. Hacía otros diez kilómetros y otra vez se estacionaba en la vía muerta. No teníamos ni agua, ni lavabo. ¿Lo entiende?

»En las paradas, los hombres hacían una hoguera y zarandeaban la ropa frente a las llamas, se limpiaban de los parásitos, se secaban. ¿Y nosotras qué? Nos escondíamos detrás de cualquier sitio y allí nos quitábamos la ropa. Yo llevaba un jersey de punto, había un piojo en cada milímetro, en cada punto. Verlos me producía náuseas. Hay parásitos de todo tipo, piojos de la cabeza, piojos púbicos, piojos del cuerpo... Yo los tenía todos... Pero junto a los hombres no podía... freír mis piojos ante todo el mundo. Era vergonzoso. Tiré el jersey, me quedé solo con el vestido. En una estación, una mujer desconocida me dio una chaqueta y unos zapatos viejos.

»El viaje era largo, después caminamos durante mucho tiempo. Hacía un frío que pelaba. Yo mientras andaba no soltaba el espejito, comprobaba si me había congelado. Por la noche vi que se me habían congelado las mejillas... Qué tonta era... Había oído que la piel congelada se vuelve blanca. Yo siempre tenía las mejillas rojas, muy rojas. Pensé que no estaría mal tenerlas siempre congeladas. Al día siguiente, la piel se me puso negra...»

Nadezhda Vasílievna Alekséieva,
soldado, telegrafista

«En nuestra unidad había muchas chicas guapas... Fuimos a los baños, había una peluquería allí mismo. Todas nos teñimos las cejas. El comandante nos echó un buen rapapolvo: "¿Habéis venido a luchar o a ir a un baile?". Por la noche lloramos, frotamos, nos intentamos quitar el tinte. Al día siguiente, el comandante nos iba repitiendo a cada una: "No necesito damiselas, necesito soldados. En una guerra, las damiselas no sobreviven". Era un comandante muy severo. Antes de la guerra era maestro de matemáticas...»

Anastasia Petrovna Shéleg,
cabo mayor, operadora de globos aerostáticos de barrera

—Tengo la sensación de haber vivido dos vidas: una de hombre y otra de mujer...

»Cuando entré en la academia militar, enseguida me encontré con una disciplina severa: en las maniobras, en las filas, en el cuartel, todo era acorde al reglamento. Ni la mínima indulgencia por ser chicas. Todo el rato oíamos: "¡Dejen de hablar!", "¡Basta de charlas!". Por la noche nos apetecía sentarnos con las amigas, hacer algo... Recordar cosas de chicas... Pero no se nos permitía bajo ningún concepto. Nos habíamos quedado sin casa, sin tareas domésticas, nos sentíamos raras. Teníamos una hora de descanso: se podía estar en la sala de descanso, escribíamos a casa, hablábamos. Pero ni risas, ni exclamaciones: estaba prohibido.

—¿Estaba permitido cantar?

—No.

—¿Y por qué no?

—No se nos permitía. Solo cantábamos si la formación recibía la voz de mando correspondiente.

—¿Y si no, no?

—No. Iba en contra del reglamento.

—¿Le costó mucho acostumbrarse?

—No creo que llegara a acostumbrarme. Cerrábamos los ojos y de pronto: «¡Levántense!». Un instante, era como si se nos hubiera llevado el viento. Nos vestíamos, pero las mujeres teníamos que ponernos más prendas que los hombres, cada dos por tres se nos caía algo al suelo. Finalmente, con el cinturón en la mano, corríamos al vestidor. Agarrábamos el capote sin detenernos, el punto siguiente era el almacén de armas. Allí había que enfundarse la pala de zapador y ensartarla en el cinturón, encima venía la cartuchera, después abotonarse igual de deprisa y corriendo. Cogíamos el fusil, poníamos el cierre sobre la marcha y desde el cuarto piso bajábamos rodando las escaleras, literalmente. Ya en formaciones acabábamos de arreglarnos. Y todo el proceso debía efectuarse en cuestión de minutos.

»Después, en el frente... Calzaba botas tres tallas más grandes, se habían arrugado, el polvo penetraba en cada pliegue. Una vez la casera me trajo dos huevos: "Cómetelos, estás tan delgadita que pronto te romperás por la mitad". Yo, a escondidas, para que ella no lo viera, rompí esos huevos, eran pequeños, y me limpié las botas. Por supuesto, tenía hambre, pero ganó la mujer: quería estar guapa. No se imagina cómo roza el capote, cómo pesa todo eso, es para hombres, el cinturón y todo lo demás. Lo que más odiaba era el capote, cómo me rozaba el cuello, y esas dichosas botas. La forma de andar cambiaba, todo se te cambiaba...

»Me acuerdo de que estábamos tristes. Siempre íbamos tristes...

Stanislava Petrovna Vólkova,
subteniente, comandante de la sección de zapadores

«Convertirnos en soldados no era una tarea fácil... No lo era...

»Nos entregaron los uniformes. El cabo nos ordenó formar:

»—Alinead las puntas.

»Alineamos. Las puntas estaban perfectas, pero nosotras nos quedábamos un poco por detrás porque las botas eran de la talla 40. Y el cabo:

»—¡Las puntas, las puntas!

»Y luego:

»—¡Cadetes, alinéense! Comprueben si están rectos, ¡vista al pecho de la cuarta persona!

»Evidentemente la vista no nos alcanzaba y no conseguíamos alinearnos bien. El cabo pegaba un grito:

»—Pero ¿qué os habéis puesto en los bolsillos del pecho?

»Se nos escapaba la risa.

»—Fuera esas risitas. —El cabo se desesperaba.

»Para pulir el saludo militar nos obligaba a saludar a cualquier cosa, desde las sillas hasta los carteles informativos que colgaban de la pared. Sufrió mucho con nosotras, el pobre.

»Una vez, en un pueblo, fuimos en formación a los baños públicos. Los hombres fueron a la sección masculina, nosotras a la femenina. Las mujeres de allí se alarmaron, intentaban taparse, gritaban: "¡Vienen los soldados!". No había manera de distinguirnos de los chicos: pelo cortado, uniforme militar. En otra ocasión entramos en los servicios y las mujeres llamaron a la policía. Le dijimos al policía:

»—¿Y dónde quería que fuéramos?

»Les echó la bronca a las mujeres:

»—¡Son chicas!

»—No son chicas, son soldados...»

María Nikoláievna Stepánova,
mayor, jefa de transmisiones del batallón del cuerpo de tiradores

«Solo recuerdo la carretera. El camino... Hacia delante, hacia atrás...

»Cuando llegamos al Segundo Frente Bielorruso nos querían dejar en el Estado Mayor de la división: "Son mujeres, no hace falta que estén en la línea de batalla". Y nosotras: "Que no, somos francotiradoras, enviadnos a donde tenemos que estar". Nos dijeron: "Os enviaremos a un regimiento, el coronel que lo encabeza es un buen hombre, cuida bien de las chicas". Entre los comandantes había de todo. Nos lo comunicaron sin tapujos.

»Ese coronel nos recibió con las siguientes palabras: "A ver, muchachas, habéis venido a batallar, pues hacedlo y no hagáis nada más.

Estaréis rodeadas de hombres, no de mujeres. A ver cómo os lo explico, chicas… Es la guerra". Daba por hecho que éramos unas niñatas. En mi primer ataque aéreo me senté en cuclillas y me tapé la cabeza con las manos, luego también sentí pena por mis manos, debería esconderlas. No estaba preparada para morir.

»Recuerdo cómo en Alemania… ¡Qué risa! En un pueblo alemán nos alojaron en un castillo. Había muchas habitaciones y unas salas gigantescas. ¡Y qué salas! Los armarios estaban repletos de ropa bonita. Cada chica eligió un vestido. A mí me gustó uno de color amarillo, y un albornoz, no tengo palabras para explicar lo bonito que era: largo, ligero… ¡como una pluma! Era la hora de acostarnos, estábamos muy cansadas. Nos pusimos esos vestidos y nos fuimos a dormir. Nos pusimos las prendas que nos habían gustado y nos quedamos dormidas. Yo me fui a la cama con el vestido puesto y encima el albornoz…

»En otra ocasión, en una sombrerería abandonada, elegimos unos sombreros. Esa noche dormimos sentadas para poder pasar un rato con los sombreros puestos. Nos levantamos por la mañana… Nos miramos al espejo por última vez… Nos lo quitamos todo y nos volvimos a poner nuestras camisas y pantalones de uniforme. No cogíamos nada. En el camino hasta una aguja resulta pesada. Llevábamos la cuchara en la parte de atrás de la caña de la bota, y ya está…»

Bella Isaákovna Epstein,
sargento, francotiradora

«Los hombres… Bueno, es que… No siempre nos comprendían…

»Pero queríamos mucho a nuestro coronel Ptitsin. Le llamábamos "padre". No era como los demás, comprendía nuestra alma femenina. En las inmediaciones de Moscú (nos batíamos en retirada, era el momento más duro), nos dijo:

»—Chicas, Moscú está aquí mismo. Haré que venga un peluquero. Teñíos las cejas, las pestañas, poneos rulos. No me importa que no esté permitido, quiero que estéis bellas. La guerra es larga… No acabará pronto…

»Nos trajo a una peluquera. Nos hizo peinados, nos maquillamos. Éramos tan felices...»

Zinaida Prokófievna Gomarieova,
telegrafista

«Nos lanzamos al ataque por la superficie helada del lago Ládoga... Y enseguida nos encontramos bajo el fuego enemigo. Estábamos en la superficie de un lago, debajo había agua, un herido se hundía al momento. Yo iba a rastras, vendaba las heridas. Me acerqué a uno, le habían dado en las piernas, estaba perdiendo el conocimiento, pero me apartó a empujones y metió la mano en su macuto. Buscaba su ración de emergencia. Si había de morir, al menos antes se pondría las botas de comida... Es que antes del ataque nos habían racionado los alimentos. Quise curarle la herida, pero no había manera, estaba aferrado al macuto: los hombres soportaban muy mal el hambre. El hambre para ellos era peor que la muerte...

»De mí me acuerdo de lo siguiente... Al principio la muerte asusta... En tu interior conviven la sorpresa y la curiosidad. Después desaparecen por el cansancio. Vives al límite de tus fuerzas. Fuera de los límites. Solo un temor sobrevive hasta el final: quedar fea después de morir. Es un miedo femenino... Que pase lo que tenga que pasar, pero por favor que una granada no te haga pedazos... Sé de lo que hablo... Yo misma recogí muchas veces esos pedazos...»

Sofía Konstantínovna Dubniakova,
técnica sanitaria

«Las lluvias no cesaban... Corríamos por el lodo, la gente se caía en el lodo. Los heridos, los muertos. La idea de morir en aquel cenagal era completamente detestable. En ese negro pantano. ¿Qué chica joven aceptaría quedarse tendida allí? En otra ocasión, en los bosques bielorrusos, encontramos un lugar lleno de pequeños arbustos de cerisuela. Campanillas azules de invierno. Un pequeño prado todo teñido de azul. ¡Ojalá muriera rodeada de esas flores!

Una tontorrona de diecisiete años... Así es como me imaginaba la muerte...

»Pensaba que morir era como irse volando a un lugar desconocido. Una noche hablamos de la muerte, pero solo fue una vez. Temíamos pronunciar esa palabra...»

Liubov Ivánovna Osmolóvskaia,
soldado, exploradora

«Nuestro regimiento estaba formado solo por mujeres... Partimos al frente en mayo de 1942...

»Nos adjudicaron un biplano Po-2. Era pequeño, de marcha lenta. Volaba a poca altura, a menudo a vuelo rasante. ¡Justo por encima de la superficie! Antes de la guerra, esos aviones servían para que los jóvenes aprendieran a volar en los aeroclubes, pero nadie jamás pensó que se utilizarían con fines bélicos. Los fabricaban de madera contrachapada cubierta de tela; bueno, en realidad, de gasa. Un solo impacto directo era más que suficiente para que se incendiara, se quemaba por completo en el aire antes de tocar tierra. Era como una cerilla. El único elemento sólido de metal era el motor M-11. Mucho más tarde, ya al final de la guerra, nos equiparon con paracaídas e instalaron una ametralladora en el compartimento del navegante; antes de eso no había armamento, los cuatro lanzabombas debajo del ala inferior y ya está. Ahora nos habrían llamado "kamikazes", a lo mejor lo éramos. ¡Sí! ¡Lo éramos! Valorábamos la Victoria por encima de nuestras vidas. ¡La Victoria!

»Me pregunta cómo lo soportábamos. Se lo contaré...

»Antes de jubilarme me ponía enferma solo de pensar en cómo iba a poder vivir sin trabajar. ¿Para qué si no había estudiado una segunda carrera después de cumplir los cincuenta? Me hice historiadora. Durante toda mi vida me había dedicado a la geología. Pero un buen geólogo trabaja en el campo, y a mí ya me fallaban las fuerzas. Vino un médico, me hizo un cardiograma y preguntó:

»—¿Cuándo ha sufrido un infarto?

»—¿Qué infarto?

»—Tiene el corazón lleno de cicatrices.

»Por lo visto eran de la guerra. Yo me situaba sobre el blanco, todo el cuerpo me temblaba. Temblaba porque abajo había un fuego intenso: disparaban los aviones de caza, disparaban los cañones antiaéreos... Algunas chicas se vieron obligadas a abandonar el regimiento, no aguantaban. Volábamos básicamente de noche. Durante una temporada intentaron enviarnos en misiones diurnas, pero pronto descartaron la idea. Abatían nuestros Po-2 con metralletas...

»En una noche hacíamos hasta doce salidas. Había visto al famoso piloto Pokrishkin de vuelta de una misión militar. Era un hombre fuerte, no era un veinteañero como nosotras: mientras le reponían el combustible, el técnico le quitaba la camiseta y se la escurría. Chorreaba como si hubiera estado debajo de la lluvia. Supongo que ahora puede hacerse una idea de cómo lo pasábamos nosotras. Aterrizábamos y ni siquiera lográbamos salir de la cabina, nos tenían que sacar. No podíamos ni sujetar el portaplanos, lo llevábamos arrastrando por el suelo.

»¡Y qué decir de las chicas responsables de las armas! Tenían que sujetar manualmente cuatro bombas (cuatrocientos kilos) en la máquina. Y así toda la noche: un avión despegaba, otro aterrizaba. Nuestro organismo cambiaba hasta tal punto que durante la guerra no éramos mujeres. No teníamos eso de las mujeres... Las menstruaciones... Bueno, ya me entiende... Después de la guerra no todas lograron dar a luz.

»Todas fumábamos. Yo también, daba la sensación de que nos calmaba. Aterrizaba temblando, encendía el cigarro y me calmaba. Vestíamos chaquetas de cuero, pantalón, camisa, en invierno llevábamos cazadoras de piel. Inevitablemente en nuestra forma de andar y en los movimientos aparecían rasgos masculinos. Cuando la guerra se acabó, nos confeccionaron vestidos de color caqui. De pronto sentimos que éramos chicas...»

Aleksandra Semiónovna Popova,
teniente de Guardia, navegante

«Hace poco me entregaron la Medalla... de la Cruz Roja... La Medalla Internacional Florence Nightingale. Me felicitaban y se asombraban: "¿Cómo ha podido sacar a ciento cuarenta y siete heridos del campo de batalla? En las fotografías de la guerra es usted tan diminuta...". Y a lo mejor había sacado a más de doscientos, ¡como si alguien hubiera llevado la cuenta! No se me había pasado por la cabeza, no le dábamos importancia. La gente combatía, se desangraba, ¿acaso debía sacar la libreta y empezar a hacer números? Nunca esperaba a que el ataque acabara, me metía en el campo de batalla y recogía a los heridos. Si a un herido de metralla le vas a rescatar en un par de horas, ya no hay nada que hacer, el herido se ha desangrado por completo.

»Me hirieron en tres ocasiones y recibí tres contusiones. En la guerra, cada uno tiene su propio sueño: uno anhelaba volver a casa, otro llegar a Berlín, mi sueño era sobrevivir hasta cumplir los dieciocho. Por alguna razón me asustaba la idea de morir antes, de no cumplir los dieciocho. Vestía pantalón, gorro y camisa militar, siempre iba harapienta porque siempre me arrastraba de rodillas y encima cargaba con el herido. Me parecía inimaginable que un día pudiera caminar en vez de arrastrarme. ¡Era un sueño! Un día vino el comandante de la división, me vio y preguntó: "¿Qué hace aquí este chiquillo? Habría que enviarle al colegio".

»Recuerdo que no había vendas suficientes... Las heridas de bala eran horribles, con una herida gastabas un paquete sanitario entero. Una vez me quité toda la ropa interior y les pedí a los chicos: "Quitaos los calzoncillos, las camisetas interiores, la gente se me está muriendo". Se quitaron la ropa y la rompieron en pedazos. No me avergonzaba ante ellos, eran como mis hermanos, vivía entre ellos como si fuera un chaval más. Caminábamos tres juntos cogidos de la mano, el del medio dormía una o dos horas. Luego cambiábamos.

»Llegué a Berlín. En la pared del Reichstag escribí: "Yo, Sofía Kuntsévich, he venido hasta aquí para matar a la guerra".

»Me pongo de rodillas ante cada fosa común... De rodillas...»

Sofía Adámovna Kuntsévich,
cabo, instructora sanitaria de una compañía de tiradores

«Había oído... Las palabras... son el veneno... Las palabras son como piedras... Decían algunos que el deseo de ir a combatir era un deseo masculino. "¡¿Dónde se ha visto que una mujer pueda matar?! Si son unas subnormales, unas deficientes..."

»¡No! ¡Mil veces no! No, era el deseo natural de una persona. La guerra seguía su curso, yo vivía mi vida. Una vida de chica... La vecina recibía una carta: su marido estaba herido, se encontraba en el hospital. Yo pensaba: "Si él está herido, ¿quién le sustituye?". Otro regresó sin una mano: ¿quién le sustituía? Otro regresó sin una pierna: ¿quién le sustituía? Yo enviaba solicitudes, suplicaba que me aceptasen en el ejército. Así es como nos habían educado, nada debía ocurrir en nuestro país sin que nosotros fuéramos partícipes. Nos enseñaron a amar a nuestro país. Admirarlo. Si había empezado la guerra, nuestro deber era ayudar. Si hacían falta enfermeras, debíamos aprender a ser enfermeras. Si hacía falta manejar cañones antiaéreos, debíamos aprender a manejarlos.

»¿Si en el frente queríamos parecernos a los hombres? Al principio lo deseábamos: nos cortábamos el pelo, incluso cambiamos nuestra forma de andar. Pero después, nada, ¡ni hablar! Después nos apetecía horrores maquillarnos; yo no me comía el azúcar, lo guardaba para usarlo de fijador del flequillo. Éramos felices cuando conseguíamos una olla de agua para lavarnos el pelo. Si la caminata era larga, buscábamos la hierba suave. La arrancábamos, y luego los pies... Nos limpiábamos los pies, ¿sabe?... Teníamos nuestras cosas, cosas de chicas... El ejército no lo había previsto... En fin, se nos quedaban los pies verdes... Si por suerte nos tocaba un cabo de cierta edad, él no nos quitaba de los macutos la ropa interior extra; si nos tocaba uno joven, invariablemente tiraba cualquier cosa que sobrase. ¿De verdad le puede sobrar algo a una chica cuando en ocasiones necesita cambiarse de ropa dos veces al día? Para nuestras necesidades arrancábamos las mangas de las camisetas interiores, una camiseta tiene dos mangas, disponíamos de dos. En total eran cuatro mangas...»

Klara Semiónovna Tojonóvich,
cabo mayor, servidora de una pieza antiaérea

«Antes de la guerra me fascinaba el universo castrense... Un universo de hombres... Solicité la normativa de admisión para una academia de aviación militar. Me favorecía el uniforme. Me gustaba el concepto del orden cerrado, de la exactitud de las voces de mando. La respuesta de la academia fue: "Primero debe completar los diez años de educación escolar".

»Está claro que, con la actitud que tenía, al empezar la guerra yo no era capaz de quedarme en casa. Pero no me admitían en el ejército. A mis dieciséis años, de ninguna manera. El comisario militar decía algo así como qué iba a pensar de nosotros el enemigo si ya al principio de la guerra el país aceptaba en el frente a los niños, a chicas menores de edad.

»—Hay que luchar contra el enemigo.

»—Ya se las apañarán para derrotar al enemigo sin usted.

»Yo le trataba de convencer, argumentaba que era alta, que nadie me pondría dieciséis años, que pensarían que tenía más. Me quedé clavada en su despacho: "Ponga en el formulario que tengo dieciocho". "Eso lo dices ahora, a ver qué dices de mí dentro de unos años."

»Cuando la guerra acabó no me apetecía, no podía pensar en una carrera militar. ¡Lo que fuera con tal de quitarme la ropa de camuflaje!... Incluso a día de hoy odio los pantalones, no me los pongo ni siquiera para salir de excursión al bosque, para ir a buscar setas. Qué ganas de vestir ropa normal, ropa de mujer...»

Klara Vasílievna Goncharova,
soldado, servidora de una pieza antiaérea

«Sentimos la presencia de la guerra muy pronto... Nos graduamos en la academia y ese mismo día se presentaron "los compradores", así se llamaba a los representantes de las unidades militares en proceso de reorganización que venían en busca de nuevos efectivos. Siempre eran hombres, se notaba mucho que sentían pena por nosotras. Nosotras les mirábamos con unos ojos y ellos a nosotras con otros: nosotras dábamos ese paso hacia delante, saliendo de la fila, ansiando que nos escogiesen, deseando mostrar nuestras capacidades; ellos nos observaban sabiendo adónde nos enviaban. Eran conscientes.

»Nuestro regimiento era masculino, solo había veintidós mujeres. El Regimiento número 870 de Artillería de Largo Alcance. De casa nos llevamos un par de recambios de ropa interior, no se podía llevar más. Un bombardeo lo destruyó todo, nos quedamos con lo que teníamos puesto, la ropa con la que habíamos escapado. Los hombres acudieron al centro de traslado, les entregaron uniformes nuevos. Para nosotras no había nada. Nos ofrecieron unos peales y nosotras nos confeccionamos braguitas, sostenes. El comandante se enteró y nos pegó una bronca...

»Había pasado medio año... La sobrecarga hizo que dejáramos de ser mujeres... Se nos fue... Se nos trastornó el ciclo biológico... ¿Me explico? ¡Da mucho miedo! Da miedo pensar que nunca más volverás a ser una mujer...»

María Nésterovna Kuzmenko,
cabo mayor, armera

«Aspirábamos a... No queríamos que dijeran de nosotras: "¡Esas mujeres!". Nos esforzábamos más que los hombres, teníamos que demostrar que no éramos inferiores a ellos. Durante mucho tiempo existió hacia nosotras esa actitud condescendiente, ufana: "¡A saber la que esas nos armarán aquí!...".

»¿Cómo ser un hombre? Es imposible. Nuestros pensamientos son una cosa, pero nuestra naturaleza es completamente otra. Nuestra biología...

»Caminábamos... Por delante iban unas doscientas muchachas, seguidas de unos doscientos hombres. Hacía calor. Había que andar treinta kilómetros. ¡Treinta! Caminábamos y dejábamos manchas rojas sobre la arena... Unas huellas rojas... Bueno, teníamos eso... Lo nuestro... ¿Cómo ocultarlo? Los soldados iban andando detrás y fingían no notar nada... No miraban al suelo... Los pantalones se nos secaban, parecían hechos de vidrio. Nos cortábamos. Nos hacían heridas allí y todo el rato olíamos a sangre. No nos suministraban nada... Vigilábamos, esperábamos hasta que los soldados dejaban sus camisas colgadas en los arbustos. Entonces nos llevábamos una o dos... Más tarde se daban cuenta, se reían: "Cabo, necesitamos camisas nuevas. Las chicas nos las han quitado". El algodón y las vendas no daban ni para los heridos... Es decir, de lo demás ni hablar... La ropa interior femenina apareció a lo mejor dos años más tarde. Llevábamos calzoncillos y camisetas de hombre. Pues eso, caminábamos... ¡calzando botas! Teníamos los pies fritos. Caminábamos... Nos dirigíamos al paso de un río, allí nos esperaban las balsas. Llegamos allí y comenzó el bombardeo. Era un bombardeo tremendo, los hombres corrieron a esconderse. Nos llamaban... Pero nosotras no oíamos el bombardeo, no nos importaba en absoluto, corrimos hacia el río. Hacia el agua... ¡Agua! Nos quedamos allí hasta sentirnos limpias... Expuestas al fuego... Eso es... La vergüenza nos asustaba más que la muerte. Algunas chicas murieron en el agua...

»Probablemente fue la primera vez que deseé ser hombre... La primera vez...

»Después llegó la Victoria. Al principio iba por la calle y no me creía que hubiéramos vencido. Me sentaba en la mesa y no me creía que hubiéramos vencido. ¡Victoria! Nuestra Victoria...»

María Semiónovna Kaliberdá,
sargento primero, especialidad: transmisiones

«Ya estábamos liberando Letonia... Acampamos en las cercanías de Daugavpils. Era de noche, yo estaba acostándome. Oí al guardia lanzar el grito: "¡Deténgase! ¿Quién anda allí?". En diez minutos me llamaron. Entré en la covacha de mando, dentro se sentaban nuestros camaradas y un hombre civil. Recuerdo bien a aquel hombre. Llevaba muchos años viendo solo a hombres vestidos de uniforme, con los capotes, ese en cambio llevaba un abrigo negro con el cuello de felpa.

—Necesito su ayuda —me dijo el hombre—. Mi mujer está de parto a dos kilómetros de aquí. Está sola, no hay nadie más en casa.

»Intervino el comandante:

»—Se encuentra en la zona neutral. Ya sabe que no es seguro.

»—Una mujer está dando a luz. Debo ayudarla.

»Me acompañaron cinco tiradores de metralleta. Me llené el bolso de materiales de vendaje, hacía poco me habían entregado unos peales nuevos, de franela, los llevé también. Nos pusimos en marcha. El cañoneo era constante: tiro corto, tiro largo. El bosque estaba tan oscuro que no veíamos ni la luna. Finalmente surgió la silueta de unas construcciones. Era el poblado. Entramos en una casa y vi a la mujer. Estaba tumbada en el suelo envuelta en trapos. El marido enseguida se puso a tapar las ventanas. Dos tiradores se quedaron vigilando fuera, en la puerta, otro nos iluminaba con una linterna. La mujer a duras penas podía retener los gemidos, le dolía mucho.

»Yo todo el rato le pedía:

»—Aguanta, preciosa. No puedes gritar. Aguanta.

»Estábamos en la zona neutral. Si el enemigo escuchaba un grito, saltarían las alarmas y atacaría. Pero cuando los soldados vieron que había nacido el bebé... "¡Hurra! ¡Hurra!", gritaron en voz muy baja, casi en susurros. "¡En la línea de batalla ha nacido un niño!"

»Trajeron agua. No se podía hervir, enjuagué al bebé con agua fría. Le envolví en mis peales. No había nada en la casa, solo los trapos viejos donde se tumbaba la madre.

»De la misma manera visité aquel poblado durante varias noches. La última vez fue en vísperas del ataque, me despedí:

»—En adelante ya no podré visitarla. Me marcho.

»La mujer le preguntó algo a su marido en letón. Él me lo tradujo:

»—Mi mujer pregunta cuál es su nombre.

»—Anna.

»La mujer habló. El marido tradujo:

237

»—Dice que es un nombre muy bonito. Llamaremos así a nuestra hija en su honor.

»La mujer se incorporó un poco, todavía no estaba para levantarse, y me dio una polvera muy hermosa, de nácar. Por lo visto, era lo más valioso que poseía. Abrí la polvera y aquel olor a polvos, en plena noche, cuando alrededor solo había disparos, explotaban los proyectiles... Era algo tan... Incluso ahora se me llenan los ojos de lágrimas... El olor a polvos, la tapa de nácar... Un bebé... Una niña... Cosas tan de casa, de la vida real de una mujer...»

Anna Nikoláievna Jrolóvich,
enfermera

«Una mujer en la Marina de guerra... era algo prohibido, incluso antinatural. Según la creencia popular, una mujer en un barco trae desgracias. Yo soy de la región de Fástov, en nuestro pueblo las mujeres no paraban de burlarse de mi madre: "Pero ¿tú qué has parido, una chica o un chico?". Yo había escrito al mismísimo Voroshílov, pedía que me admitiesen en la academia técnica de artillería de Leningrado. Fui admitida gracias a su orden personal. Era la única chica allí.

»Acabé los estudios, pero igualmente me querían dejar en tierra. Entonces oculté mi sexo. Mi apellido me ayudaba, es ucraniano, Rudenko, tal como es puede ser de chico o de chica. Aunque en una ocasión me delaté. Yo estaba lampaceando la cubierta, de pronto oí algo y miré: un marinero quería echar a una gata, a saber cómo había llegado al buque. Al parecer existía la superstición, desde los tiempos de los primeros marineros, de que los gatos y las mujeres traen la desgracia. La gata se negaba a abandonar el buque, sus requiebros harían morirse de envidia a cualquier futbolista famoso. La tripulación se reía a carcajadas. Pero cuando por poco se cayó al agua, yo me asusté y lancé un grito. Debió de ser una voz de tiple tan declaradamente femenina que las risas de los hombres se cortaron en seco. Se hizo el silencio.

»Oí la voz del comandante:

»—Velador, ¿ha subido alguna mujer al buque?

»—¡De ninguna manera, camarada comandante!

»Saltó el pánico: una mujer a bordo.

»... Fui la primera mujer oficial en activo de la Marina de guerra. Durante la guerra armé buques y fusileros navales. Por aquella época en la prensa inglesa surgió una extraña criatura: alguien que no era hombre ni mujer y que combatía en la Marina soviética. Escribían que nadie le propondría matrimonio a esa especie de "lady con daga". ¡¿A mí?! Pues se equivoca usted, señorito, me casé con el oficial más guapo...

»Fui una esposa feliz y ahora soy una madre y una abuela feliz. No es culpa mía que mi marido perdiera la vida en la guerra. Toda mi vida he amado a la Marina...»

Taisia Petrovna Rudenko-Sheveleva,
capitán, comandante de compañía de la armada,
actualmente teniente coronel retirado

«Yo trabajaba en una fábrica... En la fábrica de cadenas de nuestro pueblo, Mijálchikovo, en el distrito de Kostovski, en la región de Górkovskaia. En cuanto empezaron a llamar a filas a los hombres para enviarlos al frente, yo me puse delante de una máquina a cumplir con el trabajo que antes hacían ellos. Luego me trasladaron a la planta de forjado en caliente, allí donde se forjan las cadenas de los buques, yo trabajaba de martilladora.

»Solicité que me enviasen al frente, pero la dirección de la fábrica me retenía bajo toda clase de excusas. Así que escribí al Comité Regional del Komsomol y en el mes de marzo de 1942 recibí la citación. Nos íbamos varias chicas, todo el pueblo vino a despedirnos. Hicimos treinta kilómetros a pie hasta llegar a la ciudad de Gorki, allí nos distribuyeron en varias unidades. A mí me enviaron al Regimiento de Artillería Antiaérea Media número 784.

»Al poco tiempo me nombraron apuntadora. Pero yo quería más, quería ser artillera. A decir verdad, todo el mundo consideraba que era un trabajo que solo podían desempeñar los hombres: había que levantar proyectiles de dieciséis kilos y mantener fuego intenso con una duración de salva de hasta cinco segundos. Pero no olvidemos que yo había trabajado como martilladora. Un año más tarde me elevaron al rango de sargento y me nombraron jefa de pieza de artillería, en mi equipo había dos chicas y cuatro hombres. Con el fuego intenso, los cañones se ponían al rojo vivo, descargarlos era peligroso, teníamos que saltarnos el reglamento y enfriarlos cubriéndolos con mantas mojadas. Los cañones, a diferencia de las personas, no aguantaban. Yo era una chica fuerte, resistente, pero sé que mi capacidad durante la guerra era superior a la de la vida normal. Incluida la capacidad física. De pronto surgían unas fuerzas inexplicables...

»Por la radio oí que habíamos ganado la guerra, di la alerta y dicté mi última orden:

—Acimut: quince, cero, cero. Ángulo de elevación: diez, cero. ¡Espoleta: ciento veinte; tiempo: diez!

»Yo misma participé en el cierre y disparé cuatro proyectiles en honor a nuestra Victoria.

»Todos los que estaban en posición de batería acudieron corriendo, también el comandante Slatvinski. En un primer momento me castigó delante de todos con un arresto por insubordinación, pero luego lo canceló. Saludamos la Victoria disparando nuestras armas personales, nos abrazábamos y nos besábamos. Bebíamos vodka y cantábamos. Después lloramos durante toda una noche y un día...»

Klavdia Vasílievna Konoválova,
sargento, jefa de una pieza de artillería

—Yo cargaba con la ametralladora manual... Nunca me habría atrevido a confesar que era muy pesada. ¿Quién entonces me dejaría continuar en la escuadra de ametralladoras? Me habrían tachado de soldado deficiente, me habrían sustituido. Me habrían enviado a la cocina. Era vergonzoso. Dios me salvara de pasar la guerra en la cocina. Estaría todo el día llorando...

—¿Enviaban a las mujeres a las misiones igual que a los hombres?

—Trataban de protegernos. Para salir en misión teníamos que suplicar, o bien merecerlo mucho. Demostrar lo que valíamos. Hacía falta valentía, audacia. No todas las muchachas eran capaces. En la cocina estaba Valia. Era tímida, suave, era difícil imaginarla con un fusil en las manos. En una situación extrema, por supuesto que habría disparado, pero no se peleaba por participar en las misiones. ¿Yo? Yo sí. ¡Soñaba con las misiones!

»Aunque en el colegio había sido una niña tranquila... Pasaba desapercibida...

Galina Yaroslávovna Dubovik,
partisana de la Duodécima Brigada de Caballería
Partisana de Stalin

«La orden: presentarse en veinticuatro horas... Destino: el hospital ambulante de campaña número 713...

»Me acuerdo de que me presenté en el hospital con un vestido ligero de color negro y sandalias, con la capa de lona de mi marido sobre los hombros. Allí mismo me entregaron el uniforme, me negué a cogerlo: me venía muy grande, tres o cuatro tallas grande. Informaron al jefe del hospital de que había desobedecido la disciplina militar. Él decidió no tomar medidas: "Esperemos un poco, en unos días cambiará".

»En unos días nos trasladábamos a otro lugar, hubo un gran bombardeo. Nos refugiamos en un campo de patatas, el día anterior había llovido. ¿Se imagina en qué quedó convertido mi vestido elegante y cómo estaban mis sandalias? Al día siguiente me vestí de soldado. Con el uniforme completo.

»Así fue como comenzó mi trayectoria bélica... Que acabó en Alemania...

»En 1942, a principios del mes de enero, entramos en el pueblo de Afónevka, en la región de Kursk. Las heladas eran intensas. Había dos edificios de la escuela repletos de heridos: estaban tumbados en camillas, en el suelo, sobre paja. Faltaban vehículos y combustible para transportarlos a la retaguardia. El jefe del hospital decidió organizar un convoy de caballos que saliera desde Afónevka y otras aldeas cercanas. El convoy se presentó por la mañana. Todos los caballos eran conducidos por mujeres. En los trineos había mantas hechas a mano, pellizas, cojines, algunos incluso venían con colchones de plumas. No logro recordarlo sin que me salten las lágrimas... Estas escenas... Cada mujer eligió a un herido, empezó a prepararlo para el recorrido, le murmuraban muy bajito: "¡Hijito mío!", "¡Venga, cariño!", "¡Cuidado, mi vida!". Cada una llevaba una pequeña provisión de comida casera, hasta traían comida recién cocinada. Envolvían a los heridos en las mantas de sus propias casas y los acomodaban sobre los trineos. Todavía sigo oyendo sus plegarias, aquellas sencillas lamentaciones de mujeres: "¡Venga, cariño!", "¡Cuidado, mi vida!". Lo lamento, me arrepiento de no haberles preguntado sus apellidos a aquellas mujeres.

»También se me ha quedado clavada en la memoria la imagen de ir avanzando por una Bielorrusia recién liberada y no encontrar hombres en los pueblos. Solo estaban las mujeres. No había más que mujeres...»

Elena Ivánovna Variújina,
enfermera

Sobre el silencio del pavor y la belleza de la ficción

«¿Seré capaz de encontrar las palabras adecuadas? Puedo contar cómo disparaba. Pero explicar cómo lloraba, nunca, ni hablar. Eso quedará mudo para siempre. Lo único que sé es que en la guerra las personas se vuelven espantosas e inconcebibles. ¿Cómo vas a entenderlas?

»Usted es escritora. Invéntese algo. Algo bonito. Sin parásitos ni suciedad, sin vómitos... Sin olor a vodka y a sangre... Algo no tan terrible como la vida...»

Anastasia Ivánovna Medvédkina,
soldado, tiradora de ametralladora

«No sé... A ver, ya entiendo lo que me pregunta, pero mi vocabulario no llega... Mi vocabulario... ¿Cómo describirlo?... Hace falta... Que el espasmo ahogue, tal y como me ahoga a mí: de noche, en silencio. De pronto me acuerdo. Y me ahogo. Tiritando de escalofríos. Así es...

»En algún lugar están esas palabras... Hace falta un poeta... Como Dante...»

Anna Petróvna Kaliágina,
sargento, auxiliar sanitaria

«A veces oigo una música... O una canción... Una voz de mujer... Y allí encuentro lo que he sentido. Algo semejante...

»En cambio, veo una película de guerra y sabe a mentira, leo un libro y lo mismo, mentira. No es... No es correcto. Comienzo a hablar y tampoco me sale. No es tan espantoso, ni tan bonito. ¿Sabe lo preciosos que resultan los amaneceres en la guerra? Antes de un combate... Los observas y estás segura: ese podría ser el último. La tierra es tan bella... Y el aire... Y el sol...»

Olga Nikítichna Zabélina,
cirujana militar

«En el gueto vivíamos rodeados de alambre de púas... Recuerdo incluso que aquello ocurrió un martes, por alguna razón me fijé en que era martes. Un martes... No recuerdo ni el mes, ni la fecha. Pero fue un martes. Estaba trajinando en casa y pasé por delante de una ventana. En un banco frente a nuestro edificio estaban sentados un chico y una chica, y se besaban. A su alrededor no había más que masacres y fusilamientos. ¡Y aquellos dos se besaban! Esa escena tan pacífica me dejó perpleja...

»En el otro extremo de nuestra calle, era una calle pequeña, apareció una patrulla alemana. También lo vieron todo, tenían un campo de visión perfecto. No me dio tiempo de comprender nada... Claro que no lo tuve... Un grito. Un gran estruendo. Unos disparos...

Yo... me quedé en blanco... El primer sentimiento fue de terror. Solo vi que el chico y la chica se levantaron y al instante estaban cayendo. Los dos a la vez.

»Y después... Pasó un día, el segundo..., el tercero... No podía dejar de pensar en ellos. Tenía que entenderlo: se estaban besando en la calle, no en casa, ¿por qué? Querían morir así... Sabían que de todos modos morirían en el gueto y prefirieron morir de otra manera. Claro que era amor. ¿Qué otra cosa podía ser? ¿Qué podría ser?... Solo amor.

»Se lo he contado... ¿Verdad que ha quedado una historia bonita? ¿Y en la vida real? En la vida real experimenté pavor... Sí... ¿Qué más? Deje que lo piense... Ellos luchaban... Buscaban una muerte bonita. Estoy convencida de que fue su elección...»

Liubóv Eduárdovna Krésova,
miembro de una organización clandestina

«¿Yo? Yo no quiero hablar... Aunque... En fin... No se puede hablar de ello...»

Irina Moiséievna Lepítskaia,
soldado, tiradora

«Por las calles de la ciudad vagaba una mujer demente... Nunca se lavaba, ni se peinaba. Mataron a sus cinco hijos. A todos. Los mataron de formas distintas. A uno le dispararon en la cabeza, al otro en el oído...

»Se acercaba a un peatón en la calle... A uno cualquiera... Y le decía: "Te contaré cómo mataron a mis hijos. ¿Por quién empiezo? Por Vasia... ¡Le dispararon en el oído! Y a Tolia, le dispararon en la cabeza... A ver, ¿con quién empiezo?".

»Toda la gente huía de ella. Estaba loca, por eso podía contarlo...»

Antonina Albértovna Vizhútich,
partisana, enfermera

«Lo único que recuerdo es el grito: "¡Victoria!". El alboroto duró todo el día... "¡Victoria! ¡Victoria! ¡Hermanos!" Al principio no me lo creía, ya estábamos tan acostumbrados a la guerra, la guerra era la vida. ¡Victoria! Habíamos vencido... ¡Estábamos felices! ¡Felices!»

Anna Mijáilovna Perepiolka,
sargento, enfermera

«Señoritas, ¿saben ustedes que la esperanza
de vida de un jefe de la sección de zapadores
es de dos meses?»

Todo el rato hablo de lo mismo... De una manera u otra siempre regreso allí...

La muerte es el tema más frecuente. La relación que tenían con la muerte: ella siempre merodeaba cerca. Era igual de cercana y de habitual que la vida. Trato de entender cómo era posible salvarse en medio de aquella experiencia infinita de muerte. Verla día tras día. Reflexionar sobre ella. Ensayar involuntariamente la propia muerte.

¿Es posible contarlo? ¿Hasta dónde llegan nuestras palabras y nuestros sentimientos? ¿Qué está condenado a ser inexplicable? Cada vez tengo más preguntas y menos respuestas.

A veces regreso a casa después de la conversación de turno pensando que el sufrimiento es soledad. Aislamiento absoluto. Otras veces me inclino a creer que el sufrimiento es un tipo de conocimiento, de sabiduría. Hay ciertas cuestiones de la vida humana que solo se guardan y se transmiten por la vía del sufrimiento, sobre todo aquí, en nuestro país. Así es nuestro mundo, así somos nosotros.

Con una de las protagonistas de este capítulo nos encontramos en un aula de la Universidad Estatal de Bielorrusia. Alegres y ruidosos, los estudiantes recogían sus papeles. «¿Cómo éramos entonces? —me respondió con una pregunta—. Pues exactamente como ellos, como mis estudiantes. Solo que la ropa era distinta y las joyas eran más sencillas. Los anillos de metal, los collares de vidrio. Las zapatillas de tela engomada. No existían aún ni los tejanos, ni los reproductores de música.»

Yo miraba a los estudiantes, que salían deprisa mientras que la narración ya había empezado...

«Antes de la guerra mi amiga y yo nos habíamos graduado en la universidad, durante la guerra estudiamos en la academia de zapadores. Nos dirigimos al frente ya siendo oficiales... Éramos subtenientes... Nos recibieron así: "¡Bien hecho, chicas! Qué bien que estéis aquí. Pero no os enviaremos a ninguna parte. Os quedáis en el Estado Mayor". Así fue como nos recibieron en el Estado Mayor de ingenieros militares. Nos dimos media vuelta y fuimos a buscar al comandante del frente. Mientras tanto, por el pueblo ya circulaba el rumor de que unas chicas andaban buscando al comandante. Se nos acercó un oficial.

»—Enseñen la documentación.

»Revisó nuestros papeles.

»—¿Por qué buscáis al comandante cuando lo que deberíais hacer es presentaros en el Estado Mayor de ingenieros militares?

»Se lo explicamos:

»—Nos enviaron en calidad de jefas de sección de zapadores, pero aquí pretenden que nos quedemos en el Estado Mayor. Queremos luchar por ser jefas de zapadores y estar en la línea de batalla.

»Aquel oficial nos condujo de nuevo al Estado Mayor. Estuvieron hablando y discutiendo un buen rato, finalmente acudió un montón de gente, cada uno dispuesto a dar su opinión, o un consejo, aunque algunos se limitaron a reírse. Nosotras nos manteníamos firmes: veníamos con una carta de credenciales y teníamos que ser jefas de sección de zapadores. El oficial que nos había acompañado montó en cólera.

»—Señoritas, ¿saben ustedes que la esperanza de vida de un jefe de la sección de zapadores es de dos meses?

»—Lo sabemos, por eso queremos estar en la línea de batalla.

»No tenían nada que hacer, nos firmaron las credenciales:

»—De acuerdo, las enviamos al Quinto Ejército de Choque. Ustedes, probablemente, serán conscientes de lo que es un ejército de choque, el nombre lo dice todo. Está en la línea de batalla constantemente.

»La de horrores que nos estaban anunciando. Y nosotras repetíamos muy alegres:

»—¡Sí, estamos de acuerdo!

»Llegamos al Estado Mayor del Quinto Ejército de Choque, allí había un oficial, tenía pinta de intelectual, nos recibió muy elegantemente, pero cuando el pobre oyó que nuestra intención era ser jefas de la sección de zapadores, lanzó el grito al cielo:

»—¡Que no, que no! ¿En qué están pensando? Les encontraremos trabajo aquí, en el Estado Mayor. ¿Es una broma? Allí no hay más que hombres, ¿y de repente su comandante será una mujer? Es una locura. ¡Ni hablar!

»Nos estuvieron lavando el cerebro durante dos días. A decir verdad... resultaban convincentes. Pero nosotras no retrocedimos: solo queríamos ser jefas de la sección de zapadores. No cedimos ni un paso. Pero eso solo fue el principio. Por fin alcanzamos nuestro objetivo. Me presentaron a mi sección... Los soldados me observaban detenidamente: con aire de sorna, con enfado incluso, un simple movimiento delataba lo que realmente pensaban. Cuando el comandante del batallón les dijo que yo sería su nuevo jefe de sección, aullaron: "Uh-uh-uh...". Uno incluso escupió.

»Un año más tarde, cuando me entregaron la Orden de la Estrella Roja, esos mismos soldados, los que habían sobrevivido, me llevaron a hombros hasta mi covacha. Estaban orgullosos de mí.

»Si me pregunta de qué color es la guerra, le diré que es del color de la tierra. Para un zapador... Del negro, amarillo, arcilloso color de la tierra...

»Caminábamos... Dormíamos en el bosque. Encendíamos una hoguera, nos sentábamos alrededor del fuego, muy callados, algunos se quedaban dormidos al instante. Yo me dormía con los ojos abiertos, observando las llamas: las mariposas, las moscas, volaban atraídas por el fuego. Durante toda la noche el bosque quedaba en silencio, no se oía ni un susurro. Silenciosos, los bichos desaparecían en la gran hoguera. Les seguían otros... A decir verdad... nos parecíamos a esas moscas. Íbamos, caminábamos. Acudíamos como llevados por una corriente.

»Al cabo de dos meses no me mataron, al cabo de dos meses recibí una herida. La primera vez fue una herida leve. A partir de entonces dejé de pensar en la muerte...»

Stanislava Petrovna Vólkova,
subteniente, jefa de una sección de zapadores

«De pequeña... Comienzo por mi infancia... En la guerra temía recordar la infancia. Precisamente la infancia. En la guerra está prohibido recordar lo más tierno... Lo tierno está prohibido. Es un tabú.

» Pues bien... Cuando era pequeña, mi padre me rapaba la cabeza. Lo recordé cuando nos cortaron el pelo y las muchachas nos convertimos en soldaditos jóvenes. Algunas chicas se asustaron... Yo en cambio me acostumbré fácilmente. Para mí era algo natural. No en vano mi padre había suspirado: "No es una niña, estamos criando a un chaval". La culpa era de una pasión que me había costado más de una bronca. En invierno yo me tiraba desde un barranco hasta el río Ob, todo cubierto de nieve. Al acabar las clases, le pedía a mi padre su viejo pantalón guateado, me lo ponía y ataba por encima las botas de fieltro. Me metía el chaquetón guateado por debajo del pantalón y me ajustaba bien el cinturón. Entonces me cubría la cabeza con una papalina y me la ataba por debajo del mentón. Con esa pinta, contoneándome como un oso, iba hacia el río. Cogía una carretilla y me tiraba pendiente abajo...

»¡Ufff! Qué sensación, la de despeñarte y desaparecer debajo de la nieve. ¡Se me cortaba la respiración! Otras chicas lo habían intentado, pero no les salía bien: acababan con un pie torcido, con la nariz sangrando o con toda una serie de heridas pequeñas. Yo era más hábil que cualquier chaval.

»Me he acordado de la infancia... porque no quiero hablar directamente de la sangre... Pero, claro, entiendo que es importante, muy importante. Me gusta leer. Lo entiendo...

»Llegamos a Moscú en septiembre de 1942... Estuvimos una semana entera dando vueltas en tren por el ferrocarril de circunvalación. Paramos en las estaciones de Kúntsevo, Perovo, Ochákovo, y las chicas bajaban en cada estación. Allí acudían los "compradores", así los llamaban; los comandantes de diferentes unidades y tipos de tropas nos invitaban a ser francotiradoras, auxiliares sanitarias, soldados de transmisiones... A mí nada de aquello me seducía. Finalmente quedamos trece personas de todo el tren. Nos alojaron en el mismo vagón. En la vía muerta había dos vagones: el nuestro y el del Estado Mayor. Llevábamos dos días sin que se presentara nadie. Nosotras nos reíamos y cantábamos: "Olvidado, abandonado estoy". A la tarde del segundo día vimos caminar hacia nuestros vagones a tres oficiales, iban acompañados por el jefe del tren.

»¡Eran compradores! Eran altos, apuestos, con sus correajes bien ajustados. Acababan de estrenar los capotes, sus botas brillaban, las espuelas tintineaban. ¡Asombroso! Nunca antes habíamos visto nada parecido. Entraron al vagón del Estado Mayor, nosotras pegamos las orejas a la pared para oír lo que decían. El jefe del tren enseñaba las listas y hacía un breve resumen de cada persona: quién era, de dónde venía, qué había estudiado. Por fin oímos: "Todas aceptadas".

»Luego los oficiales bajaron del vagón y nos ordenaron formar. Nos preguntaron: "¿Quieren aprender el arte de la guerra?". Claro que lo deseábamos, más que nada en el mundo. ¡Mucho! ¡Lo anhelábamos! Ni siquiera se nos ocurrió preguntar: ¿dónde íbamos a estudiar?, ¿qué especialidad? Ordenaron: "Teniente Mitropolski, acompañe a las chicas a la academia". Cada una se cargó su macuto a la espalda, en filas de dos, conducidas por el oficial, caminamos por las calles de Moscú. La ciudad más querida... La capital... Preciosa incluso en esos tiempos difíciles... Entrañable... El oficial medía la calle a pasos grandes, iba rápido, apenas podíamos seguirle. Mucho más tarde, en la reunión que celebramos en Moscú con motivo del Trigésimo Aniversario de la Victoria, Serguéi Fiódorovich Mitropolski nos confesó, a nosotras, las ex alumnas de la Academia de Ingeniería Militar de Moscú, lo avergonzado que se había sentido al acompañarnos por las calles de la ciudad. Trataba de apartarse de nosotras para que nadie se diera cuenta de que íbamos juntos. Pero aquella manada de chicas... Nosotras no lo sabíamos, así que le perseguíamos casi corriendo. ¡Menudo espectáculo!

» Pues bien... Los primeros días de clases me gané un castigo, dos recargos de guardia extraordinarios: me había quejado de que el aula estaba muy fría y de alguna otra cosa. Las típicas costumbres escolares, ¿sabe? Recibía lo que merecía: un recargo extra, luego otro... Al poco tiempo me cayó otro, y otro... Durante los cambios de guardia, los cadetes se fijaban en mí y se burlaban: mirad, ya tenemos otra vez ahí al plantón. Ellos se divertían, claro, pero yo perdía clases y además no dormía de noche. Me pasaba los días haciendo guardia en la puerta y las noches sacándole brillo al suelo del cuartel. ¿Le cuento cómo se hacía entonces? Se lo explicaré... Con todo detalle... No es lo mismo que hoy en día, ahora hay un montón de cepillos diferentes, enceradoras eléctricas y tal. Pero en aquella época... Después del toque de queda me quitaba las botas para no mancharlas de cera, me envolvía los pies con trapos, me hacía una especie de zuecos atándome los trapos con cuerdas finas. Entonces esparcía pedazos de cera por el suelo, los esparcía por toda la superficie frotando con el cepillo, el cepillo no era sintético sino de crin, ¡tenía que tener mucho cuidado con las madejas de pelusa que se pegaban al suelo!, y por último sacaba brillo con los pies. ¡Eso sí que era bailar hasta caerse de cansancio! Las piernas se me entumecían y me zumbaban, la espalda me dolía, el sudor me inundaba la cara. Por la mañana no tenía fuerzas ni para gritar a la sección: "¡A levantarse!". De día no podía quedarme sentada ni un minuto, el guardia debe estar de pie en su puesto. Una vez me pasó un incidente curioso... De verdad, fue cómico... Yo estaba en mi puesto, hacía un momento que había terminado de limpiar el cuartel. Me vino tanta modorra que sentía que un poco más y me caería. Me arrimé a la mesa y me quedé adormecida. De pronto oí que se abría la puerta, me incorporé de golpe y vi delante de mí al oficial de guardia. Levanté la mano haciendo el saludo militar e informé: "Camarada teniente, el cuartel está descansando". Él me miró con los ojos muy abiertos y no lograba contener la risa. Comprendí que yo, al ser zurda, automáticamente le había saludado con la mano izquierda. Intenté cambiar de mano rápidamente, pero ya era tarde. Otra vez la había pifiado.

»No me cabía en la cabeza que aquello no era ningún juego, que no era la escuela, sino una academia militar. El entrenamiento para la guerra. La orden de un superior es la ley para el subalterno.

»Del examen final se me quedó clavada la última pregunta:

»—¿Cuántas veces en su vida se equivoca el zapador?

»—El zapador no se equivoca nunca más de una vez...

»—Eso es, niña...

»Y acto seguido lo habitual:

»—Descanse, cadete Bairak.

»Después vino la guerra. La guerra real...

»Me presentaron a mi sección. Di la voz de mando: "¡Sección, firmes!", y la sección como si nada, ni se movieron. Uno continuaba tumbado, el otro seguía sentado y fumando, el tercero se estiraba hasta hacerse crujir los huesos. En fin, fingían que no me veían. No les sentaba nada bien que ellos, unos hombres curtidos, los exploradores, tuvieran que obedecer a una muchacha de veinte años. Yo lo entendía muy bien y me vi obligada a dar la voz: "¡Descansen!".

»Justo en ese momento comenzó el bombardeo... Salté a la zanja, pero en vez de estirarme abajo, directamente sobre el fango, lo hice a un lado, donde había nieve: el capote era nuevo, me daba pena. Suele pasar cuando eres joven: valoras más la ropa que la vida. ¡No era más que una chavala, una tonta! Mis soldados se rieron a gusto.

»A ver... ¿Cómo era el reconocimiento terrestre que realizábamos nosotros, los ingenieros militares? De noche, los soldados cavaban un foso para dos, en la zona neutral. Antes del amanecer, yo junto a uno de los jefes de escuadras nos arrastrábamos hacia ese foso, los soldados nos camuflaban. Allí nos quedábamos durante todo el día evitando cualquier movimiento. Los pies y las manos se nos congelaban en un par de horas por muy arropados que fuéramos. En cuatro horas estábamos hechos unos cubitos de hielo. Si nevaba, acababas convertido en un muñeco de nieve... Eso sí era invierno... En verano tocaba aguantar el calor o la lluvia. Durante el día observábamos muy atentos y nos preparábamos el mapa de la línea de batalla: anotábamos cualquier cambio en la superficie terrestre. Si encontrábamos un mogote, un terrón de tierra, nieve manchada, hierba aplastada, si veíamos que el rocío había sido borrado, eso era lo que buscábamos... Era nuestro objetivo... Así era como identificábamos los campos de minas alemanes. Si los zapadores alemanes habían montado una alambrada, teníamos que averiguar su longitud y su anchura. ¿Qué tipo de minas habían puesto: antipersonales, antitanques, minas-trampa? Identificábamos los puntos de fuego enemigos...

»En vísperas de los ataques de nuestras tropas hacíamos el trabajo de noche. Investigábamos cada centímetro del terreno. Nos abríamos paso en los campos minados... No nos despegábamos del suelo... Yo, como una lanzadera, circulaba entre las escuadras. Era la responsable de todas.

»Historias no me faltan... Tengo suficiente para una película... Para una serie.

»Los oficiales me invitaron a desayunar. Acepté: los zapadores rara vez probaban comida caliente. Cuando todos se sentaron en la mesa, me llamó la atención una estufa rusa que había, con la portezuela cerrada. Me acerqué y la estudié. Los oficiales se burlaban de mí: "Esta mujer está tan obsesionada con sus minas que las ve incluso dentro de las ollas". Yo les iba respondiendo en broma, de pronto me fijé en un diminuto agujero abajo del todo, en la parte izquierda de la portezuela. Lo examiné bien y encontré un cable muy fino que iba hacia el interior de la estufa. Me giré rápidamente hacia los comensales: "La casa está minada, les ruego que la abandonen". Los oficiales se quedaron callados, pero me seguían observando con desconfianza, a nadie le apetecía levantarse de la mesa. Olía a carne, a patatas fritas... Volví a repetir: "¡Abandonen la casa inmediatamente!". Los zapadores se pusieron manos a la obra. Primero quitaron la portezuela. Cortaron el cable con tijeras... Y allí..., allí... dentro de la estufa había unas cuantas tazas esmaltadas de un litro unidas con un cordel. ¡El sueño de cualquier soldado hecho realidad! ¡Unas tazas! Mucho mejor que la marmita. En el fondo de la estufa había dos paquetes grandes envueltos en papel. Unos veinte kilos de explosivos. ¡El desayuno caliente con tazas incluidas!

»Ya estábamos en Ucrania, en la provincia de Stanislávov, actualmente es la provincia de Ivano-Frankivsk. La sección recibió una misión: desactivar urgentemente las minas de una fábrica de azúcar. Cada minuto contaba: no se sabía qué tipo de minado había utilizado el enemigo, si el mecanismo de reloj se había activado ya, la explosión podía producirse en cualquier momento. Salimos en misión a paso acelerado. Hacía buen tiempo, íbamos solo con lo necesario. Al pasar por delante de las posiciones de las tropas de artillería de largo alcance, de pronto un soldado saltó fuera de la trinchera y gritó: "¡Alerta! ¡Cuadro a la vista!". Levanté la cabeza y miré al cielo buscando el "cuadro".* No vi ningún avión. El silencio era absoluto, no se oía nada. ¿Dónde estaba ese cuadro? Uno de mis zapadores pidió permiso para salir de la formación. Vi que iba directo al artillero y que le daba un bofetón. Todavía no me había dado tiempo de comprender qué era lo que estaba ocurriendo, cuando el artillero empezó a gritar: "¡A por ellos!". De la trinchera saltaron otros artilleros y rodearon a nuestro zapador. Mi sección, sin pensarlo dos veces, dejó caer las sondas, los buscaminas, los macutos y corrió a ayudarle. Comenzó la pelea. Yo no entendía nada, ¿por qué mi sección se había metido en una pelea? Íbamos muy apresurados y de pronto surgía todo ese alboroto. Ordené: "¡Sección, a formar!". Hicieron caso omiso. Desenfundé la pistola y pegué dos tiros al aire. Enseguida salieron los oficiales de la covacha. Tardamos un buen rato en calmarlos a todos. Un capitán se acercó a mi sección y preguntó: "¿Quién está al mando?". Le informé. Él me escuchó perplejo. Luego preguntó: "¿Qué ha pasado aquí?". No le pude contestar porque realmente no había entendido nada. El ayudante del jefe de sección pidió permiso para hablar, explicó qué era lo que había sucedido. Así conocí el otro significado de la palabra "cuadro" y lo ofensivo que era para una mujer. Era algo así como "puta". Era un insulto típico del frente...

»¿Puedo contarle una cosa?... Esta es una conversación sincera, ¿verdad?... En la guerra me prohibí a mí misma pensar en el amor,

* Apodo popular del avión de reconocimiento alemán Focke-Wulf Fw 189. *(N. de las T.)*

en la infancia. Y también en la muerte. Mmm... Una conversación sincera, ¿verdad?... Bueno... Ya le he dicho que para sobrevivir me había prohibido muchas cosas. Sobre todo, me impuse un veto ante todas las cosas tiernas, cariñosas. Ni pensar en ellas. Ni recordarlas. Me acuerdo de que nos dieron unas tardes libres de servicio en la ciudad de Lvov, por primera vez... Por primera vez en toda la guerra... El batallón acudió al cine a ver una película. Al principio, la sensación de estar sentada en un sillón cómodo, de encontrarme en un ambiente bonito, silencioso, confortable, me extrañaba y mucho. Antes de la película, actuaron unos artistas, una orquesta tocó música. La gente bailaba. Bailaban la polca, el *pas d'Espagne*, la cracoviana. Lo que más me impresionaba era la música... Me costaba imaginar que no muy lejos de nosotros seguían disparando y que pronto tendríamos que volver a la línea de batalla. Que la muerte estaba cerca.

»Un día más tarde mi sección recibió la orden de peinar un terreno situado entre un poblado y la línea de ferrocarril. Unos vehículos allí habían volado por los aires. Minas... Los exploradores caminaban en paralelo a la carretera con detectores de minas. Caía una llovizna fría. Estábamos calados. Mis botas se empaparon y eran tan pesadas como si las suelas fueran de hierro. Me levanté los faldones del capote y los sujeté con el cinturón para que no me molestaran. Delante de mí, atada a una correa, iba mi perra Nelka. Cuando ella encontraba un proyectil o una mina, se sentaba al lado y esperaba hasta que la desactivasen. Era mi fiel amiga... Pues Nelka se sentó... Esperaba y gañía... De pronto me avisaron por la cadena humana: "Teniente, la llama el general". Miré hacia atrás: en la carretera se veía un Willys MB. Crucé la zanja de un salto, de camino me puse bien el capote, me ajusté el cinturón y la gorra. Aunque mi aspecto igualmente era más bien deplorable.

»Me acerqué corriendo al coche, abrí la puerta y comencé a informar:

»—Camarada general, a su disposición...

»Oí.

»—Retírese.

»Me quedé inmóvil en la posición de firme. El general ni siquiera me había mirado, observaba la carretera desde el coche. Se notaba que estaba nervioso, a menudo comprobaba el reloj. Yo seguí allí. El general dijo a su ayudante:

»—¿Dónde se habrá metido el jefe de los zapadores?

»Otra vez intenté dar parte:

»—Camarada general...

»Se giró hacia mí y soltó enojado:

»—¡¿Qué diablos hago contigo?!

»Por fin lo comprendí y casi me río. Su ordenanza fue el primero en adivinarlo.

»—Camarada general, a lo mejor, ella es el jefe de los zapadores.

»El general me clavó la mirada.

»—¿Quién eres tú?

»—Jefa de la sección de zapadores, camarada general.

»—¿Tú? —Se escandalizó.

»—¡Sí, camarada general!

»—¿Son tuyos los zapadores que están ahí trabajando?

»—¡Sí, camarada general!

»—Y dale con general, general...

»Bajó del coche, caminó unos pasos hacia delante y luego regresó conmigo. Se detuvo, me midió con la mirada. Se dirigió a su asistente:

»—¿Lo has visto?

»Me preguntó:

»—¿Cuántos años tienes, teniente?

»—Veinte, camarada general.

»—¿De dónde eres?

»—De Siberia.

»Durante un buen rato me estuvo haciendo preguntas, propuso que me trasladara a su unidad de carros blindados. Comentó que le indignaba mi aspecto miserable, que él jamás lo hubiera permitido. Necesitaban zapadores. Luego nos alejamos unos pasos del coche y me señaló el bosque.

»—Allí tengo mis cajitas con ruedas. Mi idea era hacerlas pasar por donde están las vías del ferrocarril. El carril está desmontado, pero es posible que la vía esté minada. Hazle un favor a los tanquistas y comprueba la carretera. Es más cómodo y la distancia hasta la línea de batalla resulta más corta. ¿Sabes lo que es un ataque por sorpresa?

»—Lo sé, camarada general.

»—Cuídate, teniente. Prométeme que llegarás al día de la Victoria sana y salva. Está cerca, ¿comprendes?

»El ferrocarril, o lo que quedaba de él, realmente estaba minado. Lo comprobamos.

»Todos teníamos ganas de sobrevivir hasta la Victoria...

»En el mes de octubre de 1944 nuestro batallón, que formaba parte del Destacamento Especial de Desminado número 210 junto con las tropas del Cuarto Frente Ucraniano, entró en territorio de Checoslovaquia. En todas partes nos recibían con alegría. Nos lanzaban flores, frutas, paquetes de cigarrillos... Nos ponían alfombras sobre la calzada... El hecho de que una muchacha llevara el mando de una sección de hombres y que encima ella misma fuera una zapadora especializada en desminado causaba sensación. Yo tenía el pelo corto como un chico, vestía con pantalón y guerrera, había adquirido gestos masculinos, en fin, parecía un chaval. A veces entraba en los pueblos a caballo, en ese caso ya era del todo imposible que comprendieran que ese jinete era una chica, aunque las mujeres lo intuían, me observaban. La intuición femenina... Era divertido... ¡De veras! Llegaba a la casa donde tenía que alojarme y entonces los propietarios se enteraban de que su inquilino era un oficial del ejército, pero que no era un hombre. Muchos se quedaban literalmente boquiabiertos... ¡Como en una escena de cine mudo! Pero a mí eso... Mmm... Me gustaba. Me gustaba provocar esa clase de sorpresa. En Polonia ocurría lo mismo. Recuerdo una vez, en una aldea, una anciana me acarició la cabeza. Comprendí lo que pretendía: "¿Qué hace, señora, está buscándome los cuernos?". Ella se ruborizó y dijo que no, que tan solo sentía lástima por "una señorita tan jovencita".

»Y a cada paso estaban las minas. Había muchas. Una vez entramos en una casa, uno de mis soldados vio unas botas de becerro al lado de un armario. Ya había alargado la mano para cogerlas... Yo lancé un grito:"¡No las toques!". Cuando las revisé, resultó que estaban minadas. Encontramos toda clase de objetos minados: los sillones, las cómodas, los aparadores, las muñecas, las lámparas... Los campesinos nos pedían que levantáramos las minas de sus huertos. Para poder degustar la pasta casera, en una aldea la sección tuvo que limpiar de minas un campo de trigo y hasta un trillo para batir el cereal...

» Pues bien... Atravesé Checoslovaquia, Polonia, Hungría, Rumanía, Alemania... Pero tengo pocos recuerdos, básicamente se me quedaron grabadas las fotografías mentales de los relieves del terreno. La roca... La hierba alta... Tal vez era realmente alta, o tal vez solo nos lo parecía porque era increíblemente difícil abrirse camino trabajando con sondas y detectores de metal. La hierba vieja... Unas bardanas más altas que los arbustos... También recuerdo un sinfín de arroyos y de barrancos. Los montes cerrados, las alambradas con los soportes medio podridos, los campos minados cubiertos de hierba. Los parterres abandonados. Allí siempre había minas escondidas, a los alemanes les gustaban las flores. Una vez estábamos en un campo, al lado cavaban la cosecha de patata, nosotros mientras tanto cavábamos las minas...

»En Rumanía, en la ciudad de Dej, me alojé en casa de una mujer joven que hablaba bien el ruso. Resultó que su abuela era rusa. La mujer era madre de tres niños. Su marido había muerto en el frente, era soldado de la división rumana de voluntarios. Pero era una mujer alegre, le gustaba divertirse. Una vez me propuso que fuéramos juntas a bailar. Me ofreció su ropa. La tentación era muy grande. Me puse el pantalón, la guerrera, las botas de becerro y encima el traje tradicional rumano: una larga camisa bordada y una falda de lana, estrecha, a cuadros, que me ceñí por la cintura con una cinta negra. Me cubrí la cabeza con un pañuelo de colores. Teniendo en cuenta que después de todo el verano arrastrándome por las montañas había logrado un buen bronceado, de una rumana de verdad solo me diferenciaba la nariz pelada y las greñas blancas en las sienes. En fin, que parecía una muchacha rumana.

»No tenían ningún local, los jóvenes siempre se reunían en casa de alguien. Cuando llegamos, ya tocaban música, la gente bailaba. Vi a casi todos los oficiales de mi batallón. Al principio me daba miedo que me reconocieran, así que mantenía la distancia, incluso me tapaba la cara con el pañuelo. Me daba por satisfecha si tan solo podía mirar un poco... Decidido: miraría de lejos... Pero después de que uno de nuestros oficiales me invitara a bailar varias veces sin reconocerme (iba con los labios y las cejas pintadas), me puse a bailar a rienda suelta. Me divertía de lo lindo... Me gustaba oír que era guapa. Me agradaban los piropos... Bailaba y bailaba...

»La guerra se había acabado, durante el año siguiente nosotros seguimos levantando las minas de los campos, los lagos, los ríos. Mientras duró la guerra, íbamos echando por la borda lo secundario, lo principal era alcanzar nuestro objetivo a tiempo. Ahora había llegado el momento de pensar en otras cosas... De pensar en la vida... Para los zapadores, la guerra se acabó unos años después, combatimos más tiempo que los demás. ¿Se imagina cómo es temer una explosión cuando la Victoria ya se ha celebrado? Esperar ese momento... ¡No, no, no! La muerte después de la Victoria es la muerte más terrible. La doble muerte.

»Pues bien... Como regalo de Año Nuevo, en 1946, me entregaron diez metros de satén rojo. Bromeé: "¿Para qué? Como mucho, el día que me licencien, podré hacerme un vestido rojo. El vestido de la Victoria". Como si lo hubiera adivinado... Pronto llegó la orden: mi licenciamiento... Tal como mandaba la tradición, el batallón me organizó una despedida a lo grande. Los oficiales me regalaron un chal azul, de lana fina. Me lo tuve que ganar cantando esa famosa canción sobre el chal azul. Estuve cantando toda la noche.

»De camino a casa, en el tren, me subió la fiebre. Se me hinchó toda la cara, no podía abrir la boca. Me estaban saliendo las muelas del juicio... Regresaba de la guerra...»

Appolina Níkonovna Lizkévitch-Bairak,
teniente, jefa de una sección de zapadores

«Una mirada, una sola...»

El siguiente capítulo habla del amor...

En la guerra, lo único personal es el amor. Lo demás es común, incluida la muerte.

¿Qué me sorprendió? Pues que del amor ellas hablan con menos franqueza que de la muerte. Me doy cuenta de que no lo dicen todo, como si intentasen protegerse, cada vez surge un límite donde se detienen. Vigilantes, defienden ese límite. Entre ellas existe una especie de acuerdo secreto: más allá está el espacio prohibido. Se baja el telón. ¿De qué se defienden? Está claro: de las calumnias y las ofensas de la posguerra. ¡Lo que les tocó sufrir!... Después de la guerra tuvieron que luchar en otra guerra, no menos terrible que aquella que habían dejado atrás. Si alguna de ellas se atrevía a ser franca más allá del límite, si a alguna se le escapaba una confesión desesperada, a ello le seguía siempre una petición: «Oculte mi apellido», o bien «En aquel tiempo, de eso no se hablaba en voz alta... Se consideraba obsceno...». Escuché más de lo romántico o de lo trágico.

Claro, no es ni la vida ni la verdad en su totalidad. Pero esta es su verdad. Uno de los escritores de la generación de la guerra lo formuló con mucha honestidad: «¡Maldita sea la guerra, nuestro momento sublime!». Es la clave, el epígrafe común de sus vidas.

Y sin embargo, ¿cómo es el amor allí, junto a la muerte?

«La guerra me quitó a mi amor... A mi único amor...

»Bombardeaban la ciudad, mi hermana Nina vino corriendo, nos despedimos. Pensábamos que no volveríamos a vernos. Me dijo: "Me quiero unir a un equipo sanitario de voluntarios, pero a ver dónde los encuentro". Me acuerdo de que la estuve mirando, era verano, ella llevaba un vestido ligero, vi que en el hombro, al lado del cuello, tenía una peca. Era mi hermana, pero nunca antes había visto esa mancha. La observaba y pensaba: "Siempre te reconoceré".

»Tan agudo era el sentimiento... Tanto amor... Me partía el corazón...

»Todos abandonaban la ciudad de Minsk. Las carreteras estaban expuestas al fuego, íbamos por los bosques. En alguna parte gritaba una niña: "¡Mamá, la guerra!". Nuestra unidad reculaba. Caminábamos por un campo espacioso, ancho, cubierto de trigo, al lado de la carretera había una choza baja. Ya estábamos en la provincia de Smolensk... En la carretera había una mujer, parecía que era más alta que su casa, toda vestida de lino bordado con los motivos tradicionales. Cruzó los brazos por encima del pecho y hacía profundas reverencias ante cada soldado que le pasaba delante, se inclinaba y les decía: "Que Dios te devuelva a casa". Se lo decía a cada uno de ellos, ¿sabe? Se nos llenaron los ojos de lágrimas...

»Guardé este recuerdo durante toda la guerra... Y otro, fue en Alemania, cuando perseguíamos a los nazis. Entramos en un pueblo... En el patio de una casa estaban sentadas dos mujeres alemanas con sus cofias, y tomaban café... Pensé: "Dios mío, en nuestro país la gente come hierba y vosotras aquí, sentaditas y tomando café". Allí mismo, al lado, pasaban nuestros vehículos, andaban nuestros soldados... Y ellas tomaban café...

»Más tarde estuve recorriendo nuestro país... ¿Sabe lo que vi? De una aldea había quedado solo una estufa. A su lado se sentaba un anciano, y detrás, de pie, estaban sus tres nietos; por lo visto, había perdido a su hijo y a su nuera. Su anciana mujer recogía palos a medio quemar para encender la estufa. Se veía una pelliza tirada por el suelo, entendí que acababan de volver del bosque. Y en esa estufa no se cocinaba nada.

»Tan agudo era el sentimiento... Tanto amor...

»... Nuestro tren se paró. No recuerdo por qué: estaban arreglando las vías o tal vez cambiando la locomotora. Yo estaba sentada con una de las enfermeras, al lado dos soldados se preparaban unas gachas. De pronto se nos acercaron dos alemanes, prisioneros, nos pedían comida. Nosotras teníamos una hogaza de pan. La partimos por la mitad y les dimos un trozo a los alemanes. Oí a aquellos soldados, los que hacían sus gachas, comentar:

»—¡Fíjate cuánto pan les han dado los médicos a nuestros enemigos!

»Y lo demás por el estilo, que si no habíamos visto la guerra, que la habíamos pasado en los hospitales, etc.

»Al poco rato aparecieron otros prisioneros alemanes, esta vez se pararon delante de los soldados y de su olla. El mismo soldado que nos había juzgado hacía un momento le habló al alemán:

»—¿Qué, tienes hambre?

»El alemán se quedó allí, plantado... Esperando. Un soldado de los nuestros le pasó el pan a su compañero.

»—Venga, dale un trozo.

»Les cortó un trozo a cada uno. Los alemanes lo cogieron, pero no se marcharon, observaban la olla donde se cocinaban las gachas.

»—Vale —dijo uno de los soldados—, dales un poco.

»—Aún no está listo.

»¿Se da cuenta?

»Y los alemanes, como si entendiesen el idioma, no se movieron. Esperaban. Los soldados aliñaron las gachas con manteca, llenaron unas latas viejas y se las dieron a los alemanes.

»Esa es el alma del soldado ruso. Nos estaban reprochando que les diéramos pan, mientras que ellos mismos les ofrecieron pan y encima las gachas, y solo después de aliñarlas con la manteca. Es lo que recuerdo...

»Tan agudo era el sentimiento... Tan fuerte...

»Hacía mucho que la guerra se había acabado... Yo me preparaba para irme de vacaciones a un balneario... Era justo cuando la crisis de los misiles en Cuba. El mundo se estaba tambaleando de nuevo. Estaba haciéndome la maleta, puse los vestidos y las blusas. A ver, ¿qué me olvidaba? Cogí la bolsa donde guardo los documentos y saqué mi carnet militar. Pensé: "Si pasa cualquier cosa, allí mismo me presentaré en la oficina de reclutamiento".

»Ya en el balneario, no sé por qué, en la mesa del comedor comenté que me había llevado el carnet militar. Lo dije sin pensar, sin ninguna intención de presumir. Un hombre de nuestra mesa se emocionó muchísimo.

»—Solo la mujer rusa, mientras se prepara para pasar sus vacaciones en un balneario, puede coger su carnet militar y pensar que, si ocurriera algo, se dirigiría enseguida a la oficina de reclutamiento.

»Recuerdo su asombro. Su admiración. Así me miraba mi marido. Con esa expresión en la cara...

»Perdóneme por esta larga introducción... No sé hablar ordenadamente. Mis pensamientos saltan, los sentimientos me invaden...

»Nos marchamos al frente juntos. Los dos, mi marido y yo.

»He olvidado muchas cosas. Aunque los recuerdos me vienen cada día...

»El combate terminó... El silencio era increíble. Él acariciaba la hierba, la hierba era suave... Y me miraba a mí. Me miraba... Esa mirada suya...

»Una vez su escuadra salió de reconocimiento. Los esperamos durante dos días... Pasé esos dos días sin dormir... Finalmente me adormecí. Me despertó su mirada, estaba sentado a mi lado y me observaba.

»—Duérmete...

»—Me da pena dormir.

»Tan agudo era el sentimiento... Tanto amor... Me partía el corazón...

»Olvidé muchas cosas, lo olvidé casi todo. Creía que no lo olvidaría nunca. Por nada del mundo.

»Ya atravesábamos Prusia Oriental, todos hablaban ya de la Victoria. Y él murió... Perdió la vida en el acto... Metralla... Muerte instantánea. En un segundo. Me informaron de que lo habían traído, vine corriendo... Le abracé, no dejé que se llevaran su cuerpo. A sepultar. Cuando la guerra, los enterraban rápidamente: morían de día y, si el combate era corto, enseguida los recogían a todos, traían los cadáveres de todas partes y cavaban un gran hoyo. Echaban tierra por encima. A veces era arena seca. Si mirabas mucho esa arena parecía que estuviera moviéndose. Era estremecedor. La arena se agitaba. Porque debajo... Para mí debajo se encontraban los vivos, hacía nada todos ellos estaban vivos... Los veía, les hablaba... No me lo creía... Nosotros estábamos aquí, pisando el suelo, y no creíamos que ellos ya estaban allí... ¿Dónde?

»No permití que le enterrasen enseguida. Quise que tuviésemos otra noche. Sentarme a su lado. Mirar... Tocar...

»Por la mañana... Decidí que lo llevaría a casa. A Bielorrusia. Estaba a miles de kilómetros. Las carreteras de guerra... El mundo patas arriba... Todos creían que me había vuelto loca de dolor. "Debes calmarte. Necesitas dormir." ¡No! ¡No! Yo iba de un general a otro y así subí hasta el comandante del frente, Rokossovski. Al principio me lo negó... ¡Es una locura! Cuánta gente había sido sepultada ya en las fosas comunes, en suelo ajeno...

»Logré que me volviera a recibir.

»—¿Quiere que me ponga de rodillas?

»—La comprendo... Pero él está muerto...

»—No tengo hijos de él. Nuestra casa se quemó. Hasta las fotografías se han perdido. No me queda nada. Si lo llevo a casa, al menos tendré su tumba. Y tendré un lugar al que regresar después de la guerra.

»Se calló. Cruzaba el despacho a grandes pasos. Caminaba.

»—¿Alguna vez ha amado usted, camarada mariscal? Yo no entierro a mi marido, entierro a mi amor.

»Silencio.

»—Entonces también quiero morir aquí. ¿Para qué voy a vivir sin él?

»El silencio era largo. Después se me acercó y me besó la mano. »Me facilitaron un avión especial para una noche. Subí al avión... Abracé el ataúd... y me desmayé...»

Efrosinia Grigórievna Bréus,
capitán, médico

«La guerra nos había separado... Mi marido se había marchado al frente. A mí me evacuaron primero a Járkov y después a Tartaria. Encontré un trabajo. Un día vinieron a buscarme. Mi apellido de soltera es Lisóvskaia, y allí todo el mundo me llamaba Sóvskaia. Pues bien, me gritaban: "¡Sóvskaia! ¡Sóvskaia!". Yo respondí: "¡Aquí estoy!". Me dijeron: "Debes presentarte en el NKVD, recoge tu pase y vete a Moscú". ¿Para qué? Nadie me explicó nada, yo no tenía ni idea. Era la guerra... Mientras viajaba pensaba: "Tal vez mi marido esté herido, tal vez me llaman para que vaya a cuidarle". En cuatro meses no había recibido ninguna noticia suya. Iba decidida: si le encontraba sin piernas, sin brazos, hecho un inválido, me lo llevaría a casa. Ya nos buscaríamos la vida.

»Llegué a Moscú y me presenté en la dirección indicada. Leí el letrero: "Comité Central del Partido Comunista de Bielorrusia", es decir, era nuestro Gobierno bielorruso, allí esperaba mucha gente como yo. Todos haciéndonos las mismas preguntas: "¿Cómo? ¿Por qué? ¿Para qué nos han reunido?". Nos aseguraron: "Pronto lo sabrán". Nos invitaron a pasar a una sala grande: allí se encontraba el secretario del Comité Central de Bielorrusia, el camarada Ponomarenko, y otros dirigentes. Me preguntaron: "¿Quiere usted estar allí, de donde procede?". Es decir, el lugar de donde yo era, en Bielorrusia. Claro que lo deseaba. Me destinaron a la academia especial. Me empezaron a entrenar para enviarme a la retaguardia del enemigo.

»Al finalizar el entrenamiento, al día siguiente, nos subimos a los vehículos y nos trasladamos hasta la línea del frente. Una vez allí, continuamos a pie. Yo no sabía ni cómo era el frente, ni a qué se parecía la zona neutral. Ordenaron: "¡Prepárense! Plena disposición". "¡Zas!", lanzaron la bengala. Vi la nieve, era blanca, muy blanca, y una hilera de personas, éramos nosotros, tumbados uno tras otro. Éramos muchos. La bengala se apagó, no hubo disparos. Nueva orden: "¡A correr!", todos corrimos. Y así entramos en el territorio...

»Al campamento de partisanos, milagrosamente, me llegó una carta de mi marido. Cuánto me alegré, no me lo esperaba, llevaba dos años sin saber nada de él. Y un buen día, desde un avión, nos descargaron la comida, las municiones... y el correo... En ese correo, dentro de aquel saco de lona, había una carta para mí. Entonces me dirigí por escrito al Comité Central. Escribí que estaba dispuesta a asumir cualquier tarea con tal de estar junto a mi marido. A espaldas del comandante de nuestro grupo, entregué aquella carta al piloto. Pronto tuve noticias: una vez completada nuestra misión, el grupo debería presentarse en Moscú. Todo nuestro grupo especial. Nos enviarían a otro lugar... Todos debíamos tomar ese avión, pero sobre todo yo, Fedosenko.

»Estábamos esperando el avión, era de noche, estaba oscuro como la boca de un lobo. Arriba volaba en círculos un avión, y de pronto nos comenzó a lanzar bombas. Era un Messerschmitt, los alemanes habían detectado nuestro campamento, el piloto ya estaba ejecutando un nuevo viraje. Justo en aquel momento descendía nuestro avión, un U-2, y justo al lado del pino donde yo me ocultaba. El piloto tocó tierra y al instante empezó el ascenso: el alemán acabaría la maniobra y volvería a abrir fuego. Me agarré a un ala y grité: "¡Tengo que ir a Moscú! ¡Tengo permiso!". El hombre escupió un par de injurias y luego dijo: "¡Sube!". Volamos los dos solos. Ni siquiera pudo subir a los heridos... A nadie.

»En Moscú, en pleno mes de mayo, yo iba con unas botas rústicas de fieltro. Fui al teatro con esas mismas botas. Y como si nada. Escribí a mi marido: "¿Cómo podemos vernos?... Por ahora soy reservista... Pero me prometen...". Lo pedía en todas partes: "Enviadme con mi marido, aunque sea un par de días, una mirada, una sola, y regresaré, después enviadme a donde queráis". Se limitaban a encogerse de hombros. Sin embargo, por el número del correo supe dónde combatía y viajé hasta allí. Primero acudí al comité provincial del partido, enseñé la dirección de mi marido, los papeles que demostraban que era su mujer, y dije que quería verle. Me contestaron que era imposible, que se encontraba en plena línea de batalla, que volviera a mi unidad; yo estaba tan abatida, con tanta hambre, ¿y encima tenía que volver? Fui a ver al comandante. Me miró y ordenó que me facilitasen algo de ropa. Me dieron una camisa militar, un cinturón. Trató de convencerme:

»—Pero qué ideas, allí donde está su marido es muy peligroso...

»Me quedé sentada y lloraba, así que se apiadó de mí y me firmó el pase.

»—Salga a la carretera —me explicó—, allí verá una patrulla de tráfico, ellos le enseñarán el camino.

»Encontré aquella carretera, encontré aquella patrulla, me buscaron un coche y me fui allá. Llegué a la unidad, a mi alrededor solo había militares. "¿Usted quién es?", me preguntaron. No me atreví a decir que estaba buscando a mi marido. ¿Cómo iba a decir eso cuando por todas partes explotaban bombas?... Respondí: "Busco a mi hermano". No sé por qué dije que era su hermana. "Espere —me dijeron—, está a seis kilómetros a pie". ¿Todavía tenía que esperar después de recorrer un camino tan largo? Justo en aquel momento llegó un camión, venía a por la comida, y en el camión venía un cabo, era pelirrojo, pecoso. Dijo:

»—Yo conozco a Fedosenko. Pero está en las trincheras.

»Conseguí convencerle. Me dejó subir al camión, viajamos, no se veía nada de nada... Pleno bosque... El camino pasaba por el bosque... Todo un descubrimiento para mí: estábamos en la línea de batalla y no había nadie. A veces se oía algún que otro disparo. Llegamos. El cabo preguntó:

»—¿Dónde está Fedosenko?

»Le contestaron:

»—Ayer salieron de reconocimiento, les ha amanecido y se han quedado allí esperando.

»Pero tenían conexión por radio. Le informaron de que había venido su hermana. "¿Qué hermana?" "La pelirroja." La cuestión es que su hermana era morena. Pero por lo de pelirroja él enseguida comprendió qué clase de hermana era. No me imagino cómo, pero se abrió camino, pronto apareció Fedosenko y nos encontramos. Cuánta alegría...

»Me quedé un día, otro día y decidí:

»—Preséntate en el Estado Mayor para informar. Quiero quedarme aquí contigo.

»Se fue a ver a sus superiores, yo mientras tanto ni respiraba: "¿Y si le dicen que tiene que irse en veinticuatro horas y no volver a poner un pie aquí?". En el frente, eso sería lógico. De pronto los vi: dos superiores (el mayor, el coronel...) se dirigían a nuestra covacha. Se presentaron, nos estrechamos las manos. Después, claro está, nos sentamos, brindamos y cada uno habló, dijeron que yo era realmente su esposa, los papeles lo confirmaban, que una mujer que encontrara a su marido en las trincheras era una mujer única. ¡Que habían querido ver con sus propios ojos a esta mujer! Qué bonitas palabras decían, cómo lloraban. Toda mi vida recordaré aquella noche... ¿Qué otra cosa me queda?

»Me admitieron como auxiliar sanitaria. Salía con él de reconocimiento. Disparaban y yo le veía caer al suelo. Pensaba: "¿Estará muerto o herido?". Corría allí, el mortero seguía disparando, el comandante se desesperaba.

»—Pero ¡¿dónde te metes, chiflada?!

»Me acercaba a rastras, comprobaba que estaba vivo...

»En la orilla del río Dniéper, de noche, a la luz de la luna, me entregaron la Orden de la Bandera Roja. Al día siguiente mi marido fue herido, gravemente herido. Corríamos juntos, caminábamos juntos por los pantanos, nos arrastrábamos juntos. Las ametralladoras disparaban sin tregua, recibió una bala en la cadera. Era una bala explosiva, ¡lo que cuesta vendar una herida de ese tipo en la nalga! Estaba reventado, se le metía dentro la tierra, el fango. Fue cuando rompíamos el cerco. No había adónde llevar a los heridos, tampoco disponíamos de medicamentos. Mi única esperanza era que lográramos romper el cerco. Cuando lo conseguimos, le acompañé al hospital. Mientras le transportaba empezó la septicemia. Era Nochevieja... Empezaba el año 1944... Se estaba muriendo... Yo comprendía que se moría... Le habían condecorado muchas veces, reuní todas sus órdenes y se las puse al lado. El médico le visitó, él dormía. El médico se me acercó.

»—Debe usted marcharse. Ya está muerto.

»Le respondí:

»—Cállese, aún está vivo.

»Mi marido abrió los ojos y dijo:

»—El techo se ha vuelto azul.

»Miré.

»—No, no es azul. Es blanco, Vasili, es blanco.

»A él le parecía azul. El de la camilla vecina le dijo:

»—Tú, Fedosenko, si sales con vida de esta, debes llevar a tu mujer en brazos.

»—Y tanto que lo haré —confirmó él.

»No lo sé, pero me imagino que sentía que se estaba muriendo, me cogió de las manos, hizo que me inclinara y me besó. Tal como se besa por última vez.

»—Luba, qué pena, la gente celebrando la Nochevieja y nosotros aquí... No estés triste, tú y yo ya celebraremos otras fiestas...

»Cuando ya le quedaban pocas horas de vida... Le ocurrió esa desgracia, ensució la cama, tuvimos que cambiar la ropa... Puse una sábana limpia, le vendé la pierna, tenía que subirlo hacia la almohada, era un hombre, pesaba mucho, me incliné y sentí que ese era el final, que en uno o dos minutos se acabaría... Era de noche. Diez y cuarto de la noche... Se me quedó grabada la hora exacta... Quise morir... Pero por debajo de mi corazón llevaba a nuestro hijo, eso fue lo que me detuvo, logré sobrevivir esos días. Le enterré el 1 de enero, pasados treinta y ocho días nació mi hijo, que ya tiene sus propios hijos. Vasili era el nombre de mi marido, mi hijo también se llama Vasili, y mi nieto también...»

Lubov Fomínichna Fedosenko,
soldado, auxiliar sanitaria

«Lo veía… a diario… Pero no podía resignarme. Morían hombres jóvenes, guapos… Yo deseaba llegar a tiempo para… Bueno… para darles un beso. Si no era capaz de ayudarles como médico, por lo menos hacer lo que hace una mujer. Regalar una sonrisa. Acariciar. Coger de la mano…

»Muchos años después de la guerra, un hombre me confesó que recordaba mi joven sonrisa. Para mí era un herido cualquiera, ni lo recordaba. Pero él decía que aquella sonrisa le había devuelto a la vida desde el otro mundo, como quien dice… La sonrisa de una mujer…»

Vera Vladímirovna Sheváldisheva,
teniente mayor, cirujana

«Llegamos al Primer Frente Bielorruso… Éramos veintisiete chicas. Los hombres nos admiraban: "No son lavanderas, ni telefonistas, son las francotiradoras. Nunca hemos visto a muchachas como estas. ¡Qué chicas!". El cabo escribió unos versos en nuestro honor. La idea era que las chicas sigan siendo tiernas como rosas de mayo, que la guerra no mutile sus almas.

»Al partir al frente, cada una de nosotras había jurado que no habría amoríos. Después de la guerra, si sobrevivíamos, ya tendríamos tiempo para amar. Y antes de la guerra ni siquiera nos habíamos besado. Éramos más estrictas que la juventud de ahora. Para nosotras un beso significaba el amor hasta la muerte. De hecho, en el frente las relaciones estaban prohibidas; si los superiores se enteraban, por norma general, a uno de los enamorados lo trasladaban a otra unidad, simplemente los separaban. Pero nosotras protegíamos, defendíamos nuestro amor. Incumplimos nuestros juramentos infantiles… Nos enamorábamos…

»Creo que si en la guerra no me hubiera enamorado, no habría sobrevivido. El amor me salvó. Esa fue mi salvación…»

Sofía Krígel,
cabo mayor, francotiradora

«¿Me pregunta sobre el amor? No me da miedo decir la verdad... Yo fui una "esposa de campaña". La esposa en la guerra. La segunda esposa, la ilegítima. Una concubina.

»El primer comandante del batallón...

»Yo no le quería. Era un buen hombre, pero no le quería. Me metí en su covacha unos meses después de estar allí. ¿Qué otra opción tenía? Allí solo había hombres, era mejor vivir con uno que temerlos a todos. Durante los combates no había para tanto, pero después, sobre todo cuando nos retirábamos de descanso, de reagrupación, era terrible. En la batalla, bajo el fuego te llamaban: "¡Hermana! ¡Hermanita!", pero acabado el combate te acorralaban... De noche no había manera de salir de la covacha... ¿También se lo han dicho las demás o no se han atrevido a confesarlo? Les da vergüenza, creo... Se lo callaron. ¡Son orgullosas! Pero allí hubo de todo porque nadie quería morir. Cuando eres joven, te da pena morir... Y también para los hombres era difícil estar cuatro años sin mujeres... En nuestro ejército no había burdeles, tampoco facilitaban fármacos. A lo mejor, en otras partes estaban pendientes de esas cosas. Pero en nuestro caso, para nada. Cuatro años... Los superiores se podían permitir alguna cosa, pero el soldado raso no. La disciplina. Pero de eso no se habla... No está bien visto... No... Yo, por ejemplo, era la única mujer de mi batallón, vivía en la covacha común. Junto con los hombres. Me asignaron mi propio espacio, pero imagínese qué espacio si la covacha medía seis metros cuadrados. De noche me despertaba agitando los brazos: repartía bofetadas, me quitaba de encima sus manos. Cuando me hirieron, estuve en el hospital y allí también agitaba los brazos. De noche me despertaba la enfermera: "¿Qué te pasa?". Claro que ¿a quién se lo iba a contar?

»Al primer comandante le mató un pedazo de mina.

»Al segundo comandante del batallón...

»Me enamoré de él. Iba al ataque con él, quería estar a su lado. Yo le quería, pero él amaba a su mujer y a sus dos hijos. Me enseñaba sus fotos. Yo sabía que después de la guerra, si salía con vida, volvería con ellos. Vivían en la ciudad de Kaluga. ¿Y qué más da? ¡Teníamos nuestros minutos de felicidad! ¡Vivimos tanta felicidad! Aquellos momentos de regresar... vivos... de un combate encarnizado. ¡Con nadie más iba a vivir él lo mismo! ¡Era imposible! Yo lo sabía... Yo sabía que él no sería feliz sin mí. Ya no sabrá ser feliz con nadie, como lo éramos en la guerra. No sabrá... ¡Jamás!

»Al final de la guerra me quedé embarazada. Yo lo deseaba... Pero a nuestra hija la crié yo sola, él no me ayudó. No hizo nada. Ni una carta, ni un regalo... ni una postal. Se acabó la guerra y se acabó el amor. Como una canción... Se fue con su legítima esposa y sus hijos. De recuerdo me dejó su fotografía. Yo quería que la guerra no acabara... Asusta decir esto... Abrir el corazón da miedo. Suena a locura. ¡Estaba enamorada! Sabía que el amor se acabaría junto con la guerra. Su amor... No obstante, le agradezco los sentimientos que me regaló, los que conocí a su lado. Le he amado toda mi vida, mi amor me acompañó a través de los años. Ya no tengo por qué mentir. Me he hecho vieja. ¡Sí, toda mi vida! No me arrepiento.

»Mi hija me reñía: "Mamá, ¿por qué le sigues amando?". Pero yo le seguía amando... Hace poco me enteré de que había muerto. Lloré mucho. Incluso mi hija y yo nos peleamos por eso: "¿Por qué estás llorando? Para ti él llevaba muerto mucho tiempo". Le amo. Recuerdo la guerra como la mejor época de mi vida, allí fui feliz...

»Pero, se lo ruego, no mencione mi apellido. Por mi hija...»

Sofía K-vich,
auxiliar sanitaria

«Durante la guerra...

»Me transportaron a la unidad militar... A la línea de batalla. El comandante me recibió pidiendo: "Quítese el gorro, por favor". Me sorprendí... Me quité el gorro... En la oficina de reclutamiento nos habían cortado el pelo corto como un soldado, pero mientras estuvimos en el campamento, mientras duró el viaje, el pelo me había crecido un poco. Comenzó a rizarse, es que lo tengo muy rizado. Unos rizos pequeñitos... Ahora ya no se ve... Me he hecho vieja... Pues el comandante me estaba mirando: "Llevo dos años sin ver a una mujer. Permítame que la mire".

»Después de la guerra...

»Yo vivía en un piso compartido. Mis vecinas estaban casadas. Me ofendían, se metían conmigo: "Ja, ja, ja... Venga, cuéntanos cómo te follabas allí a los tíos...". Le echaban vinagre a mis ollas, me vertían paquetes de sal en los guisos... "Ja, ja, ja."

»Mi comandante se licenció del ejército. Vino a verme y nos casamos. Fuimos al registro civil y ya está. No organizamos ninguna boda. Y un año más tarde me dejó por otra mujer, la jefa del comedor en nuestra fábrica: "Ella huele a perfume, y tú apestas a botas y peales".

»Vivo sola. No tengo a nadie en este mundo. Te agradezco que hayas venido a verme...»

Ekaterina Nikítichna Sánnikova,
sargento, tiradora

«Mi marido... Menos mal que ahora está en el trabajo. Me ha prohibido rotundamente... Él sabe que me gusta hablar del amor... Como la noche en que me puse el vestido de novia que me hice yo misma, con vendas. Me lo apañé. Las chicas se habían pasado un mes guardando vendas. Vendas alemanas, de trofeo... ¡Me hice un auténtico vestido de novia! Guardo una fotografía: llevo puesto ese vestido y las botas, las botas no se ven, pero recuerdo que las llevaba. Me apañé un cinturón con el gorro militar... El cinturón estaba muy bien... Pero ¿qué estoy diciendo?... Y dale con lo mío... Mira que mi marido me ha dicho que ni una palabra de amor, que hable de la guerra. Él es un hombre serio. Estuvo dos días enteros señalándomelo en el mapa... Dónde y en qué frente estaba... Dónde se encontraba nuestra unidad... Iré a por mis notas, lo apunté todo. Te las leeré...

»¿De qué te ríes? Qué bonita es tu sonrisa. Yo me reía mucho... Pero ¡qué carajo, soy una historiadora penosa! Mejor te enseñaré la fotografía, con el vestido hecho con vendas.

»Me veo tan guapa en esa fotografía... Con aquel vestido blanco...»

Anastasia Leonídovna Zhardétskaia,
alférez, auxiliar sanitaria

«Con diecinueve años, cuando partí al frente de la ciudad de Kazán, era una niña...

»Medio año más tarde escribí a mi madre diciéndole que me ponían veinticinco o veintisiete años. Cada día estaba cargado de miedo, de terror. Pasaba la metralla volando y tenías la sensación de que te arrancaba la piel. La gente moría. Moría cada día, cada hora, parecía que cada minuto. Faltaban sábanas para taparlos. Dejábamos a los muertos en paños menores. En las habitaciones reinaba un extraño silencio. Nunca he vuelto a encontrarme con esa clase de silencio. Cuando una persona muere, siempre mira hacia arriba, jamás hacia un lado, ni tampoco mira a otra persona. Solo hacia arriba... Hacia el techo... Parece como si estuviera mirando al cielo...

»Me decía a mí misma que no sería capaz de escuchar palabras de amor en aquel infierno. Que no me creería esas palabras. De los años que duró la guerra no recuerdo ni una sola canción. Ni siquiera recuerdo la famosa canción *La covacha*. Ni una sola... Me acuerdo de que, cuando salí de casa para partir al frente, en nuestro jardín florecían los cerezos. Me alejaba y miraba atrás... Después probablemente por el camino vi otros jardines, durante la guerra también florecían. Pero no me acuerdo... En el colegio me reía muchísimo, en el hospital ni siquiera sonreía. Me indignaba si veía a alguna muchacha arreglarse las cejas o pintarse los labios. Me parecía fatal: "¿Cómo es posible? ¿Cómo pretende gustarle a alguien en estas circunstancias?".

»Alrededor estaban los heridos, alrededor todos gemían de dolor... Las caras de los muertos son amarillentas, verdosas. ¿Cómo puede una pensar en la alegría? ¿En su felicidad? Yo no quería mezclar el amor con aquello. Con todo aquello... Creía que allí, en ese ambiente, el amor moriría al instante. ¿Cómo puede existir amor sin belleza, sin gloria? Acabaría la guerra y podríamos vivir una vida bella. Y el amor. Pero allí... Allí no, ni hablar. ¿Y si me moría y hacía sufrir al hombre que me amaba? Me daba tanta pena. Así es como me sentía...

»Conocí a mi marido en el frente, él me cortejaba. Yo no le quería escuchar: "¡Que no! Podremos hablar de esto solo cuando acabe la guerra". Jamás me olvidaré de un día, cuando regresó de un combate y me pidió: "¿Tal vez tengas una blusa? Póntela, por favor. Deja que vea cómo eres con una blusa puesta". Yo no tenía nada, solo la camisa del uniforme.

»Yo le decía a mi amiga —ella se había casado en el frente—: "No te ha regalado flores. No te ha cortejado. Y de pronto te casas con él. ¿Qué clase de amor es ese?". No me parecía bien.

»Se acabó la guerra... Nos mirábamos y no creíamos que la guerra se hubiera acabado, que estábamos vivos. Ahora viviríamos... Amaríamos... Lo teníamos olvidado, no lo habíamos aprendido. Volví a casa y me fui con mi madre al taller de costura, a encargarme un vestido. Mi primer vestido después de la guerra.

»Llegó nuestro turno y me preguntaron:

»—¿Qué corte prefiere?

»—No lo sé.

»—¿Cómo es posible? ¿Viene usted al taller y no sabe qué vestido quiere?

»—No lo sé...

»Hacía cinco años que no había visto un vestido. Se me había olvidado cómo se hace un vestido. Los pliegues, los cortes... La cintura alta, la cintura baja... Todo aquello estaba tan lejos de mí... Me compré unos zapatos de tacón, di unos pasos por la habitación y me los quité. Los puse en un rincón y pensé: "Nunca aprenderé a caminar con ellos..."»

María Silvéstrovna Bozhok,
enfermera

«Quiero hablar de... Quiero decir que en la guerra viví una experiencia emocional muy bella. No existen palabras capaces de transmitir la admiración con la que nos trataban los hombres. Dormíamos en la misma covacha, compartíamos los lechos, salíamos juntos a las misiones y, cuando tenía frío, cuando estaba tan helada que sentía que se me congelaba el bazo, que se me congelaba la lengua, y que un poco más y me desmayaba, yo decía: "Misha, por favor, desabróchate la pelliza, caliéntame". Él lo hacía: "¿Qué, estás mejor?". "Sí."

»Nunca más he vuelto a vivir nada igual. Cuando la Patria corría peligro, no se debía pensar en ciertas cosas personales.

»—Pero ¿había amor?

»—Sí, lo había. Lo vi muchas veces... Discúlpeme, a lo mejor me equivoco y lo que pienso no es lo más normal. En el fondo de mi alma yo lo reprobaba, seguramente no era el momento más adecuado para el amor. Nos rodeaba el mal. El odio. Me parece que muchos compartían mi opinión...

»—¿Cómo era usted antes de la guerra?

»—Me gustaba cantar. Me gustaba reír. Quería ser piloto. En cuanto al amor... ¡Ni pensarlo! No era lo más importante para mí. Lo primordial era la Patria. Ahora pienso que éramos muy ingenuos...»

Elena Víktorovna Klenóvskaia,
guerrillera

—En el hospital... Todos estaban felices. Estaban felices por haber salido con vida. Había un teniente de veinte años que estaba triste porque había perdido una pierna. Pero entonces nos rodeaba el duelo general y parecía un golpe de suerte: estaba vivo, tan solo le faltaba una pierna. Lo principal era que estaba vivo. Que tendría amor, que se casaría, en fin, tenía toda una vida por delante. Hoy en día, perder una pierna es una desgracia enorme, pero entonces ellos saltaban sobre su pierna, fumaban, se reían. ¡Eran unos héroes! ¡Claro que sí!

—¿Usted se enamoró allí?

—Claro que sí, éramos muy jóvenes. Los heridos llegaban y nosotras nos enamorábamos sin remedio. Tenía una amiga que se enamoró de un teniente, estaba cubierto de heridas. Me lo enseñó: «Mira, es él». Yo, por supuesto, enseguida decidí enamorarme también de él. Cuando le trasladaban, me pidió mi foto. Tenía una guardada, me la hice en una estación de trenes. Cogí la foto para dársela, pero luego pensé: «Le voy a regalar la única fotografía que tengo, ¿y si no es mi amor verdadero?». Ya se estaban llevando la camilla, le tendí la mano con la foto cogida fuertemente, pero no me atreví a abrir el puño. Así acabó ese amor...

»Después vino Pável, otro teniente. Le dolía mucho, le dejé una chocolatina debajo de su almohada. Cuando nos encontramos una vez acabada la guerra, unos veinte años después, él le dio las gracias por aquella chocolatina a mi amiga Lilia Drozdova. Lilia se sorprendió: "¿Qué chocolatina?". Entonces confesé que había sido yo... Y me besó... Me besó pasados veinte años...

Svetlana Nikoláevna Lubich,
auxiliar sanitaria

«Una vez, después de un concierto... Fue en un hospital de evacuación muy grande... Se me acercó el médico jefe y me pidió: "Tenemos un paciente grave, es un tanquista, está en una habitación individual. Prácticamente no reacciona ante nada, tal vez le ayude su canción". Fui a la habitación. Toda mi vida recordaré a ese hombre que había salido de milagro de su tanque en llamas. Las quemaduras le cubrían todo el cuerpo. Estaba tendido en la cama, inmóvil, su rostro sin ojos era completamente negro. Sentí un nudo en la garganta, me costó unos minutos dominarme. Luego comencé a cantar en voz baja... Vi de pronto que el rostro del herido se movía ligeramente. Susurró algo. Me incliné y escuché: "Cante más...". Canté más y más, todo mi repertorio, hasta que el médico me dijo: "Creo que se ha dormido..."»

Lilia Aleksandróvskaia,
artista

«El comandante de nuestro batallón y la enfermera Liuba Sílina... ¡estaban enamorados! Todos lo veíamos... Él iba al combate y ella... Ella decía que jamás se perdonaría a sí misma si no le veía morir, si no le veía en su último minuto. "Que nos maten —decía— a los dos a la vez. Que nos abata el mismo proyectil." Se preparaban para morir juntos o vivir juntos. Nuestro amor no diferenciaba entre hoy y mañana, solo existía el presente. Sabíamos que en el momento presente estábamos enamorados y que, al momento siguiente, tanto tú como tu amado, podíais caer muertos. En la guerra todo transcurre más rápidamente: la vida y la muerte. En unos pocos años allí vivimos una vida entera. Nunca he podido explicárselo a nadie. Allí el tiempo es distinto...

»En un combate, el comandante del batallón fue herido de gravedad, Liuba recibió una herida leve, un rasguño en el hombro. Le enviaron a la retaguardia y ella se quedó en el frente. Ella estaba encinta, él le envió una nota: "Busca a mis padres. Pase lo que pase conmigo, tú eres mi mujer. Y tendremos un hijo o una hija".

»Más tarde Liuba me escribió: "Sus padres no me aceptaron, ni a su hijo tampoco". El comandante murió.

»Estuve durante años pensando en ir a verla, finalmente no pude. Éramos íntimas. Pero residía muy lejos, en Altái. Hace poco recibí una carta, me comunicaban que se había muerto. Su hijo me invitó a que fuera a visitar su tumba...»

Nina Leonídovna Mijái,
sargento, enfermera

«El día de la Victoria...

»Nos íbamos a reunir para nuestro tradicional encuentro. Yo salgo del hotel y las chicas me dicen:

»—¿Dónde has estado, Lilia? Qué hartón de llorar nos hemos echado.

»Resulta que se les había acercado un hombre, un kazajo, y les preguntó:

»—Chicas, ¿de dónde sois? ¿De qué hospital?

»—¿Usted a quién busca?

»—Cada año vengo aquí y busco a una hermana, a una enfermera. Me salvó la vida. La amo. Quiero encontrarla.

»Mis amigas se rieron.

»—Hombre, lo de hermanita ya es agua pasada, como mucho encontrará usted a una abuela.

»—No...

»—Estará usted casado, ¿a que sí? Y tendrá hijos.

»—Tengo nietos, tengo hijos, tengo esposa. Pero perdí mi alma... Me falta mi alma...

»Las chicas me lo contaron y juntas hicimos memoria: ¿sería posible que fuera mi kazajo?

»...Trajeron a un chaval kazajo. Era muy jovencito. Le intervenimos. Tenía siete u ocho roturas de intestino, le consideramos en estado terminal. Estaba tumbado, se le veía muy apático. Cuando tenía un minuto libre, iba a visitarle: "¿Qué tal estamos hoy?". Yo misma le ponía las inyecciones y le tomaba la temperatura, él poco a poco se iba recuperando. Comenzó a recobrar la salud. Nuestro hospital estaba en primera línea, por eso no solíamos prolongar la estancia de los heridos. Lo nuestro era prestar ayuda urgente, arrancar al herido de las garras de la muerte, después les enviábamos a la retaguardia. Así que el siguiente transporte tenía que llevarse a aquel chico.

»Le habían subido ya a la camilla; me avisaron de que me llamaba.

»—Hermanita, acércate.

»—¿Qué te pasa? ¿Qué quieres? Estás mejorando. Te transportarán a la retaguardia. Te pondrás bien. Piensa que ya lo estás.

»Me pidió:

»—Te lo ruego, soy hijo único. Me has salvado.

»Y me dio un regalo, un anillo, uno pequeñito.

»Yo no llevaba anillos, no me gustaba. Así que lo rechacé:

»—No puedo aceptarlo. No puedo.

»Él insistía. Los demás heridos le apoyaban.

»—Venga, cógelo, te lo ofrece de todo corazón.

»—Solo cumplo con mi deber, ¿lo entienden?

»En fin, me convencieron. Aunque, la verdad sea dicha, más tarde perdí el anillo ese. Me venía grande, una vez me dormí en el coche, pasamos por un bache de la carretera, el coche dio un salto y el anillo se cayó. Me supo fatal.»

—¿Encontró usted a ese hombre?

—No, no nos hemos visto. No sé si era él o no. Pero con las chicas le estuvimos buscando todo el día.

»...En 1946 regresé a casa. Me preguntaron: "¿Seguirás vistiendo de uniforme o irás de civil?". De uniforme, por supuesto. No pensaba quitármelo. Una noche fui a bailar a un club de oficiales. Ahora sabrá cómo trataban a las chicas militares.

»Me puse un vestido, unos zapatos. En el guardarropa dejé las botas y el capote.

»Me invitó a bailar un oficial.

»—Supongo que usted —dijo— no es de aquí. Es una señorita muy elegante.

»Y así toda la noche. No se apartaba de mí. Se acabó la velada y se ofreció:

»—¿Me da su número? Le recogeré el abrigo.

»Él iba primero. En el guardarropa le entregaron las botas y el capote.

»—No, este no es el mío...

»Me acerqué.

»—Es el mío.

»—Pero usted no me ha dicho que estuvo en el frente.

»—Y usted no me lo ha preguntado.

»Se ruborizó. No se atrevía a mirarme. Y eso que él mismo acababa de regresar de la guerra...

»—¿Qué es lo que le sorprende tanto?

»—Ni por asomo habría imaginado que usted ha servido en el ejército. Verá, una chica del frente...

»—¿Le ha sorprendido que haya venido sola? ¿Sin marido ni embarazada? ¿O que no vista un basto chaquetón guateado, ni fume tabaco barato ni escupa blasfemias?

»No le permití que me acompañara a casa.

»Siempre me he sentido orgullosa de haber estado en el frente. De haber defendido la Patria...

Lilia Mijáilovna Butkó,
enfermera de quirófano

«Mi primer beso...

»El subteniente Nikolái Bielojvóstik... Ay, me he puesto roja, y eso a pesar de que estoy hecha una abuelita. Entonces era joven. Muy joven. Creía que... A nadie, ni siquiera a mi mejor amiga, le confesé que estaba locamente enamorada. Locamente. Era mi primer amor... ¡O tal vez el único! ¿Quién sabe?... Yo creía: "Nadie de la unidad sospecha nada". ¡Antes nadie me había gustado tanto! Si alguno me gustaba no era lo mismo, era menos. Y él... Hacía mis cosas y pensaba en él constantemente, a cada minuto. Ese... Ese era el amor verdadero. Lo sentía. Todos los síntomas... Ve, ya me he vuelto a poner roja como un tomate...

»En su entierro... Yacía sobre una capa militar de lona, le acababan de matar. Nos encontrábamos bajo el fuego alemán. Había que enterrarlo deprisa... En ese mismo momento... Vimos unos abedules añejos, elegimos uno, estaba un poco más allá de un roble grande. El abedul más alto. Allí... Traté de recordar los detalles para después poder regresar y localizar su tumba. Cerca había una aldea, la carretera se bifurcaba... ¿Sería posible acordarme? ¿Cómo lo lograría si en ese mismo momento estaba viendo que uno de los abedules comenzaba a arder?... ¿Cómo? Había llegado la hora de despedirnos de él... Me dijeron: "¡Tú primera!". El corazón me dio un salto, comprendí... que... todos sabían de mis sentimientos. Todos lo sabían... Tuve un pensamiento fugaz: ¿tal vez él también lo sabía? Allí estaba... Dentro de nada le bajarían al foso... Le cubrirían de arena... Pero me alegró enormemente pensar que tal vez él lo sabía. ¿Y yo le había gustado? Como si todavía estuviera entre los vivos y pudiera responderme... Me acordé de que en Nochevieja me había regalado una chocolatina alemana. Tardé más de un mes en comérmela, la guardaba en un bolsillo.

»Toda mi vida he vivido con este recuerdo... Aquel instante... Las bombas caían... Él... tendido sobre aquella capa militar... Ese momento... Y yo tan alegre... sonreía para mis adentros. Parecía una chiflada. Me alegraba porque él, quizá, sabía de mi amor...

»Me acerqué y le besé. Antes no había besado a ningún hombre... Era mi primera vez...»

Liubov Mijáilovna Grozd,
técnica sanitaria

«Mi historia es peculiar... Las oraciones me consuelan. Rezo por mi hija...

»Recuerdo un refrán de mi madre. Ella solía decir: "La bala es tonta, el destino es ciego". Cualquier desdicha la comentaba con ese refrán. Una sola bala, una sola persona, la bala vuela a su antojo y el destino maneja a una persona a su gusto. El destino juega con el ser humano, lo voltea de arriba abajo y lo pone del revés. El ser humano es como una pluma, como una plumita de gorrión. Nadie sabe cómo será su futuro. No se nos permite... adentrarnos en el misterio. Camino de la guerra, una gitana me echó las cartas. Se me acercó en una estación, me apartó de las demás... Me predijo un gran amor... Yo llevaba un reloj alemán, por ese gran amor me quité el reloj y se lo di. La creí.

»Hoy me siguen faltando las lágrimas para llorar mi pena, la de aquel amor...

»A la guerra yo iba con alegría. Al estilo del Komsomol. Junto con los demás. Viajábamos en los vagones de mercancías; en la parte de fuera de los vagones había un letrero: "Cuarenta personas, ocho caballos". En realidad, éramos unos cien.

»Me hice francotiradora. Podría haber estudiado transmisiones, es una especialidad útil, tanto en la guerra como en los tiempos de paz. Una especialidad de mujer. Pero me dijeron: "Hay que disparar", así que aprendí a disparar. Yo era buena. Tengo dos órdenes de la Gloria y cuatro medallas. Son condecoraciones por tres años de combates.

»De repente oímos el grito: "¡La Victoria!". Nos anunciaron: "¡La Victoria!". Recuerdo lo primero que sentí, sentí alegría. Y enseguida, en el mismo instante, sentí miedo. ¡Pánico! ¿Qué sería de mi vida? Mi padre había muerto en la batalla de Stalingrado. Mis dos hermanos mayores habían desaparecido sin dejar huella en los primeros meses de guerra. Quedábamos solo nosotras, mi madre y yo. Dos mujeres. ¿Cómo viviríamos? Todas las chicas reflexionábamos sobre eso... Por la noche nos reunimos en la covacha... Conversábamos y decíamos que estábamos al comienzo de nuestras vidas. El júbilo se mezclaba con el miedo. Antes había miedo a la muerte, ahora temía a la vida... Era el mismo miedo. ¡De verdad! Hablábamos, hablábamos y luego nos quedábamos en silencio.

»¿Nos casaríamos o no? ¿Nos casaríamos por amor o sin él? Intentábamos adivinar el futuro arrancando los pétalos de las margaritas... O lanzando las coronas de flores al río, o quemando las velas... Me acuerdo de que en una aldea nos enseñaron el lugar donde vivía la bruja. Acudimos a ella corriendo, incluso algunos oficiales fueron a verla. Y las chicas fueron todas. La bruja adivinaba el futuro con el agua y practicaba quiromancia. En otro pueblo encontramos a un organillero, este nos ofrecía unos papelitos con predicciones. Me tocaron buenas predicciones... ¿Dónde está esa buena suerte?

»¡Cómo nos recibió la Patria! No puedo contarlo sin llorar... Han pasado cuarenta años, pero incluso ahora me arden las mejillas. Los hombres no abrían la boca y las mujeres... nos gritaban: "¡Sabemos lo que estuvisteis haciendo allí! Os insinuasteis a nuestros hombres con vuestros chochos jóvenes. Sois las putas del frente... Perras militares...". Los insultos no faltaban, el ruso es rico...

»En ocasiones, los chicos me acompañaban a casa y de pronto me sentía mal, muy mal, me palpitaba el corazón. Caminaba y me sentaba en el suelo. "¿Qué te pasa?" "Nada. He bailado demasiado." Y en realidad eran mis dos heridas, las consecuencias... Era la guerra... Tenía que aprender a ser cariñosa. A ser débil y delicada, y eso que por haber llevado las botas acabé calzando un cuarenta. Me extrañaba si me abrazaban. Me había acostumbrado a valerme yo sola. Deseaba oír palabras tiernas, pero no las entendía. Me parecían tan infantiles... En el frente, en compañía de hombres, el oído se me había acostumbrado a palabras más fuertes. Una amiga mía, que trabajaba en una biblioteca, me aconsejaba: "Lee poesía".

»Me casé pronto. Un año después de la guerra. Me casé con un ingeniero de la fábrica. Yo anhelaba el amor. Soñaba con una casa, con una familia. Con una casa que oliera a niños pequeños. Olfateaba los primeros pañales, no me cansaba de olerlos. Olor de felicidad... De felicidad femenina... En la guerra no hay olores de mujeres, todos los olores son masculinos. La guerra huele a hombre.

»Tengo dos hijos... Un niño y una niña. El chico fue el primero. Es un buen niño, es listo. Se graduó en la universidad. Es arquitecto. Pero la niña... Mi niña... Empezó a andar a los cinco años, su primera palabra, "mamá", la pronunció tras cumplir los siete. Todavía a veces dice "mumo" en vez de "mamá"; en vez de "papá" le sale "pupo". Ella... Sigo con la sensación de que no es verdad. De que es un error. Está en un manicomio... Desde hace cuarenta años. Desde que me jubilé la visito a diario. Es mi pecado...

»Durante muchos años, cada 1 de septiembre le compro un abecedario nuevo. Nos pasamos los días leyéndolo. A veces regreso a casa tras un día con ella y tengo la sensación de haber olvidado cómo leer y escribir. De haber perdido el don de la palabra. Estos hábitos a mí no me resultan necesarios. ¿Para qué?

»Es un castigo... ¿Por qué delito? ¿Tal vez por haber matado? Reflexiono... En la vejez te sobra el tiempo... Reflexiono y vuelvo a reflexionar. Por la mañana me pongo de rodillas y miro por la ventana. Y le rezo a Dios... Le rezo por todos... A mi marido no le guardo rencor, le perdoné hace tiempo. Tuve a mi hija... Él nos miró... Estuvo un rato y se fue. Se fue reprochándome: "¿Te parece que una mujer normal se iría al frente? ¿Aprendería a disparar? Por todo eso no has sido capaz de dar a luz a una niña normal". Por él también rezo...

»A lo mejor tiene razón... Lo pienso a veces... Mi pecado...

»Yo amaba la Patria por encima de todo. La amaba... ¿A quién se lo cuento ahora? A mi niña... Solo a ella... Yo recuerdo la guerra y ella piensa que le cuento cuentos. Cuentos de niños. Fábulas de miedo.

»No ponga mi apellido. No lo haga...»

Klavdia S-va,
francotiradora

«Y la patata de primavera es diminuta...»

Hubo otra guerra...

Nadie en esa guerra marcaba sobre el mapa dónde se acababa la zona neutral y por dónde pasaba la línea del frente. Nadie hubiera podido contar cuántos soldados luchaban allí, ni cuántas armas había. En esa guerra disparaban los cañones antiaéreos, las ametralladoras y las escopetas de caza. Las carabinas viejas. Allí no había pausas ni ofensivas dirigidas, muchos lucharon en solitario. Morían en solitario. No eran los ejércitos (las divisiones, los batallones, las compañías...), combatía el pueblo: los partisanos y los grupos clandestinos, los hombres, los ancianos, las mujeres, los niños. Lev Tolstói se refería a ese ímpetu polifacético como «la porra de guerra popular» y «la calidez oculta de patriotismo». A su vez, Hitler (repitiendo las palabras de Napoleón) se quejaba ante sus generales de que «Rusia no combate según las reglas».

En esa guerra morir no era lo más terrible... Había algo peor... Imaginémonos a un soldado en la guerra rodeado por sus familiares: sus hijos, su mujer, sus ancianos padres. En cada momento tiene que estar preparado para sacrificarlos. Entregarlos a la inmolación. Allí a menudo no había testigos de los actos de valor, al igual que tampoco los había de la traición.

El día de la Victoria en nuestras aldeas no es un día de alegría, sino un día de llanto. La gente llora mucho. Añoran a sus seres queridos. «Fue terrorífico... Enterré a todos mis familiares, en la guerra sepulté mi alma» (V. G. Andrósik, integrante del grupo clandestino).

Comienzan a relatar a media voz y acaban casi gritando.

«Soy testigo...

»Hablaré del comandante de nuestra unidad de partisanos... Es mejor no decir su apellido, sus familiares viven todavía. Leerlo les dolería...

»Nuestros enlaces comunicaron la noticia: la Gestapo había arrestado a toda su familia, a la mujer, a dos hijas pequeñas y su anciana madre. En todas partes colgaron anuncios y en el mercado repartían circulares: si el comandante no se entregaba, ahorcarían a su familia. El plazo para decidir era de dos días. Los agentes de la policía auxiliar recorrían las aldeas haciendo propaganda: los comandantes rojos no se compadecen ni de sus hijos. Son unos monstruos. No hay nada sagrado para ellos. Desde un avión lanzaban las octavillas al bosque... El comandante pensaba en entregarse, pensaba en pegarse un tiro. Durante todo ese tiempo no le dejábamos a solas. Le vigilábamos... Era capaz de suicidarse...

»Contactamos con Moscú. Informamos sobre la situación. Recibimos instrucciones... Ese mismo día organizamos una reunión de los miembros del partido del grupo. En la reunión se tomó una decisión: "No nos dejaremos provocar". Como buen comunista, el comandante se sometió a la disciplina del partido...

»Dos días después, enviamos a nuestros exploradores al pueblo. De vuelta trajeron una noticia terrible: los alemanes habían ahorcado a toda su familia. El comandante murió en el siguiente combate... Murió de una manera incomprensible. Por casualidad. Supongo que simplemente estaba buscando la muerte...

»Tengo lágrimas en vez de palabras... ¿Cómo encontrar motivos para hablar? ¿Por qué he de creer en que es necesario?... La gente quiere vivir bien, quiere estar tranquila en vez de escucharme y sufrir.»

V. Karatáeva,
guerrillera

Yo también trato de convencerme de que debo continuar...

«Completé mi misión... No podía quedarme más en el pueblo y me fui al campamento de los partisanos. Unos días después, la Gestapo detuvo a mi madre. Mi hermano pudo escapar, pero mi madre no. La torturaron, la interrogaron sobre el paradero de su hija. Pasó con ellos dos años. Durante dos años, los nazis la usaron a ella y a otras mujeres como escudos humanos en sus operaciones... Temían las minas de los partisanos, así que siempre enviaban delante a la gente local: si había minas, esa gente volaría por los aires y los soldados saldrían ilesos. Escudos humanos... Dos años usaron a mi madre para eso...

»Nos había pasado en muchas ocasiones: tendíamos una emboscada, esperábamos y de pronto veíamos a un grupo de mujeres acercándose y detrás de ellas caminaban los alemanes. Al acercarse veías a tu madre. Y lo más terrible era esperar la orden del comandante diciéndonos que abriéramos fuego. Todos esperábamos esa orden, uno le susurraba a otro: "Allí está mi madre", "Por allá viene mi hermana", veían incluso a sus hijos... Mi madre siempre se cubría la cabeza con un pañuelo blanco. Era alta y siempre la divisábamos entre las primeras. Yo todavía no me había dado cuenta de que estaba allí cuando me llegaba la voz: "Viene tu madre...". Ordenaban disparar y yo disparaba. No sabía adónde disparaba, tenía un único pensamiento: no perder de vista el pañuelo blanco, ¿estaba viva aún o había caído? El pañuelo blanco... La gente echaba a correr, caían al suelo y yo no sabía si mi madre había muerto o no. Después de cada combate, durante dos días andaba perdida, hasta que los enlaces me comunicaban que seguía viva. Con eso yo volvía a la vida. Y así hasta la próxima vez. Creo que ahora no lo habría aguantado... Cómo les odiaba... Me ayudó el odio... Aún hoy sigo oyendo el grito de un niño cuando le lanzaron al pozo. ¿Ha oído alguna vez un grito así? El niño cae y grita, grita como desde debajo de la tierra, desde el otro mundo. No es el grito de un niño, ni de un humano... ¿Y ver a un chico joven descuartizado con una sierra? Era un partisano de nuestro grupo... Después de todo eso, cuando sales en misión, lo único que te pide el corazón es matarles, matar a cuantos más mejor, exterminarlos del modo más cruel. Cuando veía a los nazis que habíamos hecho prisioneros, sentía ganas de aferrarme a cualquiera de ellos. De estrangularlos. Estrangularlos con las manos, desgarrarlos con los dientes. No les habría matado, sería un final demasiado fácil. No utilizaría mi arma, ni un fusil...

»Justo antes de retirarse, ya en 1943, los nazis fusilaron a mi madre... Mi madre era especial, ella nos bendijo:

»—Marchaos, hijos, tenéis que vivir. Es mejor no morir que morir por nada.

»Mamá no decía grandes palabras, sabía encontrar sencillas palabras de mujer. Ella quería que viviésemos y estudiásemos, sobre todo que estudiásemos.

»Las mujeres que habían compartido celda con ella me contaron que cada vez que se la llevaban ella les pedía:

»—¡Ay, hermanas, os imploro una única cosa: si muero, ayudad a mis hijos!

»Después de la guerra, una de esas mujeres me acogió en su familia, y eso que tenía dos niños pequeños. Los nazis quemaron nuestra casa, mi hermano pequeño perdió la vida luchando con los partisanos, a mi mamá la fusilaron, mi padre combatía en el frente. Volvió de la guerra lesionado, enfermo. Duró poco, murió pronto. De toda mi familia, me quedé yo sola. Aquella mujer vivía en la pobreza, criaba a sus dos hijos, yo decidí irme, marcharme a otro lugar. Ella lloraba y no dejaba que me fuera.

»Cuando supe que habían fusilado a mi madre, perdí la razón. Iba perdida, no podía tranquilizarme. Tenía... Tenía que encontrarla... Las habían fusilado y habían alisado la tumba con máquinas pesadas... Las sepultaron en un foso antitanques... Me indicaron aproximadamente dónde debía de estar ella, yo corrí allí, cavaba, removía los cadáveres con las manos. Reconocí a mi madre gracias a su anillo... Al ver ese anillo, lancé un grito y ya no recuerdo nada más. No recuerdo nada... Alguien del pueblo, unas mujeres, la sacaron, la lavaron, trajeron agua en una lata, luego la enterraron. Todavía hoy guardo aquella lata.

»Por las noches a veces estoy en la cama y pienso: "Mi madre murió por mi culpa". No, no fue culpa mía... Si yo, cuidando de mis prójimos, no hubiera ido a luchar, si de la misma manera hubiera actuado otra persona, y una tercera, y una cuarta, no habría existido lo que existe ahora. Pero convencerme... Olvidar... Cómo caminaba mi madre... Cómo sonaba la orden... Cómo disparaba yo al mismo lugar por donde aparecía ella... Su pañuelo blanco... Usted nunca sabrá lo difícil que es vivir con esto. Y cuantos más años pasan, más difícil se me hace. A veces por la noche me llega desde la calle una risa joven, una voz, y me estremezco, por un instante me parece oír un llanto infantil, un grito infantil. Otras veces me despierto de pronto y siento que no puedo respirar. Me ahoga el olor a quemado... Usted no sabe cómo huele la carne humana al arder, sobre todo en verano. Huele a algo inquietante y dulce. Por mi trabajo actual en el comité ejecutivo provincial, si hay un incendio, debo asistir al lugar y redactar el informe. Pero si me dicen que arde una granja, que han muerto animales, nunca acepto, no soy capaz... Me recuerda a... aquel olor... cuando ardía la gente... Te despiertas por la noche, vas a buscar el perfume y tienes la sensación de que el perfume también huele a eso. De que ese olor está por todas partes...

»Durante mucho tiempo tuve miedo a casarme. Me daba miedo tener hijos. Si empezaba otra guerra, me iría al frente. ¿Qué les pasaría a mis niños? Ahora me he aficionado a los libros sobre la vida después de la muerte. ¿Qué hay allí? ¿A quién me encontraría? Deseo y a la vez temo encontrarme con mi madre. De joven esa idea no me espantaba, pero me he hecho vieja...»

Antonina Alekséievna Kondrashova,
guerrillera, exploradora de la Brigada
de Partisanos Batóshskaia

«Mi primera impresión... al ver a un soldado alemán... Fue como si me hubiesen dado una paliza, me dolía todo el cuerpo, cada célula: "¿Cómo es posible que estén aquí?". El odio era más fuerte que el miedo por la gente querida y que el miedo a perder la vida. Claro que teníamos presentes a nuestros familiares, pero no había elección. El enemigo había invadido nuestra tierra para hacernos daño... A sangre y fuego...

»Por ejemplo, cuando me enteré de que me iban a detener, me escapé al bosque. Con los partisanos. Me marché dejando sola a mi madre de setenta y cinco años. Acordamos que ella fingiría que era ciega y sorda, en ese caso no la tocarían. Por supuesto, no era más que un intento por animarme.

»Me fui y al día siguiente los nazis irrumpieron en nuestra casa. Mi madre fingió que era ciega, que oía mal. Ellos le pegaron una paliza brutal, la torturaron para que dijera dónde estaba su hija. Recuperarse le llevó mucho tiempo...»

Yadviga Mijáilovna Savítskaia,
integrante de una organización clandestina

«No cambiaré nunca... Seré la misma que era entonces. Sí, soy ingenua, soy una romántica. Hasta que me convierta en una vieja de pelo canoso... Pero ¡soy yo!

»Mi amiga Katia Simakova era el enlace de los partisanos. Era madre de dos hijas. Las dos eran pequeñas, tenían unos seis o siete años. Cogía a esas niñas de la mano y recorría la ciudad. Mientras, memorizaba dónde y qué técnica usaban los alemanes. Si un guardia le pegaba un grito, fingía ser tonta. Y así durante algunos años... La madre sacrificaba a sus niñas...

»Otra mujer del grupo, Zazhárskaia, tenía una hija, se llamaba Valeria. La niña había cumplido los siete. Teníamos la misión de volar el comedor. Decidimos poner una mina en la estufa, pero antes había que llevarla al comedor. Y la madre dijo que su hija llevaría el artefacto. Puso la mina en una cesta, la cubrió con un par de prendas infantiles, un peluche, dos decenas de huevos y un pedazo de mantequilla. Así fue como la niña introdujo la mina en el comedor. Dicen que el instinto materno es lo más fuerte del mundo. ¡Pues no, una idea es más fuerte! ¡Y la fe es más fuerte! Creo... No, estoy segura: si no hubieran existido esa madre y esa niña, si no se hubieran encargado de poner esa mina, no habríamos vencido. Sí, vivir es bello. ¡Es maravilloso! Pero hay cosas más valiosas...»

Aleksandra Ivánovna Jrámova,
secretaria del Comité Ejecutivo Clandestino
del Partido Comunista

«En nuestro grupo combatían los hermanos Chimuk... En su aldea natal habían caído en una emboscada, se refugiaron en un cobertizo y desde allí disparaban, los alemanes prendieron fuego al cobertizo. Los hermanos siguieron disparando hasta que se les acabaron los cartuchos... Luego salieron. Estaban chamuscados... Los alemanes los paseaban en un carro, se los enseñaban a la gente para que les reconociesen, para que delatasen de dónde eran...

»Toda la aldea estuvo presente. Allí estaban su padre y su madre, pero nadie rompió el silencio. Qué coraje debía de tener su madre para no soltar un grito. Para resistir. Pero ella sabía que si lloraba, los alemanes quemarían la aldea entera. No solo la matarían a ella. Los aniquilarían a todos. Por un soldado alemán muerto, quemaban el pueblo entero. Ella lo sabía... Hay condecoraciones para todo, pero ningún título honorario estaría a la altura de esta madre... De su silencio...»

Polina Kasperóvich,
guerrillera

«Nos unimos a los partisanos las dos, mamá y yo... Ella cocinaba y lavaba la ropa para todos. Si era necesario, también hacía las guardias. Una vez salí de misión, a mi madre le dijeron que me habían ahorcado. Cuando regresé unos días después, mamá me vio y se quedó paralizada, perdió el habla durante unas horas. Había muchas cosas que teníamos que afrontar...

»En la carretera habíamos recogido a una mujer, estaba inconsciente. Más tarde nos dimos cuenta: no podía caminar, se arrastraba y creía que ya había muerto. Sentía que perdía sangre, pero decidió que lo sentía desde ultratumba. Cuando la despertamos, se recobró un poco y la escuchamos... Nos contó cómo los habían fusilado, los conducían al lugar de fusilamiento, a ella y a sus cinco hijos. Mataron a sus hijos mientras les conducían hacia el cobertizo. Los alemanes se divertían disparándoles... Les quedaba el último, un niño de pecho. El alemán le hacía señas a la madre: "Lánzale al aire, que le voy a disparar". Entonces la madre tiró al niño, pero lo tiró contra el suelo, para ser ella misma quien lo matara... A su propio hijo... Para que el alemán no tuviese tiempo de disparar... Ella decía que no quería vivir, que no podía vivir en este mundo después de todo eso... Que no quería...

»Yo no quería matar, no nací para matar. Quería ser maestra. Pero vi cómo quemaban la aldea... No podía gritar, tampoco podía llorar en voz alta: estábamos de reconocimiento y pasamos cerca de aquella aldea. Solo pude morderme las manos, me han quedado las cicatrices: me mordí hasta sangrar. Recuerdo cómo gritaba la gente... Las vacas gritaban... Las gallinas gritaban... Me parecía que todas las voces eran humanas. Todo seres vivos. Ardían y gritaban.

»No lo digo yo, está hablando mi pena...»

Valentina Mijáilovna Ilkevich,
enlace de partisanos

«Lo sabíamos... Todos sabíamos que teníamos que vencer...

»Más tarde la gente pensó que habíamos tenido que dejar a mi padre solo en el pueblo a propósito, que tenía que cumplir con alguna misión del comité provincial del partido. Pero ni le habíamos dejado ni existía ninguna misión. Fuimos nosotros quienes tomamos la decisión de luchar. No recuerdo que en nuestra familia cundiera el pánico. Hubo un gran dolor, eso sí, pero no hubo pánico, todos confiábamos en que venceríamos. Cuando los alemanes ocuparon nuestro pueblo, el primer día, por la noche, mi padre tocó con el violín el himno de *La Internacional*. Quiso hacer algo... Expresar su protesta...

»Pasaron dos o tres meses... O...

»Era un niño judío... El alemán lo ató a su bicicleta para que el niño corriera detrás como un perrito: "Schnell! Schnell!". Pedaleaba y se reía. Era un alemán joven... Pronto se aburrió, bajó de la bicicleta y con gestos ordenó al niño que se pusiera de rodillas... De cuatro patas... Que se arrastrara como un perro... Que saltara... "Hund! Hund!" Lanzó un palo: "¡Tráemelo!". El niño se puso de pie y corriendo se fue a por el palo, lo recogió con las manos. El alemán se enfureció... Comenzó a pegar al niño. A reñirlo. Le ordenó: "Ponte de cuatro patas y tráeme el palo con la boca". El niño lo hizo...

»El alemán jugó con aquel niño un par de horas. Luego otra vez lo ató a la bicicleta y se marcharon. El niño corría a cuatro patas... hacia el gueto...

»¿Y usted me pregunta por qué decidimos luchar? ¿Por qué aprendimos a disparar?...»

Valentina Pávlovna Kozhemiákina,
guerrillera

«¿Acaso se puede olvidar algo así?... Los heridos comían sal a cucharadas... Llamaban a los soldados, que estaban en la fila, el soldado oía su apellido, daba un paso adelante y, de lo débil que estaba, se caía junto con su fusil. De lo hambriento que estaba.

»La gente nos ayudaba. Si no nos hubiesen ayudado, el movimiento guerrillero no habría existido. El pueblo luchaba a nuestro lado. A veces llorando, pero nos daban comida.

»—Juntos pasaremos la pena. Juntos esperaremos la Victoria.

»Vertían en el saco las últimas patatas, pequeñas como guisantes, compartían el pan. Nos preparaban sacos de provisiones para que nos los lleváramos al bosque. Uno decía: "Yo aportaré tanto", el segundo: "Yo participo con tanto", "¿Y tú, Iván?", "¿Y tú, María?", "Yo como todos, pero tengo hijos".

»¿Qué hubiésemos hecho sin el apoyo de la gente? En el bosque se ocultaba un ejército entero, sin la gente hubiésemos muerto; a lo largo de la guerra, la población sembraba y recogía la cosecha, cuidaba de sus hijos y de nosotros, nos vestía. Me acuerdo de que una vez entramos en una aldea, estaban enterrando a un hombre viejo. Le habían matado la noche anterior, mientras sembraba. El hombre cerró el puño en el que tenía las semillas, tan fuerte lo cerró que no consiguieron abrírselo. Le enterraron tal cual, con las semillas en la mano...

»Nosotros íbamos armados, podíamos defendernos. Pero ellos ¿qué? El castigo por haber dado pan a los partisanos era el fusilamiento; yo me quedaba a dormir en una casa y me iba por la mañana, si alguien hubiese informado de que en esa casa había dormido una partisana, los alemanes habrían fusilado a todos los que vivían allí. Y todos eran una mujer con sus tres hijos de corta edad. Esas mujeres no nos echaban, si veníamos, encendían la estufa, nos lavaban la ropa... Nos daban lo último que tenían: "Coman, chicos, coman". Y la patata de primavera es diminuta, pequeña como un guisante. Nosotros comíamos mientras los niños lloraban en un rincón. Nos comíamos las últimas patatas...»

Aleksandra Nikíforovna Zajárova,
comisaria política del Regimiento de Partisanos 225
de la provincia de Gómel

«Mi primera misión... Me entregaron unas octavillas. Las escondí dentro de la almohada. Mi madre me hizo la cama y las encontró. Abrió la almohada. Lloró. "Arruinarás tu vida y la mía también." Aunque después me ayudó.

»A menudo nos visitaban los enlaces de los partisanos. Llegaban, desguarnecían el caballo, entraban en casa. ¿Cree que los vecinos no se daban cuenta? Los veían y adivinaban quiénes eran. Yo decía que venían de parte de mi hermano, que vivía en la aldea. Pero todos sabían que yo no tenía ningún hermano. Les estoy agradecida, debería hacer una profunda reverencia ante todos los que viven en mi calle. Una palabra suya habría bastado para que toda mi familia muriese. Una señal con un dedo había sido suficiente... Pero nadie... Ni una sola persona... Durante la guerra me enamoré tanto de la gente que ya no podré dejar de amarla nunca...

»Después de la liberación... Yo iba por la calle y miraba atrás: temer se había convertido en una costumbre, ya no era capaz de caminar tranquilamente. Iba y contaba los coches, en la estación contaba los trenes... Me ha costado desacostumbrarme...»

Vera Grigórievna Sedova,
integrante de un grupo clandestino

«Ya estoy llorando... No puedo retener las lágrimas...

»Una vez entramos en una casa, dentro no había nada, dos bancos de madera desnudos y una mesa. Creo que ni siquiera había una jarra para beber agua. A la gente se lo habían quitado todo. Solo había una imagen santa en un rincón y un paño de lino colgado debajo.

»Los dueños eran dos ancianos. Uno de los nuestros se quitó las botas, sus peales eran tan viejos y estaban tan desgarrados que no conseguía envolverse los pies con ellos. Fuera llovía, el suelo estaba lleno de fango, y las botas de aquel hombre estaban rotas. La anciana se levantó, se acercó a la imagen santa, descolgó el paño y se lo entregó al hombre: "¿Hijo, cómo vas a andar así?".

»No había nada más en aquella casa...»

Vera Safrónovna Davídova,
guerrillera

«Los primeros días... Encontré en las afueras de la aldea a dos heridos... Uno había recibido una herida en la cabeza, el otro soldado tenía un fragmento de metralla en una pierna. Yo misma le extraje la metralla, vertí queroseno en la herida: no encontré nada más. Ya sabía yo... lo del queroseno, que servía para desinfectar...

»Los cuidé hasta que se recuperaron. Primero uno se marchó al bosque, después el segundo. El último, antes de irse, se cayó de rodillas. Me quería besar los pies.

»—¡Hermana! Me has salvado la vida.

»No hubo ni nombre, ni apellidos. Solo hermano y hermana.

»Por la noche las mujeres venían a mi casa.

»—Dicen que los alemanes han entrado en Moscú.

»—¡Jamás!

»Con esas mismas mujeres, después de la liberación, levantamos el *koljós*, me nombraron la jefa. Contábamos con cuatro viejos y con cinco chavales de diez o trece años. Eran mis aradores. Teníamos veinte caballos, todos en mal estado, había que curarlos. Esas eran todas nuestras pertinencias. No teníamos ni máquinas, ni colleras. Las mujeres levantaban la tierra con palas, rastrillábamos con las vacas y los bueyes, los animales se tumbaban y no había manera de que se volvieran a levantar. Los chavales se pasaban los días labrando el campo, llegaba la noche, abrían sus paquetitos, y dentro siempre tenían la misma comida: *prasnak*. ¿A que no sabe qué es, ni ha oído nunca esa palabra? Es una especie de pan... Muy, muy amargo. La masa se hacía con semillas de acelga machacadas con trébol.

»En otoño recibimos directrices, se nos ordenaba entregar quinientos ochenta metros cúbicos de madera. ¿Y con quién iba yo a cortar los árboles? Fui con mi hijo de doce años y mi hija de diez. Lo mismo hicieron el resto de las mujeres. Cumplimos con lo ordenado...»

Vera Mitrofánovna Tolkachiova,
enlace de partisanos

Narran Iósif Gueórguievich Yasukévich y su hija María,
enlaces de partisanos durante la guerra:

Iósif Gueórguievich:

—Lo di todo para la Victoria... Lo más querido. Mis hijos combatían en el frente. A mis dos sobrinos les fusilaron por estar vinculados a los partisanos. Los nazis quemaron a mi hermana, la madre de aquellos muchachos. En su propia casa... La gente contaba que, hasta que el humo lo cubrió todo, se la veía a ella, erguida como si fuera una vela, con una imagen santa en las manos. Después de la guerra, siempre que se pone el sol me parece que veo algo ardiendo...

María:

—Yo era una niña, tenía trece años. Sabía que mi padre ayudaba a los partisanos. Lo comprendía. De noche venían los hombres. Dejaban unas cosas, se llevaban otras. Mi padre solía llevarme con él, me acomodaba en el carro: "Siéntate aquí y no te muevas". Llegábamos, él extraía las armas o los folletos.

»Más tarde empezó a enviarme a la estación. Me explicó lo que tenía que mirar y memorizar. Yo pasaba sigilosamente, me escondía entre los arbustos y me quedaba allí hasta la noche, contaba cuántos trenes habían pasado. Memorizaba qué transportaban, estaba a la vista: armas, tanques o soldados. Dos o tres veces al día los alemanes disparaban contra los arbustos.

—¿No le daba miedo?

—Yo era pequeña, siempre pasaba desapercibida. Aquel día... Lo recuerdo bien... Mi padre hizo dos intentos de salir del caserío donde vivíamos. Delante del bosque le esperaban los partisanos. Probó suerte dos veces y cada vez las patrullas le hacían volver. Anochecía. Mi padre me llamó: "María...". Mi madre gritó a todo pulmón: "¡No dejaré que la cría...!". Me trató de detener...

»Corrí a través del bosque, tal como mi padre me había dicho. Me conocía de memoria cada sendero, pero la oscuridad me daba miedo. Encontré a los partisanos, ellos me esperaban, les pasé el informe. Regresé cuando el día ya despuntaba. ¿Cómo iba a burlar las patrullas alemanas? Empecé a andar en círculos. El hielo que cubría el lago se rompió y me caí al agua; la chaqueta de mi padre, sus botas se hundieron. Logré salir... Corrí descalza por la nieve... Enfermé y desde entonces ya no me he levantado de la cama. Las piernas se me quedaron paralizadas. No había ni médicos ni medicamentos. Mamá me curaba con infusiones. Hacía compresas de arcilla...

»Cuando acabó la guerra, fuimos a consultar con los médicos. Pero ya era demasiado tarde. Me quedé en la cama... Puedo estar sentada, pero no por mucho tiempo, guardo cama, miro por la ventana... Recuerdo la guerra...

—La he llevado en brazos... durante cuarenta años. Como si fuera un bebé... Hace dos años murió mi esposa. Me dijo que me lo perdonaba todo. Los pecados de la juventud... Todo... Menos lo que le pasó a María. Lo vi en su mirada... Me da miedo morir, entonces María se quedará sola. ¿Quién la llevará en brazos? ¿Quién la bendecirá antes de que se duerma? ¿Quién rogará a Dios por ella?...

SOBRE MAMÁS Y PAPÁS

La aldea de Ratyntsy, del distrito de Volózhinski, en la provincia de Minsk, se encuentra a una hora de viaje de la capital. Es una aldea bielorrusa como cualquier otra: casas de madera, patios delanteros llenos de flores, gallos y patos paseando por las calles. Los niños juegan con la arena. Las viejas se sientan en los bancos delante de sus casas. He venido a ver a una de ellas, pero se ha congregado toda la calle. Hablan. Es un coro plañendo.

Cada una llora su propia pena, que es la misma en todas ellas. Hablan de cómo labraban la tierra, de cómo horneaban el pan para los partisanos, de cómo protegían a los niños, cómo acudían a las videntes y gitanas, adivinaban los sueños y pedían la ayuda de Dios. De cómo esperaban a sus hombres que volvieran de la guerra.

Me he apuntado tres nombres: Elena Adámovna Velichko, Justina Lukiánovna Grigoróvich y María Fiódorovna Mazuro. Los demás quedaron ahogados entre llantos...

«¡Ay, hija mía! Cariño, ¡no me gusta el día de la Victoria! ¡Lloro ese día! ¡Ay, cómo lloro ese día! Cuando me paro a pensar, todo vuelve conmigo. La dicha está lejos, la desdicha la llevo siempre a cuestas...

»Los alemanes nos quemaron, se lo llevaron todo. Nos quedamos solo con las piedras humeantes. Regresamos del bosque y ya no había nada. Solo los gatos. ¿Qué comíamos? En verano yo iba al bosque, recogía setas, frutas. Tenía la casa llena de niños.

»Se acabó la guerra, nos apuntaron al *koljós*. Yo recogía, segaba, batía el trigo. No había caballos, nosotras mismas arrastrábamos el arado. Cuando la guerra, mataron a todos los caballos. Y a los perros. Mi mamá solía decir: "Cuando me muera, no sé qué será de mi alma, pero mis manos seguro que descansarán". Mi hija tenía diez años, ella labraba el campo conmigo. El jefe de la brigada vino a verla, se sorprendía: "¿Cómo una cría tan pequeña puede cumplir con la obrada?". Y nosotras labrábamos y labrábamos la tierra sin parar, el sol se ponía, deseábamos que no lo hiciera nunca. El día se nos quedaba corto. Doblábamos la obrada diaria. Y no cobrábamos nada, tan solo anotábamos las jornadas de trabajo. En verano íbamos al campo cada santo día, en otoño no llegábamos a cobrar ni un saco de trigo. Criábamos a los niños a base de patata...»

«Se acabó la guerra. Me quedé sola, solita. Hacía de vaca, hacía de buey, hacía de mujer, hacía de hombre. ¡Ay de mi vida!..»

«La guerra, la pena... En mi casa solo había niños. No teníamos ni un banco, ni un arca. Estábamos pelados. Comíamos bellotas y en primavera masticábamos hierba... Mi hija comenzó el colegio, solo entonces le compré sus primeras botas. Se acostaba con esas botitas, no quería quitárselas. ¡Así era nuestra vida! La vida se nos acaba y no hay nada que recordar. Solo la guerra...»

«Corría el rumor de que los alemanes habían reunido a un montón de prisioneros en un pueblo cercano, que si reconocías a los tuyos, podías llevártelos a casa. ¡Nuestras mujeres corrieron todas para allá! Por la noche regresaron, algunas con los suyos y otras con forasteros; contaron tales cosas que una no se lo podía creer: la gente se pudría viva, se morían de hambre, se habían comido todas las hojas de los árboles... Comían hierba... Comían las raíces que encontraban en la tierra... Al día siguiente, yo también fui, no encontré a los míos y decidí: "Salvaré al hijo de alguna madre". Me cayó bien uno, era moreno, se llamaba Sashkó, igual que mi nieto. Ese chico tenía dieciocho añitos... A un alemán le entregué unos huevos y un trozo de manteca, y le juré: "Es mi hermano". Lo juré por Dios. Llegamos a casa, Sashkó no se comió ni un huevo, estaba muy débil. En menos de un mes surgió entre los nuestros un judas. Había vivido como todos, estaba casado, con hijos... Pero ese judas se fue a chivar a la comandancia, denunció a los alemanes que estábamos albergando a unos forasteros. Al día siguiente se presentaron los soldados en sus motocicletas. Les rogamos de rodillas, pero ellos nos mintieron, dijeron que se llevaban a esa gente cerca de sus casas. Le di a Sashkó el traje de mi abuelo... Creía que viviría...

»Pero les condujeron fuera de la aldea... y les acribillaron a balazos. A todos. Sin excepciones... ¡Eran tan jóvenes! Las que habíamos alojado a los forasteros, éramos nueve, decidimos esconder sus cuerpos. Cinco de nosotras sacamos a los muertos del hoyo mientras las otras cuatro vigilaban para que los alemanes no nos descubrieran. No se podía cavar a mano, eran días de mucho calor y llevaban muertos cuatro días... Teníamos que tener mucho cuidado al cavar con las palas, podíamos dañar los cadáveres... Usábamos manteles, poníamos los cuerpos encima y los arrastrábamos. Nos tapábamos la nariz, íbamos con agua. Por si caíamos desmayadas... Cavamos una fosa en el bosque, los dejamos allí, unos al lado de los otros... Les tapamos las caras con sábanas...

»Los lloramos un año entero. Y cada una de nosotras pensaba: "¿Dónde estará mi marido? ¿Dónde estará mi hijo? ¿Estarán vivos?". La que espera desespera... ¡Ay, hija..!»

«Mi marido era un buen hombre. Un año y medio, eso fue lo que duró nuestra vida juntos. Cuando él se fue a la guerra, yo llevaba a nuestra hija en mi interior. Él no llegó a verla, di a luz sin él. Se marchó en verano y yo tuve a nuestra niña en otoño.

»Aún le estaba dando el pecho, la cría no había cumplido ni un año. Yo estaba sentada en la cama con ella... Oí que alguien daba golpecitos en la ventana: "Lena, han traído una nota... Sobre tu hombre...". (Las mujeres pararon al cartero, vinieron a decírmelo ellas.) Me levanté con la niña en brazos y la leche salió brotando, a chorros. La niña gritó: se había asustado. Desde entonces rechazó el pecho. Fue un sábado, justo en vísperas del Domingo de Ramos. En el mes de abril. El sol ya calentaba... En la nota leí que mi Iván había perdido la vida en Polonia. Recibió sepultura en las afueras de la ciudad de Gdansk. Murió el 17 de marzo de 1945. Era una nota pequeña, delgada... Nosotros ya esperábamos la Victoria, esperábamos que de un día para otro volvieran nuestros hombres. Los árboles ya florecían...

»Tras aquel susto, mi niña enfermó, no se curó hasta que comenzó el colegio. Si golpeaban la puerta, si oía un grito, enseguida se ponía malita. Por las noches lloraba. Yo lo pasé mal durante mucho tiempo, durante unos siete años el sol no me sonrió. La vida era negra como la boca del lobo.

»Nos dijeron: "¡Victoria!". Empezaron a regresar los hombres. Pero no volvieron todos aquellos de los que nos habíamos despedido. Regresaron menos de la mitad. Mi hermano Yúsik fue el primero en volver. Aunque vino mutilado. Tenía una niña como la mía. Su hija cumplió los cuatro años, luego los cinco... Mi hija iba a jugar a su casa, un día volvió a casa corriendo y llorando: "No iré más". "¿Por qué lloras?", le pregunté. "Olga (la otra niña se llamaba Olga) se sienta en las rodillas de su papá, él la abraza. Yo no tengo papá. Solo tengo a mamá." Nos abrazamos...

»Y así durante dos o tres años. La niña volvía de la calle y me decía: "¿Puedo jugar en casa? Si viene papá y estoy en la calle con los otros niños, no me reconocerá. Él no me ha visto nunca". Yo no podía convencerla para que saliera afuera. La niña se pasaba los días encerrada. Esperando a su papá. Nuestro papá jamás regresó...»

«El mío, al marcharse a la guerra, lloró mucho; cómo le dolía dejar a sus hijos pequeños. Tanta pena sentía el hombre. Los niños eran muy pequeños, aún no comprendían que tenían un padre. Y encima todos eran niños. Al más pequeño yo le llevaba en brazos. Su padre lo cogió y lo estrechó contra su pecho. Ya les ordenaban: "¡En filas!". Y él no podía soltar al crío, se ponía en la fila con el niño en brazos... El comandante le reñía, y él bañaba al crío en lágrimas. Le dejó los pañales mojados. Corrimos con los niños detrás de él, hasta salimos fuera de la aldea, unos cinco kilómetros. Corríamos junto con otras mujeres. Mis hijos ya se caían al suelo, yo apenas tenía fuerzas para llevar al pequeño. Pero Vladímir —mi marido— miraba atrás y yo seguía corriendo. Me quedé sola en la carretera... A los demás niños los había perdido por el camino. Iba solo con el pequeño...

»Al cabo de un año me llegó la nota: "Su marido Vladímir ha muerto en Alemania, cerca de Berlín". Ni siquiera he visto su tumba. Regresó un vecino, sano y salvo, regresó otro, ese sin una pierna. Tanta pena sentí: ojalá el mío hubiese regresado, daba igual que fuera sin ambas piernas, pero ojalá estuviese vivo. Yo le habría llevado en brazos...»

«Me quedé con tres hijos... Cargaba con todo: traía el heno, iba al bosque a buscar leña, cavaba las patatas. Lo hacía todo... Arrastraba a cuestas el arado, el rastrillo. ¿Acaso me quedaba otra? Entre las vecinas, una sí y otra también, había una viuda o una mujer de soldado. Nos habíamos quedado sin los hombres. Sin los caballos. A los caballos también se los habían llevado a la guerra. Yo estaba entre las mejores trabajadoras. Por mi trabajo me dieron dos diplomas, y en una ocasión hasta recibí diez metros de tela. ¡Fue una alegría! A mis niños, a los tres, les apañé unas camisas...»

«Después de la guerra... Los hijos de los que habían muerto apenas tuvieron tiempo de crecer. Se hacían mayores. Eran chavales de trece o catorce años y ya se creían adultos. Querían casarse. No había hombres y no faltaban mujeres jóvenes...

»Si a mí me hubiesen dicho: "Entrega tu vaca y no habrá guerra". ¡La habría entregado! Para que mis hijos nunca supiesen lo que yo supe. Mi pena duerme conmigo, y conmigo se levanta...»

«Miro por la ventana y me parece verlo a él... Me ocurre a veces, a media tarde... Ya soy una vieja, pero a él le veo joven. Igual que cuando nos despedimos. Si le veo en sueños, también le veo joven. En los sueños yo también lo soy...

»Las demás mujeres recibieron las partidas de defunción, yo solo tengo la nota de "desaparecido en combate". Está escrito con tinta azul. Los primeros diez años le esperaba cada día. Y le sigo esperando. Nunca se te acaba la esperanza de que esté entre los vivos...»

«¿Cómo vive una estando sola? La gente pasa por tu casa, unos te ayudan, los otros no. Los demás comentan. Cada uno escupe sus palabras... La gente se cansó de chismorrear, los perros se cansaron de ladrar... Si mi Iván hubiese podido ver a sus cinco nietos... A veces me pongo delante de su retrato y le enseño las fotografías de sus nietos. Hablo con él...»

«Ay, ay, ay... Ay, Señor... Padre misericordioso...»

«Justo después de la guerra tuve un sueño: yo salía de casa y mi hombre estaba dando vueltas por el patio... Vestido de militar... Y me llamaba a mí. Salté de la cama, abrí la ventana... No se oía ni un susurro. Ni siquiera los pájaros. Todo dormía. El viento se paseaba por entre los árboles... Silbaba...

»Por la mañana cogí una decena de huevos y fui a ver a la gitana. "Ya no está entre los vivos." Me echó las cartas. "No esperes en vano. Es su alma que está vagando." Estábamos juntos por amor. Un gran amor...»

«Una vidente me explicó: "Cuando todos duerman, tú cúbrete con un pañuelo negro y siéntate delante de un espejo grande. De allí aparecerá él... No le toques ni a él, ni a su ropa. Solo háblale...". Me pasé la noche sentada... Él vino poco antes de despuntar el día... No me decía nada, estaba callado y lloraba. Se me apareció como unas tres veces. Yo le llamaba y él venía. Lloraba. Dejé de llamarle. Me daba tanta pena...»

«Yo también espero el encuentro con mi hombre... Se lo contaré día y noche. No quiero nada de él, solo que me escuche. Habrá envejecido allí, en el cielo. Igual que yo.»

«Ay, mi tierra... Cuando trabajo la tierra, cavando patatas o remolacha..., pienso: "Él está allí, pronto me iré con él...". Mi hermana me dice: "No mires al suelo, mira al cielo. Arriba. Ellos están allí". Por allí está mi casa... Está cerca... Quédate con nosotras. Si duermes aquí, por la mañana sabrás más. Nos es lo mismo la sangre que el agua, da pena derramarlas, pero derraman la sangre. Lo veo por la televisión. Cada día lo veo...

»No es necesario que escribas sobre nosotras... Un recuerdo es más valioso... Hemos estado hablando contigo. Hemos llorado. Tú, cuando te despidas, mira atrás, date la vuelta para vernos a nosotras y a nuestras casas. No mires una vez como si fueras una extraña, hazlo dos veces. Como hacen los nuestros. No hace falta nada más. Gírate para mirarnos...»

SOBRE LA PEQUEÑA VIDA Y LA GRAN IDEA

«Yo siempre había creído... Yo había creído en Stalin... Había creído en los comunistas. Yo era del partido. Creía en el comunismo... Para ello vivía, había sobrevivido para ello. Después del discurso de Jruschov en el XX Congreso,* cuando habló de los errores de Stalin, caí enferma. No podía creer que fuera verdad. En la guerra yo también

---

* XX Congreso del Partido Comunista de la Unión Soviética, celebrado en febrero de 1956. En el transcurso del evento, el nuevo líder del partido, Nikita Jruschov, pronunció un discurso denunciando el culto a la personalidad de Stalin. El XX Congreso marcó el inicio de una época de cambios políticos conocida como «el deshielo». *(N. de las T.)*

gritaba: "¡Por la Patria! ¡Por Stalin!". Nadie me había obligado... Yo lo creía... Era mi vida...

»Se lo explicaré...

»Combatí durante dos años en un grupo de partisanos... En el último combate me hirieron en las piernas, perdí el conocimiento, hacía mucho frío, cuando me desperté comprendí que se me habían congelado las manos. Ahora las tengo bien, pero en aquel momento mis manos eran negras... Y las piernas, por supuesto, también se me habían congelado. Si no hubiera sido por el frío, a lo mejor me habrían salvado las piernas, pero estaban sangrando y pasé mucho tiempo tumbada en la nieve. Me encontraron, me pusieron junto a los demás heridos, nos habían reunido a todos en el mismo sitio, y los alemanes volvieron a rodearnos. El grupo luchaba... Trataban de romper el cerco... A nosotros, los heridos, nos amontonaron sobre unos trineos como si fuéramos leña. No había tiempo para curar las heridas, ni para cuidar de nosotros, nos llevaban al centro del bosque. Nos escondían. Nos alejaban más y más... Finalmente comunicaron a Moscú que yo estaba herida. Era diputada del Sóviet Supremo. Era una persona importante, mis paisanos se enorgullecían de mí. Procedo de lo más bajo, soy una simple campesina. Vengo de una familia de campesinos. Me afilié al partido siendo muy joven...

»Perdí las piernas... Me las cortaron... En el bosque me salvaron la vida... La intervención se llevó a cabo en unas condiciones pésimas. Para operarme, me subieron a una mesa, ni siquiera había yodo, me cortaron las piernas con una simple sierra, ambas piernas... Me tumbaron sobre la mesa y no había yodo. Fueron a buscar yodo a otra unidad situada a seis kilómetros, y yo mientras tanto allí, estirada sobre la mesa. Sin anestesia. Sin... En vez de anestesia había una botella de aguardiente casero. No había nada, solo una simple sierra... De carpintero...

»Contactaron con Moscú, pidieron un avión. El avión vino tres veces, se quedaba dando vueltas y no lograba descender. Por todas partes había fuego intenso. La cuarta vez el avión aterrizó, pero ya me habían amputado las dos piernas. Más tarde, en Ivánov, en Tashkent, me hicieron cuatro reamputaciones, cada vez que reaparecía la gangrena. Cada vez me cortaban un trocito más y finalmente resultó una amputación muy alta. Al principio lloraba... Lloraba a lágrima viva... Me imaginaba a mí misma arrastrándome por el suelo, creía que no podría andar, solo serpentear. No sé lo que me ayudó, lo que me detuvo... Cómo logré convencerme a mí misma... Claro que encontré a buena gente. Mucha buena gente. Había un cirujano, él tampoco tenía piernas... Pues él comentaba, me lo dijeron los otros médicos: "Me inclino ante ella. He operado a muchos hombres, pero no he visto a nadie como ella. Ni un gemido". Yo me mantenía firme... Delante de los demás, me había acostumbrado a ser fuerte...

»Después regresé a Disna. A mi pueblo natal. Regresé con muletas.

»Ahora camino mal porque ya soy vieja, pero entonces iba a todas partes corriendo y a pie. Corría sobre las prótesis. Visitaba los *koljós*. Me nombraron vicepresidenta del comité ejecutivo regional. Un puesto de responsabilidad. No me quedaba sentada en mi despacho. No paraba de visitar las aldeas, los campos. Si notaba que me trataban con deferencia, incluso me enfadaba. En aquella época había pocos jefes de los *koljós* debidamente preparados; si se iniciaba una campaña importante, nombraban a los responsables del comité ejecutivo regional. Cada lunes nos reunían en él y nos designaban las tareas, decían quién iría adónde. Un día me quedé mirando por la ventana: todos se dirigían al comité regional y a mí todavía no me habían llamado. Me sentí muy dolida, quería ser como los demás.

»Por fin sonó el teléfono, me llamaba el primer secretario: "Fiokla Fiódorvna, venga a verme". Qué feliz me sentí, aunque me era muy difícil visitar las aldeas; me enviaban a las aldeas situadas a veinte o treinta kilómetros, a veces un vehículo te acercaba y a veces te tocaba ir a pie. Los caminos pasaban por bosques; si me caía, a duras penas me podía levantar. Dejaba el bolso en el suelo, me apoyaba o me agarraba a un árbol, poco a poco me ponía de pie y seguía caminando. Y eso que cobraba la pensión. Hubiese podido vivir para mí misma, solo para mí misma. Pero yo quería vivir para los demás. Soy comunista...

»No tengo nada mío. Solo las órdenes, las medallas, los diplomas de honor. El Estado me construyó la casa. Es una casa grande porque no hay niños, por eso parece tan grande... Y los techos parecen tan altos... Vivo aquí con mi hermana. Ella para mí es una hermana, una madre, una niñera. Me he hecho vieja... Por la mañana ya no soy capaz de levantarme sin que me ayuden...

»Vivimos las dos, vivimos del pasado. Nuestro pasado es bello. La vida era difícil, pero era bella y honesta, no me arrepiento. He vivido honestamente...»

Fiokla Fiódorvna Strui,
partisana

«Hemos sido formados por nuestro tiempo. Dimos lo mejor de nosotros. No habrá más épocas como aquella. No se repetirá. Entonces nuestras ideas eran jóvenes y nosotros también éramos jóvenes. Hacía poco que había muerto Lenin. Stalin estaba vivo... Con qué orgullo llevaba yo el pañuelo rojo, el distintivo de la Organización de Pioneros de la Unión Soviética, o la insignia del Komsomol...

»Estalló la guerra. Y nosotros allí, tal como éramos... Por descontado, pronto se organizó un movimiento clandestino en nuestra ciudad, Zhitómir. Yo estuve desde el principio, ni siquiera se había discutido: ¿participar o no? ¿Nos daba miedo o no? Ni lo habíamos comentado...

»Unos meses más tarde, los nazis dieron con la pista de nuestro grupo. Alguien nos había traicionado. La Gestapo me arrestó... Claro que tenía miedo. Para mí eso fue más terrible que la muerte. Las torturas me aterrorizaban. Me aterrorizaba... ¿Y si no aguanto las torturas? Cada uno de nosotros reflexionaba sobre ello... A solas... Yo, por ejemplo, ya desde pequeña soportaba mal cualquier dolor. Sin embargo, aún no nos conocíamos, no sabíamos lo fuertes que éramos...

»En el último interrogatorio, después de ser incluida por tercera vez en la lista de los condenados a fusilamiento, pasó lo siguiente... El tercer fiscal dijo que él había estudiado la Historia... Ese nazi quería entender por qué éramos como éramos, por qué nuestras ideas eran tan importantes para nosotros. "La vida está por encima de las ideas", decía él. Yo, por supuesto, no estaba de acuerdo. Él me gritaba, me pegaba. "¿Qué? ¿Qué es lo que os obliga a comportaros de este modo? ¿A aceptar la muerte con tranquilidad? ¿Por qué los comunistas creéis que el comunismo debe vencer en todo el mundo?", me preguntaba. Hablaba ruso a la perfección. Así que decidí contárselo todo, yo sabía que me matarían de todos modos, quería que no fuera en vano, que supiesen lo fuertes que éramos. Me estuvo interrogando como unas cuatro horas, yo le contestaba lo que sabía, lo que había estudiado de marxismo-leninismo en el colegio y en la universidad. ¡Qué mal lo pasaba él! Se llevaba las manos a la cabeza, recorría la habitación como un demente, de pronto se paraba y me miraba atónito, por primera vez no me estaba pegando...

»Me quedé de pie delante de él... La mitad de la cabellera —antes llevaba dos trenzas gruesas— me la habían arrancado. Estaba hambrienta... Al principio soñaba con un pequeño pedacito de pan, después con una corteza, después me habría conformado con encontrar al menos unas migas... Ese era mi aspecto... Pero mi mirada era ardiente... Me escuchó durante un largo rato. Me escuchaba y no me pegaba... No, él aún no sentía miedo, era 1943. Aunque sin duda percibía cierto... peligro. Quiso averiguar qué clase de peligro era. Yo le respondí. Cuando me fui, apuntó mi nombre en la lista de los condenados...

»La noche previa al fusilamiento la pasé recordando mi vida, mi corta vida...

»El día más feliz fue cuando mis padres, después de haberse alejado a unos kilómetros de la ciudad, bajo el bombardeo, decidieron volver. Decidieron no marcharse. Quedarse en casa. Yo sabía que íbamos a luchar. Creíamos que la Victoria no tardaría. ¡Seguro que sí! En primer lugar, nos dedicamos a localizar y a salvar a los heridos. Estaban en el campo, tumbados sobre la hierba, en las zanjas, algunos habían logrado refugiarse en los establos. Una mañana salí al huerto a recoger patatas y me encontré a uno. Estaba en las últimas... Era un oficial joven, las fuerzas no le llegaban ni para decirme su nombre. Susurraba algo... No entendí nada... Recuerdo lo desesperada que me sentí. Aunque me parece que nunca he sido tan feliz como en aquellos días... Me reencontré con mis padres por segunda vez. Antes yo creía que a mi padre no le interesaba la política, él era un bolchevique sin partido. Mi madre era una campesina sin estudios, creía en Dios. Se pasó toda la guerra rezándole a Dios. Pero ¡cómo! Se ponía de rodillas delante de un icono: "¡Salva al pueblo! ¡Salva a Stalin! Salva al partido comunista de este monstruo de Hitler". En la Gestapo, mientras me interrogaban, yo esperaba que en cualquier momento se abriría la puerta y entraría mi familia, mi padre y mi madre... Me daba cuenta de dónde me encontraba y era feliz de no haber traicionado a nadie. Más que morir nos asustaba la posibilidad de traicionar. Cuando me arrestaron, supe que viviría un calvario. Sabía que mi espíritu era fuerte, pero ¿y mi cuerpo?

»No recuerdo el primer interrogatorio... Estaba consciente... Tan solo una vez perdí el conocimiento, fue cuando me retorcieron los brazos con una especie de rueda. Creo que no grité, aunque antes de empezar conmigo ya me habían demostrado cómo gritaban los otros. En los siguientes interrogatorios perdí la capacidad de sentir dolor, el cuerpo se me entumecía. Parecía que estaba hecho de madera. Tenía un único pensamiento en la cabeza: "¡No! No me moriré delante de ellos. ¡No!". Solo después, al volver a la celda, volvía a sentir el dolor, surgían las heridas. Estaba totalmente herida. Todo mi cuerpo... ¡Aguantar! ¡Aguantar! Para que mi madre supiese que había muerto siendo una persona, sin traicionar a nadie. ¡Mamá!

»Me pegaban, me colgaban. Antes siempre me quitaban toda la ropa. Hacían fotografías. Con las manos solo me podía cubrir los pechos... Había visto a gente volverse loca... Como el pequeño Kolia, un niño que no había cumplido ni un año, le estábamos enseñando a pronunciar "mamá"; cuando le apartaron de su madre intuyó que la estaba perdiendo para siempre y gritó por primera vez en su vida: "¡Mamá!". Era más que una palabra... Le quiero contar... Se lo quiero contar todo... ¡Me he encontrado con personas extraordinarias! Morían en los calabozos de la Gestapo, solo las paredes conocieron lo valientes que eran. Cuarenta años después, me pongo de rodillas delante de ellos. "Morir es lo más sencillo", decían. Pero vivir...

¡Cuántas ganas de vivir teníamos! Sabíamos que venceríamos, lo único que no sabíamos era si sobreviviríamos hasta ese gran día.

»En nuestra celda había una pequeña ventana con una reja. Como estaba muy alta, alguien tenía que ayudarte a subir y entonces podías ver un pedacito de tejado. Estábamos tan débiles que no podíamos ayudarnos entre nosotras a subir. Con nosotras, en la celda, estaba Ania, era paracaidista. Su grupo había desembarcado en la retaguardia del enemigo, cayeron en una emboscada, entonces la capturaron. Pues ella, cubierta de sangre, de pronto pidió: "Subidme, quiero mirar fuera. ¡Quiero ver!".

»Lo quería y punto. Entre todas la levantamos, ella exclamó: "Chicas, hay una flor allí...". Y todas empezaron a pedir: "¡Yo también quiero!... ¡Yo también!...". No sé de dónde sacamos las fuerzas. Era un diente de león, a saber cómo había llegado a parar a aquel tejado, cómo había arraigado allí. Cada una de nosotras pidió un deseo. Ahora creo que todas pedimos lo mismo: salir vivas de aquel infierno.

»Me gustaba mucho la primavera... Adoraba el florecer de los cerezos y el perfume de lilas envolviendo las flores... No se sorprenda ante mi estilo, yo solía escribir versos. Pues ahora detesto la primavera. La guerra se interpuso entre mi alma y la naturaleza. Vi a los nazis en mi Zhitómir natal justo al florecer los cerezos...

»Sobreviví de milagro... Me salvó una gente que quería mostrarle su agradecimiento a mi padre. Mi padre era médico, en aquel momento eso era algo importante. Me empujaron fuera de la fila, estaba oscuro y nos conducían al lugar de fusilamiento. Yo estaba ciega del dolor, caminaba como en un sueño... Iba a donde me llevaran... Luego me recogieron... Me transportaron a casa, tenía el cuerpo cubierto de heridas, enseguida tuve un brote de eccema nervioso. No soportaba oír voces. Las oía y sentía dolor. Mis padres hablaban en susurros. Yo gritaba sin parar, solo me calmaba si me sumergía en agua caliente. No dejaba que mi madre se alejase de mí, ella me pedía: "Hija, he de preparar la comida. Trabajar en el huerto...". Me agarraba a ella... En cuanto soltaba su mano, todo lo que había soportado me volvía a aplastar. Me traían flores para distraerme. Las campánulas, mi flor favorita... Las hojas de castaños... Los olores me distraían... Mi madre guardó el vestido que yo había llevado mientras estuve en la Gestapo. Cuando mamá murió, encontré el vestido debajo de su almohada. Hasta su último respiro...

»Me levanté por primera vez cuando vi a nuestros soldados. De pronto yo, la que no se había levantado de la cama en todo un año, salté y corrí afuera: "¡Queridos! Queridos míos... Habéis vuelto...". Los soldados me llevaron en brazos a mi casa. Tan animada estaba que al día siguiente fui a la oficina de reclutamiento: "¡Quiero trabajar!". Informaron a mi padre, él vino a buscarme: "Nena, ¿cómo has venido? ¿Quién te ha ayudado?". Duró poco... Recaí, los dolores regresaron... Era una tortura... Gritaba durante días enteros. La gente pasaba por delante de nuestra casa y rezaban: "Señor, acepta su alma o ayúdala para que no sufra".

»Me salvaron las arcillas medicinales de Tsjaltubo. Me salvó el deseo de vivir. Simplemente vivir, nada más. Viví unos años. Viví como el resto de la gente... Viví... Durante catorce años trabajé en una biblioteca. Fueron unos años felices. Los más felices. Ahora mi vida es una lucha constante contra las enfermedades. Digan lo que digan, la vejez es fea. Y encima la soledad, me he quedado sola. Hace tiempo que ya no están mis padres. Paso noches larguísimas sin pegar ojo... Han pasado muchos años, pero no me he librado de mi pesadilla más terrible, me despierto bañada en sudores fríos. No recuerdo el apellido de Ania... No recuerdo si era de Briansk o de Smolensk. ¡Recuerdo cómo detestaba la muerte! Cruzaba los brazos detrás de la cabeza y gritaba por la ventana enrejada: "¡Yo quiero vivir!".

»No encontré a sus familiares... No sé a quién puedo contárselo...»

Sofía Mirónovna Vereschak,
integrante de una organización clandestina

«Después de la guerra supimos de los campos de concentración nazis, de Dachau, de Auschwitz... ¿Cómo podría yo dar a luz sabiendo eso? Ya estaba encinta...

»Me enviaron a una aldea a ayudar a la gente a suscribir letras del Tesoro. El Estado necesitaba dinero, hacía falta reconstruir las fábricas, el país entero.

»Llegué: la aldea no existía, todos vivían en cuevas excavadas en la tierra... Salió una mujer, daba miedo ver lo que llevaba puesto. Entré en su cueva, dentro había tres niños, todos hambrientos. Les estaba preparando algo, machacaba unas hierbas.

»Me preguntó:

»—¿Vienes por lo de suscribir las letras?

»Le dije que sí. Y ella:

»—Dinero no tengo, pero tengo una gallina. Iré a preguntarle a la vecina, ayer me pidió que le vendiese la gallina. Si me la compra, te daré el dinero.

»Lo cuento y se me hace un nudo en la garganta. ¡La gente era increíble! Habían matado a su marido en el frente, estaba sola con tres hijos, no tenía nada excepto esa gallina y la vendía para darme el dinero. Así era como recogíamos dinero en metálico. Ella estaba dispuesta a entregar lo último que tenía para que hubiese paz, para que sus hijos siguieran vivos. Recuerdo su rostro. Y a sus hijos...

»¿Cómo crecieron? Me gustaría saberlo... Me gustaría volver a verlos...»

Klara Vasílievna Goncharova,
servidora de una pieza antiaérea

«Mamá, ¿cómo es papá?»

No veo el final de este camino. El mal parece infinito. Ya no puedo percibirlo solo como un hecho histórico. Quién podría responderme: ¿me enfrento al tiempo o al ser humano? Los tiempos cambian, pero ¿y los humanos? Las repeticiones me hacen pensar en la torpeza de la vida.

Ellas lo contaban como soldados. También como mujeres. Muchas de ellas eran madres...

Sobre el baño del bebé y la mamá que se parece a un papá

«Yo corría... Éramos varias personas corriendo. Nos escapábamos... Nos perseguían. Nos disparaban. Veía a mi madre, ella también estaba expuesta al fuego de las ametralladoras. Nos veía correr... Yo oía su voz, ella gritaba. Después la gente me contó cómo gritaba. "Menos mal que te has puesto el vestido blanco... Hijita... Ya no habrá nadie para vestirte..." Ella estaba segura de que me matarían y se alegraba de que una vez muerta yo yaciera vestida de blanco... Justo antes nos estábamos preparando para ir de visita a una aldea cercana. A celebrar la Pascua... Con unos familiares...

»Se hizo un gran silencio... Dejaron de disparar. Solo oía los gritos de mi madre... ¿Tal vez seguían disparando? Yo no oía nada...

»Durante la guerra toda nuestra familia murió. Se acabó la guerra y yo no tenía a nadie a quien buscar...»

Liubov Ígorevna Rudkóvskaia,
guerrillera

«Comenzaron los bombardeos en Minsk...

»Fui corriendo al parvulario, a buscar a mi hijo. Mi hija en aquel momento se encontraba en las afueras de la ciudad, había cumplido los dos años, estaba fuera de Minsk, en unos campamentos de verano con su guardería. Decidí recoger a mi hijo, dejarlo en casa y después ir a por la niña. Mi deseo era reunirlos a los dos lo antes posible.

»Me acerqué al parvulario, los aviones sobrevolaban la ciudad, en alguna parte continuaban lanzando bombas. Al otro lado de la valla oí la voz de mi hijo, tenía tres años.

»—No tengáis miedo, mamá me ha dicho que nuestros soldados echarán a los alemanes.

»Me asomé por la puerta, en el patio había muchos niños, el mío los estaba tranquilizando. Me vio a mí y comenzó a temblar, a llorar, en realidad estaba muy asustado.

»Le llevé a casa, le pedí a mi suegra que cuidara del niño y me fui a por la niña. ¡Fui corriendo! En el lugar donde se suponía que estaban los de la guardería no encontré a nadie. Las mujeres de la aldea me contaron que a los niños se los habían llevado afuera. ¿Adónde? ¿Quién? Se suponía que se habían marchado a la ciudad. Con los pequeños había dos maestras, el coche que esperaban no llegó y se marcharon a pie. La ciudad estaba a diez kilómetros... Pero eran niños muy pequeños, de uno o dos años. Querida, pasé dos semanas buscándolos... Recorrí muchas aldeas... Cuando por fin entré en una casa y me dijeron que allí estaba nuestra guardería, nuestros niños, no podía creérmelo. Estaban tumbados en el suelo, con perdón, entre sus propios excrementos, muchos tenían fiebre. Parecían muertos... La directora de la guardería era una mujer muy joven..., pues se le había vuelto todo el pelo canoso. Resulta que habían hecho todo el camino hasta la ciudad a pie, se habían perdido, algunos niños habían muerto.

»Yo caminaba entre ellos y no encontraba a mi hija. La directora me tranquilizaba:

»—No se desespere, búsquela. Tiene que estar aquí. Yo la recuerdo.

»Encontré a mi hija Ela gracias a su zapatito... Si no hubiera sido por el calzado, jamás la hubiera reconocido...

»Más tarde nuestra casa quedó reducida a cenizas... Nos quedamos solo con lo que llevábamos encima. Ocurrió cuando las tropas alemanas ya habían entrado en la ciudad. No teníamos adónde ir, tuvimos que pasar unos días en la calle. Un día me encontré con Tamara Serguéievna Siniza, antes de la guerra nos conocíamos un poco. Escuchó mi historia y me propuso:

»—Venid a mi casa.

»—No podemos, mis hijos tienen la tos ferina.

»Ella también era madre de niños pequeños, sus hijos podrían contraer la enfermedad. Fueron unos tiempos terribles... No había medicamentos, los hospitales estaban cerrados.

»—No importa, venid conmigo.

»Querida, ¿acaso se puede olvidar algo así? Compartían con nosotros lo último que les quedaba, las pieles de patata. De mi falda vieja le hice a mi niño un pantaloncito, fue su regalo de cumpleaños.

»Pero deseábamos luchar... Nos angustiaba nuestra pasividad... Qué feliz me sentí al poder unirme a la lucha clandestina, por fin dejaría de estar sentada con los brazos cruzados. Por si acaso, a mi hijo —el niño era mayor que la pequeña— le envié con mi suegra. Ella me impuso una condición: "Acogeré a mi nieto siempre que tú no vuelvas a pisar mi casa. Por tu culpa nos matarán a todos". Pasé tres años sin ver a mi hijo, temía acercarme a la casa. Cuando los alemanes dieron con mi pista y empezaron a seguirme, cogí a mi hija y me marché con ella a buscar a los partisanos. La llevé en brazos a lo largo de cincuenta kilómetros. Cincuenta kilómetros... Tardamos dos semanas en llegar...

»Ella estuvo conmigo durante más de un año... A menudo me paro a pensar: ¿cómo logramos sobrevivir? Si me lo pregunta, no sabría contestarle. Querida, simplemente, es algo imposible de aguantar. Solo con oír las palabras "asedio partisano", incluso hoy, los dientes me empiezan a castañetear.

»En mayo de 1943... me enviaron a la zona de partisanos vecina, tenía que llevarles nuestra máquina de escribir. Aquel otro grupo guerrillero tenía una máquina de escribir soviética, con el alfabeto cirílico, pero necesitaban una con el alfabeto alemán, como la que teníamos nosotros. Era la máquina que yo misma había sacado del Minsk ocupado por encargo del comité de lucha clandestina. Llegué a mi destino, a la orilla del lago Pálik, y unos días más tarde comenzó el asedio. En eso me había metido...

»No fui sola, sino con mi hija. Antes, si salía en misiones de uno o dos días, me la cuidaba la gente del grupo, pero no tenía con quién dejarla durante tanto tiempo. Así que, por supuesto, me llevé a la niña conmigo. Empezó el asedio... Los alemanes cercaron la zona de actuación partisana... Nos bombardeaban desde el cielo, nos acribillaban a balazos desde la tierra... Mientras los hombres solo cargaban con sus fusiles, yo iba con mi fusil, la máquina de escribir y mi Ela. Caminábamos, yo me tropezaba, la niña se caía en el barrizal. Seguíamos andando, yo volvía a tropezarme, ella volvía a caerse... ¡Y así durante dos meses! Prometí que si salía con vida, jamás me acercaría a un cenagal, era una cosa que no podía ni ver.

»—Ya sé por qué no te agachas cuando nos disparan. Quieres que nos maten a las dos a la vez —me dijo mi niña de cuatro años. Pero en realidad era porque no me quedaban fuerzas, si me hubiese tumbado, no me habría levantado.

»Los partisanos a veces se compadecían de mí.

»—Tienes que descansar. Deja que llevemos a tu niña.

»Pero yo no se la confiaba a nadie. ¿Y si el enemigo abría fuego? ¿Y si la mataban y yo no estaba a su lado? ¿Y si se perdía?...

»Me crucé con el comandante de brigada Lopátin.

»—Pero ¡qué mujer! —Se asombró—. Lleva a su hija en brazos y no suelta la máquina de escribir. No todos los hombres serían capaces de hacer lo mismo.

»Abrazó a mi Ela y la besó. Después les dio la vuelta a los bolsillos de su pantalón y juntó todas las miguitas de pan. La niña se las comió acompañándolas con el agua del pantano. Otros partisanos siguieron su ejemplo, se revolvieron los bolsillos y le dieron todas las migas.

»Cuando logramos romper el cerco, yo estaba hecha polvo, enferma. Estaba cubierta de forúnculos de los pies a la cabeza, la piel se me caía a jirones. Y tenía a la niña en brazos... Estábamos esperando a un avión procedente de la retaguardia, nos dijeron que si venía, enviarían en él a los heridos de mayor gravedad y que podrían llevarse a mi Ela. Recuerdo el momento en que subió al avión. Los heridos le tendían las manos: "Ela, ven conmigo...", "Ela, siéntate a mi lado. Hay sitio para dos...". Todos la conocían, en el hospital ella les cantaba.

»El piloto preguntó:

»—¿Con quién estás, niña?

»—Con mamá. Está fuera...

»—Pues llama a tu madre para que vuele contigo.

»—No, mamá no puede volar. Tiene que quedarse a combatir contra los nazis.

»Así eran ellos, nuestros hijos. Yo la miraba y se me partía el corazón: ¿volvería a verla algún día?

»Le contaré el reencuentro con mi hijo... Fue después de la liberación. Iba caminando hacia la casa donde vivía mi suegra, las piernas me flaqueaban. Las mujeres del grupo, las que eran mayores que yo, me habían aconsejado:

»—Tú, cuando le veas, en ningún caso puedes soltarle a la primera de cambio que eres su madre. ¿Te imaginas lo que habrá tenido que soportar en tu ausencia?

»Vi correr a una niña, la hija de los vecinos.

»—¡Ay! Usted es la mamá de Lionia. Lionia está vivo...

»La tierra se me deshizo debajo de los pies: mi hijo estaba vivo. La niña me contó que mi suegra había muerto de tifus y que la vecina había acogido a Lionia.

»Entré en su patio. ¿Sabe cómo iba vestido? Llevaba una camisa de uniforme alemán y unas botas de fieltro remendadas, unas botas viejas. La vecina me reconoció enseguida, pero no dijo nada. Mi hijo estaba allí sentado, descalzo, harapiento.

»—¿Cómo te llamas? —le pregunté.

»—Lionia...

»—¿Con quién vives?

»—Antes vivía con mi abuela. Cuando se murió, la enterré. Cada día iba a verla y le pedía que me llevara con ella, a la tumba. Me daba miedo dormir solo...

»—¿Dónde están tu papá y tu mamá?

»—Papá está vivo, en el frente. A mamá la mataron los nazis. Me lo contó mi abuela...

»Conmigo venían dos partisanos, esos hombres habían sepultado a sus compañeros. Escuchaban las respuestas de mi hijo y lloraban.

»No pude aguantar más.

»—¿Cómo es que no reconoces a tu madre?

»Se abalanzó sobre mí.

»—¡Papá! —Yo iba vestida de hombre, llevaba un gorro. Luego me abrazó y gritó—: ¡¡¡Mamá!!!

»Cómo gritaba. Tuvo un ataque de nervios... Durante el mes siguiente no se apartó de mí, ni siquiera me permitía que le dejara para ir al trabajo. Íbamos juntos. No tenía suficiente con saber que estaba con él, tenía que cogerme de la mano. Nos sentábamos a comer, él comía con una mano y con la otra me agarraba. Me llamaba "mamá", "mami". Era muy cariñoso... Todavía lo es...

»Cuando regresó mi marido, me faltó tiempo para contárselo todo. Le estuve hablando durante días y noches...»

Raisa Grigórievna Josenévich,
guerrillera

«La guerra son los entierros... Los entierros de los partisanos eran frecuentes. Si no era en una emboscada, era en un combate. Le contaré un entierro...

»Hubo un combate tremendo. En aquel combate perdimos a muchos, a mí también me hirieron. Después del combate dimos sepultura a los caídos. Por norma general, los discursos de despedida eran cortos. Primero hablaban los comandantes, luego los amigos. Aquella vez entre los muertos había un chico, un vecino del lugar, su madre vino al entierro. Comenzó el llanto por su hijo: "¡Ay, hijo mío! ¡Te estábamos preparando la casa! ¡Nos habías prometido que volverías con tu novia! Y ahora estás casándote con la tierra...".

»Había una fila de hombres esperando, de pie, en silencio. Luego ella levantó la cabeza y se dio cuenta de que en la tumba no solo yacía su hijo, sino muchos otros jóvenes, y lloró por los hijos de las otras madres: "¡Ay, hijitos míos! ¡No saben vuestras madres que os están dejando bajo la tierra! La tierra es fría. El invierno es feroz. Lloraré por todas ellas, por todos vosotros, queridos míos...".

»Fue pronunciar "Lloraré... por todos vosotros, queridos míos" y todos los hombres rompieron a llorar. Nadie pudo resistirlo, no tenían fuerzas. Toda la fila estaba llorando a pleno pulmón. Entonces el comandante ordenó: "¡Saluden!". La descarga de fusiles ahogó el llanto.

»En ese momento me asombró la grandeza del corazón de una madre. En el auge de su enorme dolor, cuando enterraban a su propio hijo, la generosidad de su corazón le hizo llorar por los hijos de los otros... Llorarlos como si fuesen suyos...»

Larisa Leóntievna Korótkaia,
guerrillera

«Regresé a mi aldea...

»Junto a nuestra casa jugaban unos niños. Yo les miraba y pensaba: "¿Cuál será la mía?". Todos eran iguales. Todos tenían el pelo corto, trasquilado. No reconocí a mi hija, les pregunté quién era Liusia. Vi que uno de los pequeños, vestido con una camisa larga, se levantaba y corría hacia la casa. Iban vestidos de tal manera que costaba diferenciar entre niños y niñas. Pregunté otra vez:

»—A ver, ¿quién de vosotros es Liusia?

»Señalaron con los dedos: "Aquella que ha ido corriendo". Comprendí que era mi hija.

»Al instante reapareció, iba de la mano de mi abuela, la madre de mi madre. Iba a mi encuentro.

»—Vamos, vamos allí. Reñiremos a mamá por habernos dejado.

»Yo iba vestida con ropa militar de hombre, con gorra militar, llegué a caballo. Mi hija, por supuesto, se imaginaba que su mamá debía ser como el resto de las mujeres, como su abuela. Y en vez de eso, delante tenía a un soldado. Tardó mucho en aceptarme, me tenía miedo. Podía enfadarme todo lo que quisiera, pero la realidad era que yo no la había criado, había crecido con la abuela.

»De regalo les llevé jabón. En aquella época era un regalo de lujo. Cuando lavábamos a la niña, ella intentaba morder el jabón. Le apetecía probarlo y comérselo. Así era como habían vivido. A mi madre... yo la recordaba como a una mujer joven, me recibió una ancianita. Le dijeron que había llegado su hija, y ella salió corriendo a la calle. Me vio, abrió los brazos y corrió hacia mí. La reconocí y me precipité a su encuentro. A pocos pasos de mí, se cayó, le fallaron las fuerzas. Yo caí a su lado. Besaba a mi madre. Besaba la tierra. Sentía en mi corazón tanto amor, tanto odio.

»Recuerdo a un alemán herido, tumbado, se agarraba a la tierra, la herida le dolía; se le acercó nuestro soldado: "¡No toques eso, es mi tierra! La tuya está allí de donde has venido...".»

María Vasílievna Pavlovez,
médico, guerrillera

«Me fui a la guerra poco después de marcharse mi marido...

»Dejé a mi hija con mi suegra, pero mi suegra murió pronto. La hermana de mi marido acogió a la niña. Cuando acabó la guerra y me licencié del ejército, mi cuñada no quiso devolverme a mi hija. Decía que no tenía derecho a ser madre porque había abandonado a la pequeña y me había ido a combatir. ¿Acaso una madre es capaz de abandonar a su hijo, y más cuando es tan indefenso? Yo regresé de la guerra y mi hija había cumplido siete años, me había ido cuando ella tenía tres. Me recibió una niña mayor. Cuando ella era pequeña, faltaba la comida, cerca de la casa había un hospital, ella iba allí y bailaba para los heridos, ellos le daban pan. Mi hija me lo contó más tarde... Al principio, ella esperaba a su papá y a su mamá, después solo a su mamá. Su papá murió... Ella lo sabía...

»En el frente, yo pensaba mucho en mi hija, no la olvidé ni por un instante, soñaba con ella. La añoraba. Lloraba por no poder leerle cuentos, por saber que se acostaba y se levantaba sin mí... Otra persona le hacía las trenzas... No le guardaba rencor a mi cuñada. La comprendía... Ella amaba mucho a su hermano, era un hombre fuerte, apuesto, no le cabía en la cabeza que pudieran matar a un hombre como él. No obstante, perdió la vida muy pronto, en los primeros meses de la guerra... Una mañana, un bombardeo aniquiló sus aviones en tierra. Durante los primeros meses, e incluso el primer año de guerra, los alemanes eran los reyes del cielo. Murió... Y su hermana no quería despedirse de lo poco que le quedaba de él. De lo último. Era de ese tipo de mujeres que consideran que la familia, los hijos, son lo más importante de la vida. En medio de un bombardeo, bajo el fuego de la artillería, lo que más le atormentaba era que el niño no se había bañado. No puedo juzgarla...

»Ella decía que yo era cruel... Que carecía de alma femenina... Pero en la guerra nosotras sufríamos mucho... Estábamos lejos de nuestras familias, de nuestras casas, de nuestros hijos... No solo yo, muchas mujeres habían dejado a sus hijos en casa. Entre vuelo y vuelo, mientras esperábamos la orden de salida, los hombres fumaban, jugaban al dominó. Nosotras, en cambio, bordábamos paños hasta que nos daban la señal de partir. Por ejemplo, mi navegante. Ella quería enviar una fotografía a su casa, nosotras le buscamos un pañuelo grande y la envolvimos en él para que no se le vieran las hombreras, la camisa del uniforme quedaba oculta bajo la tela. Parecía que llevara un vestido... Y así se había fotografiado. Era su fotografía favorita...

»Con mi hija nos hicimos amigas... Lo hemos sido toda la vida...»

Antonina Grigórievna Bóndareva,
teniente de Guardia, piloto al mando

«Tardé mucho en acostumbrarme a la guerra...

»Íbamos al ataque. La primera vez que vi a un herido brotándole la sangre de una arteria —antes nunca lo había visto, la sangre le brotaba a chorros— corrí a buscar a un médico. El herido me paró a gritos: "¿Adónde vas? ¡Utiliza el cinturón!". Solo entonces me dominé...

»¿Si siento pena por algo? Sí, por un niño... Un niño de siete años que se había quedado sin su madre. A su madre la mataron. El niño estaba sentado en la carretera al lado del cadáver de su madre. Él no comprendía que ya se había ido, esperaba que se despertase, le decía que tenía hambre...

»Nuestro comandante no quiso dejar solo a ese niño, lo acogió: "Hijo, ya no tienes una madre, pero contarás con muchos padres". El chaval crecía a nuestro lado. Como un hijo del regimiento. Desde los siete años. Se encargaba de cargar con cartuchos el tambor del subfusil PPSh.

»Cuando usted se vaya, mi marido empezará a armar jaleo. No le gustan nada estas conversaciones. Él odia la guerra. Pero él no estuvo allí, era demasiado joven, es más joven que yo. No tenemos hijos. Yo no paro de recordar a aquel niño... Hubiese podido ser mi hijo...

»Después de la guerra sentía pena por todos. Por las personas... Por los gallos, por los perros... Ahora sigo sin ser capaz de soportar el dolor ajeno. Después trabajé en un hospital, los pacientes me adoraban porque era muy cariñosa. Tenemos un jardín grande. No se ha podrido nunca ni una manzana, ni una fruta. Las regalo, se las regalo a la gente... Es a lo que me acostumbré en la guerra... Es mi modo de ser...»

Liubov Zajárovna Nóvik,
enfermera

«Entonces yo no lloraba...

»Era lo único que me daba miedo... Arrestaban a los compañeros, luego venían unos días de espera insoportable: "¿Aguantarán las torturas?". Si no las aguantaban, vendrían nuevos arrestos. Al cabo de un tiempo nos llegaba la información de que los detenidos iban a ser ejecutados. Me encomendaban a mí la tarea de ir a ver a quién ahorcaban ese día. Yo caminaba por la calle, veía que estaban preparando la horca... Llorar estaba prohibido, detenerse un segundo de más también estaba prohibido: en todas partes había agentes. Hacía falta tanta valentía, mejor dicho, tanta fuerza de voluntad, para guardar silencio... Para pasar por delante sin derramar lágrimas...

»Así que no lloraba...

»Era consciente de dónde me estaba metiendo, pero solo cuando me detuvieron lo comprendí con todo su peso. Me encerraron en la cárcel. Me pegaban patadas, me daban latigazos. Aprendí lo que era la "manicura" nazi. Pones las manos encima de una mesa y una maquinita especial te mete agujas por debajo de las uñas... A la vez, debajo de cada uña... ¡Un dolor infernal! Te desmayas al momento. No lo recuerdo, sé lo terrible que es ese dolor, pero no lo recuerdo... Me estiraban encima de los troncos. A lo mejor no se dice así, no sé. Pero lo que recuerdo es lo siguiente: hay dos troncos, te tumban entre ellos... y ponen en marcha una máquina... Acto seguido oyes cómo crujen, cómo se retuercen tus huesos... ¿Si duraba mucho? Tampoco me acuerdo... Me torturaban en la silla eléctrica... Eso fue después de escupirle en la cara a uno de los verdugos... No recuerdo si era un joven o un viejo. Me desnudaron del todo y ese se me acercó y puso las manos en mis pechos... Solo pude escupirle... Y nada más. Entonces me sentaron en la silla eléctrica...

»Desde entonces todo lo que tiene que ver con la electricidad me produce malestar. Me hace acordarme de cómo se te agita el cuerpo... Ni siquiera puedo planchar... Me afectó de por vida: cojo la plancha y siento descargas por todo el cuerpo. No soy capaz de hacer nada relacionado con la electricidad. Tal vez tendría que haber acudido a psicoterapia después de la guerra. No sé. Pero, bueno, mejor o peor, ya he vivido mi vida...

»Ay, no sé qué me pasa hoy, no dejo de llorar. Entonces yo no lloraba...

»Me condenaron a pena de muerte en la horca. Estuve en la celda de los condenados junto con otras dos mujeres. ¿Sabe?, nosotras no llorábamos, no cedíamos al pánico: al entrar en la organización clandestina ya sabíamos lo que nos esperaba, por eso manteníamos la calma. Hablábamos de poesía y recordábamos nuestras óperas favoritas... Comentábamos mucho *Anna Karénina*... Hablábamos del amor... A nuestros hijos ni los mencionábamos, nos daba miedo recordarlos. Incluso nos sonreíamos, nos animábamos unas a otras. Así pasamos dos días y medio... A la mañana del tercer día me llamaron. Nos despedimos, nos dimos un beso sin derramar una sola lágrima. No sentía miedo: por lo visto, me había acostumbrado tanto a la idea de la muerte que el miedo había desaparecido. Igual que las lágrimas. En mi alma se había establecido una especie de vacío. Ya no pensaba en nadie...

»Viajamos un largo rato, no me acuerdo de cuánto exactamente, yo iba despidiéndome de la vida... Finalmente el vehículo se paró. Éramos unas veinte personas, no podíamos ni bajar, teníamos los cuerpos machacados. Nos echaron al suelo como si fuéramos sacos y el alcaide nos ordenó que nos arrastrásemos hacia los barracones. Nos iba arreando con una fusta... Al lado de uno de los barracones vimos a una mujer que le estaba dando el pecho a su bebé. Y, bueno... Los perros, los centinelas, todos se quedaron estupefactos, la miraban y nadie le levantaba la mano. El alcaide no lo toleró... De un brinco se puso a su lado. Le arrebató al niño de las manos... Y, bueno, allí había una boca de agua, pues él venga a golpear al bebé contra esa cosa metálica. Los sesos salpicaban... La leche... Vi que la madre se caía al suelo y comprendí, soy médico... Comprendí que le había estallado el corazón...

»Un día nos estaban escoltando hacia nuestros puestos de trabajo. Íbamos atravesando la ciudad, caminando por calles conocidas. Bajábamos una calle y de pronto oí una voz familiar: "¡Mamá, mamá!". Vi a tía Dasha y a mi hija corriendo hacia mí. Mi hija llegó corriendo hasta mí y me abrazó. Imagínese: ninguno de los perros centinelas adiestrados especialmente para atacar a personas se había movido. Lo normal era que esos perros se echaran encima a la mínima, a desgarrar, pero en aquel momento se quedaron quietos. La niña me abrazaba, yo no lloré, solo repetía: "¡Hija! Natasha, no llores. Pronto estaré en casa". Ni los centinelas, ni los perros, nadie la tocó...

»En ese momento tampoco lloré...

»Con cinco años, lo que mi hija se aprendía de memoria no eran canciones infantiles, sino oraciones. Tía Dasha le enseñaba a rezar. La niña rezaba por papá y por mamá, para que sobreviviésemos.

»El 13 de febrero de 1944 me enviaron al presidio nazi... Me tocó un campo de concentración en Francia, a orillas del canal de la Mancha.

»En primavera... El 18 de marzo, día de la Comuna de París, los franceses organizaron una fuga. Así me uní a los maquis.

»Fui condecorada con la Cruz de Guerra francesa...

»Después de la Victoria regresé a casa... Recuerdo... Fue la primera parada en nuestra tierra... Todos nosotros bajamos de los vagones, besábamos la tierra, la abrazábamos... Recuerdo que vestía una bata blanca, me caí al suelo y besaba la tierra, a puñados me la metía en el pecho. Pensé: "¿Seré capaz de alejarme de nuevo de mi tierra, de algo que amo tanto?".

»Llegué a Minsk, no encontré a mi marido en casa. Mi hija vivía con tía Dasha. El NKVD había arrestado a mi marido, le tenían en una cárcel. Fui allá... Y oí... Me dijeron: "Su marido es un traidor". Mi marido y yo habíamos entrado juntos en la organización clandestina. Los dos. Él era un hombre valiente y honesto. Comprendí que había una denuncia contra él... Le habían difamado... "No —dije—, es imposible que mi marido sea un traidor. Yo le creo. Es un comunista convencido." El fiscal... comenzó a chillar: "¡Cállate la boca, puta francesa! ¡Cállate!". Haber vivido en los territorios ocupados, haber caído prisionero de guerra, haber pasado por los campos de trabajo en Alemania, haber estado en los campos de exterminio: todo levantaba sospechas. La pregunta básica era: ¿cómo habías salido con vida? ¿Por qué no habías muerto? Incluso los muertos estaban bajo sospecha... Incluso ellos... Nadie parecía tener en cuenta que habíamos luchado, que lo habíamos sacrificado todo por la Victoria. Que habíamos vencido... ¡Que el pueblo había logrado la Victoria! Stalin no confiaba en el pueblo. Ese era el agradecimiento de la Patria. Por nuestro amor, por nuestra sangre...

»Yo... escribía solicitudes, acudía a las autoridades de todos los niveles. Al cabo de medio año soltaron a mi marido. Le rompieron una costilla y le lesionaron un riñón... En el calabozo nazi le habían herido en la cabeza y le habían roto un brazo, allí su cabello se volvió canoso; en 1945, en el NKVD, le convirtieron en un inválido. Dediqué años enteros a curarle, pero no podía decir nada de eso, él no quería escucharme. "Me detuvieron por error", y ya está. Para él lo principal era que habíamos vencido. Y punto. Yo le creía.

»Y no lloraba. Entonces yo no lloraba...»

Liudmila Mijáilovna Káshechkina,
miembro de una organización clandestina

«¿Cómo explicárselo a un niño? ¿Cómo explicarle la muerte?...

»Iba andando con mi hijo por la calle y por ambos lados yacían muertos. Yo iba contándole el cuento de la Caperucita Roja y a nuestro alrededor había cadáveres. Fue cuando regresábamos del campo de refugiados. Llegamos a casa de mi madre, algo no iba bien: mi niño se metía debajo de la cama y se pasaba allí el día entero. Tenía cinco años y no había forma de sacarle a la calle...

»Estuve un año sin saber qué hacer con él. No lograba que me explicara qué era lo que le atormentaba. Vivíamos en un sótano, si alguien pasaba por la calle, por la ventana solo se veían las botas. Un día salió de debajo de la cama, vio esas botas pasando por la ventana y lanzó un grito... Más tarde recordé que un nazi le había pegado con las botas...

»Poco a poco se le fue pasando. Ya jugaba con los niños en la calle, por la tarde volvía a casa y me preguntaba:

»—Mamá, ¿cómo es papá?

»Yo le explicaba:

»—Papá es clarito, es guapo, lucha contra los nazis.

»Cuando nuestras tropas liberaban Minsk, los tanques eran los primeros en irrumpir en la ciudad. Mi hijo llegó a casa llorando.

»—¡Mi padre no está allí! Son todos negros, no hay ningún rubio...

»Era el mes de julio, los tanquistas eran jóvenes y estaban muy morenos...

»Mi marido regresó a casa inválido. Regresó un viejo en vez de un joven, qué desastre: el niño se había acostumbrado a la idea de que su padre era clarito y guapo, pero a casa llegó un hombre viejo y enfermo. El pobre crío tardó mucho en reconocer a su padre en ese hombre. No sabía ni cómo llamarle. Tuve que acostumbrarles el uno al otro.

»Mi marido volvía del trabajo y yo le recibía diciendo:

»—¿Por qué has tardado tanto? Dima ha estado preocupado, decía: "¿Dónde está mi papá?".

»Él, mi marido, tras seis años de guerra (también había combatido en la guerra ruso-japonesa), se había desacostumbrado a su hijo. A su casa.

»Cuando yo compraba algo, le decía a mi hijo:

»—Lo ha comprado papá, él te cuida mucho.

»Pronto se hicieron amigos...»

Nadezhda Vikéntievna Játchenko,
miembro de una organización clandestina

«Mi biografía...

»Yo llevaba desde 1929 trabajando en los ferrocarriles. Era ayudante de conductor. En aquella época, en la Unión Soviética no había mujeres conductoras de trenes. Era mi sueño. El jefe del depósito de locomotoras refunfuñaba: "Mírala, se le ha metido en la cabeza una profesión de hombres". Pero yo avanzaba hacia mi meta. En 1931 lo conseguí... Fui la primera mujer conductora de trenes. Usted no me creerá, pero, cuando yo conducía la locomotora, la gente se agolpaba en los andenes: "Una muchacha llevando el tren".

»Nuestra locomotora estaba pasando la revisión. Mi marido y yo trabajábamos por turnos, ya teníamos a nuestro hijo y nos habíamos organizado la vida de la siguiente forma: si él salía de viaje, yo me quedaba con el niño; si yo me iba, le cuidaba él. Justo aquel día mi marido acababa de regresar y en poco tiempo yo tenía que marcharme. Por la mañana me desperté y oí que algo raro pasaba en la calle, había mucho alboroto. Puse la radio: "¡Guerra!".

»Desperté a mi marido.

»—¡Lionia, levántate! ¡La guerra! ¡Levántate, ha comenzado la guerra!

»Se fue corriendo al depósito, regresó con la cara llorosa.

»—¿Sabes qué es una guerra?

»¿Qué hacer? ¿Cómo proteger al niño?

»Nos evacuaron, a mí y a mi hijo, a la retaguardia, a la ciudad de Uliánovsk. Nos facilitaron un apartamento de dos habitaciones, era un buen apartamento, el mejor que he tenido. Encontramos una plaza para mi hijo en la guardería. Todo iba bien. La gente me quería. ¡Claro que sí! Era la mujer conductora de trenes, la primera... Usted no me creerá, pero no me quedé allí, no aguanté ni medio año. No pude: ¡todos defendiendo la Patria menos yo!

»Vino mi marido.

»—¿Qué, María, te quedarás en la retaguardia?

»—No —le dije—, nos vamos.

»En aquel momento se estaba organizando un convoy de reserva especial para las necesidades del frente. Mi marido y yo solicitamos el ingreso. Mi marido era el jefe de locomotora, yo era la conductora. Pasamos cuatro años en el mismo vagón, nuestro hijo viajaba con nosotros. En toda la guerra, el crío no había visto ni siquiera un gato, cerca de Kiev recogió a una gatita, luego hubo un bombardeo tremendo, nos atacaron cinco aviones, y el niño abrazó a la gata: "Mi gatita, cuánto me alegro de haberte encontrado. No veo a nadie, quédate conmigo. Te voy a dar un beso". Un crío... Un niño debe mantener las cosas de niños... Antes de dormirse, me decía: "Mamá, tenemos una gata. Ahora ya tenemos una casa de verdad". Ni por asomo te inventas algo parecido... Que no se le escape... Apúntese sobre todo lo de la gata...

»Nos bombardeaban, nos disparaban con las ametralladoras. Siempre apuntaban a la locomotora, lo importante era matar al conductor, destruir la locomotora. Los aviones descendían y descargaban contra la locomotora, contra el vagón, y mi hijo iba dentro de ese vagón. Más que nada, temía por mi hijo. Es indescriptible... Bajo el bombardeo, me lo llevaba conmigo a la locomotora. Le abrazaba, le estrechaba contra el corazón: "¡Que nos mate la misma metralla!". ¿Acaso es posible? Tal vez por eso salimos con vida. Apúnteselo...

»La locomotora es mi vida, mi juventud, lo más bello de mi existencia. Me gustaría seguir conduciendo, pero ya no me dejan, soy vieja...

»Qué terrible es tener solo un hijo. Qué tontería... Ahora vivimos... Bueno, vivo con la familia de mi hijo. Él es médico, dirige una de las plantas del hospital. Nuestro apartamento no es grande. Pero nunca me voy de vacaciones, nunca me voy de viaje... Es indescriptible... No quiero alejarme de mi hijo, de mis nietos. Me espanta la idea de separarme de ellos aunque sea por un día. Mi hijo tampoco se aleja de mí. Pronto hará veinticinco años que trabaja y ni una vez se ha ido de viaje. En su trabajo, la gente se sorprende. "Mejor me quedo contigo, mamá", es lo que él me dice. Y mi nuera es igual. Es indescriptible... Si no tenemos una casa de veraneo es simplemente porque no somos capaces de separarnos ni por unos días. Ni un minuto puedo vivir sin ellos.

»Quien haya estado en la guerra sabe lo que significa separarse por un día. Por un solo día.»

María Aleksándrovna Árestova,
conductora de tren

«Incluso ahora hablo en susurros... Sobre aquello... En susurros... Y eso que ya han pasado cuarenta años y pico...

»Olvidé la guerra... Porque después de la guerra continué viviendo con miedo. Mi vida era un infierno.

»Ya habíamos celebrado la Victoria, la estábamos celebrando. Ya estábamos recogiendo ladrillos, trozos de metal, habíamos empezado a limpiar la ciudad. Trabajábamos de día y de noche, no recuerdo cuándo dormíamos. Trabajábamos sin parar.

»El mes de septiembre... era cálido, recuerdo que había mucho sol. Que había mucha fruta. En el mercado, las manzanas se vendían a cubos. Aquel día... Yo estaba colgando ropa recién lavada en el balcón... Recuerdo hasta el último detalle porque a partir de aquel día mi vida cambió. Todo se quebrantó. Se puso patas arriba. Estaba colgando la ropa... Era ropa de cama blanca, siempre he usado la ropa de cama blanca. Mamá me había enseñado cómo lavarla con arena en vez de con jabón. Íbamos al río a buscar la arena, yo conocía un lugar especial. Y, bueno... La ropa... Desde abajo me llamó una vecina, gritando como una loca: "¡Valia! ¡Valia!". Bajé a todo correr, el primer pensamiento fue: "¿Dónde está mi hijo?". Los chavales jugaban entre las ruinas, jugaban a la guerra y encontraban granadas y minas de verdad. Los artefactos a veces detonaban... Los chicos se quedaban sin brazos, sin piernas... Me acuerdo de cómo intentábamos retenerlos, pero eran chavales, tenían curiosidad. Ibas y le pegabas una bronca: "¡Quédate aquí!", y en cinco minutos ya se te escapaba. Las armas les atraían... Sobre todo después de la guerra... En fin, yo bajé corriendo. Salí al patio y allí estaba mi marido... Mi Iván... Mi querido marido... ¡Iván! Había regresado... ¡Había regresado del frente! ¡Estaba vivo! Yo le besaba, le acariciaba. Tocaba su camisa, sus manos. Había regresado... Me flaqueaban las piernas... Y él... Él parecía una piedra. Ni me sonrió, ni me abrazó. Como si le hubiesen congelado. Me asusté, pensé que a lo mejor era por algún traumatismo. O tal vez que había ensordecido. Pero me daba igual, lo importante era que estaba allí. Yo le cuidaría, le curaría. Muchas mujeres vivían con hombres en aquel estado, yo los había visto, pero de todos modos nos daban envidia. Todo eso pasó por mi cabeza en un instante. Se me doblaban las rodillas de la felicidad. Me temblaban. ¡Él estaba vivo! Ay, cariño, así es la suerte de una mujer...

»Enseguida se reunieron los vecinos. Todos se alegraban y se abrazaban. Pero él nada, parecía una piedra. No abría la boca. Los demás se dieron cuenta.

»Yo:

»—Iván... Iván...

»—Vámonos a casa.

»Lo que tú quieras, vámonos a casa. Me colgué de su hombro... ¡Tan feliz era! Pura alegría. ¡Estaba orgullosa! En casa, callado, se sentó en el taburete.

»—Iván... Iván...

»—Verás... —No pudo continuar. Lloró.

»—Iván...

»Tuvimos una noche. Una sola noche.

»A la mañana siguiente vinieron a por él, golpearon la puerta. Él fumaba y esperaba, sabía que vendrían. Me había contado poca cosa... No le había dado tiempo... Había atravesado Rumanía, Checoslovaquia, volvía con condecoraciones, pero también regresaba con miedo. Ya le habían interrogado, ya había pasado por dos inspecciones estatales. Le habían tachado por haber caído prisionero. Ocurrió durante las primeras semanas de guerra..., en las afueras de Smolensk... Cayó prisionero, pero debía de haberse pegado un tiro. Lo quiso hacer, lo sé seguro... Se les había acabado la munición, no tenían ni para combatir ni para quitarse la vida. Le habían herido en la pierna, en ese estado le capturaron. Ante sus ojos, el comisario político se abrió la cabeza con una piedra... El último cartucho había dado gatillazo... Delante de él... Un oficial ruso no se deja capturar, no hay prisioneros en la guerra, hay traidores. Lo decía el camarada Stalin, él mismo había renunciado a su propio hijo cuando este cayó prisionero. Mi marido... Mi... Los fiscales le gritaban: "¿Por qué estás vivo? ¿Por qué?". Él se había escapado... Se escapó al bosque, se unió a los partisanos ucranianos. Cuando liberaron Ucrania, solicitó que le enviaran al frente. El día de la Victoria se encontraba en Checoslovaquia. Le condecoraron...

»Tuvimos una noche... Si lo hubiese sabido... Yo acariciaba la esperanza de quedarme encinta, de dar a luz a una niña...

»Por la mañana se lo llevaron... Lo sacaron de la cama... Me senté en la mesa de la cocina, esperando a que se despertara nuestro hijo. El niño había cumplido once años. Sabía que se despertaría y me preguntaría, lo primero que me preguntaría: "¿Dónde está papá?". ¿Qué le iba a contestar? ¿Cómo explicárselo a los vecinos? ¿O a mi madre?

»Recuperé a mi marido al cabo de siete años... Durante cuatro años, mi hijo y yo estuvimos esperando que volviera de la guerra; y, después de la Victoria, esperamos otros siete a que volviera de la región de Kolimá. De los campos de prisión. Pasamos once años esperando. Mi hijo creció...

»Aprendimos a callar..."¿Dónde está su marido?""¿Quién es tu padre?" Cualquier formulario oficial incluía la pregunta: "¿Hay algún prisionero de guerra entre sus familiares?". Una vez se me ocurrió contestar la verdad y me negaron el empleo de señora de la limpieza en una escuela. No confiaban en mí para fregar los suelos. De pronto yo era el enemigo del pueblo, la mujer del enemigo del pueblo. De un traidor. Tiraron mi vida por la borda... Antes de la guerra, yo era maestra de escuela, me había graduado, después de la guerra cargaba ladrillos. Ay, mi vida... Discúlpeme, sé que hablo de una forma incoherente, mi relato es muy lioso. Me precipito... De noche yo solía... Cuántas noches he pasado sola recordando mi vida. Y de día mantenía la boca cerrada.

»Hoy en día se puede hablar de todo. Yo quiero... preguntar: ¿quién es el culpable de que en los primeros meses de guerra millones de soldados y oficiales cayeran prisioneros? Quiero saberlo... ¿Quién decapitó al ejército antes de la guerra? ¿Quién los fusiló? ¿Quién los difamó y los tachó de espías alemanes, de espías japoneses? Yo quiero... ¿Quién depositó su confianza en la caballería de Budionni mientras Hitler se armaba de tanques y de aviones? ¿Quién nos aseguraba: "Nuestras fronteras están selladas..."? Y eso que en los primeros días de guerra nuestro ejército tuvo que ahorrar cada cartucho...

»Yo quiero... Ya puedo preguntarlo... ¿Qué ha sido de mi vida? ¿De nuestra vida? Pero yo guardo silencio y mi marido también. Incluso ahora nos invade el temor. Tenemos miedo... Continuamos viviendo con miedo. Duele y es vergonzoso...»

Valentina Evdokímovna M-va,
enlace de partisanos

«Se puso la mano allí, en el corazón...»

Y por fin llegó la Victoria...

Si antes sus vidas se habían dividido en paz y guerra, desde ahora se dividían en guerra y Victoria.

Otra vez había dos mundos diferentes, dos vidas diferentes. Después de haber aprendido a odiar, ahora tenían que aprender a amar. Recordar los sentimientos olvidados. Las palabras olvidadas.

La persona de la guerra debía volver a ser la persona de la no-guerra...

SOBRE LOS ÚLTIMOS DÍAS DE GUERRA, CUANDO MATAR DABA ASCO

«Estábamos felices...

»Habíamos cruzado la frontera, la Patria había sido liberada. Nuestra tierra... Yo no reconocía a los soldados, eran otras personas. Todos sonreían. Vestían camisas limpias. Iban con flores en las manos, no había conocido a gente tan feliz. Antes nunca la había visto. Yo creía que una vez que entrásemos en Alemania no sentiría pena por los alemanes, que no habría piedad para nadie. ¡Tenía tanto odio acumulado! ¡Tanta rabia! ¿Por qué debía sentir compasión por sus hijos? ¿Por qué debía sentir compasión por sus madres? ¿Por qué no debía destruir sus casas? Ellos no se apiadaban... Ellos mataban... Quemaban... ¿Y yo? Yo..., yo..., yo... ¿Por qué? ¡¡¿Por qué?!! Tenía ganas de ver a sus mujeres, de ver a las madres que habían parido a esos hijos. ¿Cómo nos mirarían a los ojos? Yo quise mirar a sus ojos...

»Pensaba: "¿Qué será de mí? ¿Qué será de nuestros soldados?". Lo recordábamos todo... ¿Cómo lo soportaremos? ¿Cuánta fuerza necesitaremos para soportarlo? Entramos en un pueblo, había niños en la calle, estaban hambrientos y su aspecto era lamentable. Tenían miedo de nosotros... Se escondían... Yo, la que se había jurado a sí misma que les odiaría a todos... Yo misma recolectaba lo poco que les quedaba a nuestros soldados de sus raciones de comida, los últimos terrones de azúcar, para dárselos a los niños alemanes.

Por supuesto, no había olvidado... Lo recordaba todo... Pero no podía mirar como si nada a los ojos de aquellos niños hambrientos. De madrugada se formaban colas de niños alemanes hasta nuestras cocinas de campaña, les dábamos una ración de primer y segundo plato. Cada niño venía con su bolso para el pan colgado del hombro y en la cintura llevaban un bidón pequeño para sopa o cualquier otra comida caliente: gachas o potaje. Les alimentábamos, les curábamos. Incluso les acariciábamos... Acaricié a uno por primera vez y... me asusté... Yo... ¡Yo! Estaba acariciando a un niño alemán... La boca se me secó. Se me pasó pronto, me acostumbré. Y ellos también se acostumbraron...»

Sofía Adámovna Kuntsévich,
cabo, instructora sanitaria

«Yo acabé mi camino en Alemania... Y lo comencé en Moscú...

»Era técnica sanitaria superior en un regimiento de carros blindados. Nuestros tanques eran los T-34, el fuego los consumía rápidamente. Pasé mucho miedo. Antes de la guerra ni siquiera había oído nunca un disparo. De camino al frente, se oía el bombardeo desde lejos y me parecía que toda la tierra temblaba. Tenía diecisiete años y acababa de licenciarme en la escuela técnica. Me metí en combate nada más llegar.

»Bajé del tanque... Todo estaba en llamas... El cielo ardía... El suelo ardía... El metal ardía... A mi lado había muertos y alrededor se oía: "Ayúdenme... Ayúdenme...". ¡Era terrible! No sé por qué no me escapé. ¡Cómo logré no salir corriendo del campo de batalla! Es tan espantoso que no existen palabras para describirlo, solo las emociones. Antes no podía ver películas de guerra, ahora ya sí, pero igualmente me hacen llorar.

»Llegué hasta Alemania...

»Lo primero que vi al pisar suelo alemán fue una pancarta casera que habían puesto a un lado de la carretera: "¡Esta es la maldita tierra alemana!".

»Entramos en un pueblo... Por todas partes veíamos las contraventanas cerradas. La gente lo había dejado todo y se habían escapado montando en sus bicicletas. Goebbels les había convencido de que los rusos vendrían y les degollarían, les machacarían, les cortarían en pedazos. Abrías la puerta de una casa: o estaba vacía, o estaba llena de cadáveres, la gente se había envenenado. Había niños muertos. Tomaban veneno, se mataban a tiros... ¿Sabe lo que sentíamos? La alegría de haber vencido y de que a ellos les dolía lo mismo que nos había dolido a nosotros. Nos sentíamos vengados. Y los niños nos daban lástima...

»Encontramos a una vieja.

»Le dije:

»—Hemos vencido.

»Ella lloró.

»—Mis dos hijos han muerto en Rusia.

»—¿Y de quién es la culpa? ¡¿Cuánta gente perdimos nosotros?!

»Me respondió:

»—Hitler...

»—Hitler no tomaba las decisiones por todos. Eran vuestros hijos y maridos...

»No me replicó nada.

»Llegué hasta Alemania...

»Hubiera querido contárselo a mi madre... Pero mi madre había muerto de hambre, no tenían ni pan, ni sal, no tenían nada. Mi hermano estaba en el hospital, herido de gravedad. En casa solo me esperaba mi hermana. Me escribió contándome que, al ver a nuestras tropas entrando en Orel, cogía de la mano a todas y cada una de las chicas militares. Daba por supuesto que yo estaría allí. Que yo tenía que volver viva a casa...»

Nina Petróvna Sákova,
teniente, técnica sanitaria

«Los caminos de la Victoria...

»¡Usted ni se imagina cómo eran los caminos de la Victoria! Por ellos transitaban los prisioneros liberados, empujaban carretillas, llevaban bártulos, iban con banderas nacionales. Los rusos, los polacos, los franceses, los checos... Todos caminando, cada uno hacia su destino. Todos nos abrazaban. Nos besaban.

»Nos cruzamos con unas muchachas rusas. Hablé con ellas y me contaron... Una de ellas se había quedado embarazada. La más guapa. La había violado el agricultor que las empleaba. La había obligado a vivir con él. Mientras caminaba, lloraba, se golpeaba en la barriga: "¡No pienso llevar a casa a un nazi! ¡No lo llevaré!". Las demás intentaban calmarla... Finalmente la chica se ahorcó... Junto a su pequeño nazi...

»Era el momento de escucharnos, de escuchar y de escribir. Es una pena que a nadie se le pasara por la cabeza escucharnos, la gente repetía una y otra vez la palabra "Victoria", todo lo demás se consideraba pasajero.

»Un día iba con una amiga en bicicleta. Por la carretera iba una mujer alemana con sus hijos, creo que eran tres: dos en un carrito y uno caminando, se sujetaba a la falda de su madre. Ella parecía muy agotada. Verá, la mujer nos alcanzó, se puso frente a nosotras y se inclinó. Así... Hasta el suelo... No comprendíamos lo que nos decía. Se puso la mano allí, en el corazón, y señaló a sus hijos. Bueno, finalmente comprendimos que nos daba las gracias por no haberles quitado la vida a sus hijos...

»Era la esposa de alguien. Probablemente su marido había combatido en el frente oriental... En Rusia...»

Anastasia Vasílievna Voropaeva,
alférez, operadora de un proyector antiaéreo

«Un oficial de nuestra unidad se enamoró de una chica alemana...

»Los jefes se enteraron... Le deshonraron y le mandaron a la retaguardia. Si solo la hubiese violado... Eso... sucedía... Rara vez sale en nuestros libros, pero es la ley de la guerra. Los hombres llevaban tanto tiempo sin mujeres... y además, claro, el odio nos desbordaba. Entrábamos en un pueblo o en una aldea: los tres primeros días se dedicaban al saqueo y a... De manera oficiosa, por supuesto... Lo entiende, ¿no?... Pasados esos tres días ya era otra cosa, incluso te podían mandar a los tribunales. Pero los tres primeros días se emborrachaban y... claro... Pero lo de ese que se enamoró... Aquel oficial lo reconoció abiertamente en la Sección Especial del NKVD: era amor. Por supuesto, era una traición. ¿Enamorarse de una alemana? ¿De la hija o de la mujer del enemigo? Es... Bueno... Le obligaron a que entregara sus fotografías, su dirección, por supuesto...

»Recuerdo... Claro que recuerdo a una mujer alemana violada. Yacía desnuda, en la entrepierna le habían metido una granada. Ahora siento vergüenza, pero en aquel momento no la sentí. Y también los sentimientos cambiaban. Los primeros días sentíamos una cosa, más tarde otra... Pasados unos meses... Una vez vinieron cinco chicas alemanas a nuestro batallón para ver al comandante. Lloraban... Un ginecólogo las revisó: tenían heridas ahí. Estaban completamente desgarradas. Tenían las bragas empapadas de sangre... Las habían estado violando durante toda la noche. Los soldados hacían cola...

»No lo grabe... Apague la grabadora... ¡Es verdad! ¡Todo esto es verdad! Ordenaron al batallón formar filas... A esas muchachas alemanas les dijeron: "Buscadlos, fusilaremos aquí mismo a los violadores. Sea cual sea su rango. ¡Estamos avergonzados!". Pero ellas lloraban. No querían... No querían que se derramase más sangre. Eso fue lo que dijeron... Entonces les dieron una hogaza de pan a cada una de ellas. Claro, todo esto es la guerra... Claro...

»¿Usted cree que perdonar era fácil? Ver esas casitas blancas... intactas... Con techados de tejas. Con rosas en los jardines... Yo misma deseaba que sintieran dolor... Claro que quería ver sus lágrimas... No es posible volverse bueno al instante. Bueno e íntegro. Tan bueno como es usted ahora. Apiadarse de ellos. Necesité que pasaran décadas enteras...»

A. Rátkina,
cabo, transmisiones

«La tierra natal ya había sido liberada... Morir resultaba del todo insoportable, enterrar resultaba insoportable. Nos explicaban que todavía debíamos rematar al enemigo. El enemigo aún era peligroso... Lo comprendíamos... Pero ¡qué pena daba morir!...

»Recuerdo muchas pancartas a lo largo de las carreteras, parecían cruces: "¡Esta es la maldita tierra alemana!". Todos recuerdan esa pancarta...

»Y todos esperaban ese momento... Lo veremos... Lo entenderemos... ¿Dé dónde procedían? ¿Cómo era su país? ¿Serían personas normales y corrientes? ¿Vivirían igual que nosotros? En el frente ni me imaginaba que sería capaz de leer de nuevo a Heine. Y antes era mi poeta preferido. Ya no podría volver a escuchar la música de Wagner... Crecí en una familia de músicos profesionales, me encantaba la música alemana: Bach, Beethoven. ¡El gran Bach! Los borré de mi mundo. Habíamos visto... Nos enseñaron los crematorios... El campo de concentración de Auschwitz... Montañas enteras de ropa de mujer, de zapatitos infantiles... La ceniza gris... Después la habían utilizado como fertilizante en los campos donde cultivaban repollos. Lechugas... No fui capaz de seguir escuchando música alemana... Tuvo que pasar mucho tiempo hasta que volví a Bach. Hasta que toqué de nuevo a Mozart.

»Por fin estábamos en su tierra... Lo primero que nos sorprendió fue la calidad de las carreteras. Unas casas de campesinos enormes... Macetas, cortinas bonitas incluso en los cobertizos. En las casas había manteles blancos. Una vajilla de calidad. Porcelana. Allí fue la primera vez que vi una lavadora... No lográbamos entenderlo: ¿si allí vivían tan bien, para qué hacer una guerra? Nuestra gente se cobijaba en chozas mientras ellos comían sobre manteles blancos. Pequeñas tacitas de café... Antes solo las había visto en los museos. Esas tacitas... Se me ha olvidado contarle... Todos nos quedamos atónitos... Habíamos empezado el ataque, allí estaban las primeras trincheras alemanas... Las asaltamos y allí encontramos unos termos con café caliente. El olor a café... Las galletas. Las sábanas blancas. Las toallas limpias. El papel higiénico... Nosotros no teníamos nada de eso. ¿Qué sábanas? Si dormíamos sobre el heno, sobre las ramas de los árboles... En ocasiones nos pasábamos dos o tres días sin probar la comida caliente. Nuestros soldados acribillaron a tiros esos termos... Ese café...

»En las casas alemanas también vi juegos de café fusilados. Macetas fusiladas. Almohadas... Carritos de bebé... Pero igualmente no éramos capaces de hacerles lo que ellos nos habían hecho. Hacerles sufrir tanto como nosotros habíamos sufrido.

»Nos costaba entender dónde se había originado su odio. El nuestro era comprensible. Pero ¿el suyo?

»Nos dieron permiso para enviar paquetes a casa por correo. Jabón, azúcar... Algunos enviaban calzado, los alemanes fabricaban un calzado muy resistente, relojes muy buenos, prendas de piel de mucha calidad. Todo el mundo buscaba relojes. Yo fui incapaz, sentía aversión. No quise coger nada suyo aunque supiera que mi madre y mis hermanas se veían obligadas a vivir en una casa ajena. Nuestra casa había sido reducida a cenizas. Al regresar se lo conté a mamá, ella me abrazó: "Yo tampoco hubiera podido coger nada. Ellos mataron a tu padre".

»Décadas después de la guerra abrí un libro de poesía de Heine. Y escuché los discos de música de los compositores alemanes que me gustaban antes de la guerra...»

Aglaia Borísovna Nesteruk,
sargento, transmisiones

«Ya en Berlín... sucedió una cosa: yo iba por la calle y de pronto a mi encuentro salta un chaval con una metralleta en las manos, era un Volkssturm.* Ocurrió al final de la guerra. Eran los últimos días.

---

* El Volkssturm, la milicia nacional alemana creada en octubre de 1944, integraba a todos los hombres de entre dieciséis y sesenta años. *(N. de las T.)*

Yo iba armada, metralleta en ristre. Él me miró, pestañeó y se echó a llorar. Y yo no daba crédito a lo que me sucedía, pero también lloré. De pronto sentí tanta pena por él, el chico estaba allí delante con esa absurda metralleta. Le empujé hacia un edificio en ruinas: "Escóndete". Él se asustó, creía que le iba a pegar un tiro: yo llevaba puesto un gorro, no podía saber si era una chica o un chico. Me cogió de la mano. ¡Lloraba a moco tendido! Yo empecé a acariciarle el pelo. Él se quedó atónito. Quieras o no, estábamos en guerra... ¡Yo misma me quedé atónita! ¡Si me había pasado toda la guerra odiándolos! No importa si es justo o no, pero matar es repugnante, sobre todo en los últimos días de guerra...»

Albina Aleksándrovna Gantimúrova,
sargento primero, tropas de reconocimiento

«Lo lamento... Hice una promesa y no la he cumplido...

»Trajeron a un herido alemán a nuestro hospital. Creo que era piloto. Tenía el fémur destrozado y la gangrena ya había comenzado. De pronto sentí como una especie de pena por él. El herido no abría la boca.

»Yo chapurreaba un poco de alemán. Le pregunté:

»—¿Tiene sed?

»—No.

»Los demás heridos sabían que en la sala había un alemán. Su cama estaba algo alejada del resto. Yo atravesaba la sala y ellos se enfadaban.

»—¿Le está sirviendo agua al enemigo?

»—Se está muriendo... Mi deber es cuidarle...

»Ya tenía toda la pierna de color azul. La infección se propaga velozmente, consume a la persona en un día.

»Le di agua, él me miró y de repente dijo:

»—*Hitler kaput!*

»Era 1942. Estábamos en la zona de Járkov, sitiados por las tropas alemanas.

»Yo pregunté:

»—¿Por qué?

»—*Hitler kaput!*

»Entonces le dije:

»—Piensas eso y dices eso porque estás aquí. Pero en el frente estabas matando...

»Él:

»—Yo no disparaba ni mataba. Me obligaron. Pero yo no disparaba...

»—Cuando son prisioneros, todos dicen lo mismo...

»De pronto él me pidió:

»—Se lo... ruego, frau... —Y me entregó un sobre lleno de fotografías. Me enseñó a su madre, también salía él, sus hermanas, sus hermanos... Eran unas fotos bonitas. Por último, me apuntó la dirección—. Ustedes llegarán allí. ¡Seguro! —Me lo decía un alemán en las afueras de Járkov—. Por favor, cuando llegue a Alemania, métalo en un buzón de correo.

»Me escribió la dirección en una de las fotografías, pero había varias. Durante mucho tiempo no me separé de ese sobre. Lo perdí durante un intenso bombardeo. Me dio mucha pena. El sobre desapareció cuando ya habíamos entrado en Alemania...»

Lilia Mijáilovna Butko,
enfermera de quirófano

«Recuerdo un combate...

»En aquel combate hicimos muchos prisioneros alemanes. Algunos de ellos estaban heridos. Les vendábamos y ellos gemían exactamente igual que nuestros chicos. El calor era... ¡tremendo! Encontramos una tetera y les ofrecimos agua. Estábamos en un lugar abierto. Expuestos al fuego. Nos ordenaron que atrincherásemos a toda prisa, que debíamos ocultarnos.

»Comenzamos a cavar las trincheras. Los alemanes nos observaban. Nosotros les tratábamos de explicar: "Ayudadnos a cavar, venga, a trabajar". Al entender lo que queríamos de ellos nos miraron aterrorizados; habían supuesto que, cuando acabáramos de cavar, los pondríamos al borde del hoyo y los fusilaríamos. Lo estaban esperando... Había que ver con qué pavor cavaban... Esas caras suyas...

»Se quedaron atónitos al comprobar que en realidad no habíamos hecho otra cosa que vendarles, ofrecerles agua y sugerirles que se ocultasen en las trincheras recién cavadas... Un alemán hasta lloró... Era un hombre bastante mayor, lloraba, no disimulaba sus lágrimas...»

Nina Vasílievna Iliínskaia,
enfermera

SOBRE UNA REDACCIÓN CON ERRORES INFANTILES Y LAS PELÍCULAS CÓMICAS

«Había acabado la guerra...

»Un día me llamó el comisario político:

»—Vera Iósifovna, tendrá usted que trabajar con los heridos alemanes.

»Mis dos hermanos habían perdido la vida en combate.

»—No pienso hacerlo.

»—Es que es necesario.

»—No soy capaz: mis dos hermanos han muerto, no puedo ni ver a los alemanes. Lo único que siento son ganas de degollarlos ¡y usted me habla de curarles! Compréndame...

»—Es una orden.

»—Si es una orden obedeceré. Soy una militar.

»Curé a aquellos heridos, hacía todo lo necesario, pero me resultaba muy difícil. Tocarlos o aliviar su dolor. Me salieron mis primeras canas. Fue justamente entonces. Lo hacía todo y tal como era debido: les operaba, les alimentaba, les daba calmantes. Lo único que no fui capaz de hacer era visitarlos por la tarde. Por la mañana me tocaba cambiar los vendajes, comprobar el pulso... En una palabra, realizar las tareas médicas; en cambio la visita de la tarde consistía en hablar con los pacientes, en preguntarles cómo se encontraban. Eso me era imposible. Vendar y operar, sí; pero hablar, no. Se lo había advertido al comisario político:

»—No les haré la visita de la tarde...»

Vera Iósifovna Jóreva,
cirujana militar

«En Alemania... En nuestros hospitales de allí había muchos alemanes heridos...

»Me acuerdo de mi primer paciente alemán. Empezó a gangrenársele la pierna y decidieron amputar... Estaba en mi sala...

»Por la tarde me dijeron:

»—Ekaterina, ve a ver cómo está tu alemán.

»Fui a comprobar si había hemorragia o algo por el estilo. Él estaba despierto. No tenía ni fiebre ni nada.

»Me miró un largo rato y después sacó una pequeña pistola que tenía escondida.

»—Cógela...

»Me hablaba en alemán, no sé bien lo que decía; entendí lo poco que me permitía mi limitado vocabulario aprendido en la escuela.

»—Cógela... —decía—, yo quería mataros, pero ahora tú me matarás a mí.

»Es decir, le habíamos salvado. Él nos había matado en los campos de batalla y en cambio nosotros le salvábamos la vida. No fui capaz de revelarle que en realidad le quedaba muy poco de vida...

»Salí de la sala y me di cuenta, sorprendida, de que se me escapaban las lágrimas...»

Ekaterina Petrovna Shalíguina,
enfermera

«Hubiese podido dar con él... Pero el mero pensamiento de un posible encuentro me aterrorizaba...

»En mi colegio se daba mucha importancia al estudio de la lengua alemana, venían estudiantes alemanes a visitarnos. Venían a Moscú. Íbamos juntos al teatro, cantábamos. Había un chico alemán. Cantaba tan bien... Nos hicimos amigos, incluso me enamoré de él... Durante toda la guerra me atormentó el mismo pensamiento: ¿qué pasaría si le encontraba y le reconocía? ¿Sería él uno de esos invasores? Yo me emociono con facilidad, soy muy sensible desde que era pequeña. ¡Mucho!

»Una vez estaba recorriendo el campo de batalla, el combate había acabado... Ya habíamos recogido a nuestros heridos y solo quedaban los alemanes... Me pareció reconocerle... Un muchacho joven de rasgos semejantes... Tendido sobre nuestra tierra... Pasé un largo rato mirándole...»

María Aleksándrovna Fleróvskaia,
responsable de trabajo político

«¿Quiere averiguar la verdad? A mí me asusta...

»Un soldado nuestro... ¿Cómo se lo explico? Todos sus familiares habían muerto. Él... Los nervios... O tal vez estaba borracho. A medida que nuestra Victoria se acercaba, la gente cada vez bebía más y más. En cualquier casa o sótano se podía encontrar vino. O aguardiente. Los hombres se emborrachaban continuamente. Él cogió la metralleta e irrumpió en una casa alemana... Vació el cargador... No llegamos a tiempo de pararle. Fuimos detrás a todo correr... Cuando entramos, en la casa no había más que cadáveres... Había niños... Le arrebatamos la metralleta y le atamos. Él escupía toda clase de injurias: "Dejad que me pegue un tiro".

»Le arrestaron, le juzgaron y le condenaron a fusilamiento. Yo y todos nosotros sentíamos pena por él. Luchó durante toda la guerra. Llegó a Berlín...

»¿Ahora le permiten escribir sobre estas cosas? Antes estaba prohibido...»

A S-va,
servidora de una pieza antiaérea

«La guerra me estaba esperando...

»Cumplí dieciocho años... Pronto me trajeron la citación: debía presentarme en el comité ejecutivo provincial del partido, llevar provisiones para tres días, un recambio de ropa interior, una taza y una cuchara. Se trataba de la movilización para el frente laboral.

»Nos transportaron hasta la ciudad de Novotroitsk, en la región de Oremburgo. Empezamos a trabajar en una fábrica. Las heladas eran tan fuertes que el abrigo se te congelaba dentro de la habitación, lo cogías y era tan pesado como si estuviera hecho de madera. Trabajamos durante cuatro años sin vacaciones, sin días libres.

»Esperábamos, anhelábamos el fin de la guerra. El punto y final. A las tres de la madrugada, la residencia empezó a alborotarse, vinieron el director de la fábrica y los demás directivos: "¡Victoria!". Yo no tuve fuerzas para levantarme del catre: me sentaban y volvía a caerme hacia atrás. No lograron levantarme en todo el día. Me quedé paralizada de la alegría, de la emoción. No conseguí levantarme hasta la mañana del día siguiente... Salí afuera, tenía ganas de abrazar y de besar a todo el que me encontraba...»

Ksenia Kliméntievna Belko,
soldado del frente laboral

«Qué bella es la palabra "Victoria"...

»En la pared del Reichstag escribí... Escribí con un carbón, fue lo primero que encontré: "Os ha vencido una muchacha rusa de la ciudad de Sarátov". Todo el mundo dejaba algo escrito en la pared, unas palabras. Confesiones y maldiciones...

»¡Victoria! Mis amigas me preguntaban: "¿A qué te dedicarás después de la guerra?". Durante la guerra habíamos pasado tanta hambre... A más no poder... Soñábamos con comer hasta hartarnos, al menos una vez. Yo tenía un deseo: cobrar la primera paga de posguerra y comprarme una caja de galletas. ¿Que qué iba a hacer después de la guerra? No tenía dudas, sería cocinera. Hoy en día trabajo en los servicios de alimentación pública.

»La segunda pregunta: "¿Cuándo nos casaríamos?". Cuanto antes mejor... Yo soñaba con los besos. Besarnos nos apetecía horrores... Y también nos apetecía cantar. ¡Cantar! Así es...»

Elena Pávlovna Shálova,
secretaria de la organización base del Komsomol
de un batallón de tiradores

«Yo aprendí a disparar y a lanzar granadas... A instalar minas. A prestar los primeros auxilios...

»Pero durante cuatro años... Durante la guerra olvidé por completo la gramática. Todo lo que había aprendido en la escuela. Podía desmontar una metralleta con los ojos vendados, pero en los exámenes de ingreso a la universidad escribí una redacción llena de errores infantiles y casi sin comas. Me salvaron mis condecoraciones militares, me admitieron en la universidad. Comencé a estudiar. Leía los libros y no comprendía nada, leía poesía y tampoco comprendía nada. Había olvidado todas esas palabras...

»De noche me acosaban las pesadillas: los soldados alemanes, los ladridos de los perros, los estertores de los moribundos... Al morir, la persona es como si susurrara, pero ese susurro es más horrible que cualquier grito. Todo lo que había vivido volvía... Una persona que espera su ejecución... Sus ojos se llenan de miedo... No se lo cree, hasta el último instante no se lo cree. Y también la curiosidad, en su mirada se lee la curiosidad. Los fusiles le apuntan y en el último instante se tapa la cara con las manos. Se tapa la cara... La cabeza se me hinchaba de gritos...

»Mientras duró la guerra, yo no reflexionaba, pero después comencé a pensar. A rebobinar... Todo aquello se repetía una y otra vez... Dejé de dormir... Los médicos me prohibieron estudiar. Pero las chicas, mis vecinas de la residencia, me dijeron que me olvidara de los médicos y me organizaron su propia terapia. Cada noche una de ellas me llevaba al cine, a ver alguna película cómica. "Debes aprender a reír." No importaba si me apetecía o no, me llevaban a rastras. Ha-

bía pocas comedias y vi cada una de ellas por lo menos unas cien veces. Al principio me reía y era como un llanto...

»Pero me redimí de mis pesadillas. Pude estudiar...»

Tamara Ustínovna Vorobéinikova,
integrante de una organización clandestina

Sobre la patria, Stalin y la tela roja

«Era primavera...

»Morían chicos jóvenes, perdían la vida en primavera... En marzo, en abril... Recuerdo que enterrar era especialmente doloroso en
primavera, en la época en que florecen los jardines, cuando todos esperábamos la Victoria. Anótelo, incluso si ya se lo han dicho. Eso nos
afectó mucho...

»Pasé en el frente dos años y medio. Mis manos pusieron miles de vendajes, limpiaron miles de heridas... Vendaba y vendaba sin
parar... Una vez salí a cambiarme la cofia, me apoyé en el marco de
la ventana y me quedé absorta. De pronto tenía la sensación de haber descansado. Luego nuestro médico me propinó una bronca mo-
numental. Yo no comprendía nada... Se fue, pero antes me castigó
con dos turnos extra. Mi compañera me lo explicó: me había ausen-
tado durante más de una hora. Resulta que me había quedado dormida.

»Ahora tengo varios problemas de salud, sufro de los nervios. Si
me preguntan: "¿Qué condecoraciones tiene?", me da vergüenza
contestar que no tengo ninguna, no me llegaron a condecorar. Tal
vez es porque en la guerra éramos muchos y cada uno hacía lo que
podía... Lo que estaba a su alcance... ¿Le parecería factible que nos
condecoraran a todos? En realidad, todos nosotros tenemos la condecoración más grande: el 9 de mayo. ¡El día de la Victoria!

»Me acuerdo de una muerte insólita... Nadie entonces le dio
importancia, no estábamos para eso... Pero yo a menudo pienso en
aquel hombre... El primer día que pisamos territorio alemán se nos

murió un capitán. Sabíamos que su familia había perdido la vida durante la ocupación. Era un hombre audaz, anhelaba tanto... Le daba miedo morirse antes, no vivir hasta el día en que vería la tierra alemana y su desgracia, el dolor de esa gente. Le daba miedo no llegar a ver cómo habían llorado y sufrido ellos... No ver las ruinas que había en lugar de sus casas... Simplemente murió, no estaba herido ni nada. Llegó, lo vio y murió.

»A veces me paro a pensar: ¿de qué murió?»

Tamara Ivánovna Kuráeva,
enfermera

«Nada más bajar del tren solicité estar en primera línea... Enseguida... Por delante pasaba una unidad militar y me uní a ella. En aquel momento yo estaba convencida de que sirviendo en la línea de batalla podría volver a casa antes que sirviendo en la retaguardia. Dejé en casa a mi madre. Las chicas de la unidad todavía recuerdan: "Ella no quiso estar en la unidad sanitaria". Es verdad, yo pasaba por la unidad sanitaria para lavarme y cambiarme de ropa, enseguida volvía a mi trinchera. A primera línea. No pensaba en mí. Siempre iba al ataque, ya fuera corriendo o arrastrándome... Sin embargo, el olor a sangre... Nunca pude acostumbrarme al olor de la sangre...

»Después de la guerra encontré un empleo de partera en la sala de partos de un hospital, pero duró poco. Muy poco... Tengo alergia al olor de la sangre, mi organismo lo rechaza. Había visto tanta sangre en la guerra que ya no podía aguantar más. Mi organismo reventaba. Salí de la sala de partos en ambulancia. Sufrí una urticaria, me ahogaba.

»Una vez me confeccioné una blusa de una tela roja, me la puse y al día siguiente tenía manchas rojas por todos los brazos. Como ampollas. Mi organismo no aceptaba ni la tela de color rojo, ni las flores rojas, ¡ni hablar de rosas o claveles! Nada que fuese rojo, de color sangre... Ni siquiera ahora tengo nada rojo en mi casa... No lo encontrarás por mucho que lo busques. El color de la sangre humana es muy vivo, no he visto un color tan intenso ni en la naturaleza, ni en las obras de arte. Se parece un poco al jugo de granada, pero no es lo mismo. De una granada madura...»

María Yákovlevna Yezhova,
teniente de Guardia, comandante de la unidad sanitaria

«Oh... Ah... Todo el mundo se queda alucinado con lo colorida que soy. Con estos adornos que llevo. En la guerra yo era igual. Nada militar. Iba adornada con todas aquellas naderías... Menos mal que nuestro comandante era, como lo llaman ahora, un "liberal". No venía de un cuartel sino de una universidad. Imagínese, era un profesor titulado. Y tenía buenos modales. Para aquella época era... una *rara avis*...

»Me encanta los anillos, me da igual que sean baratos, pero tengo que llevar varios, en ambas manos. Me encantan los perfumes. Los que están de moda. Las alhajas de todo tipo. Que sean diferentes y muchas. En mi familia solían bromear: "¿Qué le regalamos a nuestra loca por su cumpleaños? Está claro, una sortija". Después de la guerra mi hermano me hizo mi primer anillo, lo hizo con una lata. Y también torneó un colgante hecho con un vidrio de botella, era de color verde. Y otro de color marrón claro.

»Me pongo encima cualquier cosa que brille. Nadie se cree que fui a la guerra. Ni yo misma me lo creo. Incluso ahora mismo, en este preciso instante, hablando contigo, no me lo creo. Aunque en aquel cofrecito guardo la Orden de la Estrella Roja... Es la orden más bonita de todas... ¿A que es bonita? Por eso me la dieron a mí. Ja, ja, ja... Ahora hablando en serio... Esto es para la Historia, ¿a que sí? ¿Esa cosa tuya está grabando?... O sea, que es para la Historia... Pues diré lo siguiente: "Si renuncias a ser mujer, no sobrevives en la guerra". Nunca he envidiado a los hombres. Ni de pequeña, ni de joven. Tampoco durante la guerra. Siempre me he alegrado de ser mujer. Muchas veces se dice que las armas, una metralleta o una pistola, son bellas, que en ellas hay mucho pensamiento, mucha pasión... Pues para mí las armas nunca han sido bellas, me es del todo incomprensible la admiración que siente un hombre ante una pistola. Yo soy una mujer.

»¿Que por qué me quedé sola? Tenía novios. Los novios no me

faltaban... Pero vivo sola... Me lo paso muy bien conmigo misma. Todas mis amigas son jóvenes. Amo la juventud. La vejez me asusta más que la guerra. Has venido tarde... Ahora ya pienso en la vejez, no en la guerra...

»Esa cosa tuya sigue grabando, ¿a que sí? Para la Historia, ¿a que sí?»

Elena Borísovna Zviáguintseva,
soldado, armera

«Volví a casa... Todos estaban vivos... Mi madre los había mantenido a todos con vida: a mis abuelos, a mi hermana y a mi hermano. Yo regresé con ellos...

»Al cabo de un año llegó mi padre. Papá volvió con unas condecoraciones importantes, yo tan solo había traído una orden y dos medallas. Pero en nuestra familia la heroína era mi madre. Ella los había salvado a todos. Salvó a la familia y salvó la casa. Su guerra había sido la más terrible. Papá nunca se ponía sus órdenes, consideraba que era vergonzoso pavonearse delante de mamá. Le resultaba embarazoso. Porque a mi madre no le habían concedido medallas...

»En toda mi vida, nunca he querido tanto a nadie como a mi mamá...»

Rita Mijáilovna Okunévskaia,
soldado, zapadora

«Regresé cambiada... Durante mucho tiempo mi percepción de la muerte fue anormal. Bueno, extraña...

»En Minsk empezó a transitar el primer tranvía, un día yo iba en ese tranvía. De pronto se paró, toda la gente a mi alrededor gritaba, las mujeres lloraban: "¡Se ha matado un hombre! ¡Se ha matado un hombre!". Todo el mundo bajó y yo me quedé sola en el interior del vagón, sentada allí, no comprendía por qué lloraban todos. Yo no lo vivía como algo tan terrible. En el frente había visto tantos muertos... Ya no reaccionaba. Me acostumbré a vivir entre ellos, siempre tenías muertos a tu lado... Junto a ellos fumábamos, comíamos. Hablábamos. A diferencia de la vida normal, en la guerra ellos no estaban en algún lugar debajo de la tierra, sino que siempre estaban donde estabas tú. Contigo.

»Después ese sentimiento volvió, otra vez experimenté miedo delante de un muerto. Dentro de un ataúd. Pasados unos años, esa sensación regresó. Volví a ser normal. Como los demás...»

Bella Isaákovna Epstein,
francotiradora

«Una anécdota de antes de la guerra...

»Fui al teatro. En el intermedio encendieron las luces y le vi... Todos le vimos... Estalló una salva de aplausos. ¡Un estruendo! En el palco gubernamental estaba Stalin. Mi padre estaba bajo arresto, mi hermano mayor había desaparecido en los campos de trabajos forzados, y a pesar de ello experimenté una emoción tan fuerte que se me saltaron las lágrimas. ¡Me quedé pasmada de la felicidad! Todo el público... ¡Todo el público se puso en pie! Le aplaudimos durante diez minutos.

»Así era yo cuando me fui a la guerra. A combatir. Pero en la guerra escuchaba conversaciones en voz baja... De noche, los heridos fumaban en los pasillos. Unos dormían, otros no. Hablaban de Tujachevski y de Yakir...* ¡Habían desaparecido miles, millones de personas! ¿Dónde? ¿Cómo? Los ucranianos contaban... cómo les obligaban a unirse a los *koljós*... Cómo les reprimían... Cómo Stalin provocó una hambruna, ellos lo llamaban "la hambruna". Las madres enloquecidas se comían a sus hijos... Y eso ocurría en un lugar donde la tierra es tan fértil que si plantas un palo seco te crece un árbol. Los prisioneros de guerra alemanes empaquetaban esa tierra y la enviaban a sus casas. Tan generosa es. La capa fértil es de un metro. Las con-

---

* Mijaíl Tujachevski (1893-1937) y Iona Yakir (1896-1937) fueron dos destacados militares de la Unión Soviética, arrestados y ejecutados en 1937, injustamente acusados de organizar una conspiración militar y de espionaje en favor de la Alemania nazi. Son dos de las víctimas más notorias de la Gran Purga de Stalin. *(N. de las T.)*

versaciones eran en voz baja, a media voz... Nunca hablaban en grupo, solo entre dos personas. El tercero sobraba, el tercero podía ser un chivato...

»Le contaré un chiste... Se lo contaré para no llorar. A ver... Hay unos presos hablando de noche en un barracón. Se preguntan entre ellos: "¿A ti por qué te han encerrado?". Uno dice: "Por decir la verdad", el otro: "Por mi padre...". Y el último responde: "Por pereza". ¡¿Cómo?! Todos se sorprenden. Y les cuenta: "Pasamos la noche en compañía de unos amigos, estuvimos contando chistes. Regresamos a casa tarde, mi mujer me preguntó: '¿Vamos ahora a denunciar o ya les denunciaremos por la mañana?'. 'Por la mañana, ahora tengo sueño.' Y por la mañana vinieron a arrestarnos a nosotros".

»Es gracioso. Pero no apetece reírse. Es para llorar. Llorar.

»Después de la guerra... Todo el mundo esperaba el regreso de los familiares del frente, mi madre y yo los esperábamos de los campos. De Siberia... ¡Sí, claro que sí! Hemos vencido, hemos demostrado nuestra lealtad, nuestro amor. Ahora tienen que creernos.

»Mi hermano regresó en 1947, a mi padre no le encontramos... Hace poco fui a ver a mis amigas del frente de Ucrania. Viven en un pueblo cerca de Odesa. En la plaza central del pueblo hay dos obeliscos: la mitad de la población murió de hambre, y los hombres cayeron todos en la guerra. ¿En Rusia cree que alguien se ha atrevido a contabilizar a todos los que murieron? A lo mejor si pregunta a los pocos que sobrevivieron... Hija mía, para contar nuestra Historia hacen falta centenares de personas como usted. Para describir todos nuestros sufrimientos. Nuestras incontables lágrimas. Ay, hija...»

Nastasia Aleksándrovna Kupriyánova,
enfermera de quirófano

«De repente sentí un irresistible deseo de vivir...»

El teléfono no para de sonar. Apunto direcciones nuevas, recibo más cartas. Es imposible parar porque cada vez la verdad es más insoportable.

Tamara Stepánovna Umniáguina,
cabo mayor de Guardia, técnica sanitaria:

«Ay, querida mía...

»He pasado la noche recordando, reviviendo en la memoria...

»Fui corriendo a la oficina de reclutamiento: llevaba una faldita de algodón y calzaba unas zapatillas blancas de tela engomada, eran una especie de zapatitos con cierre, muy de moda. Pues fui con esa faldita, con esas zapatillas, a pedir que me enviasen al frente, fui admitida. Subí a un coche. Logré llegar a la unidad, era una división de fusileros situada en las cercanías de Minsk; y allí me dijeron que de ninguna manera me necesitaban, que lo que tenían era vergüenza de ver a una chica de diecisiete años luchando, como si con los hombres no hubiera suficiente. Y otras cosas por el estilo, que pronto machacarían al enemigo y que las niñas estaban mejor con sus mamás. Yo, por supuesto, me quedé muy afligida. "¿Y ahora qué hago?" Fui a ver al jefe del Estado Mayor; en su despacho estaba aquel coronel que me había rechazado, y yo dije: "Camarada jefe del rango aún más alto, pido permiso para desobedecer al camarada coronel. De todos modos, jamás me iría a casa, me uniré a las tropas en la retirada. ¿Adónde sino podría ir sabiendo que los alemanes están cerca?". A partir de entonces me llamaron: "Camarada jefe del rango aún más alto". Era el séptimo día de guerra. Comenzaba la retirada...

»Pronto estuvimos bañados en sangre. Había muchísimos heridos, pero eran tan silenciosos, tenían tanto aguante, tan fuertes eran sus ganas de vivir. Todos deseaban sobrevivir hasta el día de la Victoria. La aguardaban: llegaría de un momento a otro... Recuerdo que la ropa se me empapaba de sangre hasta, hasta, hasta... Mis zapatillas se habían roto y yo caminaba descalza. ¿Sabe lo que vi? En la zona de Maguilov empezaron a bombardear la estación de trenes. Allí había estacionado un tren lleno de niños. Los empezaron a tirar por las ventanas del vagón, eran niños muy pequeños, de tres o cuatro años. El bosque estaba cerca y los pequeños corrían hacia ese bosque. Al poco rato llegaron los tanques alemanes y los carros empezaron a aplastar a los niños. No quedó ni rastro de ellos... Hoy uno puede perder el juicio con un episodio así. Pero, durante la guerra, la gente era capaz de aguantarlo, se volvían locos después de la guerra. Durante la guerra, las úlceras de estómago cicatrizaban solas. Dormías directamente encima de la nieve envuelta en una fina capa y a la mañana siguiente ni siquiera estabas resfriada.

»Luego nuestra unidad fue rodeada. Yo tenía a muchos heridos a mi cargo y no se detenía ni un camión. Los alemanes nos pisaban los talones, un poco más y cerrarían el cerco. Un teniente herido me dio su pistola: "¿Sabes disparar?". ¿Cómo iba a saber hacerlo? Solo había visto cómo disparaban los demás. Pero cogí la pistola y me acerqué a la carretera para detener los vehículos. Allí blasfemé por primera vez en mi vida. Como un hombre. Me salió una composición de palabrotas muy enrevesada... Los coches pasaban por delante... Di mi primer disparo al aire... Yo sabía que era imposible sacar a los heridos en brazos. No lo lograríamos. Ellos nos pedían: "Chicos, rematadnos. No nos dejéis". La segunda bala... atravesó la lona de un camión... "¡Imbécil! ¡A ver si aprendes a disparar!" Sin embargo, se pararon. Me ayudaron a cargar a los heridos.

»Pero lo más terrible todavía estaba por llegar, lo más terrible fue Stalingrado. ¿Sabe cómo era el campo de batalla? Era una ciudad: las calles, los edificios, los sótanos. ¡Vaya a sacar a un herido de ese agujero! Todo mi cuerpo era un enorme cardenal. Y llevaba los pantalones totalmente cubiertos de sangre. El cabo nos reñía: "Chicas, no hay pantalones de recambio, ni se os ocurra pedírmelos". Y esos pantalones nuestros se secaban y se mantenían de pie, el almidón no endurece tanto como la sangre, podías cortarte con ellos. No quedaba ni un pedacito sin manchar. Todo ardía; en el río Volga, por ejemplo, incluso el agua ardía. Era invierno, y el río ardía en vez de congelarse. Todo estaba en llamas... En Stalingrado no quedó ni un solo centímetro de tierra que no estuviera impregnado de sangre humana... Rusa y alemana. Y de gasolina... De lubricantes... Allí todos entendimos que no había adónde retroceder, de ninguna manera podíamos retroceder: o moríamos todos (el país, el pueblo ruso), o vencíamos. Llegó un momento en que todos lo teníamos claro. Nadie lo decía en voz alta, pero todos lo sabíamos. Tanto un general como un soldado raso...

»Llegaban los reemplazos. Eran unos muchachos jóvenes, llenos de vida. Yo les miraba antes del combate y sabía de antemano que perderían la vida. La gente nueva me asustaba. Evitaba acercarme a ellos, hablarles. Porque acababan de entrar en la unidad y desaparecían demasiado pronto. No duraban más de dos o tres días... Antes de entrar en combate les miraba, les miraba... Era 1942, el momento más grave, más difícil. Una vez, de trescientas personas, solo quedamos diez para ver caer la noche. Cuando la batalla se apaciguó y vimos que éramos tan pocos, nos besamos y lloramos porque de pronto nos dimos cuenta de que estábamos vivos. De que éramos como una familia.

»Alguien está muriendo ante tus ojos... Y tú lo ves, sabes con seguridad que no puedes ayudarle, que le quedan minutos de vida. Le besas, le acaricias, le dices palabras cariñosas. Te despides de él. Es lo último que puedes hacer por esa persona... Incluso en este momento, esas caras reviven en mi memoria. Los veo a todos, a todos los chicos sin excepción. Tantos años han pasado y no he olvidado ni uno, ni un solo rostro. Los recuerdo a todos... Los veo a todos... Deseábamos hacerles tumbas, pero eso tampoco lo conseguíamos siempre. Nos marchábamos y ellos se quedaban allí. A veces ocurría que le cubrías toda la cabeza con vendas a un herido y él se moría mientras. Les enterrábamos con las cabezas vendadas. Los que morían en combate al menos miraban al cielo. O te pedían muriendo: "Ciérrame los ojos, hermanita, pero con cuidado". Una ciudad destruida, las casas derrumbadas, por supuesto que es terrible, pero cuando cae muerto un hombre joven... No me daba tiempo ni de retomar el aliento, corría... Salvaba... Parecía que ya no te quedaban fuerzas, que no aguantarías otros cinco minutos más... Y sin embargo, seguías... En marzo, el suelo se deshelaba, era húmedo... Las botas de fieltro no eran lo mejor, pero me las puse. No me las quité en todo el día, por la noche estaban tan congeladas que no pude quitármelas. Hubo que cortarlas. Y no me resfrié... ¿Usted se lo cree, querida?

»Cuando acabaron los combates en Stalingrado, nos encomendaron transportar a los heridos más graves a Kazán y a Gorki en barcos y gabarras. Ya era primavera, marzo, abril. Encontrábamos a muchos heridos literalmente debajo de la tierra: en las trincheras, en las cuevas, en los sótanos... Eran muchísimos. ¡Una pesadilla! Después de sacar a los heridos del campo de batalla siempre habíamos pensado que ya no quedaban más, que los habíamos enviado a todos, que no dejábamos a nadie en Stalingrado. Pero cuando la gran batalla se acabó, resultó que en la ciudad había tantos que nos parecía increíble... Inimaginable... En el barco donde yo viajé reunieron a los que habían perdido las piernas, los brazos, a centenares de enfermos de tuberculosis. Teníamos que curarles, hablarles en voz baja, tranquilizarles con una sonrisa. Nos enviaban como acompañantes y nos prometían que, después de tantos combates, por fin podríamos descansar; era como una especie de premio, de agradecimiento. Pero en realidad aquello era incluso más horrible que el infierno de Stalingrado. En la batalla te encargabas de un hombre, le sacabas del combate, le prestabas ayuda, lo confiabas al personal sanitario y sentías seguridad: "El herido está en buenas manos, le alejarán de este lugar". Y acto seguido ibas a por otro. En cambio en el barco los tenías a todos constantemente delante de ti... En el combate querían vivir, se desesperaban por mantenerse con vida: "¡Date prisa, hermana! ¡Date prisa!". Pero ahora ya se habían desanimado, rechazaban la comida, querían morir. Se tiraban del barco. Les vigilábamos. Les salvaguardábamos. Había un capitán al que le vigilaba incluso de noche: había perdido ambos brazos y quería quitarse la vida. Un día se me olvidó avisar a otra enfermera, salí unos minutos afuera y él se lanzó por la borda...

»Los llevamos hasta Usolie, cerca de Perm. Allí ya les habían construido especialmente para ellos unas casitas nuevas, limpias, para acomodarlos. Era una especie de campamento... Les llevábamos en camillas y ellos vomitaban furia. Sentías que podrías casarte con cualquiera de ellos. Que le llevarías en brazos. Después volvíamos en el barco, ya sin los heridos, podíamos descansar. Y, sin embargo, nosotras no dormíamos. Las chicas lloraban, aullaban. Empezamos a escribirles cartas, cada día. Nos los repartíamos, acordamos quién escribiría a quién. Eran tres o cuatro cartas diarias.

»Y un pequeño detalle. Después de ese viaje, durante los combates empecé a esconder las piernas y la cara. Yo tenía unas piernas bonitas y me daba mucho miedo que me quedaran mutiladas. También temía por mi cara. Solo quería comentarlo...

»Después de la guerra, pasé varios años sin poder quitarme de encima el olor a sangre, me persiguió durante mucho, mucho tiempo. Lavaba la ropa y percibía ese olor, preparaba la comida y otra vez lo percibía. Alguien me regaló una blusa de color rojo, en aquel momento era una cosa muy especial, casi no había telas, pero no me la ponía porque era roja. Era incapaz de aceptar ese color. No podía hacer la compra. No soportaba entrar en la sección de carne. Sobre todo, en verano... Y ver la carne de pollo, se parece mucho, ¿sabe?... Es igual de blanca que la carne humana... Mi marido se encargaba de la compra... En verano no podía quedarme en la ciudad, intentaba irme a toda costa a donde fuera. Llegaba el verano y me parecía que de un momento a otro empezaría la guerra. Cuando el sol lo calentaba todo: los árboles, los edificios, el asfalto, todo eso olía, todo me olía a sangre. ¡Comiese lo que comiese, no lograba deshacerme de ese olor! Incluso cambiando las sábanas, me parecía que la ropa limpia olía a sangre...

»... Los días de mayo de 1945... Recuerdo que nos fotografiábamos muchísimo. Éramos muy felices... El 9 de mayo todo el mundo gritaba: "¡Victoria! ¡Victoria!". Los soldados se revolcaban en la hierba: "¡Victoria!". Bailaban...

»Disparaban... Cada uno disparaba el arma que tenía...

»—¡Dejen de disparar ahora mismo! —ordenaba el comandante.

»—Todavía nos quedan cartuchos. ¿Para qué los necesitamos ya? —Nosotros no lo comprendíamos.

»Dijeran lo que dijeran, yo solo oía una palabra: "¡Victoria!". ¡De repente sentí un irresistible deseo de vivir! ¡Qué vida más bella nos espera a partir de ahora! Me puse todas mis condecoraciones y pedí que me hicieran una fotografía. Por alguna razón, quería que me fotografiasen entre flores. Me tomaron la fotografía en un vergel.

»El 7 de junio era mi gran día, el día de mi boda. Nuestra unidad nos organizó una fiesta a lo grande. A mi marido lo conocía desde hacía mucho tiempo: era capitán, el comandante de la compañía. Los dos nos lo prometimos: "Si sobrevivimos, después de la guerra nos casaremos". Nos concedieron un mes de permiso...

»Fuimos a Kineshma, en la provincia de Ivánov, donde vivían sus padres. Yo me sentía una heroína, nunca se me había pasado por la cabeza pensar en cómo recibirían a una chica del frente. Habíamos recorrido un camino tan largo, habíamos devuelto tantos hijos a sus madres, tantos maridos a las esposas... Y de pronto... Entendí lo que es un ultraje, escuché palabras ofensivas. Antes de eso no había oído otra cosa que no fuera: "Hermanita querida", "Hermanita mía". Y además yo no era una cualquiera, era guapa. Y me habían dado un uniforme nuevo.

»Por la noche nos sentamos a tomar el té, la madre llamó a su hijo a la cocina y lloró: "¿Con quién te has casado? Es una fulana del frente... Tienes dos hermanas pequeñas. ¿Quién querrá ahora casarse con ellas?". Incluso ahora lo recuerdo y me vienen ganas de llorar. Imagínese: llevé un disco, me gustaba mucho. La canción decía: "Tienes todo el derecho a calzar los zapatos de moda...". Se refería a una chica que había combatido. Puse esa canción, su hermana se acercó y delante de mí rompió el disco, como diciéndome que yo no tenía derecho a nada. Ellos destruyeron todas mis fotografías del frente... Ay, querida, no tengo palabras para eso. No tengo palabras...

»La alimentación entonces se racionaba por cartillas. Una vez mi marido y yo juntamos nuestras cartillas y fuimos a cambiarlas por alimentos. Había un almacén especial, llegamos allí y nos pusimos al final de la cola. Me llegó el turno y de pronto el hombre que estaba al otro lado del mostrador lo saltó y se abalanzó sobre mí, me abrazaba, me besaba y gritaba: "¡Chicos! ¡Chicos! La he encontrado. La tengo delante. Cómo deseaba encontrarla, cómo deseaba verla. ¡Chicos, ella es la que me salvó!". Mi marido estaba a mi lado. Ese hombre era un herido, le había sacado del campo de batalla. Bajo el fuego. Él se acordaba de mí. ¿Y yo de él? ¡Como si fuera posible recordarles a todos, eran tantos! En otra ocasión, en la estación de trenes me crucé con un mutilado: "¡Hermana!", me reconoció. Y con lágrimas en los ojos: "Me dije que si te veía, me pondría de rodillas...". Solo le quedaba una pierna...

»Nosotras, las muchachas del frente, pasamos muchas penas. También después de la guerra. Terminada una, nos tocó otra guerra. Igual de terrible. Los hombres nos dejaron con la espalda al descubierto. No nos protegieron. En el frente era diferente. Te arrastrabas, venía volando un trozo de metralla o una bala... y los chicos te vigilaban... "¡Agáchate, hermana!", gritaba uno y se te tiraba encima, te cubría con su cuerpo. Y la bala iba a por él... A veces morían o eran heridos. En tres ocasiones me salvaron la vida.

»De Kineshma regresamos otra vez a nuestra unidad. Una vez allí, supimos que no nos disolvían, nos encomendaron levantar las minas de los campos. Los *koljós* necesitaban terrenos. La guerra había acabado para todos, pero continuaba para los zapadores. Y nuestras madres ya habían celebrado la Victoria... La hierba había crecido alta, muy alta, y por todas partes había minas, bombas. Pero la gente necesitaba la tierra y nosotros nos apresurábamos. Cada día morían compañeros nuestros. Cada día después de la guerra celebrábamos entierros... Cuánta gente dejamos allí, en los campos... Cuánta gente... Ocurría a veces que entregábamos una parcela al *koljós*, enviaban los tractores al campo, la máquina se topaba con una mina que se nos había pasado por alto (algunas eran antitanques) y tanto el tractor como el tractorista volaban por los aires. Los tractores no sobraban. Y tampoco los hombres. Observar esas lágrimas en una aldea cuando la guerra ya había terminado era... Lloraban las mujeres... Lloraban los niños... Recuerdo a un soldado nuestro... Pasábamos cerca de Stáraya Rusa, se me ha olvidado el nombre de la aldea, pero él había nacido en esa aldea, fue a su *koljós*, a sus campos, a desactivar las minas... y allí murió. Todos vinieron a despedirse de él. Combatió durante toda la guerra, los cuatro años... y después, en su tierra natal, en su campo, perdió la vida.

»Nada más empiezo a relatarlo y me pongo enferma. Estoy hablando y mis entrañas se hacen gelatina, todo me tiembla. Lo veo de nuevo: los que cayeron en combate yacen con las bocas abiertas, estaban gritando y se les cortó el grito, tienen los intestinos vueltos del revés. He visto más muertos que árboles... ¡Qué terrible! Qué miedo pasas en un combate cuerpo a cuerpo: un hombre enfrentándose a otro con la bayoneta... Con la bayoneta en ristre. Empiezas a tartamudear, durante unos días no consigues articular bien las palabras. Pierdes la capacidad de hablar. ¿Le parece que alguien que no ha estado allí puede entenderlo? ¿Y cómo lo cuentas? ¿Con qué expresión en la cara? Dígamelo usted: ¿qué cara hay que poner recordándolo? Los demás al parecer son capaces... Yo no. Lloro. Pero es necesario, debe quedarse en el recuerdo. Es necesario transmitirlo. Nuestro grito debe guardarse en algún lugar del mundo. Nuestro aullido...

»Yo espero nuestra fiesta... La espero y la temo. Las semanas anteriores siempre ando acumulando ropa sucia para tener mucha, así me paso todo el día lavándola. Tengo que mantenerme ocupada, necesito algo para distraerme durante ese día. Y si nos reunimos, nos faltan los pañuelos, así son nuestros encuentros con los compañeros del frente. Un mar de lágrimas... No me gustan los juguetes bélicos, los juguetes de guerra para niños. Los tanques, las metralletas... ¿Quién los ha inventado? Me revuelven el alma. Yo nunca les he comprado ni regalado a los niños juguetes de guerra. Ni a los míos ni a los de los demás. Una vez alguien trajo a casa un avioncito de guerra y una metralleta de plástico. Los envié directamente a la basura. ¡Al momento! Porque la vida humana es un regalo tan grande... ¡El mayor regalo! Las personas no somos dueñas de ese regalo...

»¿Sabe lo que pensábamos todos durante la guerra? Imaginábamos: "¡Qué feliz será la gente después de la guerra! Qué vida más bella y feliz comenzará. La gente ha pasado por tanto sufrimiento que todos serán buenos, los unos con los otros. Habrá mucho amor. Las personas serán distintas". No lo dudábamos. Ni por un instante.

»Querida mía... Todo es igual que antes, las personas se odian entre ellas. Otra vez se matan unos a otros. Es lo que no acabo de entender... ¿Y quiénes son? Somos nosotros... Nosotros...

»En Stalingrado... Una vez llevé a dos heridos al mismo tiempo. Cargaba con uno, le arrastraba unos metros, y luego volvía a por el otro. Los alternaba porque los dos estaban muy graves, resultaba impensable dejarlos, y los dos, a ver cómo se lo explico, ambos tenían las piernas destrozadas muy por arriba, se estaban desangrando. En esos casos, cada minuto cuenta. De pronto, cuando ya me había alejado un poco de la batalla y el humo se había dispersado, descubrí que estaba arrastrando a un tanquista de los nuestros y a un alemán... Me quedé petrificada: nuestros soldados morían y yo salvando a un alemán. Sentí pánico... En medio del combate, con la densa humareda, no me había dado cuenta... El hombre se estaba muriendo y gritaba... "Ah, ah, ah..." Los dos estaban quemados, negros. Iguales. Pero ahora ya lo veía con claridad: una chapa distinta, un reloj distinto, todo era ajeno. Y ese maldito uniforme. "¿Qué hago ahora?" Arrastraba a nuestro herido y pensaba: "¿Vuelvo a por el alemán o no?". Comprendía que si le dejaba, pronto moriría desangrado... Regresé a por él. Y continué arrastrando a los dos...

»Fue en Stalingrado... El combate más terrible. Más que cualquier otro. Querida mía... Es imposible tener un corazón para el odio y otro para el amor. El ser humano tiene un solo corazón, y yo siempre pensaba en cómo salvar el mío.

»Después de la guerra viví durante mucho tiempo con miedo al cielo, ni siquiera levantaba la cabeza. También me daba miedo la tierra arada. Y eso que los grajos la pisaban con toda tranquilidad. Los pájaros pronto olvidaron la guerra...»

1978-2004